完美操作

大牛股的绝技

——抄底逃顶体系化操作揭秘

陈铭○著

立信会计出版社
LIXIN ACCOUNTING PUBLISHING HOUSE

图书在版编目(CIP)数据

完美操作大牛股的绝技.抄底逃顶体系化操作揭秘 / 陈铭著. —上海：立信会计出版社，2018.4
ISBN 978-7-5429-5745-0

Ⅰ.①完… Ⅱ.①陈… Ⅲ.①股票交易—基本知识 Ⅳ.①F830.91

中国版本图书馆 CIP 数据核字(2018)第 049056 号

策划编辑　何颖颖
责任编辑　蔡伟莉
封面设计　南房间

完美操作大牛股的绝技——抄底逃顶体系化操作揭秘

出版发行	立信会计出版社
地　　址	上海市中山西路 2230 号　　邮政编码　200235
电　　话	(021)64411389　　传　　真　(021)64411325
网　　址	www.lixinaph.com　　电子邮箱　lixinaph2019@126.com
网上书店	http://lixin.jd.com　　http://lxkjcbs.tmall.com
经　　销	各地新华书店
印　　刷	常熟市梅李印刷有限公司
开　　本	710 毫米×960 毫米　　1/16
印　　张	16.5
字　　数	293 千字
版　　次	2018 年 4 月第 1 版
印　　次	2019 年 6 月第 2 次
书　　号	ISBN 978-7-5429-5745-0/F
定　　价	44.00 元

如有印订差错，请与本社联系调换

FOREWORD 前言

每当我独自回顾自己这30年的股票投资经历时，都会生出不少感慨。作为新中国的第一代股民，我经历了从一个小散户到大户，又被邀请至投资公司、证券公司、证券咨询公司、私募基金工作；做过操盘手、投资部经理、基金经理、投资总监、常务副总经理，经历了新中国股票市场成立以来的所有历程。在残酷的、大浪淘沙般的证券市场中，有很多曾经听说过、看到过、交往过的市场上的英雄豪杰被市场和岁月淹没掉了。好在通过自己认真学习和钻研，我算是比较早地形成和完善了自己的一整套符合证券市场规律的理念、高效率和高成功率的实战操作模型以及轻松、正确买卖大牛股的方法，总算是在行业内和股友们面前站稳了脚跟，赢得了广泛的好评和尊敬。我之所以将自己独创的理论和高效率、高成功率的实战操作模型编写成本套书进行出版，并公开发表出来与大家分享，一方面是希望帮助更多有缘的朋友，在股市中实现财富增值的梦想，另一个方面则是要实现笔者很早就有的一个梦想，那就是将自己独创的操盘理论和指标操作体系，在全中国发扬光大，提高全民操作水平，进而共同赚取全世界资本市场的钱。真正实现国富民强、让中华民族以最快时间屹立于世界财富的巅峰，不再在世界各个资本市场上吃亏。让我们早日真正实现国泰民安、人民生活富裕！早日实现伟大复兴的中国梦！

本套书中的各种技术指标理论，有的并不是我创造出来的，大家可能在已经出版过的普及技术分析的书籍上看到过类似的描述。但请大家在阅读时一定注意，很多关键地方都已经加进了我的实战操盘心得经验的提升，这些"不同之处"和"特别之处"，恰恰是大家所需要充分了解和掌握的有效规律和恰如其分的实战技巧。

这是一套结合各种常用的股市分析方法对股票走势进行全面立体的分析判断，从而轻松、快速、精准地选出大牛股的书籍。

这是一套系统介绍如何用高成功率和高精准度的公式模型在实战盘中轻松实现及时高抛低吸的书籍。

这是一套全书通篇没有空洞的说教，也没有低效率的分析，有的只是经过了无数次实战验证测试的科学的、高效率、高成功率的经验教训的总结；是一套告诉你怎样用简单的公式和模型来直观的、简单的、轻松的、自己独立自主就能够立刻选出大牛股的书籍。

衷心希望有志于股市投资的你,把这些知识点融会贯通起来,以便于轻松及时选出大牛股、回避下跌风险,建立符合你自己脾气、性格、习惯、时间的买卖操作体系,让你今后对行情的判断胸有成竹,让你彻底远离恐惧、迷惘、沮丧、失落乃至绝望。现如今,中国已有实实在在的1.6亿股民,这个数字还会不断增加,然而真正懂股票,会做股票的并不多,"七亏二平一赚"是这个行业的铁律,而我所要做的就是让你通过钻研、感悟、相信、执行本套书中的内容,掌握好这一整套简单可靠的盈利模式。尽快具备良好的心态并树立起严格的纪律性,这神奇的股市会让你迅速积聚大多数人一生都不能拥有的财富,你的人生可能从此与众不同。努力让你自己也成为"一赚"里面的一分子! 让你也拥有在股市中活得更长久、更滋润的安身立命之根本。

本套书资料翔实,语言通俗易懂,方法简便实用,没有任何股市基础知识的投资人,只要经过认真的短期学习,就可轻松掌握本套书介绍的股市操盘技巧。本套书既可作为新股民学习股市操作技巧的入门向导,又可帮助老股民和专业人士通过掌握已经被优化和提升了的分析手段来提高操盘水平,是一套不可多得的股票操作实用工具书。

为了帮助读者尽快掌握本套书所介绍的技巧,尽早将书中的技巧用于实战,已将书中和还未能在书中介绍的其他全部技术指标和技巧资料,制作形成了一套完整的视频资料、公式和模型。经过严格测试和长期实战验证,表明运用这一整套公式辅佐操盘,历年行情中的大牛股均被一网打尽,从而大大降低投资人选股的盲目性、失误率,提高资金使用效率,加快资金增值速度。有兴趣的读者,可直接跟我本人联系购买。

尽管本人写作本套书时力求和盘托出但碍于篇幅有限,难免有挂一漏万的现象存在。欢迎读者将意见与建议传到下列地址,以便作者在即将出版的本套书续作的写作中借鉴。不胜感激! 读者如有疑难问题,也可传到下列地址,本书作者闲暇时将予以解答。读者如欲请作者帮助理财或希望作者提供操盘建议,欢迎一并与作者联系。

我的QQ号码:5426892220(网络上经常有人用挂我头像的其他号码QQ冒充我,请认清我唯一的以542689222为号码的QQ,以免上当受骗)。

我的邮箱:542689222@QQ.COM。

我的手机号:13004143358。

读者也可扫描我的微信号,以便及时沟通交流。

CONTENTS 目录

第一章 "四位一体操盘术"重点内容阐述 ······················· 1
  第一节 "四位一体操盘术"的技术指标组成简介 ··············· 1
  第二节 短期股价移动平均线的相关设置和运用 ··············· 3
  第三节 RSI 指标的详细运用技巧 ······························ 67
  第四节 用好 MACD 走遍天下都不怕 ··························· 86
  第五节 不得不认真研究的均量线指标 ························ 129
  第六节 "四位一体操盘术"的精髓小结 ······················· 135

第二章 炒大牛股离不开的几道关 ································ 142
  第一节 炒大牛股离不开基本面 ································ 142
  第二节 抄对底、逃好顶很重要 ································ 165

第三章 穿越牛熊的完整方法 ····································· 249
  第一节 股票池的设立 ·· 249
  第二节 资金仓位管理计划体系 ································ 249
  第三节 买卖点的设定 ·· 250
  第四节 严格执行 ··· 252
  第五节 如何交易才能长期赢利 ································ 253
  第六节 短线选股时必须要遵循的四大标准 ·················· 256

第一章

"四位一体操盘术"重点内容阐述

第一节 "四位一体操盘术"的技术指标组成简介

自从我的《轻松买对卖对大牛股》和《四位一体操盘术》两本书出版了以后，获得了大家的好评，取得了读者的肯定，达到了我所预期的效果，对此我也颇为欣慰。大家都觉得我的"四位一体操盘术"特别神奇，也对获得的好处津津乐道、欣喜万分。这里为了刚看我这本书，还没看过我之前出版的《轻松买对卖对大牛股》和《四位一体操盘术》这两本书的读者，尽快、尽可能地看得懂、了解得透本书的内容，特别以一定篇幅简单介绍一下基础内容，同时也将前两本书里面没有彻底讲透的相关内容，进行了更加丰富且全面的讲解，希望大家结合我已经出版了的前两本书的内容一起认真对照着看，相信对大家理解股市、理解走势、理解操作要点和进一步强化自己的执行力，是大有裨益的。

"四位一体操盘术"是由短期股价移动平均线、成交量均量线、MACD指标、我改良过的RSI指标所一起组成的。它专门用来监测判断指数、板块以及个股的真实强弱力度、方向性、持续性、高低转换拐点，实现轻松、有效、准确地跟随主力资金及时做对的结果。

图1-1从上至下依次由K线、均线、成交量和均量线、MACD指标、我改良过的RSI指标（其中，CMRSI顶指标专门用来逃顶，CMRSI底指标专门用来抄底）组成四位一体指标体系。同时，附加了CCI指标作为强弱转换的加强确认。

这些指标都是大家耳熟能详的常用指标，是每个炒股软件当中都有的，也是大家平时经常会用到的指标。但是为什么大家在平时使用的过程当中，老感觉掌握不好它们呢？主要原因其实是大家没有掌握它们的精髓，没有根据它们各自的特点，因势利导地把它们有机地结合在一起使用。

我们广大散户面对整个市场时没有任何优势，也不可能第一时间获得有用的、真实有效的数据和信息。唯一和庄家主力同时获取的，就只有从交易所同步输送

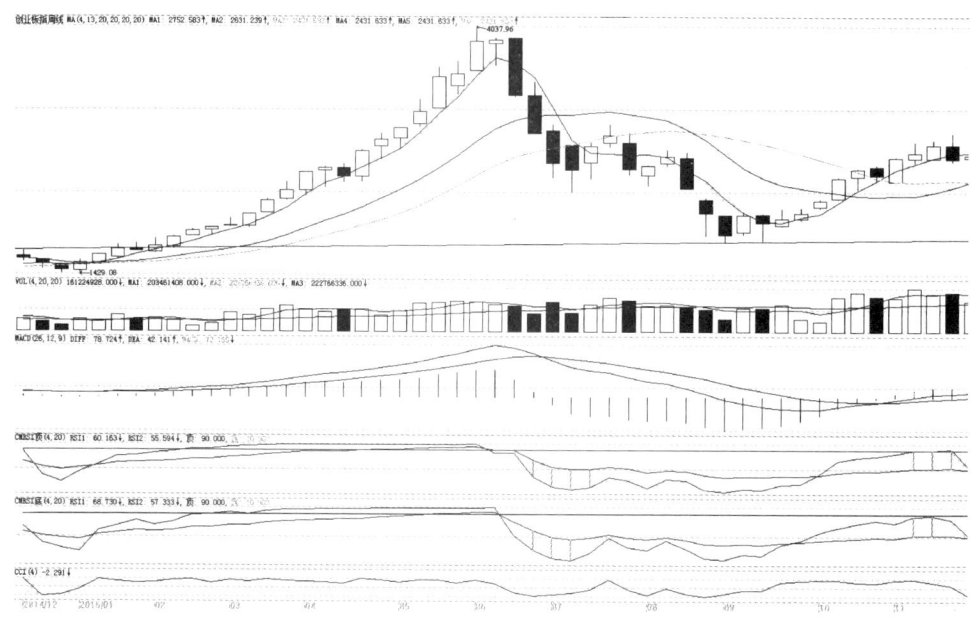

图 1-1

出来的这些盘口交易数据,以及交易软件上的这些图形数据了。我们学会这些用来观察和预测股票市场走势和内在规律的一些指标和方法,然后建立比较科学有效的交易体系,执行好交易纪律,也可以利于自己炒好股票。

基本面分析法着重于对一般经济情况以及各个公司的经营管理状况、行业动态等因素进行分析,以此来研究股票的价值,衡量股价的高低。而技术分析则是透过图表或技术指标的记录,研究市场过去及现在的行为反应,以推测未来价格的变动趋势。其依据的技术指标的主要内容是由股价、成交量和涨跌幅等数据计算而得的,我们也由此可知:基本分析的目的是判断股票现行股价的价位是否合理,并描绘出它长远的发展空间;而技术分析主要是预测短期内股价涨跌的趋势。通过基本分析我们可以了解应购买何种股票,而技术分析则让我们把握具体购买的时机。

技术分析基本只关心证券市场本身的变化,而对可能对其产生某种影响的经济、政治方面等各种外部的因素的考量不特别重视。

在时间上,技术分析法注重短期分析,在预测旧趋势结束和新趋势开始方面优于基本分析法,但在预测较长期趋势方面则可能不如后者。大多数成功的股票投资者,都是把两种分析方法结合起来加以运用,他们用基本分析法来预估较长期的趋势,而用技术分析法来判断短期走势和确定买卖的时机。

我一贯最重视技术面,觉得"股市规律全反映在技术图形之中"。但也不排斥基本面分析,只是我们不可以完全去相信那些公布的统计数据和公布的财务数据,因为这些数据通常都是假的,都是用来忽悠人的。在看数据、看政策、看消息的时候,需要每个人根据具体时间、具体特征来换位思考,揣摩他们为什么会在此时这样说、这样做,才可能让这些信息为你所用、用之有益。

我个人觉得任何一位炒股者,都必须要了解、掌握、贯穿运用好 K 线、均量线、MACD、RSI 这四种基本的技术指标,全面观察好各时间周期的共振变化特征。这样做了,股市的"市场规律"尽在其中!

下面,我再花一点篇幅先简单地介绍和提炼一下这些指标各自的使用特点和相关诀窍。

第二节 短期股价移动平均线的相关设置和运用

短期股价移动平均线系统是股价短期运动的趋势线,是用来确认其各自时间周期级别的短期趋势的一个非常方便有效的指标。它的相关参数设置,如日线用 5 日、10 日、20 日 MA;周线用 4 周、13 周、20 周 MA;月线用 3 月、6 月、12 月 MA。

图 1-2 中框内的阶段其 5 日股价移动平均线运行的角度大于 45 度角度以上,这种大角度多头向上的形态,就是最佳短线参与操作阶段。这种阶段获利速度和效益最好。当这些平均线都多头向上运动时,股价总的趋势是向上的,是我们可以相对重仓积极参与做多的阶段。

框外的短期均线也好,其他的相关的四位一体指标体系的要素条件也好,要么是处于下跌趋势的时候,要么是有反作用力的时候,都不是符合我们追求的短线操作状态。当这些平均线或者相关的四位一体指标体系的要素条件都空头向下或有反作用力的时候,说明股价正处于下跌的趋势当中,是我们需要尽量空仓,持币观望的阶段。

短期股价移动平均线运行的角度,反映了这个趋势的强弱程度。越是陡峭运行的平均线,股价运动趋势越是强烈。在实战分析当中,我们首先就是要看它运动的方向和角度,以此来判断目前股价运动的大趋势,以及这个趋势的强弱程度。

在实战中,尽量只参与这些均线系统大于 45 度角度以上,向上的多头排列的时候的个股和指数趋势行情;尽量回避短期股价移动平均线在进行横盘震荡的个

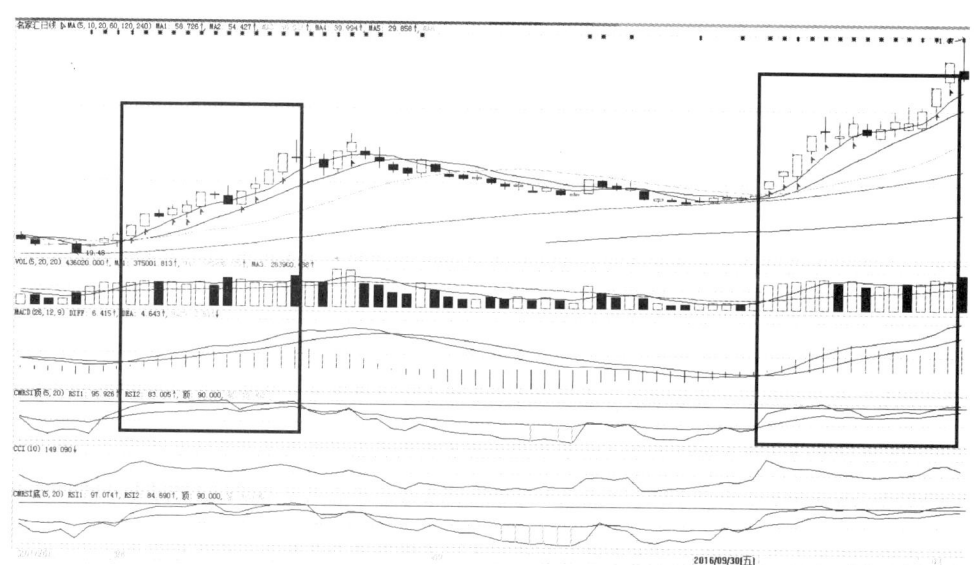

图 1-2

股和指数趋势行情的时候,坚决不参与短期股价移动平均线空头排列的个股和指数趋势行情的时候。除非他们已经空头排列运行到其复合时间周期,CMRSI 底指标数值都在极低位以后再去抄底,那是另外一码事了。

使用股价移动平均线要抓住其本质的东西,那就是其趋势特性。当股价移动平均线随着股价上扬,处于多头排列状态,我们就可明白这个时间周期的参与者,大部分都处于获利阶段,市场没有根本性的利空,或主动性卖盘大量持续出现的话,短线容易继续上涨。只要股价没有大幅上涨,没有出现突破拉升性质的涨停板以及其后的主升浪,那这种形态就告诉我们还有超短线、短线、中短线甚至更大级别的上涨行情的参与价值。既然有价值,我们就要在其小于一个时间周期的四位一体指标体系走势图上,出现放量全多头,或其他确定无疑的买入机会之时,及时分仓介入就是了。

对于那些中短期内未经过 50% 以上幅度的连续大幅快速拉升的,相对质优价廉的个股,只是单纯受到中短期大盘的拖累,致使股票经历了一段时间的持续缩量或无量下跌,中短期连续累计下跌幅度远远大于 30% 以上的。对这类个股,我们要密切关注它在中短线连续空头排列超跌后,随时可能出现的 K 线的反转形态。通常这类个股,在大盘跌势减缓之时,可重点关注其从 5 分钟级别开始到周线级别的各时间周期级别的 CMRSI 底指标的 RSI1 数值,若都同步调整到 30 以内、其分时图上也同步产生下豁口大于3％之时买入首笔。等到其再度形成60分钟四位一体指标体系放量全多头之时,或者止跌反弹出现放量阳包阴K线形态之时,投资者再赶快加仓一笔。

图1-3为002388新亚制程。该股在2016年12月12日这天大幅下跌,与之前的2016年11月23日的最高价相差30％左右。在此下跌期间一直是缩量无明显抵抗性反弹,到12月12日时其5分钟、15分钟、30分钟、60分钟、日线、周线的CMRSI底数值均达到极低位,分时图上出现巨大的满足条件的下豁口,在我的预警框内盘中及时跳出来报警。其基本面在此过程当中一直是比较优秀的。其公司本身也是该行业当中的龙头品种,公司的炒作题材概念也符合当前社会的政策导向扶持类型。该股见底以后经历了小幅反弹、缩量盘整,终于在2017年1月12日开始形成60分钟和日线级别的四位一体指标体系放量全多头现象,然后再依次持续放量的推升下,股价迅速地大幅震荡向上,出现一波短线的急拉升走势。

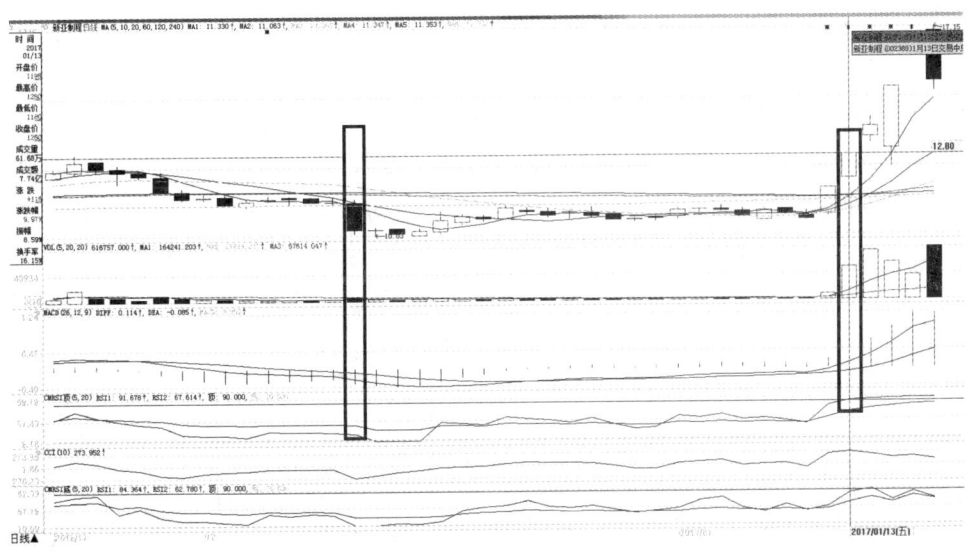

图1-3

这类个股一旦K线反弹或反转以后,与其对应的每天成交量,若能够基本上形成连续的梯级放量上升,特别在其反弹至日线级别四位一体指标体系放量全多头现象发生后,其当时的筹码的获利比例大于80％以上、筹码成本价跟现价的价差在20％以内的话,往往其走势将更为凌厉,甚至会成为大盘重新反弹走强过程当中的领头羊个股的。我们要敢于、善于及时参与其中,那样的话会容易充分享受到股价再度反转向上的快速上涨,获得一波暴利机会的乐趣。

怎样才算完美的量价结构？

所谓完美的量价结构就是股价拉升时放量、回调时缩量这种分时运行状态。涨停个股在分时走势中呈现出完美的量价结构，则说明庄家是真的投入了大量的资金在认真踏实地向上做行情。如果用"四位一体操盘术"判断方法，看清楚股价确实正处于大波段低位，要敢于适当重仓参与。如果用"四位一体操盘术"判断方法，看清楚股价确实正处于拉升阶段出现这种完美的量价结构进攻态势，也要敢于适当重仓参与。如果股价波段涨幅已经在 30% 左右，出现这种完美的量价结构进攻态势，同时刚刚形成了 60 分钟、日线、周线、月线这几个时间级别的四位一体指标体系放量全多头都满足的话，此股就很有可能是中短线极品的疯牛股了，那时需要立刻在其分时图的交易重心或均价线附近赶快分仓买入的。接下来只要注意短线以 5 日均线为止损位就可以了，那一波主升浪行情基本上就唾手可得了。

图 1-4 为 600069 银鸽投资。该股在 2016 年 9 月 30 日，见了一个短期顶部以后，一直缩量缓慢向其突破后通常都有的回踩的有效支撑位 20 日线附近震荡下跌。然后在 10 月 24 日形成了 60 分钟和日线级别的四位一体指标体系放量全多头现象。在图中框内形成了连续三天的梯级放量大幅向上进攻的态势。在这种日线级别的进攻态势过程中，周线上我们也看到了 MACD 指标当中的柱状体不断地向上延伸的，有效配合支持，也看见了其周线级别的四位一体指标体系放量全多头现象的有效配合。那么只要其上涨过程中的止盈止损支撑位，不断地能够保持上

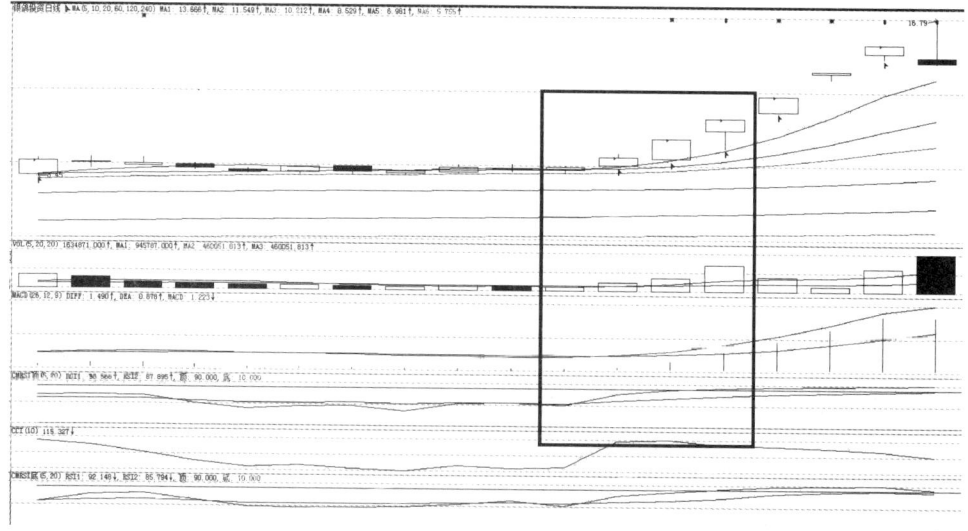

图 1-4

移,并且股价一直站在5日线上方,那么就尽量把这波中短线行情做足,不要轻易地中途下车,当然上涨途中如果先满足了我的最高点卖出法条件,可以在盘中主动地高抛一下,没有任何问题。但一定要注意,在没有跌破5日线的情况下、5日线还是强势的大角度向上的情况下,一定要利用盘中做T+0的方法,把它在满足买入条件的时候再买回来。不能轻易地把极强势股做飞。

一般而言,只有连续放量才能持续上涨,哪怕是中间的一两根阴线也尽量要保持较大量能,若只放出一两天的量便快速缩量再现低迷走势,则是一般节奏的上涨或反弹行情,所以一只个股只有连续放量或温和梯级放量,大一时间周期的MACD走势图上的柱状体不管怎么震荡,它都必须是依次向上的,才有可能形成一波很有气势、很有力度的快速上涨短线行情。连续放量也经常出现在上涨势前期的洗盘整理结束过程后,那是容易造成股价加速上涨形成一波主升浪行情的,对此投资者应积极重点关注。

如果盘口呈现出的是散乱的、有反作用力的、涨时缩量、跌时放量的,而且上涨时攻击量峰结构明显单薄,通常都是靠庄家通过单笔或几笔大单拉升一下,然后老干一到高位就大单出货的勾当,即使涨停了,还不时有大手笔抛单出现等不健康的量价结构,那就需要当心庄家主力利用快速上涨或涨停来进行出货的勾当了。这预示短期调整即将到来。如果大盘好的话,横盘整理后后期有可能还会向上拉一拉。如果碰上大盘不好就不乐观啦。

一、短期均线金叉买入法则

日线级别中的5日、10日、20日这三条均线组合,是超短线、短线投资者最常用的均线组合。周线级别中的4周、13周、20周这三条均线组合,是短线、中线甚至长线投资者最常用的均线组合,具有极强的实用性和有效性。其中,5日、10日均线可用于判断短期趋势,而20日均线则用于判断中期趋势。当股价向上突破5日、10日均线时,说明该股短期趋势转强;突破20日均线时,说明中期趋势趋于转强。此时,股价下方的三条均线,特别是三条均线的黄金交叉点,更是股价回档时的强有力支撑买点。

图1-5中有好几个框内都有产生金叉的现象,但是每一个框里面产生金叉的后面的走势都各不相同,这是为什么呢?大家仔细地看一看应该能明白,在有些框里,它出现的金叉是有反作用力的,因为当中有一根线仍然是向下空头排列的,那么在空头排列的过程中产生的金叉,它要马上起一波强势的上涨行情的可能性是比较小的,通常它还需要接着做完一个震荡走低的过程。如果说在多头金叉的时候,产生的量不够,那么它也会有一定的纠结,还要在均线附近,或者说在金叉点附

近缩量震荡徘徊一段时间后再选方向。只有最强势的形成了四位一体指标体系的放量全多头现象的金叉,并且金叉好后又持续得到后期的放量攻击态势的配合,那么它才可能形成比较快速凌厉的猛烈上涨。所以说这三条均线在产生金叉的时候,它们这三条线各自走得多头向上的角度越大越好。如果它们在金叉的时候没能形成齐头并进的放量多头,那么金叉以后仍然还会有一定的横盘震荡或震荡下跌,去确认这个金叉点、确认金叉以后的5日线甚至20日线的支撑,而且这个寻找支撑点的时间还可能是比较快的时间内,就能做到的。所以不能一看到金叉就轻易激动兴奋,一定要结合盘面市场强弱特征,以及个股的复合时间周期四位一体指标体系的数值,认真仔细地判断好以后再择机行事。

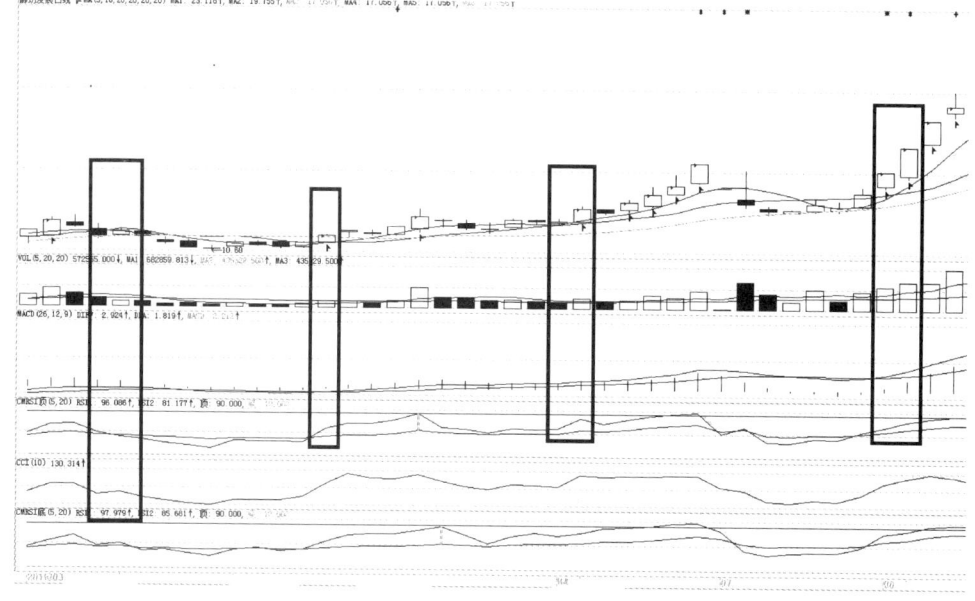

图 1-5

股价在5日、10日、20日这三条均线先后形成放量金叉之后上涨,成交量应呈现逐步放大的态势为最好,股价回调时成交量应呈现明显的萎缩为最好。在突破这些短期均线并且使得这些短期均线从原来的空头排列到逐步走平上翘的过程中,必须要有成交量梯级放大表现的配合,否则股价走强的真实性、有效性以及上涨幅度的空间将会大打折扣。

一般来说,5日、10日、20日这三条均线形成放量金叉时,都是在中短期趋势的相对低位区域,如果此时出现双重底、头肩底等同步的放量向上突破形态,那么判断股价走强的可靠性将会更高。在下降趋势中,这三条均线因为各种各样的原因有时也会形成金叉,但是若之后股价稍微一涨就在很短的时间内很快再度下跌并跌破5日均线,且使得三条均线再次形成死叉发散下行,就说明前期股价上涨仅仅是一次短暂的脉冲式的反抽或反弹,股价的下跌趋势还将继续,激进的投资者应在股价跌破5日线之时止损出局,理性的投资者也必须在股价跌破20日均线时止损出局。

当5日均线从下往上交叉其周期更长的10日均线时,称为"金叉";反之,则称为"死叉"。金叉往往助涨,死叉往往助跌,在实际操作中,我们就可以利用均线之间的金叉和死叉来进行相应的买入和卖出操作。当出现金叉时,个股上涨的概率总是要大于下跌的概率。考虑到指标的滞后性,先有股价下跌才有死叉形成,因此,在股价欲形成死叉的时候就可以进行减仓操作,而不是等死叉形成之后再卖出。

标准的金叉应该是:周期长的均线走平然后向上行,周期短的均线由下而上穿越周期长的均线。激进的交易者可以在5日线即将金叉10日线前在其交易重心附近进场,谨慎的交易者可等5日线向上金叉过10日线后,通常会在盘中回靠金叉点交易重心附近价位时买进。

5日均线与10日均线产生金叉,说明多头开始走强,是短线进场的时机。不过若此时10日均线还呈下行走势的,那么这个金叉就不是标准的金叉,因为10日均线还呈下行走势,通常会出现二次探底,一般要看到持续放量推升均价线和均线不断上移才可在当时的交易重心附近适当参与。

均线是跟随股价起伏变化而波动的。当股价回调的时候,5日均线向下靠近10日均线但并没产生死叉,反而再度放量多头向上攻击,则通常说明超短线、短线调整结束,新一轮更猛烈的上涨行情即将展开了。短线投机客们可积极在其交易重心附近买入或加仓。有些个股的短期均线刚刚死叉后又能够快速再度放量金叉形成四位一体指标体系的全多头上涨形态的话,也说明超短线、短线调整结束,新一轮更猛烈的上涨行情即将展开了。短线投机客们也可积极在其交易重心附近买入或加仓。

图1-6为000935四川双马于2016年9月5日在5日线即将要死叉而10日线还没死叉的这个时候,形成了快速的再度放量上涨的类似于MACD指标当中的老鸭头现象,这是属于均线的老鸭头形态。这种均线的老鸭头形态有各种各样的变种,可以是5日线和10日线之间产生老鸭头形态,也可以是5日线和20日线之间形成老鸭头形态。但是不管怎样,在形成这种均线老鸭头形态时,一定要得到最起码的比其这个时间周期小一时间周期的走势图上先要形成四位一体指标体系的放量全多头形态来去做配合,并且要得到比其当时时间周期大一时间周期的柱状体多头向上的有力配合,才最有效、最有力。同时,在形成了均线老鸭头以后,还要得到后续的持续主动性买盘成交量的推升。在后期的走势过程中,其柱状体要不

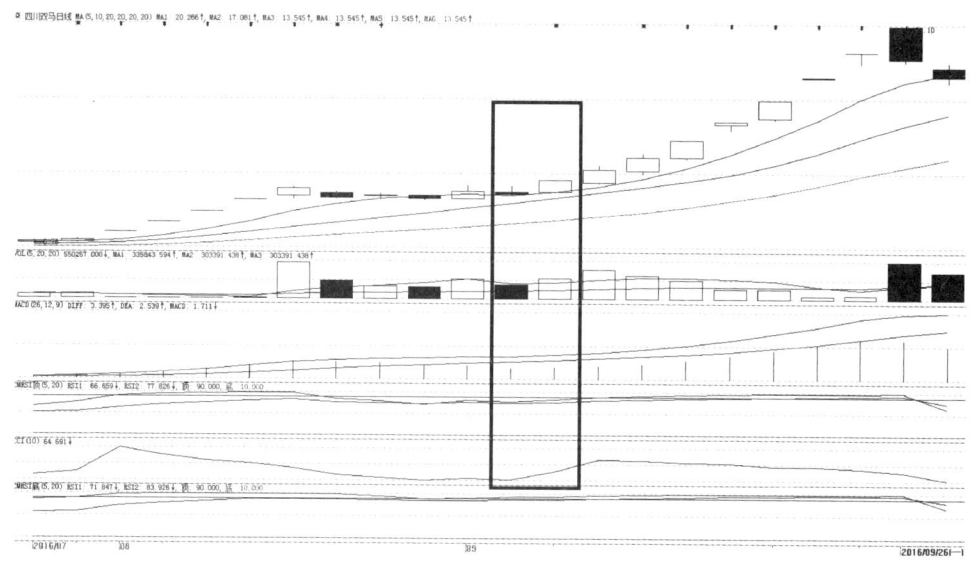

图 1-6

断地向上延伸,在比其小一时间周期的四位一体指标体系走势图上,不能有我在《四位一体操盘术》一书中反复强调的"顶部三宝"现象出现。那么,它后期的一波凌厉攻势,是指日可待的,是值得参与的,是会让你快速地在其身上赚很多钱的。一般而言,均线上发生这种"放量老鸭头"形态的话,那么它后期的这一波上涨行情是其前一波上涨行情高度的 1.618 倍。这种行情是不可以不及时分仓参与的。

同例可以在周线上适用。当股价回调的时候,4 周均线向下靠近 13 周均线但并没产生死叉,反而再度放量多头向上攻击,则通常说明超短线、短线调整结束,新一轮更猛烈的上涨行情即将展开了。短线投机客们可积极在其交易重心附近买入或加仓。有些个股的短期均线刚刚死叉后又能够快速再度放量金叉形成四位一体指标体系的全多头上涨形态的话,也说明超短线、短线调整结束,新一轮更猛烈的上涨行情即将展开了。短线投机客们也可积极地在其交易重心附近买入或加仓。

宽泛地说:在 20 日和 60 日股价移动平均线多头排列处于上升状态的时候的股票就叫强势股。

此时通常是以震荡上涨为主的运行态势,但是也经常发生在上升过程当中,碰到了主力庄家的短期震荡洗盘阶段,因为时间筹码成本的不一致,庄家主力为了使得其在今后的拉升过程当中,尽可能地减少拉升过程当中大量不坚定的浮筹对盘面的影响和干扰,抬高市场的平均持仓成本帮助其减少抛压,而故意为之的"苦肉计"。一旦等到几条股价移动平均线接近黏合或黏合在一起后,特别是 20 日线和

60日线,在此震荡整理过程中,一定要一如既往地保持多头向上的格局。基本将中短期市场成本趋于一致时,通常也就意味着基本达到主力洗盘的底线价格附近了,洗盘即将结束了,变盘就在眼前了。

一旦此时比其小的时间周期的各分时级别的 CMRSI 底指标的 RSI1 数值都同步调整到 30 以内、其分时图上也同步产生下豁口大于 3‰ 之时买入首笔。等到其再度形成 60 分钟四位一体指标体系放量全多头之时,或者止跌反弹出现放量阳包阴 K 线形态之时再赶快加仓。一波再次反转向上快速上涨的中短线行情很快就将呼之欲出了。

图 1-7 是 2016 年 12 月 2 日 600679 上海凤凰当时的分时图。光标所放之处其即时成交价的最低价和其当时的分时图均价线之间,有超过了负 3‰ 以上的下豁口的价位差,是满足了我的分时图下豁口要求的。同时此时,其 5 分钟、15 分钟、30 分钟、60 分钟这些时间周期的 CMRSI 底指标当中的 RSI1 的参数数值都到了 30 以内。日线图也符合我们上述文章里面讲的内容要求。

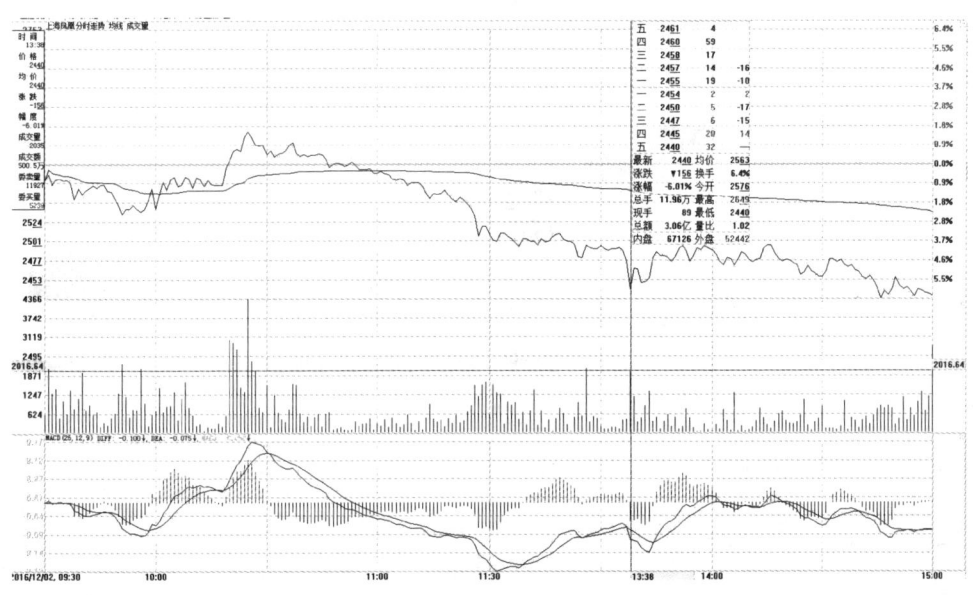

图 1-7

图 1-8 是 2016 年 12 月 2 日 600679 上海凤凰当时的 5 分钟四位一体指标体系走势图。框内显示的是其当时 5 分钟的 CMRSI 底指标当中的 RSI1 的参数数值到了 30 以内。

图 1-9 是 2016 年 12 月 2 日 600679 上海凤凰当时的 15 分钟四位一体指标体

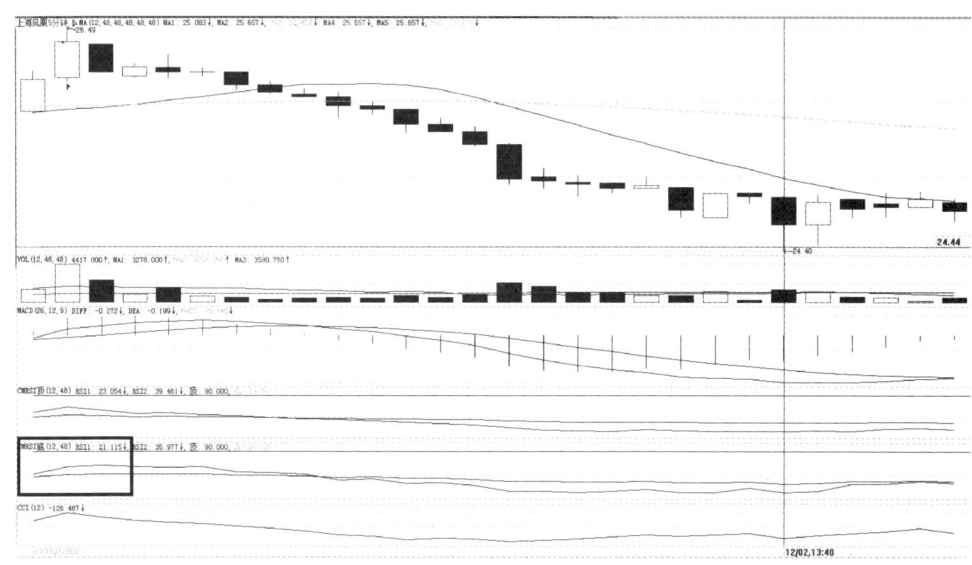

图 1-8

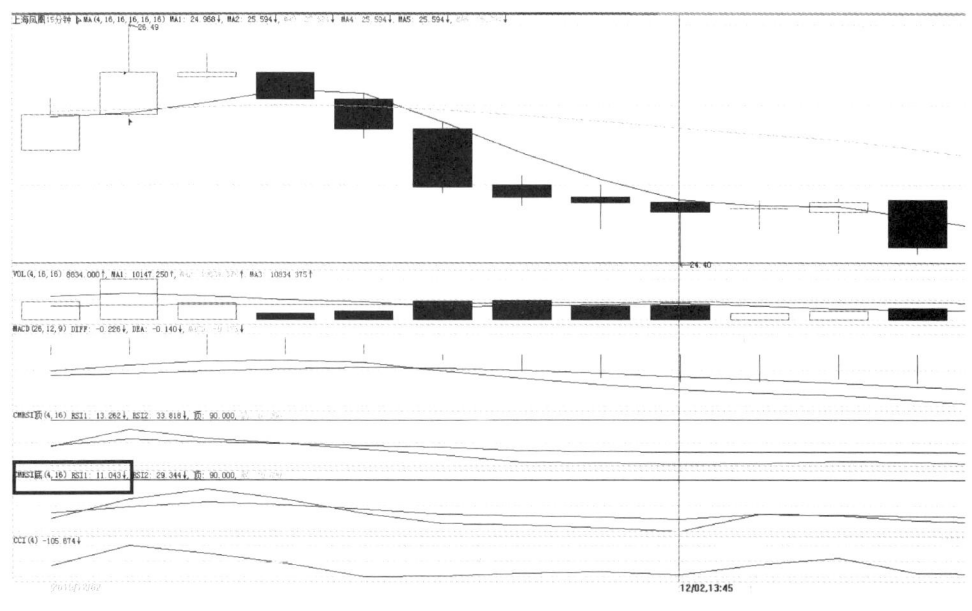

图 1-9

系走势图。框内显示的是其当时15分钟的CMRSI底指标当中的RSI1的参数数值到了30以内。

图 1-10 是 2016 年 12 月 2 日 600679 上海凤凰当时的 30 分钟四位一体指标体系走势图。框内显示的是其当时 30 分钟的 CMRSI 底指标当中的 RSI1 的参数数值到了 30 以内。

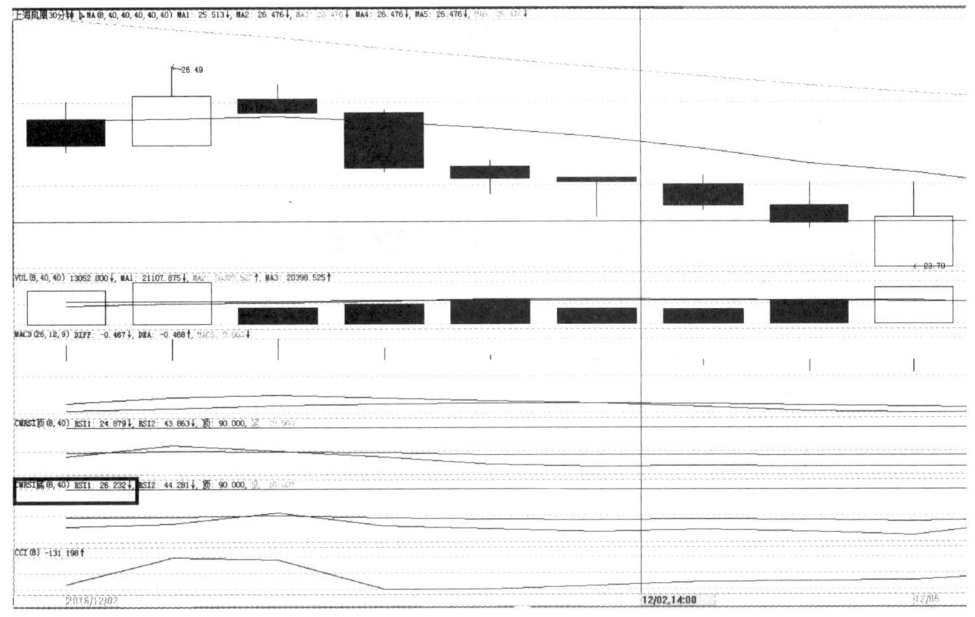

图 1-10

图 1-11 是 2016 年 12 月 2 日 600679 上海凤凰当时的 60 分钟四位一体指标体系走势图。框内显示的是其当时 60 分钟的 CMRSI 底指标当中的 RSI1 的参数数值到了 30 以内。

图 1-12 是 2016 年 12 月 2 日 600679 上海凤凰当时的日 K 线四位一体指标体系走势图。在此震荡整理过程中，20 日线和 60 日线，一定要一如既往地保持多头向上的格局。此时逢低买入第一笔，然后等待其 60 分钟四位一体指标体系走势图上出现放量全多头买入信号，从预警框里面弹出来就可以及时在其当时分时图的交易重心附近分仓买入第二笔了。

等到在当时的时间周期走势图上出现一根放量中长阳 K 线突破所有中短期股价移动平均线，并且使得当时的时间周期四位一体指标体系走势图上再度形成放量全多头之时，同时比其大一级时间周期四位一体指标体系走势图上也基本上形成放量全多头之时，那就是其超短线、中短线向上爆发主升浪的最好切入买点了。那是需要及时在其当时分时图的交易重心附近分仓买入的。特别是其所隶属上海凤凰60分钟 MA(4,20,20,20,20,20) MA1: 25.502↓, MA2: 26.457↓, MA4: 26.457↓, MA5: 26.457↓
26.49
23.70
VOL(4,20,20) 33540.000↑, MA1: 42215.750↑, MA3: 40797.051↑
MACD(26,12,9) DIFF: -0.416↓, DEA: -0.149↓
CMRSI顶(4,20) RSI1: 18.173↓, RSI2: 42.902↓, 顶: 90.000,
CMRSI底(4,20) RSI1: 11.094↓, RSI2: 42.817↓, 顶: 90.000,
CCI(4) -117.719↑
2016/12/01
12/02
12/02,14:00
12/05

图 1-11

上海凤凰日线 MA(5,10,20,60,60,60) MA1: 26.016↓, MA2: 26.887↑, MA4: 19.577↑, MA5: 19.577↑
46.08
VOL(5,20,20) 161278.000↑, MA1: 159466.406↓, MA3: 136333.594↑
MACD(26,12,9) DIFF: 2.083↓, DEA: 2.166↓
CMRSI顶(5,20) RSI1: 45.414↑, RSI2: 60.956↑, 顶: 90.000,
CCI(10) -72.120↓
CMRSI底(5,20) RSI1: 40.569↓, RSI2: 59.654↓, 顶: 90.000,
2016/12/02(五)

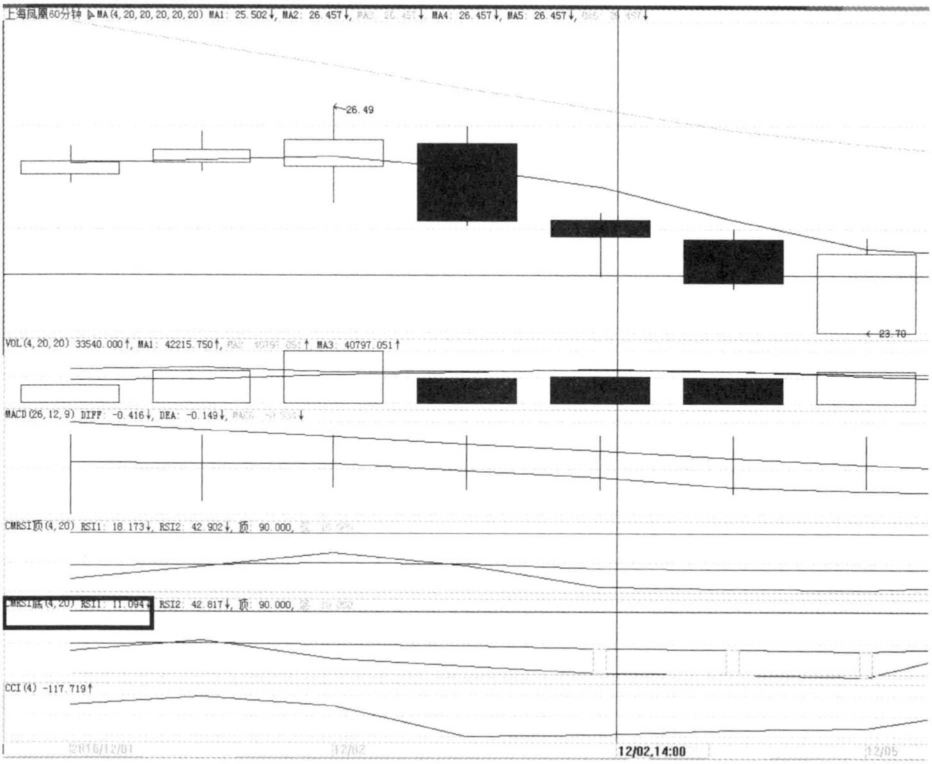

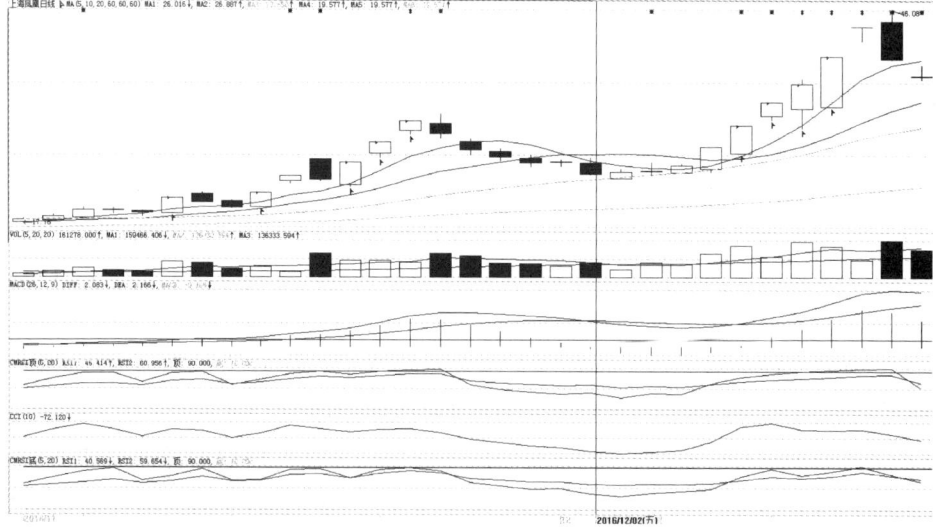

图 1-12

的板块,如果也正好强势启动在板块指数量比涨幅榜前列的话,则更是绝佳的中短线炒作品种。

宽泛地说:在 20 日和 60 日股价移动平均线空头排列处于下跌状态的时候的股票就叫弱势股。

此时通常是以震荡下跌为主的运行态势,也经常有可能碰到主力庄家营造的短期震荡反弹。这种反弹绝大多数都是由于一个阶段下跌过快过猛,而引发了反弹,同时庄家主力也想在震荡反弹过程当中,尽量在相对高位再把手里还没抛完的筹码抛在相对高位的一种短线策略行为。所以他会用尽一切手段营造出超短线、短线向好的机会,吸引抢反弹的散户纷纷参与,他在相对低位尽量不抛筹码了,他只在每次反弹接近下跌途中的 20 日线附近时再大力抛筹码,从而遏止住了每次的短线反弹高度。一旦等到几条短线股价移动平均线接近黏合或黏合到下跌途中空头排列的 20 日线和 60 日线附近时,通常主力再度大力出货的效果也已经又基本达到了,则盘面上显示的这种超短线、短线反弹也就即将结束了、再度向下变盘就在眼前了。

图 1-13 是 2016 年 11 月 4 日到 2017 年 1 月 24 日期间 603028 赛福天当时的日 K 线四位一体指标体系走势图。大框内其 20 日线和 60 日线都是多头向上的,我们称其为强势股行情期间。大框外其 20 日线和 60 日线都是不同程度呈现的空

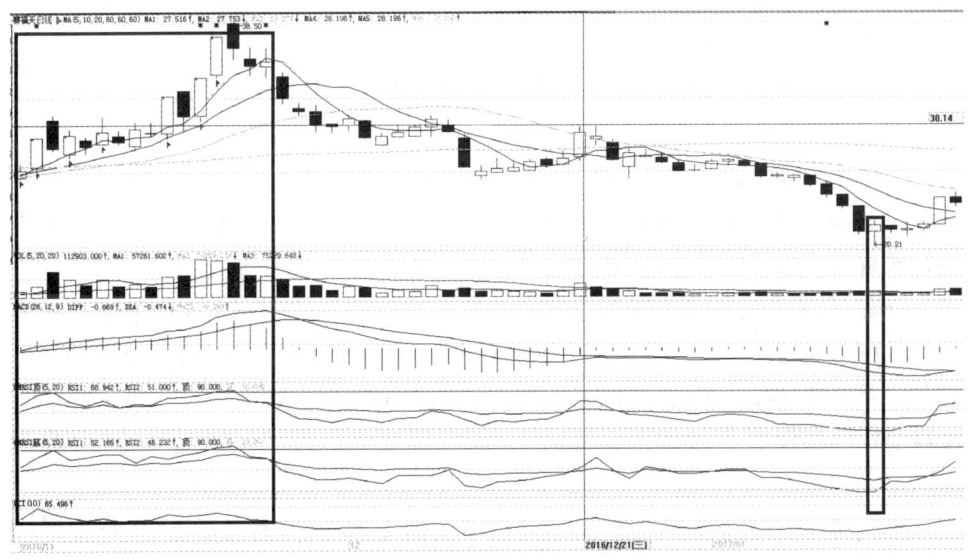

图 1-13

头向下的趋势，我们就称其为弱势股行情期间。光标处是其20日线拐头向下以后第一次反抽碰到20日线的时候，通常此时高抛是没有任何问题的。当时我就在这一天的盘中分时图上豁口处叫一个刚刚开始学习我的"四位一体操盘术"的学员股友卖出了这个股票，使得他成功地避开了其后的一波大跌。因为其对这个股票"很有感情"，抛了以后一直想买回来，所以在我的建议下，其在后面的小竖框处又利用"抄大底"的方法把它又在最低点附近买回来了。这一出一进不但减少了亏损，化解了下跌风险，同时还获得了一定收益，关键是深刻地领会了抄底逃顶的方法的精髓，推升了信心，搞好了心态，踩准了节奏。我相信他今后对待这个股票或这种情况的时候，操作起来应该会更加如鱼得水、潇洒自如了。

一旦此时比其小的时间周期的各分时级别的CMRSI顶指标的RSI1数值都同步上升到过80以上、其分时图上也同步产生上豁口大于3‰之时要舍得及时卖出。等到其再度形成60分钟四位一体指标体系全空头之时，或者出现阴包阳K线形态之时则赶快清仓。一波再次反转向下快速下跌的中短线暴跌行情很快就又将开始了。等到在当时的时间周期走势图上出现一根中长阴K线跌破所有中短期股价移动平均线，并且使得当时的时间周期四位一体指标体系走势图上再度基本上形成全空头之时，同时比其大一级时间周期四位一体指标体系走势图上也基本上形成全空头之时，那就彻底宣告下跌过程当中的一次超短线、短线反弹行情正式结束了。此时就不要对超短线、短线还会有反抽行情抱任何幻想了。立刻不顾一切地抛清手中所有筹码是此时此刻的头等大事。

1. 怎样一眼判断清楚是在走长线牛市行情还是在走长线熊市行情

只要3月线依然是大角度多头向上运行的、月线的MACD指标柱状体仍然是在向上延伸的，以及月线CMRSI顶指标的两条曲线仍然是在多头向上的，这三个重要特征都齐全的，就代表长线趋势仍然是牛市上涨态势。只要它们这三个重要特征没有转为疲态向下，投资者就应尽量以积极做多、持股待涨为主。

反之，只要3月线依然是大角度空头向下运行的，月线的MACD指标柱状体仍然是在向下延伸的，以及月线CMRSI顶指标的两条曲线仍然是在空头向下的，这三个重要特征都齐全的，就代表长线趋势仍然是熊市下跌态势。只要它们这三个重要特征都没有经过放量拐头向上，投资者就应尽量以坚决做空、持币观望为主。

图1-14光标左侧的3月线是大角度多头向上运行的，月线的MACD指标柱状体是依次向上延伸的，以及月线CMRSI顶指标的RSI2曲线是多头向上的，这三个重要特征都齐全的，就代表长线趋势是震荡上涨的牛市态势。那么只要它们

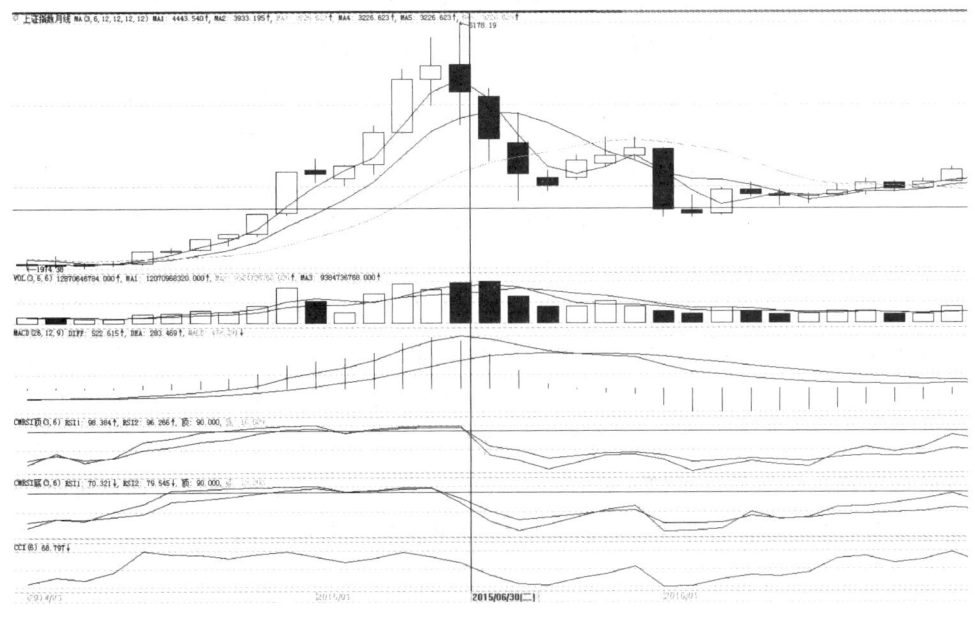

图 1-14

这三个重要特征没有转为疲态向下,投资者应以积极做多、持股待涨为主。除非其每次长线、中线、短线的 CMRSI 顶指标的 RSI1 的参数数值都在极高位的话,先主动适当高抛降低一下仓位,以化解上涨过程当中,也经常会出现的宽幅震荡的短线风险,使得自己在牛市大波段的操作中,利润能够尽可能多和高,风险尽可能少和低。

光标右侧大家看到的是 3 月线呈空头向下运行的、月线的 MACD 指标柱状体是在依次向下延伸的,以及月线 CMRSI 顶指标的 RSI2 曲线是在依次空头向下的,这三个重要特征都齐全的,就代表长线趋势是震荡下跌的熊市态势。只要它们这三个重要特征都没有经过放量拐头向上,投资者就应尽量以坚决做空、持币观望为主。除非其每次中线、短线的 CMRSI 底指标的 RSI1 的参数数值都在极低位的,先主动及时逢低吸纳参与一下中短期反弹,但是一定要注意按照股市游击战的规律要求和高抛低吸的纪律要求去严格执行。以使自己在熊市大波段的操作中,保护住自己资金的安全,在合适的时机做到及时出击和精准撤出。以使自己承受到的风险尽可能少和低,利润能够尽可能多和高。

2. 怎样轻松地一眼判断清楚是在走中线牛市行情还是在走中线熊市行情

只要 4 周线依然是大角度多头向上运行的、周线的 MACD 指标柱状体仍然是在向上延伸的,以及周线 CMRSI 顶指标的两条曲线仍然是在多头向上的,这三个重要特征都齐全的,就代表中线趋势仍然是牛市上涨态势。只要它们这三个重要特征没有转为疲态向下,投资者就应尽量以积极做多、持股待涨为主。

反之,只要4周线依然是大角度空头向下运行的、周线的MACD指标柱状体仍然是在向下延伸的,以及周线CMRSI顶指标的两条曲线仍然是在空头向下的,这三个重要特征都齐全的,就代表中线趋势仍然是熊市下跌态势。只要它们这三个重要特征都没有经过放量拐头向上前,尽量以坚决做空、持币观望为主。

图1-15显示的是上证指数从2014年7月18日这一周到2015年12月31日这一周期间的走势图。这期间但凡是满足4周线是向上的、MACD指标柱状体是在向上延伸的,以及周线CMRSI顶指标的RSI2曲线是在多头向上的,那么在每次放量的框中出现的都是好的买点。当然在框中的那些复合时间周期指标数值都在极低位之时去抢一把反弹也确实短线效果不错的。但是在每次跌破4周线同时柱状体又再度向下移动的箭头标识处先及时止损也是必需的。哪怕止损后可能会再度走强,也要先止了再说。后面只要没有出现强势的阳包阴K线态势前,向下的趋势力量不容小觑。

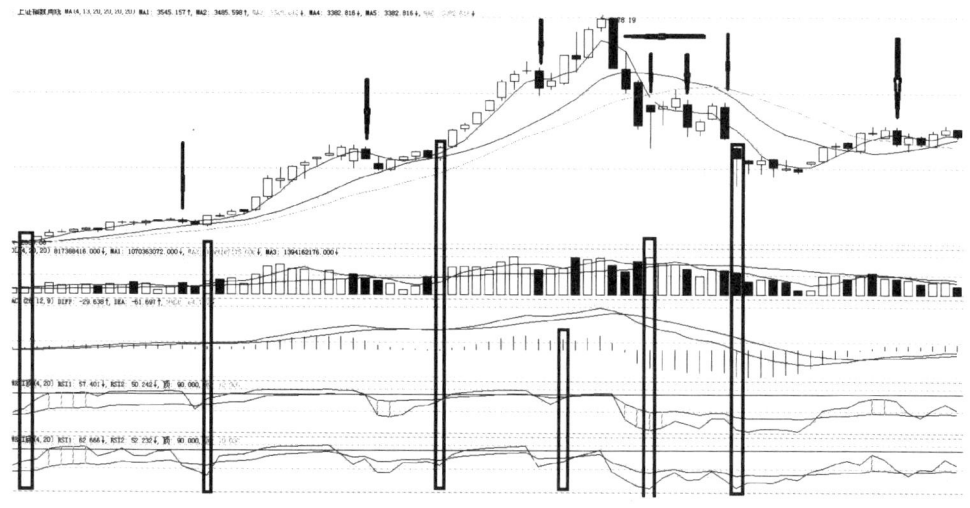

图1-15

3. 怎样轻松地一眼判断清楚是在走短线牛市行情还是在走短线熊市行情

只要5日线依然是大角度多头向上运行的、日线的MACD指标柱状体仍然是在向上延伸的,以及日线CMRSI顶指标的两条曲线仍然是在多头向上的,这三个重要特征都齐全的,就代表短线趋势仍然是牛市上涨态势。只要它们这三个重要特征没有转为疲态向下前,尽量以积极做多、持股待涨为主。

反之,只要5日线依然是大角度空头向下运行的、日线的MACD指标柱状体仍然是在向下延伸的,以及日线CMRSI顶指标的两条曲线仍然是在空头向下的,这三个重要特征都齐全的,就代表短线趋势仍然是熊市下跌态势。只要它们这三个重要特征都没有经过放量拐头向上,投资者应尽量以坚决做空、持币观望为主。

强势股短线支撑位一般都是较前期最高价逐级下调3%、7%、13%、21%、34%、50%等顺序来依次进行下调和抵抗的。所以大家会经常看见一个股会冲高以后在回调了3%左右再度放量企稳一下,或跌破了3%左右的位置后会较快地跌到7%左右去寻找是不是有企稳的可能,以此类推。

图1-16为000795英洛华从2015年7月9日到2017年1月底的K线走势图。期间其走过了从极度弱势股到转变为极度强势股再到极度弱势股的完美轮回。在图1-16的这张黄金分割线图上,完美地体现了文章描述的所有内容,值得大家仔细地去品味体会。当然其他个股你只要把顶底看清楚,然后去画黄金分割线图,也一样可以清晰准确地理解和对待后市每一个阶段之间的价格、趋势转变路径。规律面前人人平等。"跌破黄金分割支撑线抛、跌到下一支撑线处准备买,反弹到之前一级别的顶线附近准备卖、放量涨过上一级别的顶线后再度攻过顶线买。"这些规律掌握以后,结合"四位一体操盘术"所介绍的买卖方法,去及时地进行精准的相关买卖操作,就一定能够做到逢凶化吉、趋利避害。

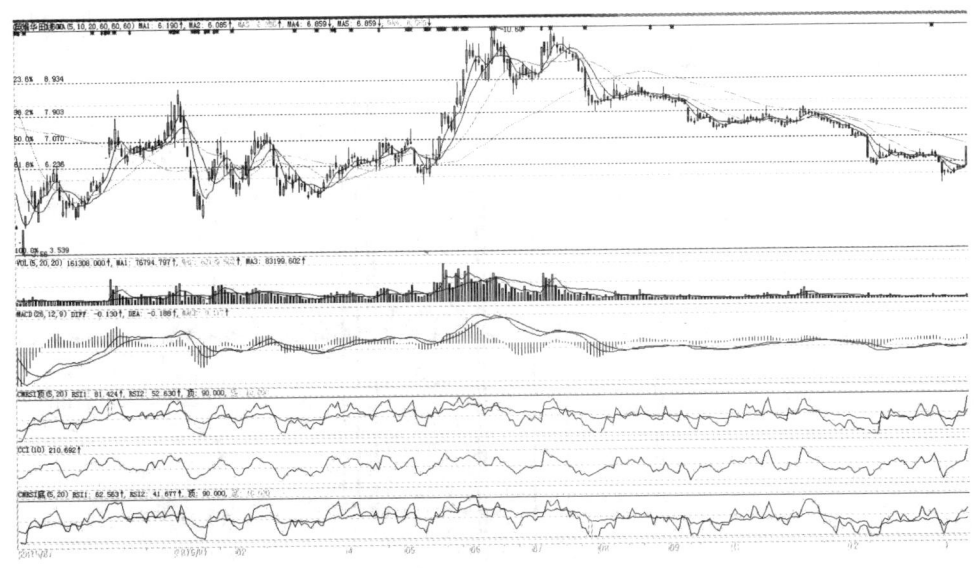

图1-16

下面会逐步展开讲几个均线的特性原则。

想利用均线判断清楚变盘方向，就必须先掌握"均线服从""均线扭转""均线回靠""均线背离""均线黏合发散""复合时间周期共振"这几条基本的，也是很重要的原则和规律。

均线服从原则是指短期均线要服从长期均线，变盘的方向一般都是由长期均线运行的方向来决定的。长期均线若向上了则充分表明要向上变盘了。长期均线向下则向下变盘。日线要服从周线，周线要服从月线。除非月线、周线、日线的复合时间周期指标数值都到极高位了以后，日线级别走势图上开始出现明确的头部信号以后，日线级别的短期均线已经大角度直冲向下了，并且导致相对的长期均线也已经拐头向下了，那时就不必再等到周线、月线的均线系统向下变盘再去确认了。那就太形而上学、会得不偿失、错失良机了。

反之亦然。若月线、周线、日线的复合时间周期指标数值都到极低位了以后，日线级别走势图上开始出现明确的底部信号，日线级别的短期均线已经放量大角度直冲向上了，并且导致相对的日线级别的长期均线也已经拐头向上了，那时就不必再等到周线、月线的均线系统向上变盘来再去确认了。

图 1-17 为 2016 年 7 月 27 日开始到 2017 年 1 月底结束的 300506 名家汇的个股走势图。在此期间，其相对最长的 60 日线，出现了由原来的逐步上移到拐头向下的全过程。我们姑且把 60 日线作为一个相对长的时间周期均线在日线图上来看待，利用 5 日线和 60 日线之间的服从与拐头关系来安排波段进出。在框中每

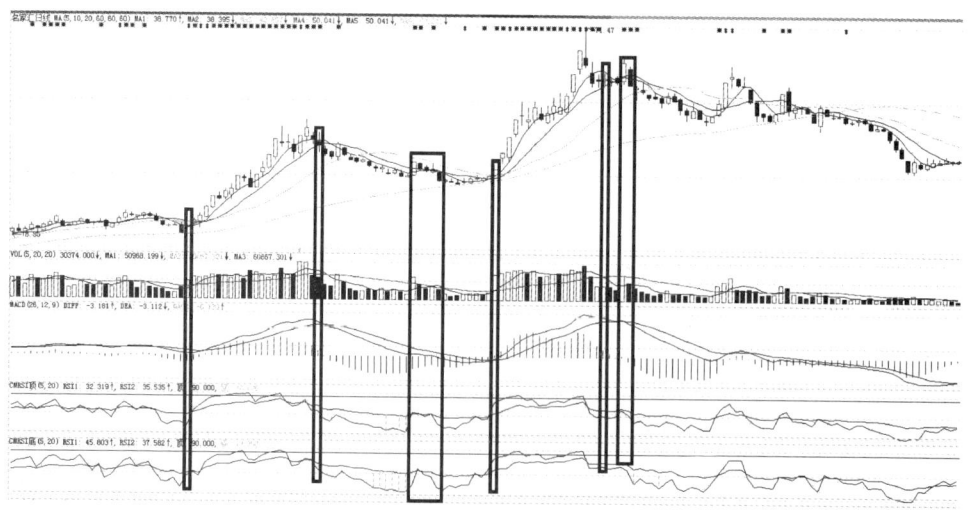

图 1-17

一次放量站上拐头向上的 5 日线作为买入点。跌破 5 日线、5 日线拐头向下作为小波段最后的卖出点。只要 60 日线不拐头向下,60 日线依然强势延续大角度向上态势,那么 5 日线最终还是要不断地向上抬升震荡向上的,要去完成它在一波相对比较大的上涨过程当中,最起码要完成的三次以上的向上折返运行规律的。

对于偏爱中长线操作的股友来说,用上涨过程当中的 60 日线去做上涨趋势段,是比较靠谱的。对于相对激进的投资者而言,在一个上涨的过程当中,利用好 5 日线和 20 日线之间的关系,去进行上涨过程当中的波段运作,也是比较靠谱的。

每一次在上涨过程当中,5 日线、20 日线和 60 日线,共同开始放量向上运行的这个过程当中,如果得到了四位一体指标体系的共同多头配合的话,那么其上涨的态势、上涨的力度会更加猛烈和持续。利用好均线服从原则和在文字和图中看到的这些比较明显有效的买点和比较明确的卖点的时候,进行相关的正确操作是必要的。只有当月线、周线走势图中,出现了明确的向下迹象的时候,才停止短线的想继续做多的波段操作。因为此时你看见的所谓的机会,往往都可能是一种下跌过程当中的陷阱,是庄家主力为了在高位出货,而制造的脉冲式陷阱机会。此时理智地去"奢侈"地浪费这种所谓的机会,我觉得更加靠谱。因为这样会使你得到充分的安全感。然后可以耐心地等待其月线、周线、日线 CMRSI 底指标当中的 RSI1 的参数数值都到极低位以后,再去做下一次的向上做多的小波段操作。但只要下一段操作过程当中,长线的、中线的趋势还是没有明确的转好确认信号出现,仍然是以超短线、短线的思维去进行相关的超短线、短线波段炒作。

不是说利用均线服从原则得出的结论就一定总是最精准的和最正确的,它只是告诉我们行情变化的一般规律性和可能性。均线本身就有一个天然的缺陷,均线服从原则存在一个重要缺陷,那就是迟钝性。均线服从原则不能用来判断最高点和最低点,只能用来判断行情发展的大方向和一个趋势性的拐点。在判断最高点和最低点的转折点时,需要配合月线、周线、日线的复合时间周期指标数值来进行有效的判断。另外,由于市场会受到各种各样的因素的影响,而导致趋势运行过程中的意料之外的变数来突然逆转,所以不能完全刻舟求剑式地刻板运用均线服从原则。在碰到突发因素等非正常的事情发生时,我们就需要及时切换到运用"均线扭转原则"的路径上来。

均线扭转原则是指市场出现与均线服从原理相反的走势时,表明市场见底反转或见顶反转。此时要看当时的扭转力度到底如何,看它的持续度究竟如何,来客观判断行情是否反转。均线服从原则具有一定的惯性,一般情况下在指标没到极高、极低位前和量价关系没有大力度改变前都有效。因为要扭转均线走势方向所代表的趋势变化并不容易。比如,在股价接近或刚到低位时,虽然有时短期均线也有可能会收敛并且拐头向上,但是也很有可能此时股价只是处于底部区域或仍然是一个下跌中继平台的暂时休整一下而已。此时还不能轻易地盲目乐观先期进场。因为根据均线服从原则来说,只要长期均线的方向还是向下的,那此次的下跌趋势就仍然没有结束。

只有当月线、周线、日线的复合时间周期指标数值都在低位出现连续的主动性买盘成交量放出,同时股价确实同步形成了向上的逆转,此时才是均线扭转原则起作用的时候。底部向上的扭转,必须要配合有巨大的主动性买盘成交量持续放出来做确认。

另外,在复合时间周期指标数值都到高位以后开始见顶回落,当股价跌破均线后,无量疲软反抽且站不回均线上方,那时就要立即止损。即使此时均线有可能还在缓慢上行,但此时均线扭转的可能性已经非常大了,也可能很快就将拐头向下了。此时就必须要执行卖出纪律了。

图1-18为川金诺300505于2016年10月10日起至2017年1月底的K线走势图。在其中框内,有若干个重要的均线拐点产生。它们都符合上述文章中阐述的要点。有的拐点产生的时候,由于立马得到了四位一体指标体系的共同有效配合,并且持续地给予有力的配合,则他们的拐点产生后所获得的力度、可信度、持续

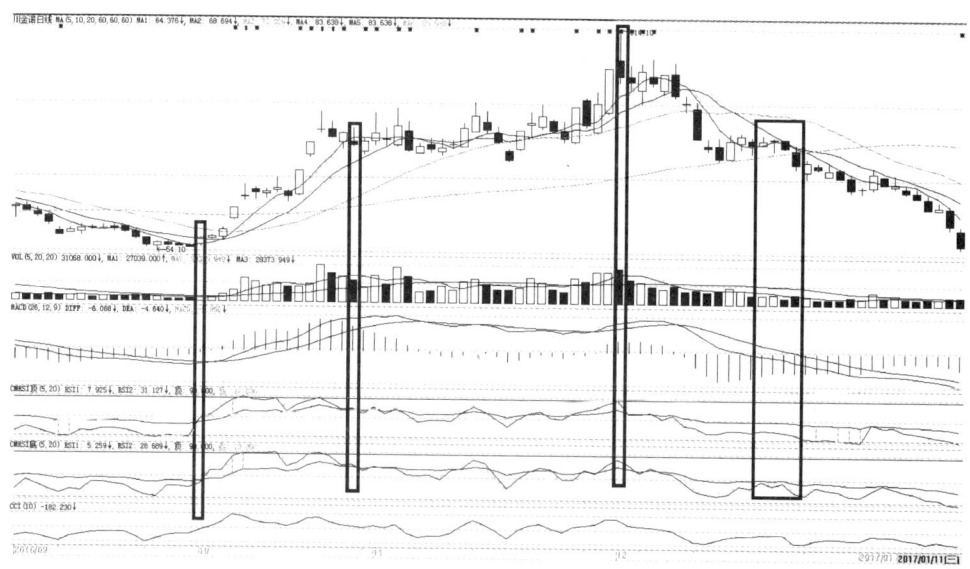

图1-18

度，就得到了充分的保证。有些即使出现了均线拐点，但是由于得不到四位一体指标体系的共同有效配合，仍然继续地延续其之前的弱势走势，并走出了越来越弱的形态，进一步地将拐点产生之前的低点跌破，引来了后市更大幅度、更长时间的下跌。有的在K线图上已经提早出现了明确的价格拐点，但是由于均线是有一定的滞后性的缺点的，所以它还需要后期出现均线拐点以后才能确认，那就相对迟缓了。所以在利用均线拐点原则时，我们应该要结合四位一体指标体系的特征，利用好我的"最低点买入法"和"最高点卖出法"，进行有效的波段炒作。只有这样才能够充分地将均线拐点原则理论体系与四位一体指标体系相互印证、相得益彰，运用起来时更加符合实战要求，提高我们的成功率、准确率和有效性。

二、"均线回靠"原则

股价和均线在趋势的变动过程中，始终存在着引力作用。当股价远离均线时，股价会自然而然地向均线回靠，从而形成短线的回调或反弹，这一现象叫"均线回靠"。均线回靠其实就是回靠股价和均线之间的乖离率。

股价在向均线回靠的过程中，会出现两种情况：一种是主动回靠，一种是被动回靠。主动回靠是指当股价偏离均线太远时，股价会主动而且快速地向均线回归，这种现象一般出现在顶部和底部。被动回靠是指当股价偏离均线以后，在原地小幅横盘震荡，等待均线向股价靠近。被动回靠这种现象更多的是发生在上涨或下跌的中途，一旦均线跟上来以后，股价多数仍将保持原有的上涨或下跌趋势去接下来运行。

图1-19为赛福天603028在2016年11月到2017年1月底期间，发生的多次股价远离均线后回靠均线的现象。其中，有的是以缩量横盘震荡的形式去慢慢地回靠的，有的是以大幅下跌的方式去回靠的，也有的是以快速放量拉升的方式去回靠的。均线的回靠是经常会发生的一种自然现象。一般我们说股价是围绕着均线移动的，均线是它的价格、价值的中枢位。绝大多数的股票是以20日线为中枢位进行回靠的，有的股票是以60日线为中枢位进行回靠的。我们只要掌握几个重点：一是在形成复合时间周期四位一体指标体系的放量全多头以后，第一次快速拉升后远离20日线，其第一次回靠通常来说会出个比较好的买点。第二次回靠的买点效应，比第一次的要弱。第三次回靠的买点效应更弱。二是在复合时间周期指标数值都在高位时的回靠，下跌幅度通常都比较猛烈。在复合时间周期指标数值都在极低位的时候进行的回靠，通常只要主动性买盘成交量持续放出，它的回靠力度就将会是很猛烈的。三是在均线大角度向上的情况下和均线大角度向下的情况下，出现的回靠力度肯定和均线比较平缓的这种表现出来的回靠力度不一样。四

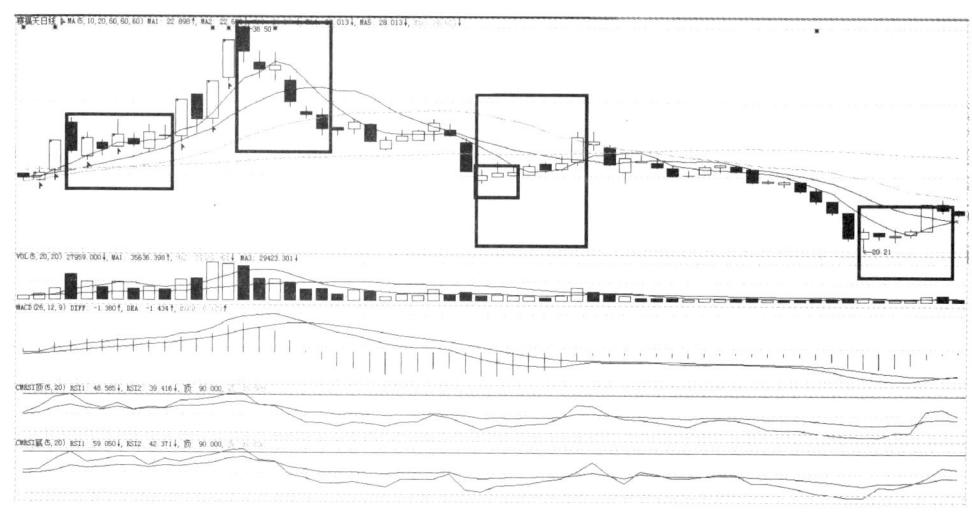

图 1-19

是回靠均线这种现象更多的是发生在上涨或下跌的中途,一旦均线跟上来以后,股价多数仍将保持原有的上涨或下跌趋势继续运行。所以投资者需要对其后市表现予以跟踪关注,在其发生趋势性走势结果时,及时做出相关反应。

三、"均线背离"原则

均线背离现象在实战中经常会遇到,了解该技术形态,对于把握短线机会很有帮助。均线背离有以下两种情况。

一种情况是股价下跌见底后,从底部开始大幅反弹时,此时5日均线和10日均线的运行方向一般也会向上的,但是由于上档的抛压太大,会使得股价与5日均线和10日均线再度拐头向下,然后在接下来的某次股价创新低后放量反弹的过程中,此次5日均线和10日均线的数值没有比前次底部时的5日和10日均线的数值低,没有同步创新低,而是伴随着股价和成交量的持续强势表现出现了大角度拐头向上的局面。此时就属于底部的均线底背离现象。

图 1-20 为西仪股份 002265 其在 2016 年 12 月 8 日的时候,其5日线数值是19.34;在 2017 年 1 月 4 日时,其5日线最低点数值是 19.37。股价同样见底的时候,其 1 月 4 日的 5 日线数值已经明显高于其前一次的最低点的 5 日线数值。同时,在用这个均线底背离方式的时候,其 MACD 指标当中的柱状体数值,也是一个重要的考量点。后一次的 MACD 指标当中的柱状体一定要比之前的柱状体高出不少才可以进一步确认。后市再度开涨时,主动性买盘成交量要迅速地持续放大,要远远地超过之前一个底部建立时的成交量,并且必须要尽快和持续得到四位一

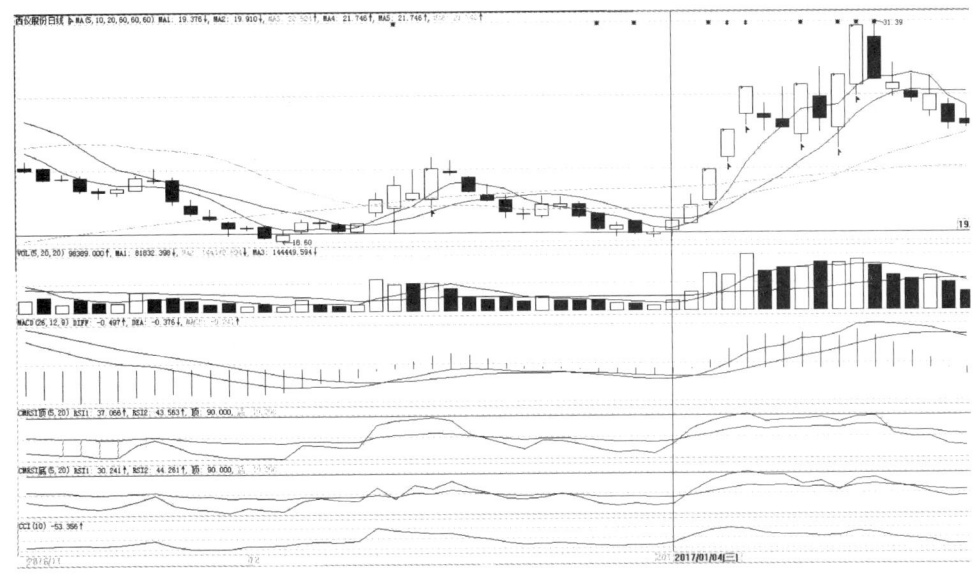

图 1-20

体指标体系的放量全多头的有效配合。当然在它再度启动时,K线图上、指标体系图上,也有明显的类似双底,或者底背离的那种底部构成形态的,那当然是更好了。

另一种情况是股价上涨见顶后,在快速下跌的过程中,此时5日均线和10日均线的运行方向一般也会向下的,但是由于庄家主力没有一下子抛清筹码,所以还会制造若干次的出货反弹,也就会使得股价与5日均线和10日均线再度拐头向上,然后在接下来的第二次股价见顶回落的过程中,此次5日均线和10日均线的数值没有超过前次顶部时的5日均线和10日均线的数值,没有同步创新高,甚至远比上一次顶部时的5日均线和10日均线的数值低很多的现象,然后就伴随着股价和成交量的持续低迷表现再度出现拐头向下的局面。此时就是顶部的均线顶背离现象。

均线的顶底背离现象,对于判断顶部和底部拐点趋势的形成是很有效的。在实战中结合着比其小一个时间周期的四位一体指标体系来共同验证、协同判断是非常精准和必要的。这值得我们高度重视、深刻体会、严格执行。

图 1-21 为 000672 上峰水泥在 2016 年 12 月 16 日的时候,其 5 日线数值是 13.81;在 2017 年 1 月 4 日时,其 5 日线最高点数值是 13。股价同样是见顶的阶段,其 1 月 4 日的 5 日线数值已经明显低于其前一次的最高点的 5 日线数值。同时,在用这个均线顶背离方式的时候,其 MACD 指标当中的柱状体数值,也是一个

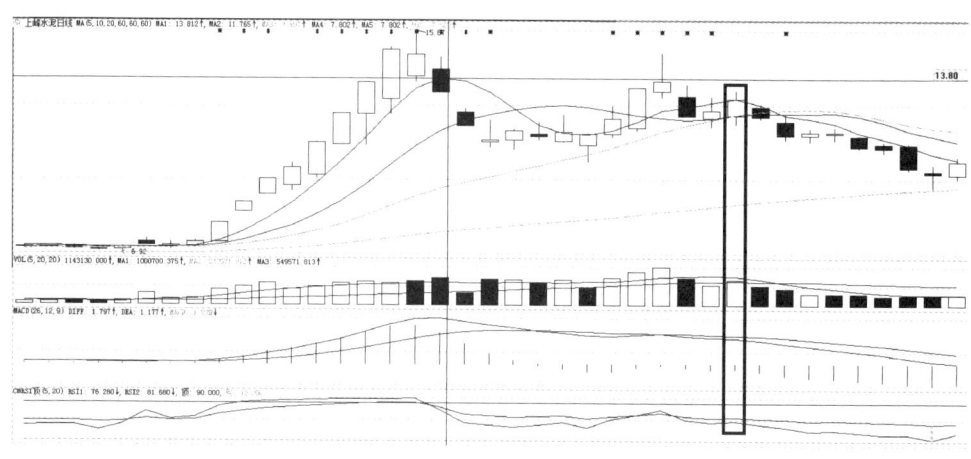

图 1-21

重要的考量点。后一次的 MACD 指标当中的柱状体一定要比之前的柱状体低很多才可以进一步确认。并且在 K 线图上、指标体系图上，也有明显的见顶或者顶背离的那种顶部构成形态的，那当然是更好了。

不过均线背离技术相对来说更适用于常态化的指数和个股。当个股进入极强或极弱状态时，宜结合着比其小一个时间周期的四位一体指标体系来共同验证、协同判断，或者及时运用均线扭转理论来判断拐点和趋势，以便在更高位或更低位及时做出适时的反应。

不管是做超短线还是短线抑或是中短线甚至是做中长线，都对能够及时识别判断清楚均线拐点、趋势拐点有相当的要求。能够及时识别判断清楚均线拐点、趋势拐点对于实战的意义和价值是非常大的。

当然，均线的运行形态是千变万化的，没有绝对的固定形态，切记不要盲目以刻舟求剑式的教条使用它。只不过相同之处就是均线从一个方向转到另一个方向，都须先出现"均线拐点"，然后才可能确立方向的改变。均线的周期越长，出现"均线拐点"后的意义就越重要。K 线图的周期越长，出现"均线拐点"后的趋势就越持久。在实盘操作中，可以以 5 日、10 日、20 日线出现的"均线拐点"，来把握市场趋势拐点带来的投资机会。

例如，在下跌过程中，只要 K 线尝试向 20 日均线上冲，就表示 K 线拒绝下跌，K 线向 20 日均线上冲的次数越多，向上突破的可能性就越大。而 K 线每一次上冲 20 日均线，都会减缓 20 日均线的下降斜率，当 K 线成功突破 20 日均线，随后 20 日均线出现向上的"均线拐点"，则说明市场将进入上涨波段。在 20 日均线下降的斜率变得平缓后,尤其是MACD指标在低位走出圆弧底形态并形成金叉,当K线成功突破20日均线,20日均线出现向上的拐点,就有一定的上涨空间。随后只要20日均线保持一定的斜率向上发散,市场就是强势的。K线图的周期越长,趋势的持续性就越持久,上涨的空间就越大。

同样,在上涨过程中,只要K线屡次向20日均线下探,就表示K线拒绝上涨,K线向20日均线下探的次数越多,向下跌破的可能性就越大。而K线每一次下探20日均线,都会减缓20日均线的上升斜率,当K线有效跌破20日均线,随后20日均线出现向下的"均线拐点",市场将进入下跌波段。在20日均线上升的斜率变得平缓,尤其是MACD指标在高位走出圆弧顶或顶背离形态并形成死叉、当K线有效跌破20日均线,20日均线出现向下的拐点,就有一定的下跌空间。随后只要20日均线保持一定的斜率向下发散,市场就是弱势的。K线图的周期越长,趋势的持续性就越持久,下跌的空间就越大。

在实际操作中,用四位一体指标体系的其他指标走势方向力度配合5日均线或20日均线来一起把握进出时机,具有较好的效果。在上升趋势中,只要MACD指标已形成金叉;5日均线或20日均线开始上拐;贴着5日均线或20日均线向上时理论上都可逢低做多。只是仍然要把止损位设置在跌破5日均线的位置,因为这样做可以使得止损的成本较低,可以相对保障涨的时候赚得多,买错了以后亏得少。

在下降趋势中,只要MACD指标已形成死叉,5日均线或20日均线开始下拐,贴着5日均线或20日均线逢高做空,把止损设置在5日均线或20日均线的位置,止损的成本低,出错的概率小。

图1-22为000672上峰水泥在2016年12月15日到2016年12月30日期间的顶底转换60分钟四位一体指标体系的走势过程图,大家结合图1-21可以清晰地发现,如果两者一起结合看,那么真的可以提前轻松看清楚趋势的顶底转换节点的,就可以提前轻松地进行及时的高抛低吸操作的。关键是你那个时候懂不懂这样判断的方法,关键是你那个时候下没下手做了及时的买卖操作。

结合之前讲解的内容和图例,大家一定要明确这个思路:就是当经典的见顶或者见底K线出现之时;如果MACD指标走势图上也显示出同样的见顶或者见底信号时;如果CMRSI指标走势图上也显示出同样的见顶或者见底信号时;赶紧先去看一下比其小一个时间周期的四位一体指标体系走势图,看看其是不是已经出现反向运行的走势特征了。如果得到确认了,就先及时做相应的操作就是了。等到均线已经给出明显的趋势性改变信号了,四位一体指标体系走势图进一步在方

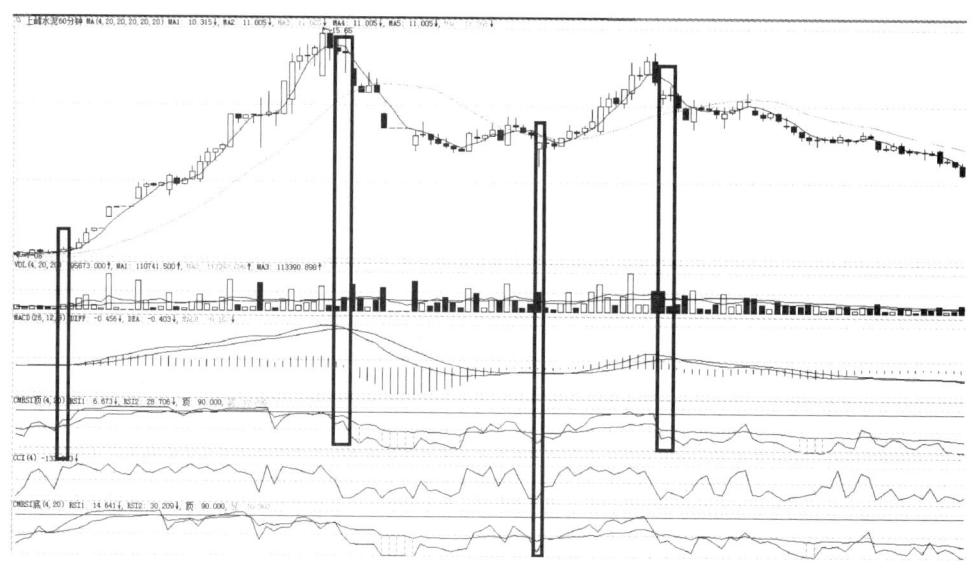

图 1-22

向性的运行了,那该清仓的就先清仓了再说,该买入的也就赶快先买入了再说。趋势性指标一旦出现买卖转折点信号,其稳定性、有效性还是不错的,震荡下跌或震荡向上的一段趋势性行情,肯定会伴随而来一些时间的。

四、充分利用均线的黏合和共振发散特性炒牛股

在实战中,我们经常发现有的股票其均线黏合以后向上发散时涨得不错,而有的股票其均线黏合以后向上发散时后市的走势并不尽如人意,很多情况都是发散不久便又重新黏合在一起了,让投资者莫名其妙。其实黏合向上发散时后市向好必须要有成交量和持续放出的成交量的有效配合,没有成交量的发散向上是没有持续性的。同时,在黏合向上发散时如果得不到当时的四位一体指标体系的放量全多头态势有效配合,以及比它大一时间周期的四位一体指标体系的放量全多头态势有效配合的话,一般都不会很流畅的大幅上攻的。当然后市整体大盘的良好行情配合,以及后市持续地释放出梯级放量的主动性买盘支持,也是功不可没的必要条件。

所以我们尽量要选择均线系统收敛后再次向上发散的股票来做更加靠谱。再次交叉向上发散,是指均线系统短期、中期、长期均线在第一次交叉发散(可以是黏合),运行一段时间后,均线系统再次黏合或交叉向上(分离)发散,就是均线再次向上发散。股价再次继续上涨的潜力就越大。

图 1-23 为 002651 利君股份 2016 年 12 月 29 日出现过一次均线黏合向上的短线上涨行情，但是因为当时指标体系存在着反作用力，没有形成四位一体指标体系的放量全多头态势。同时，后期也没有得到后续的主动性买盘成交量的持续放大的推升，所以它的一波向上拉升，就非常缓慢和纠结，甚至还会有快速下跌的再确认的走势。但是在 2017 年的 1 月 17 日，情况就发生了翻天覆地的变化。由于后期持续地获得了四位一体指标体系的放量全多头的大力配合，成交量不断地推升着个股不断地向上移动。那么其后一波的上涨，当然是水到渠成、马到成功、效果很好，完全验证了上述原理阐述的有效性和重要性。

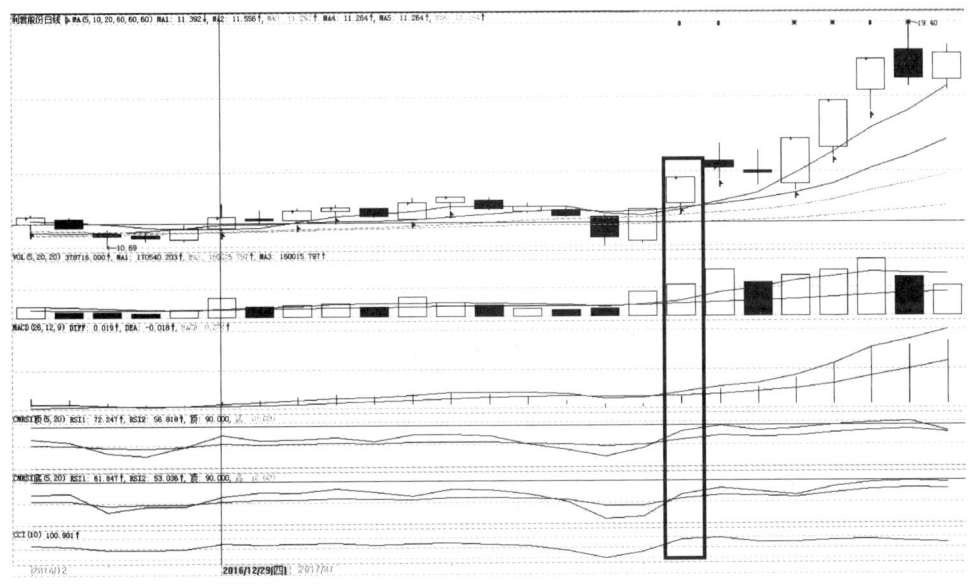

图 1-23

均线再次向上发散，无论是对激进型投资者，还是对稳健型投资者都是一个较好的买点。对于激进型投资者可以在均线第一次向上发散时适量介入，稳健型投资者则可以在均线二次发散的时候介入。此时如果得到当时的四位一体指标体系的放量全多头态势有效配合，以及比它大一时间周期的四位一体指标体系的放量全多头态势有效配合的话，一般都会形成快速而且很流畅的大幅上攻的。当然后市整体大盘的良好行情配合，以及后市持续地释放出梯级放量的主动性买盘支持，也仍然是必不可少的重要条件。

图 1-24 为 002651 利君股份的周线图。光标处 2016 年 12 月 29 日出现过一

次均线黏合向上的短线上涨行情现象,但是因为当时指标体系存在着反作用力,周线的 MACD 指标当中的柱状体也没有向上做支撑和做放量全多头的配合,日线和周线没有形成四位一体指标体系的放量全多头态势。同时,后期也没有得到后续的主动性买盘成交量的持续放大的推升。所以它的一波向上拉升,就非常缓慢和纠结,甚至还会有快速下跌的再确认的走势。但是在 2017 年的 1 月 17 日开始的这一周,情况就发生了翻天覆地的变化。由于后期持续地获得了四位一体指标体系的放量全多头的大力配合,成交量不断地推升着个股不断地向上移动,周线图上也出现了我最喜欢的放量老鸭头形态。那么其后一波的上涨,当然板上钉钉啦,完全验证了上述原理阐述的有效性和重要性。

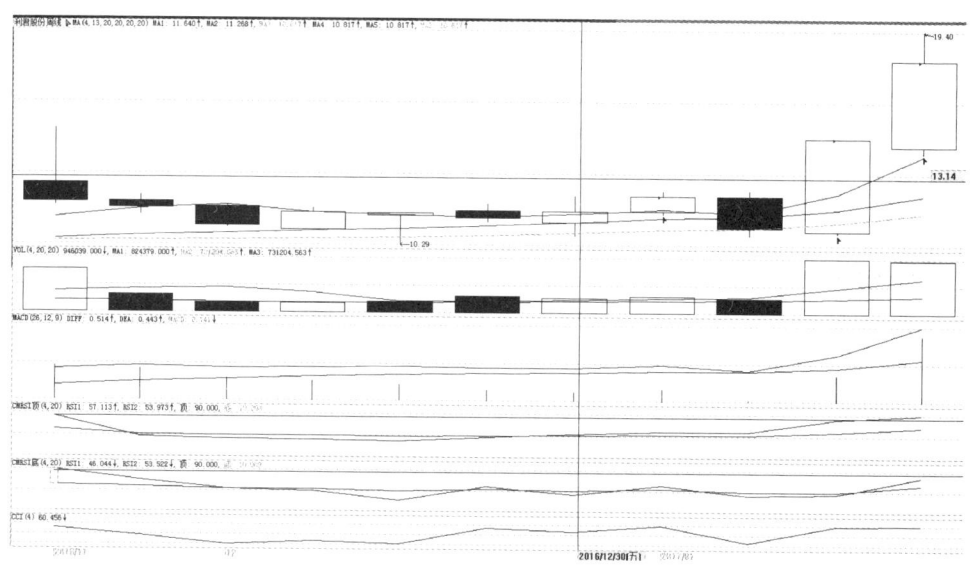

图 1-24

五、5 日均线、10 日均线、20 日均线黏合并发散上行

股价运行的趋势主要有上升趋势、下跌趋势和横向趋势三种。其中,上升趋势和下跌趋势由于均线角度都比较大,所以趋势方向就比较明确、容易判断。横向趋势中,由于均线大多呈黏合状并且它们之间有反作用力现象产生,20 日线、60 日线也可能会有不同程度的反作用力产生,没有非常明确的方向角度产生,此时的成交量也表现得比较松散或比较低迷,所以难以判断今后股价一定会往哪个方向突破。所以一般面对这种相对比较纠结的横向整理趋势,最佳的操作策略就是耐心等到股价产生放量大角度突破形成明显趋势特征后再采取适当的行动为好。

一般来说,下跌趋势中,第一次急跌后形成的缩量横向震荡趋势,或者20日线或60日线仍然是大角度向下的过程中形成的缩量横向震荡趋势,之后股价往往还是会选择向下突破。而长期快速持续的下跌后形成的缩量横向震荡趋势,只要20日线或60日线能够持续形成对它们的多头向上支持,然后在持续的放量推升下,大多会形成底部逐级抬高的震荡走高态势。不过不管它们的走势怎么千变万化,我们只要"以不变应万变"就是了。也就是说,"一旦看见股价放量向上突破,5日均线、10日均线、20日均线由黏合状经过持续放量发散向上之时,才是明确的中短线买入时机,我们再行动就是了"。当然此时若60日线和四位一体指标体系也都是多头向上的就更好了。

一般而言,在股价下跌到一定程度后不再继续向下,K线越来越短小了,同时成交量也越来越小了,复合时间周期指标数值也越来越接近最低位了。此时,若某一天股价突然放量上涨,60分钟四位一体指标体系走势图上开始形成放量全多头形态了,需及时在其交易重心附近分仓买入再说;若次日股价和成交量继续伴随着一起上涨,日线四位一体指标体系走势图上也开始形成放量全多头之时,就应该考虑加仓和继续持有。只要没出现收盘跌破5日线的意外情况前,一直到出现我的"最高点卖出法"条件满足之时才可考虑抛出。

如果第一波反弹能够放量突破20日均线,那么通常第二个底部就会相对有所抬高,特别是其再度缩量洗盘回踩之时,出现最起码的60分钟四位一体指标体系的放量全多头之时,若其此时日线级别MACD指标当中的两条曲线以及柱状体都已经形成向上延伸的这个时候,去及时参与抄底就几乎确定成功有效了。若之前发生的反弹已经出现过上述的现象,此次又再经历了一次缩量震荡向下的洗盘,在低位已经刚刚出现了60分钟四位一体指标体系的放量全多头之时;若其此时日线级别MACD指标当中的两条曲线以及柱状体都已经形成向上延伸;其5日线、10日线、20日线又接近或已经形成了多头向上的态势了的话,那么此时需毫不犹豫地及时分仓参与其日后一定会有的震荡上涨波段行情。

图1-25为002651利君股份的60分钟四位一体指标体系放量全多头走势图。光标处2017年1月17日和1月20日连续两次出现60分钟四位一体指标体系放量全多头现象。大家可以结合图1-23和图1-24一起观看和结合上述阐述的文字内容,想一想就明白此连环逻辑和体系了。以后再看见走势图上出现这种股票走势就应该明白该如何买入、如何持有、如何止盈止损了吧?

我们都知道短周期的均线在灵敏性和灵活性上面占有优势。而长周期的均线则在稳定性和指示性方面占据优势。那么如何利用两者的优势,弱化两者的劣势

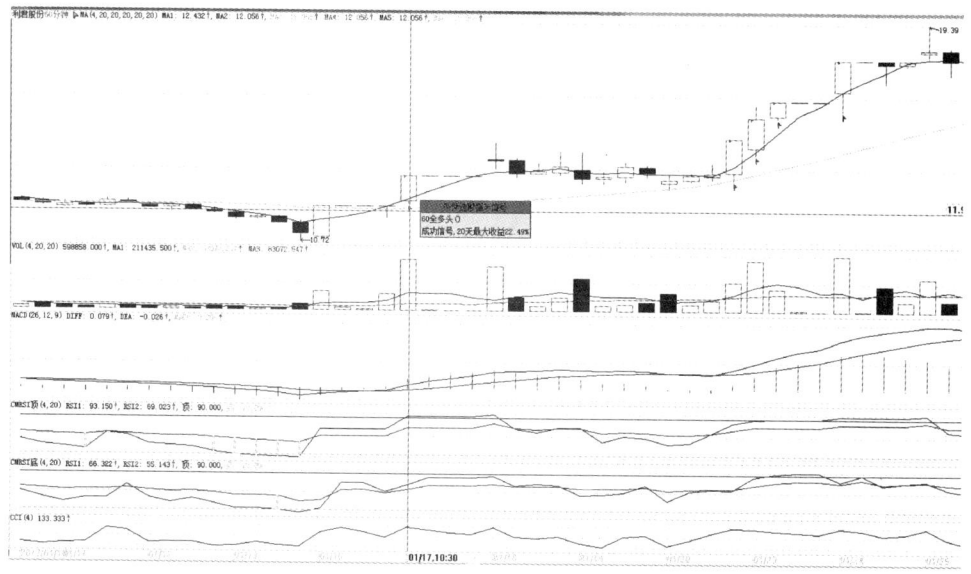

图 1-25

就成为我们要思考的问题了。解决这个问题的最好的方法则是"共振",长短周期的均线共振和周期共振,就成为解决这个问题的最好方法,这也是捕捉涨停的最有效方法之一。

均线运行的方向无非就两种:向上和向下,我们把向上运行称为多头排列,向下运行称为空头排列。共振理论认为时间周期长短不同的均线,趋于接近和黏合意味着投资者交易成本趋于一致,这种一致是一种变盘信号,意味着后市将展开壮观的趋势。

均线共振理论能够让我们找出多头趋势的起始点。把握中期正在上涨的股票的最佳的买进时机。这个最佳的买点,就是在短期均线与中期组均线出现放量多头向上的金叉之时。股价和中期组均线同时多头向上上涨之后,第一次缩量回敲确认触及多头向上的中期均线时可及时低吸,也可在此时看见5分钟或60分钟四位一体指标体系形成放量全多头之时大胆买进。然后一直持有到最高点卖出法条件满足之时或再度跌破5日线的最佳卖点出现时卖出。

中期均线多头趋势一旦形成后,其上涨态势会表现出比较强的稳定性。放量金叉买点出现之后,这种金叉点对股价的支撑性是很强的。有的会使得指数或个股大幅上涨,有的会使得指数或个股呈震荡盘升的走势,并且维持一段时间和空间的始终在中期组均线之上运行的态势。中期均线不管盘中股价如何变化,它必须要始终平和地向上运行,才可确保中期上涨行情仍然在延续之中。这是上升行情能够持续的关键。在整个均线系统中,短期均线和中期均线的角度,也始终必须保持在一定的力度范围之内。直到均线上升角度非常陡峭后,股价放量滞涨才会停止一波上涨的趋势行情。在股价上涨过程中,中期均线只要仍然保持大角度向上,同时股价没有跌破中期均线的,复合时间周期指标数值没有都同步达到过极高位的,其中出现的任何缩量回调只要一满足抄底的模型买入条件,投资者就应该坚决买进。只有这样去认真做,才能获得该股中期波段上涨行情所能够给大家带来的利润,并且使得收益最大化。

图 1-26 为 002695 煌上煌在 2016 年 5 月份到 2016 年 11 月份期间的走势图。期间,其 60 日线始终是大角度的向上推升的过程。60 日线始终是大角度的向上推升的过程是一个长牛股必然会有的一种日均线走势现象。其每一次 MACD 指标产生放量金叉的日子、其每一次 MACD 指标走势图上出现放量老鸭头之时,都是其超短线、短线大幅上涨的阶段。期间还有多次 5 日线上穿 20 日线,5 日线上穿 60 日线的情形发生。这些现象发生之时,无一例外都有不同程度的上涨行情出现。这些在上述文字内容中已经阐述得非常清楚了的条件现象发生之时,就是其大幅上涨之时。大家在关注这种类型的个股的日线图时,千万不要忘记关注其 60 分钟和其的周线四位一体指标体系走势图。因为只有比其大一时间周期的四位一

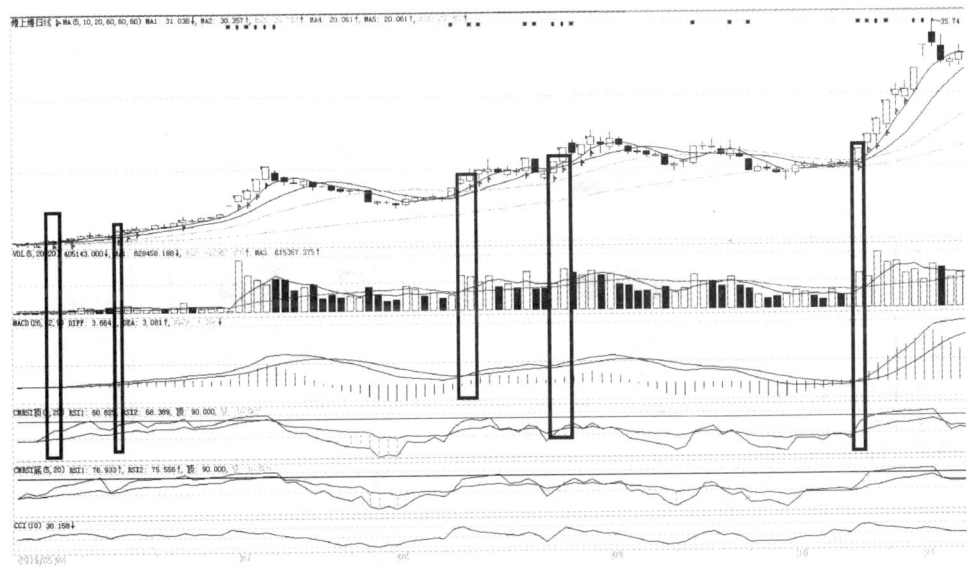

图 1-26

体走势图上,也有走强的现象或迹象,同时其 60 分钟图上已经有开始启动的现象发生,那么此时才不容易碰到骗线,才容易在相对低位买进,在相对高位卖出,把大波段分成几个小波段,精细化地进行精准的买卖操作,达到理想的高抛低吸操作目的,达到趋利避害、多赚波段利润的目的。

图 1-27 为 002695 煌上煌在 2016 年 5 月份到 2016 年 11 月份期间的周线四位一体指标体系走势图。为什么我在框中只勾选了出现第一个极强势股买点的信号位置,而不是不管什么位置,只要出现买入信号就去勾选呢？这是因为在一波上涨的行情当中,我们必须尽量在第一时间去发现和及时参与。我们要懂得这些走势特征的原理和重要价值,然后要用好我们手中软件的预警功能,用"四位一体操盘术"的公式和模型,去进行实盘当中的有效预警跟踪,在其刚刚出现买入信号的时候,就及时理解这个信号的价值,而在其当时的交易重心附近分仓介入。这样的话,它的效益、效率才都会更好。因为我们都知道,风险是涨出来的,如果说经过了连续的大涨,在多次出现买入信号的时候,你还不管不顾当时的大盘背景、不管当时其所属的板块的情况、不管不顾盘中个股的具体情况,去进行随意的、疯狂的抢买,那么有可能你要面临短线的风险。我们说做极强势股,确实很容易赚钱,但是做极强势股的极其高位拐点发生时的最后一次买入,永远是错的。这是要亏钱止损出来的。除此之外,倒是次次都会不同程度地赚到钱的。

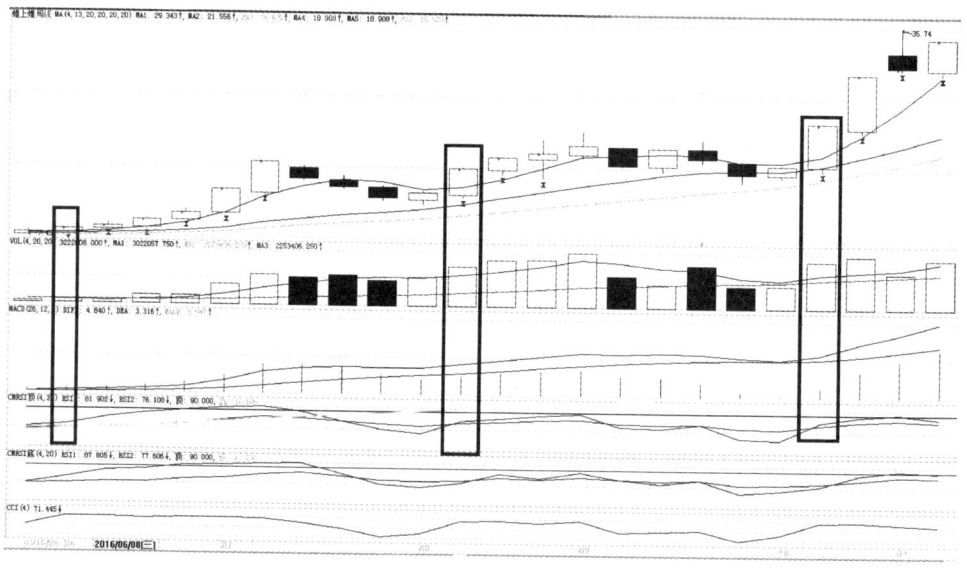

图 1-27

对于一般短期投资者来说,我建议在中期均线向下空头排列的时候,不要轻易地抢反弹,只有当《四位一体操盘术》书中设定的那些抄不同级别底的条件完全满足,同时指数和板块也满足了《四位一体操盘术》书中设定的那些抄不同级别底的条件时,才可及时进场操作抢一把反弹。而且短线进场之后,还是一定不能忘记做好止盈止损的行动。操作过程中一定要坚决果断。

一般而言,中期均线被有效跌破、中期均线向下空头排列的时候,通常是在经历了一波相对比较好的、相对比较大的中短线甚至中长线上涨行情的末期。此时股价见顶回落的速度和力度因为很快很猛,所以股价往往会出现一波向短期均线和中期均线的缩量反抽确认的弱势反弹行情。但这次的缩量回抽确认反弹是市场给没有在极高位和高位及时落袋为安的人的最后一次相对高位斩仓出局的逃命机会,也是一次庄家主力想把手里还有点存货,再抛给市场中莫知莫觉人的诱多行为。一旦这次的反弹结束后,股价再度调头回落时,下跌速度将会是非常快的,"图穷匕首见"下跌趋势会得到更明确的强化。

在股市中,要想长久地生存下去并且活得更好一些,识别大趋势的方向和转折点是很重要的一环。中期均线与短期均线死叉的当天或第二天,容易开始出现逃命反弹。股市中经常有"破线返线"的规律现象出现,也就是说,比如某一只股票在上涨结束后的下跌过程中跌破了5日线,并且使得5日线也拐头向下了,然后在下跌了一段时间和空间后,它第一次缩量反弹到下跌过程当中的5日线附近的时候,就是一个绝佳的抛出的机会。同理,某一只股票在上涨或横盘震荡结束后的下跌过程中跌破了20日线,并且使得20日线也拐头向下了,然后在下跌了一段时间和空间后,它第一次缩量反弹到下跌过程当中的20日线附近的时候,也就是一个绝佳的止损出局机会,或反弹止盈出局的最好良机。用在周线上也是如此这般用法。

图1-28为000935四川双马在2016年11月15日之后多次发生的跌破不同级别均线后的"破线返线"的规律现象的指示图。在这种现象发生之时,可能你还在犹豫不决是机会再来还是需要先抛再说,可是你如果了解了上述文字内容以后,当时也看了60分钟四位一体指标体系走势图和周线指标走势图后,你应该就不会再纠结了,面对这样一个绝佳的止损出局,或反弹止盈出局的最好良机时,就不会轻易浪费了。事后往往你会感叹当初抛得有多高明啊。

反弹行情往往稍纵即逝,一旦错过最高点卖出机会,或反弹半途而废的时候,止损更是刻不容缓的。一般此时的最低止损位,设在反弹开始时的那根有量有标志性意义的阳线的交易重心处比较合适和靠谱。一旦股价跌破该位置,投资者必须要快速止损。因为这种下跌趋势已经成型后的逃命反弹结束之后,股价会继续

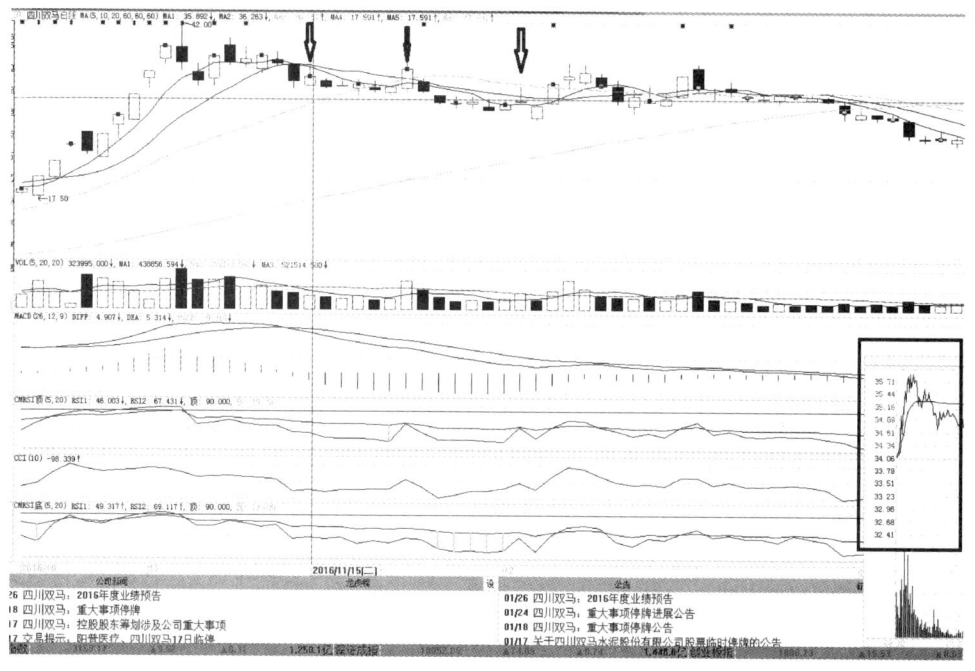

图 1-28

沿着下跌的方向发展,并会延续一段时间和空间的。当股价再次跌破第一次反弹起点的时候,预示着整个下跌通道彻底形成,熊市正式开始了。

图 1-29 为 000935 四川双马在 2016 年 11 月 23 日其已跌破了 20 日线第三天,然后在 20 日线下方放出了超过前一天 1 倍左右的成交量向上进行了反弹。这根 K 线它是有量也有气势的,这根 K 线它是具有反弹的标志性意义的,这一根 K 线后,如果它还要反弹的话,那么只能在它的上方运行的,是可以以它的二分之一位置作为其反弹过程当中的最低止损点来用的。但是第二天的 K 线就直接低开低走在它的止损位下方运行,那就必须要止损。尽管此时 20 日线仍然还是多头向上的,也要去执行完止损纪律。之后在 2016 年的 12 月 16 日,在 20 日线已经拐头向下的情况下,这一天它又出现了反弹。这根 K 线的成交量比之前一天的成交量是放大 1 倍的,是根有气势的、有实体的、没有下影线的很重要的反弹阶段标志性的 K 线。这根 K 线的二分之一的位置,是应该作为在后期的反弹过程当中不应该被跌破的,是拿来做反弹过程当中的最低止损点用的。一旦跌破也必须要止损,如果不止损后期走势会相当恶劣。浪费了这种绝对有意义的止损位的话,那后期就不太再容易有更好的高抛机会出现的。在这种现象发生之时不能犹豫不决,需要先抛再说。

>> 第一章 "四位一体操盘术"重点内容阐述

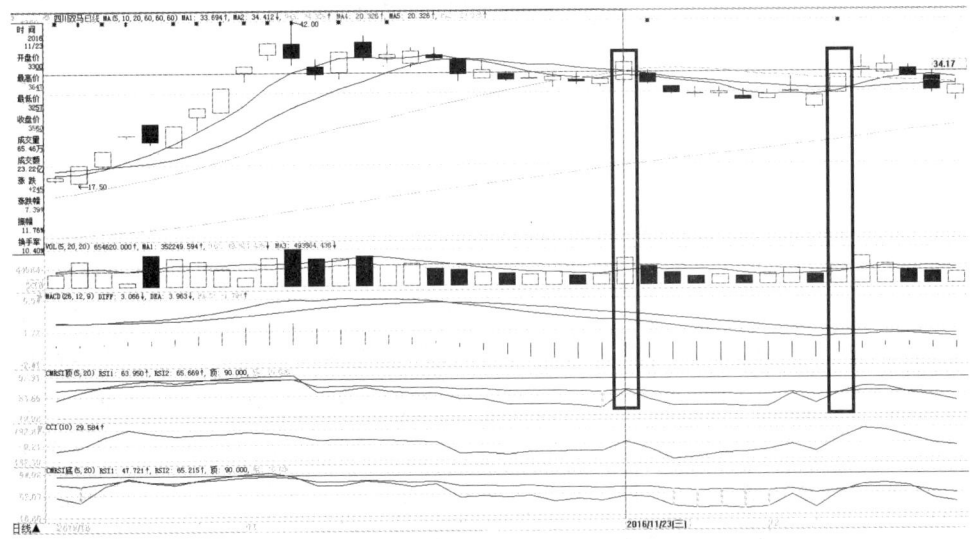

图 1-29

此时投资者应该清仓离场,要懂得舍得的道理。有大舍才能有大得。熊市中尽可以奢侈地浪费很多看似机会的机会。一定要以《四位一体操盘术》书中阐述清楚的抄底条件去执行,或干脆等到确定无疑的极强势股买入点信号出现后,再及时参考一下当时指数环境是不是获得一定程度的改善后再谨慎行事会更加靠谱。

六、"三箭齐发"捉涨停

所谓的"三箭齐发"就是三条短期均线差不多同一天由黏合逐渐发散形成多头向上的态势,在"三箭齐发"的均线多头形态形成时,K线形态上往往会存在一根"标志性大阳K线",有的是直接站在均线之上立地生成的;有的是从均线的下方一下子向上贯穿三条均线的;有的是跳空站在三条均线上方的。不管是哪种表现形式的"三箭齐发"形态,其出现时都必须伴随着成交量的明显放大,以及四位一体指标体系的全多头形态同步出现才可确认。

这种"三箭齐发"形态标志性大阳K线不仅仅会出现在日线图上,也会出现在周线图、月线图上。这和我们所讲的周期共振是一样的。

相同的时间点日K线和周K线都出现了"三箭齐发"的走势,对应的K线也都是以长阳突破的方式确立形态的完成,这就是周期共振。长阳突破的形态同样发生在长周期中,并同样有着共振的效应。

在共振理论中,不同时间周期的均线参与共振的条数越多,时间周期差距越

· 37 ·

大。这意味着共振的级别越高,出现的上升趋势就越强劲,持续的时间就越长久,相应股票品种的升幅就越大。

大型共振一旦发生,意味着长期底部已经构筑完毕,大级别行情处于喷发的边缘,投资者可尽快及时参与,不可轻易错失介入良机。

图1-30为上海凤凰600679在2016年9月20日到12月间的K线走势图。我们可以看出,图1-30中有多次均线系统由黏合逐渐发散呈现多头扩散的"三箭齐发"的形态:有的小碎步震荡向上稳步抬升,有的宽幅震荡梯级上涨,有的则以连续涨停的形式大幅快速上涨。总之,投资者在此时及时介入,都有不错的短线、中线利润空间。但是是什么原因造成每一次的走势都各不相同呢?认真看文章的前后阐述,再认真仔细地去观察其周线和月线的四位一体走势图情况,看看是不是它在周线和月线四位一体走势图上,还存在着有些要素条件没有完全形成放量全多头的现象,并且在后期运行过程当中,一定要注意其60分钟四位一体走势图上,什么时候出现了"顶部三宝"现象的这种疲软态势,出现了任何一个级别的即将疲软态势的话,就需要十分警惕短期即将到来的震荡回调风险,以及对个股未来涨幅空间的不利影响,可以帮助你迅速找到原因。在选择了向上发散以后,必须要得到主动性买盘成交量的持续放大的有效配合;要得到当期四位一体指标体系的共同全多头配合;要得到比当期小一时间周期的四位一体指标体系的放量全多头配合;同

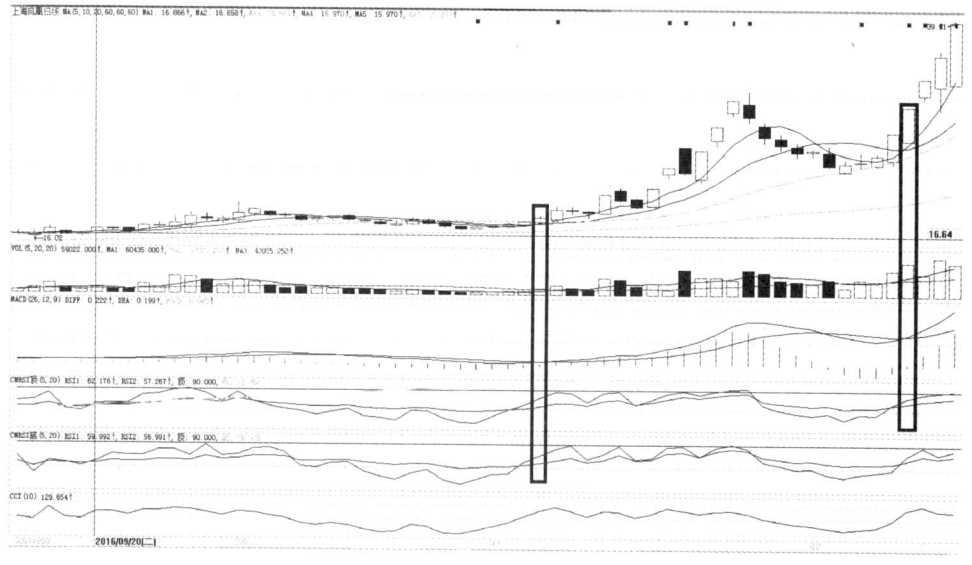

图1-30

时还要得到比当期更大一个时间级别的四位一体指标体系的共同放量全多头配合;甚至包括月线以及其他各分时级别的四位一体指标体系的全方位的放量全多头配合。如果期间仍然有一些时间周期没能形成四位一体指标体系放量全多头配合的话,其短期的上涨就会变得相对凝重和不流畅,就不太容易催生出短期的快速大幅上涨行情。所以谋事在人、成事在天!一只股票要大幅上涨,必须要靠各时间周期四位一体指标体系的共同全多头持续的配合,才能达到理想的目标。所有条件缺一不可。如果碰到市场内外的不确定因素干扰,更会使得原本流畅的行情,突然变得扑朔迷离,原本良好的上升趋势可能就会受到抑制和逆转。

上海凤凰在此期间的各不相同的走势,通过以上的仔细观察和辨别,就能够彻底理解它为什么每一段行情会走得各不相同,也能够充分利用"四位一体操盘术"的买卖点技术特征去相应地进行精准的操作。后附一张在此期间的 60 分钟四位一体指标体系走势图(图 1-31)以便今后对照学习和体会。

图 1-31 光标处显示的是其黏合向上发散初期的一个买点。第一个向下箭头时,显示的是其满足"敌疲我撤"模型这个强势股最高点卖出法条件时候的一个卖点。第二个向下箭头时,是满足了"龙回头"买入操作模型条件一个良好的买点。第三个向下箭头时,又是满足了我的"敌疲我撤"模型这一强势股最高点卖出法条件的时候。图 1-31 中的那些小旗子是满足了 60 分钟四位一体放量全多头买入信号的时候。第四个向下箭头是满足了"敌疲我撤"卖出条件模型的一个卖出点的时候。第一个向上箭头时,是符合了极强势股回调的最低点买入法条件的买入点。最高点那个数字表示的点是符合了极强势股最高点卖出法"乐极生悲"模型条件的卖出点的时候。第二个向上箭头是符合了抢强势股短线回调最低点买入法条件的买入点的时候。利用好软件所提供的预警功能,将这些买卖点模型设置在预警框里,在即时的实战盘中满足条件时,它会自动弹出来,以便我们做及时的买卖反应,可以轻松地达到精准的高抛低吸效果。好股从此轻松炒。

1. 复合时间周期的共振的判断和操作要点

周期共振的含义就是指在不同的时间周期内,各项指标发出的指示信号具有一致性的特性。此时,作为买卖点的设置,是参考不同的时间周期,而不是单一周期发出的买卖信号。当不同周期出现共振说明卖出或买入信号的强烈程度,它的有效性、持续性、准确性更高。若不同的时间周期间没有形成共同方向的共振,则需谨慎操作。

具体来说,就是月线图、周线图、日线图发出买卖点信号相同时,则可考虑买进或卖出,而当月线图、周线图、日线图发出的买卖信号不同时,此时的买卖操作则需谨慎。

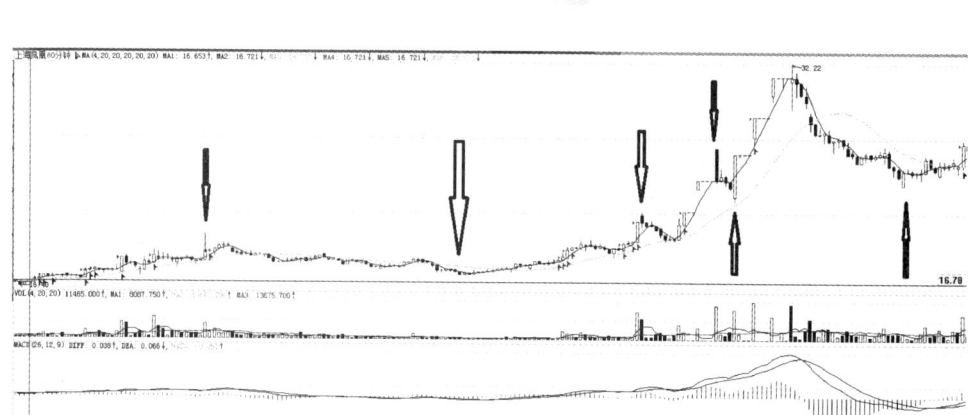

图 1-31

既然有不同的周期划分,大小周期的差别,那么它的优先顺序是怎样的呢?同样的大周期的运行方向优先于小周期的运行方向,当大周期是上涨时,小周期的表现却是下跌,此时小周期的下跌现象也不会持续太久,之后运行的方向还将是上涨;反之,大周期是下跌时,小周期即使有上涨行情,也会难以为继的,之后运行方向仍然会是下跌行情。这就是大周期优先于小周期的表现。

除非月线、周线、日线的复合时间周期指标数值都到了极高位以后,日线级别走势图上开始出现明确的头部信号以后,日线级别里的要素条件都已经开始向下逆转了,那时就不必再等到周线、月线的均线系统向下变盘再去确认了。那就太形而上学、得不偿失、错失良机了。

一般而言,我都喜欢参与5日线、4周线、3月线同时都大于60度角度多头向上强势运行的股票,所以我先将"5日均线短线激进型操盘法",先跟大家做个分享。

2."5日均线短线激进型操盘法"

(1)股价离开5日线过远或高于5日均线过多,也即"5日乖离率"太大,则属于短线卖出时机。乖离率多大可以卖出,视个股强弱、大小有所不同,对于那些连续"一字板"的股票来说不适用。一般股价高于5日线的7%~15%,分时图上又出现大于3%以上的上豁口之时就属于偏高,适宜超短线、短线卖出。若是在熊市,一般股价低于5日线的7%～15%,分时图上又出现大于3%以上的下豁口之时适宜超短线、短线买进。

图1-32光标处5日乖离率已经达到了17.55这种数值,针对一般的强势股以及极强势股来说,它的乖离率已经是非常大了,是应该卖出的时候,更何况这时满足了我的最高点卖出法"乐极生悲"模型条件,就更应该考虑先落袋为安。对于极强势股来说,第一次缩量回落到它的上升过程当中的20日线附近,是一个极佳的买点,此时"龙回头"买入模型条件也已经满足,就更应该及时买入。出现第二个框的时候,其5日乖离率又达到了18.89,加上在满足了极强势股最高点卖出法"乐极生悲"模型条件的时候,当然更需要及时地卖出。当极强势股逐级下探20日线已经拐头向下而变成一个弱势股的时候,它第一次回敲仍然上涨幅度非常明显的60日线时,也是一个很好的买点,更何况其当时的5日乖离率已经达到了-8%的这种可以进行放心买入的地步的时候,当然此时还必须要得到我的最低点买入法条件模型满足条件之时,才可以进行买入。

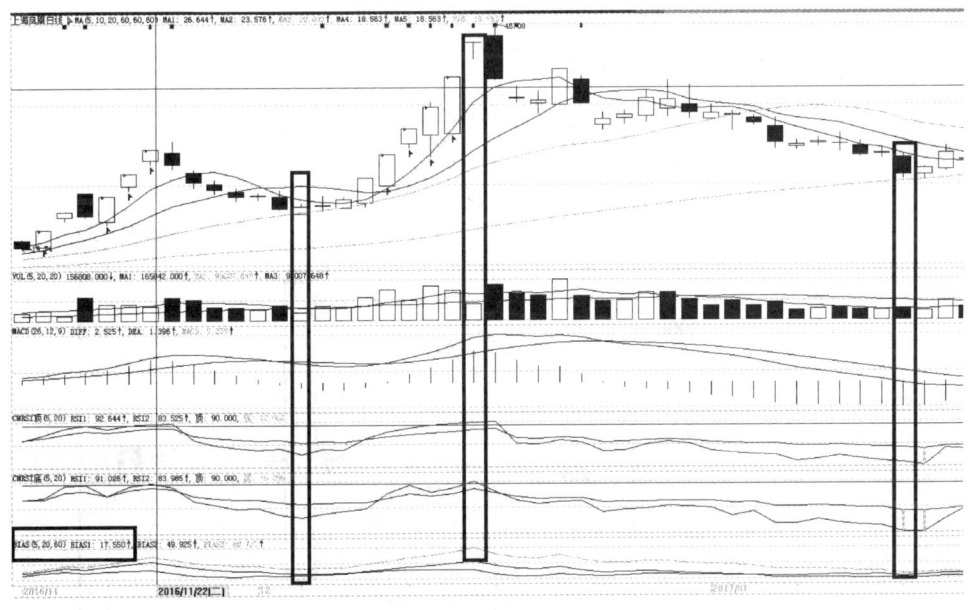

图1-32

(2)在极强势股或强势股股价上涨过程中,第一次回落到5日线附近但没收盘跌破5日线的话,再次启动时5分钟四位一体指标体系放量全多头之时适宜买入。一般说来,极强势股或强势股在上升途中,大多数时间往往不会跌破5日线。

只要不破,就可结合大势、结合个股基本面,可继续持仓。若是熊市,股价回升但升不破5日线的话,再次出现较大抛单,然后股价应声而落之时适宜卖出。

在此特别友情提醒一个小技巧:在股价连续大幅快速上涨后,特别是跳空连续上涨,或者四价合一的"一字板"形式的涨停板连续出现的股票上,当出现5日线向上碰触到其K线时,往往是这一波上涨即将到顶的有效警示信号。特别是当5日线第二次碰触到其K线时,常常就是这一波的顶部。

图1-33为000935四川双马在2016年9月26日到11月4日期间的走势图。在光标处之前,该股刚刚经历了一波连续大幅的拉升,出现了指标到达极其高位以后的明确见顶回落态势。跌破了上涨过程当中的5日线。这就是一个比较经典的、明确的止盈止损卖出信号。后期该股经过一段时间的震荡下跌以后再度形成升势。在其再度大幅拉升的过程当中,又先后有两次股价触碰到了上涨过程当中的5日线。在第一次碰触到5日线的时候,是以低开高走的形式演绎的,其量价强势配合迅速往上推升远离了5日线,那此次的触碰就属于盘中快速的单日洗盘触碰,后市仍然具有上涨潜力。但是后期第二次再回落跌破5日线时,则是发生在极强势股最高点卖出法"乐极生悲"模型条件满足之后出现的,那其作为一个有效跌破的信号,意义就比较明确了。这时就必须要利用盘中冲高的机会,尽量作为最后的止盈止损点做卖出动作了。

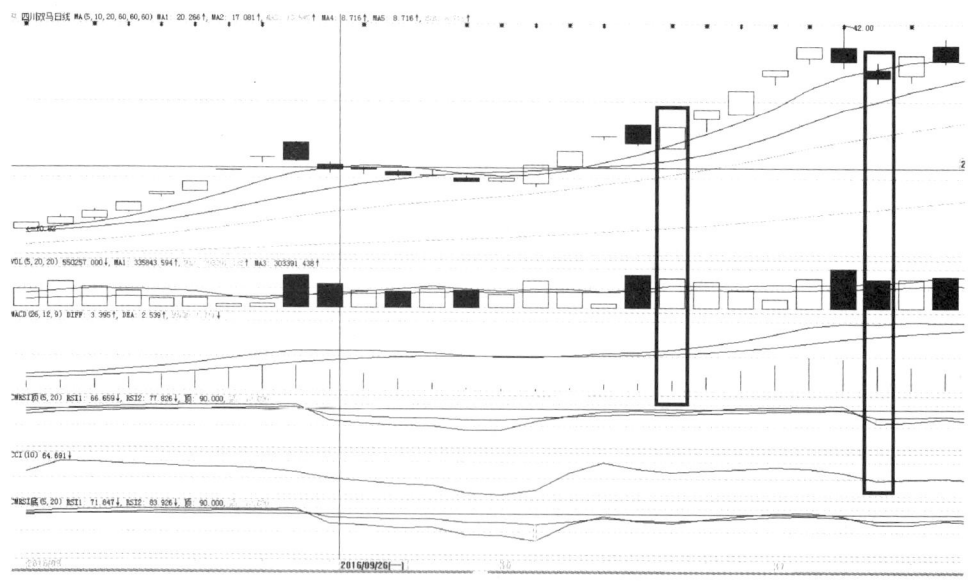

图1-33

因此，我们可以把5日线看作卖股的警戒线，一旦股价在连续上涨后碰触到警戒线，必须高度警惕股价到顶，紧盯K线特征、分时图均价线变化、成交量的异动、小一级时间周期的四位一体指标体系的变化情况，一旦多项表现特征现象都显示确定性地开始走疲态了，这时就更必须迅速卖出，免得煮熟的鸭子飞走。因此落袋为安为此时的第一要务。

（3）股价如果跌破5日线、缩量反抽5日线上不去的话，需要谨防追高被套，注意逢高卖出。在熊市反弹过程中，股价如果放量升破5日线、再度回踩5日线时跌不破的话，或者回踩5日线时虽有跌破，但又立刻放量止住下跌，转而开始放量强势上涨的话，需要谨防杀跌踏空，注意及时逢低买回。

（4）极强势股或强势股股价如果有效跌破5日线，一般都将跌到甚至跌破10日线或者20日线。如果跌到10日线、20日线明显出现放量企稳，同时此时的10日线、20日线的上升角度仍然是大于45度以上的话，如果此时5日线仍然是保持大角度向上态势的，则在股价再次出现最起码的5分钟四位一体指标体系的放量全多头启动形态时，可以短线回补，以免被踏空。若此时5日线已经是大角度向下态势的，而此时的10日线、20日线的上升角度仍然是大于45度以上的话，则在股价再次出现最起码的60分钟四位一体指标体系的放量全多头启动形态时，可以在其当时的交易重心附近短线回补。若是熊市，股价如果有效放量升破5日线，一般将向10日线，或者20日线方向上升。如果升到10日线、20日线附近，可以在出现"走为上"模型条件满足之时视情况超短线、短线卖出。

以上的内容和图例在《四位一体操盘术》书中有详细的介绍。

（5）如果是5日、10日均线走平或下行、20日线上行，然后三者黏合，这种情况下的K线形态往往是经过阶段性上升之后的中继形态或顶部形态。到底是顶部还是上升中继，取决于后期均线如何发散。如果后期庄家主力选择的是放量向上发散，则可能是在上升中继形态的基础上展开新一波上升，那就应该及时在其当时的交易重心附近分仓买入，参与其后一波的继续上涨。

如果后期庄家主力选择的是向下发散，则谨防已经处于顶部。该止损的还是该止损，否则下跌空间不会小的。

至于5日、10日、20日、60日均线黏合的情况，大多发生在长期的平台中。后市走向取决于平台是向上突破还是向下突破，也即均线是向上发散还是向下发散。

如果是5日、10日均线走平或上行、20日均线下行，然后三者粘合，这种情况下的K线形态往往是经过阶段性下跌之后的中继形态或者底部形态。到底是底部还是下跌中继,同样取决于均线如何发散。如果向下发散,则属于下跌中继;如果向上发散,则属于阶段性的底部。

一般而言,不管是其向上发散还是向下发散,在发散的时候四位一体指标体系一定会及时配合的,如果此时其60分钟四位一体指标体系已经是放量全多头排列了;同时,日线上的四位一体指标体系也基本上或已经多头排列了,再加上周线的MACD柱状体已经开始向上多头运行,那么就一定是向上发散。

在发散的时候,如果此时其60分钟四位一体指标体系已经是全空头排列了;同时,日线上的四位一体指标体系也基本上或已经空头排列了,再加上周线的MACD柱状体是在向下空头运行的,那么就一定是向下发散。你只需同方向进行及时操作就是了。

由于单看一个时间容易碰到骗线,会误导投资者,所以在判断趋势的时候,一定要养成以最起码的"左中右三个隔壁邻居时间周期"一起来参考判断。这样再去进行买卖操作其效果当然更加理想。有的个股走势在日线难以判断的时候,用60分钟、日线、周线、月线四个时间周期的指标特征一起去衡量一下,往往就一目了然了。这样对于个股绝大多数的骗线就很容易识破,可以瞬间将风险最小化。

图1-34为300531优博讯在2016年11月到2017年1月间发生的几次黏合选择方向发散的示意图。在光标处大家看到的现象是均线从空头排列到黏合再转变为向上发散的过程。在这个过程发生的时候,其四位一体指标体系的所有要素条件都同步发生了向上多头的逆转。在2017年1月4日前后发生的均线黏合以后向下发散。当这些现象出现的时候,四位一体指标体系都是有进一步的推动作用的。我时刻建议大家,不要只盯着日K线图去看,而是要结合其60分钟图和比日线大一级别的周线图一起去看,这样就能够比较清晰地判断出它的后市走向,提高准确率、防止骗线。因为日线图上模棱两可的时候,如果庄家主力要想往上运行的话,那么其60分钟图应该已经是全多头排列了,这样就可以让你清晰地了解到它很有可能会进一步形成日线级别的向上格局。同时,一定还要再去看一下它周线的一些四位一体指标体系敏感先行的主要要素条件是不是已经真的想要上涨了。春江水暖一定是鸭先知,庄家主力已经悄然进行了继续中线向上的准备,那么日线上会向上发散的可能性当然就得到了进一步的确认。反之,如果在日线图上,你看到的是模棱两可的可能下跌的信号,此时你赶紧去看一下它的60分钟四位一体指标体系的走势图,看它是不是已经空头排列了,如果已经是空头排列,当然会进一步传导到日线上,加速日线的向下移动;同时,在周线上你也要去看四位一体的各要素条件是不是已经有所准备往空方发展,如果这些现象全部得到证实,那么

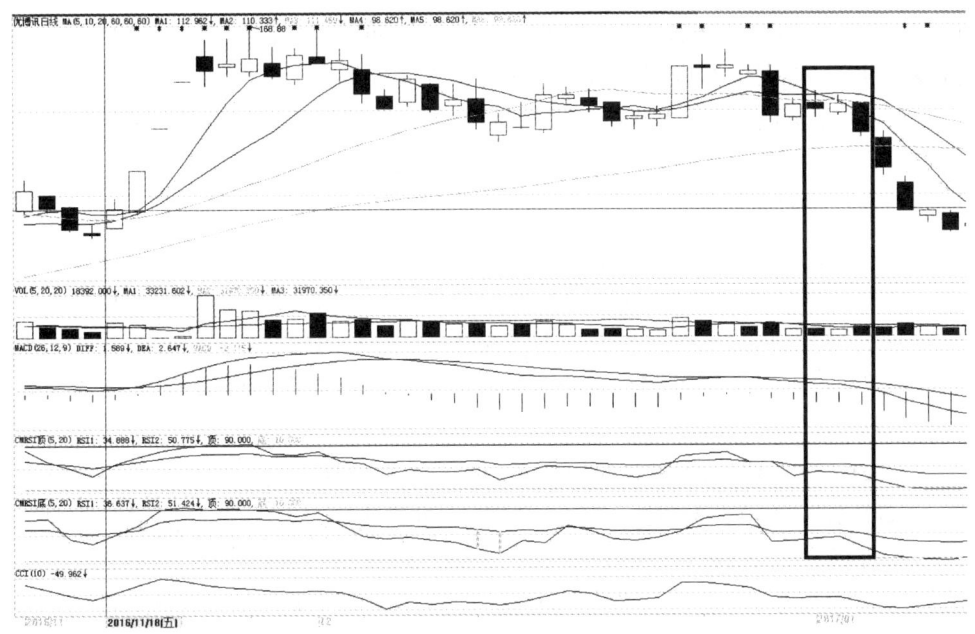

图 1-34

你针对当时这个 K 线图的判断准确率、有效性就会大大提高,受到骗线影响的可能就会大大降低。

比如,日线上出现持续缩量震荡小阴小阳逐级下探的 K 线,日线图上短期均线等指标已经显示比较弱势了,但是其周线 MACD 指标当中的柱状体和四周线仍然是依次多头向上的话,则通常说明其主力庄家只不过是在做一下日线级别的短线洗盘震荡,没有改变中期上涨趋势。同样,在日线上涨的过程中,如果其周线级别的 MACD 指标当中的柱状体和四周线还没有开始出现多头向上配合的话,则通常说明其主力庄家只不过是在做一下日线级别的脉冲式反弹或上涨接近尾声或者干脆就是在做骗线,说明它目前的这种上涨并没有改变其中期继续调整的态势。

当然,在熊市中利用周线或者月线,更不会被短期的反弹陷阱所迷惑,可以较好地回避风险。

当然,用周线或者月线判断趋势一定会有优势,也一定会有不足。那就是在参与个股炒作的时候,可能没买到"最低"价。但是这种操作方法是:不追求"最低价位"买入,不求鱼头鱼尾全吃,只吃当中最肥的鱼身即可。你若能做到以上几点,基本就可把握一轮"大行情"的主要机会段了,并且已经能够比较好地回避掉较大的风险。从长期的实战来看，在一轮牛熊交替的周期中，这种方法可以减少操作次数，降低操作失误风险，获得相对最大的投资收益。何乐而不为呢？

市场中，也不是所有人都是激进的短线投机客，针对大多数想做一波大的上涨趋势的极强势股行情的投资者来说，利用10日线的一些特质做好、做足一波大行情也是非常好的一种方式。

3. 利用10日线做大波段激进型操盘法

10日均线代表了近10日内交易者的交易成本。如果股价处于10日均线上方，表明近10日内买入的交易者皆不同程度处于获利的状态之中；反之，如果股价处于10日均线的下方，短期被套的交易者会对股价造成卖出压力，因此股价会偏弱势运行。

一般而言，中线波段稳健操作的投资者如果学会并且执行好在股价放量站稳在10日均线上时做买入和持股的事，跌破10日均线下时做卖出持币的事，也是非常划算的事。

10日均线作为中短线操作的参考线，实现了化繁为简、轻松获利的目的。综观A股市场，绝大部分股票在强势或极强势拉升的时候，都不会跌破10日均线，所以必须重视其作用和价值。如果10日均线跌破就应当减仓或者卖出，因为一般意义上来说，如果10日均线被收盘跌破，两天内再无法迅速站上其仍然在向上运行的10日线的话，则说明其最强势的一波上涨行情结束了，后期要么跌要么横盘震荡，再参与其中没有好处只有坏处，那又何必呢？

10日均线从某种意义上说代表着中短期的趋势，当短期趋势还在下行时，10日均线对股价有压制和向下指引的作用。因此，当10日均线还是下行趋势时，股价第一次缩量或小量突破下行趋势时的10日均线时，并不是个非常好的买点，反倒往往是个比较好的卖点。因为此时很可能仅仅只是一次脉冲式的小反弹，股价多数还会在10日均线的压制和向下指引下再次下探。比较可靠的买入点应该是在放量突破10日均线的同时还使得10日均线开始往上翘时，同时最起码60分钟四位一体指标体系走势图上，已经比较快地形成了放量全多头态势配合的情况下，才算可能是真正的转势突破，这时候在其交易重心附近买进才比较可靠。

股价突破了10日均线后买入股票，并不代表股价从此就会直线上冲，股价在10日均线上方强势上涨的过程中，也常有回调，特别是股价第一次缩量回调到仍然大角度向上运行的10日均线附近企稳后，通常会再度形成四位一体指标体系的放量全多头态势，启动新一轮的加速上升。这时也是投机客们买入的好机会。

10日均线特别适用于追踪强势个股的波段操作和大盘趋势分析,即当股价放量站上多头向上的10日均线时坚决买入,当大盘指数站在多头向上的10日均线时就尽量看多看涨,这样操作成功的概率较高。在实战中,运用10日均线操作个股的波段行情,需要结合更长一点时间周期的均线系统看其是不是有反作用力现象,若有则后市属于震荡市或仍然属于弱势行情。若没有反作用力则容易在持续放大的成交量推动下,形成一波上涨行情。

在持续较长时间的下跌趋势中,股价在下跌中途反弹时站上10日均线,但很快又跌破10日均线继续下跌,待股价第二次甚至第三次站上10日均线时,股价才真正确立上涨趋势。在实战中,这种走势经常出现。因此在下跌趋势末期,当股价第二次或第三次站上10日均线时并且使得10日线由原来下跌的,转为走平上翘时,往往是最佳的买入时机。

在下跌趋势中,一般股价大幅度下跌之后,股价和10日均线的偏离值达到15%以上时,往往马上就会出现报复性的反弹或上涨。持续下跌之后出现暴跌,致使指数和10日均线的偏离值达10%以上时,往往意味着中期底部即将出现。中期头部形成后不久出现急跌或暴跌,使大盘指数与10日均线偏离值达10%以上,往往即将出现短期强劲反弹的阶段底部。此时,若四位一体操盘术中相关条件满足时,是买入抢反弹的好时机。

图1-35为002346柘中股份从2016年11月10日启动一波行情开始到2017年的1月底期间的走势图。在第一个向下箭头处,其满足了极强势股最高点卖出法"乐极生悲"模型条件,然后开始一波下跌。第二个向下的箭头处是刚刚收盘价跌破了10日线的地方,并且这个跌破是以跳空缺口的形态进行的,之前的K线形态也明确地显示其已经见顶。那么此时应该是一个非常明显的止盈止损卖出点,充分表明原先的一个上涨大波段结束了,随后10日线拐头向下。在第三个向下箭头出现时,由于10日线已经远离股价负乖离达到负12%以上,同时也基本满足了"蜻蜓点水"的抄底特征条件,故在此可以下单买入。当反弹运行到第四个向下的箭头附近时,是第一次回抽确认下跌途中的10日线的时候,那此时就是一个特别有效和精准的卖点,需要尽快在其分时图上产生满足条件的"上豁口"之时将其抛出。随后在第五个向下箭头时,已经出现了60分钟四位一体指标体系的放量全多头形态,同时也放量站上了10日线,那此时就是一个相对较好的买点,需要及时在其盘口的交易重心附近分仓介入。随后放量反弹至第六个向下箭头处,反弹行情已经出现了满足"敌疲我撤"这种强势股最高点卖出法模型条件。此时10日线正

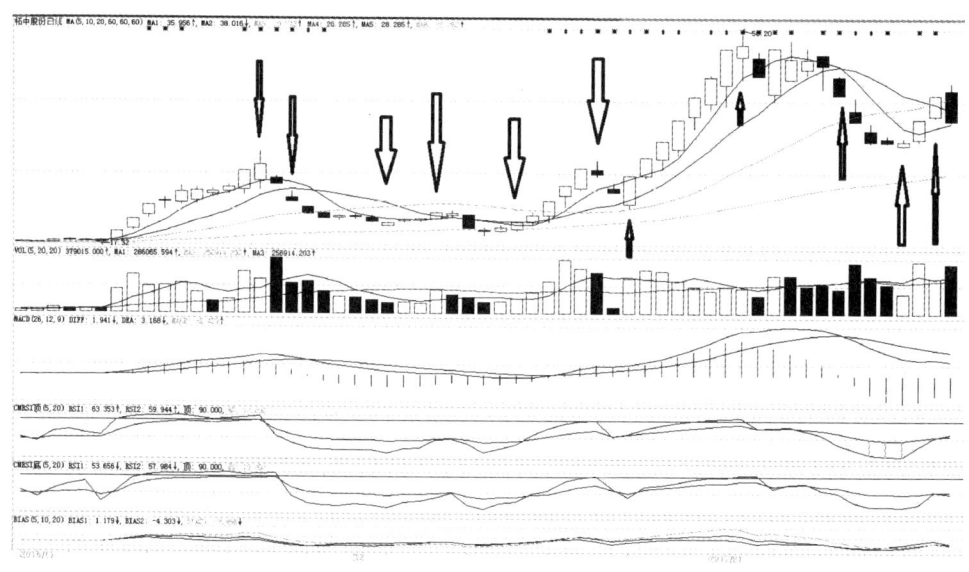

图 1-35

乖离率也达到了 21% 左右的很高位置。此时理智地做一个卖出行为,也是理所当然的事。卖出后个股快速下跌,到第一个向上的箭头处的时候,股价第一次触碰了上涨过程当中的 10 日线,同时指标体系出现了 60 分钟放量全多头形态。此形态出现的时候和其满足"龙回头"买入模型出现的时间相重叠,所以此处既是一个逢低吸纳的良好买点,又是一个起涨点买入信号的买入点,同时也是再度放量站上 10 日线的又一次重要的好买点。前文中也说过,跌破了 10 日线在两天内又能够放量站上多头向上的 10 日线的,说明后市还能继续再上涨一段时间。这当然是属于一个理想的买入出击点。在第二个向上箭头处,又满足了"乐极生悲"这种极强势股最高点卖出法模型的卖出条件。结果抛出后,后市震荡走低,在后 3 天内股价没能创新高,分时图均价线和交易重心反倒是依次下跌,重心不断震荡下移。在第三个向上箭头处,发生了跌破 10 日线,同时 MACD、均线等都几乎在同一时间形成了死叉现象。此时不跑更待何时?在第四个向上的箭头处,又出现了负乖离 10 日线达 20% 左右的严重超跌现象,同时满足了"蜻蜓点水"模型的抄底特征条件,几个重要的可以确认要反弹的条件共同出现的时候,其后市的反弹一定是板上钉钉的。此时就值得及时逢低分仓参与,待到反弹到第五个向上的箭头处,又是第一次反弹到下跌途中的 10 日线附近,此时做一个短线卖出是正当其时的。

这样近乎完美的操作需要丰富的知识,以及有效精准的操作模型和实时盘中的预警来协同配合,完全靠人去盯太累了。一定要用好的方法,尽量实现轻松炒股,尽量"完美操作大牛股"。

只注重进攻不注重防守的将军,一定不是个好将军。利用10日线做行情的人,也一定要在出现问题的时候利用好10日均线卖出的一些法则性的止盈止损纪律去锁定利润、化解风险。

下面的这些10日均线卖出法则,请一定认真学习,并且要严格执行好。

(1)跌破10日线就要起码卖出一半的筹码。

(2)连续两日收盘价在10日均线下方并且10日均线开始拐头向下,则需利用盘中一切缩量反抽机会将手中股票抛空。当股价的收盘价连续两日在10日均线的下方,意味着股价短线走弱,很有可能进入调整期。一定要把连续两天日跌破10日均线和10日均线开始拐头向下结合起来使用。

在平时的交易中,如果卖出条件成立后,严格执行操作纪律的话,不但可回避股价短线回调的风险,也避免了资金的损失。

但是交易者需要注意的是,10日均线用于趋势明确的单边上升和单边下跌行情中非常有效和可靠,10日均线适用于中短线结合的操作方式,因此经常与大角度向上运行的5日均线和大角度向上运行的20日均线一起来配合使用。10日均线卖出法有一个缺陷,即在震荡行情中并不太适用。在震荡行情中,它释放的信号过于频繁,有时给出的买卖信号较多,会有小亏损出现。应尽量避免在震荡行情中使用。10日均线操作方法总体上是大赚小亏,若长期运用此法,则稳赚不亏。所以对于使用10日线买卖的股票,一定要严格设定在其4周线和周线MACD指标当中的柱状体必须是多头向上的才可以。甚至可以加上更严格、更稳定的3月线和月线MACD指标当中的柱状体也必须是多头向上的才可以。因为这样可以比较有效地过滤掉比较长的、比较复杂的趋势不十分明确的震荡行情,减少不必要的劳心伤神和许多无谓的损失。当然在其上涨过程中再结合我的最高点卖出法,以及相关条件下的高抛低吸方法,去做好这种强势股的大波段,可以获得更多的利润,减少资金的回撤幅度,使得操作心态更加良好,获得更理想的、事半功倍的效果。

七、20日均线的实战应用技巧和配合秘诀

不同时间周期级别的均线,其稳定性、有效性、可靠性都是不同的。5日线最短,它的敏感性、及时性最强,随着股价的上下震荡涨跌变化也最激烈,稳定性、有效性就差一些。20日线相对稳定性、有效性比5日线要强一些,但是敏感性、及时

性也会比5日线要差一些。对大多数个股来说，一波大级别的上涨或下跌的中线行情中，其中20日线最起码有两次或三次的上上下下转折会出现，然后再完成一波中线行情的最终大趋势改变。用20日线来判断一波大牛市或大熊市的稳定性、有效性是比较有用的。指数或股价一旦乖离它太远，60分钟和日线以及周线的CMRSI底指标当中的RSI1数值都在极低位或极高位的话，就会反向运作。实战中，要充分利用5日线、20日线和60日线各自不同的特性，并且结合四位一体指标体系的其他几个敏感、有效要素，来加以有机配合使用。只有这样，才能够及时、有效地把握它们的止跌、启动、涨停和共振多头起涨点与涨停的买入机会，以及上涨途中的洗盘结束后，再度起涨、涨停的买入机会。

若之前股价已经经历过了一波中期累计跌幅超过50%或阶段性累计跌幅超过30%的，是比较充分的调整，近期股价下跌趋势已经减缓，或已经出现明显企稳态势，经历了一定程度的震荡筑底走势，其20日线由原来大角度下行状态转为平走甚至略微上翘态势，股价在20日均线上下相对狭窄的区域在做经常性的横盘震荡，在上述情况发生之时，如果5日线已经大角度竖起来了，同时四位一体指标体系也已经刚刚形成了放量全多头形式的配合，那它将大幅度向上进行中短线上涨态势，期间出现涨停板现象也属于正常现象，顺理成章、水到渠成、理所当然。可以在其当时的分时图交易重心附近分仓介入。特别是其所隶属的板块如果也正好强势启动在板块指数量比涨幅榜前列的话，则更是绝佳的中短线炒作品种。

如果股价已经脱离底部平台，但离开底部价累计涨幅不超过50%，若股价又正好经过一段时间和幅度的缩量洗盘调整结束后，股价再度放量向上突破正多头向上的20日线时，股价有可能带来一波加速上涨。特别是这种现象发生后又得到了持续放出的成交量的配合使得四位一体指标体系的数值不断地向上延伸的话，那是板上钉钉的猛烈上涨阶段。

只要20日线是向下的，就说明股价处于弱势趋势之中，此时就算是有涨停突破20日线情况发生，其做多的真实性、有效性、延续性也是非常值得怀疑的，应先采取观望态度，最起码也要等到其回抽确认突破有效后，在其再度形成四位一体指标体系放量全多头之时再在其当天分时图的交易重心附近分仓买入。

20日线呈45度角以上态势向上运行时最为理想，此时若有放量涨停突破20日线的情况发生，须及时在其当天分时图的交易重心附近分仓介入积极做多。角度太陡并经过一段时间大幅度向上攻击后，各时间周期CMRSI顶指标当中的RSI1数值都在最起码的80以上后，须谨防中短线的股价回落风险发生。均线角度太平坦的话，则意味着支撑力度近乎没有，这需要多加小心。

第一章 "四位一体操盘术"重点内容阐述

当有涨停突破黏合在一起的多头向上的 5 日、10 日、20 日均线系统时,则是最强的中短线买入信号,必须先在其当天分时图的交易重心附近分仓买入。若此次没有买到也可在第二天出现 5 分钟四位一体指标体系走势图上发出放量全多头买入信号之时,及时大胆买入。然后,享受接下来中短线的快速上涨行情带给你的快乐吧。

图 1-36 的框内和圆圈内表现的就是以上文字阐述内容的精华。均线是一个趋势指标,这种趋势指标如果得不到四位一体指标体系的有力配合,得不到成交量的持续有效配合的话,在其大趋势仍然是有反作用力的情况下,一般是没有多少参考意义的。因为它没有其他辅助趋势的力量作依托,就产生不了明确的趋势方向和力度以及持续度。所以一般情况下,在小角度的横盘缩量窄幅震荡期间,尽量不要用其作为你的参考依据。此时,重点研究利用好复合时间周期的 CMRSI 指标数值的共同高低点切换关系更加管用。即使要用也必须参考一下它的 60 分钟和周线的走势特征,相互印证一下后再去实施买卖操作,这样才可能对实战判断和操作有积极的参考意义。如果说其小一时间周期的 60 分钟图上,已经形成了四位一体指标体系的放量全多头攻击形态了,周线上也已经形成了最起码的那些敏感的要素条件,已经在出现多头向好局面的时候,再去看日线级别当中的一些趋势性的指标,然后以此进行相关的趋势操作或高抛低吸操作。此时的实战才一定会达到事半功倍的理想效果。

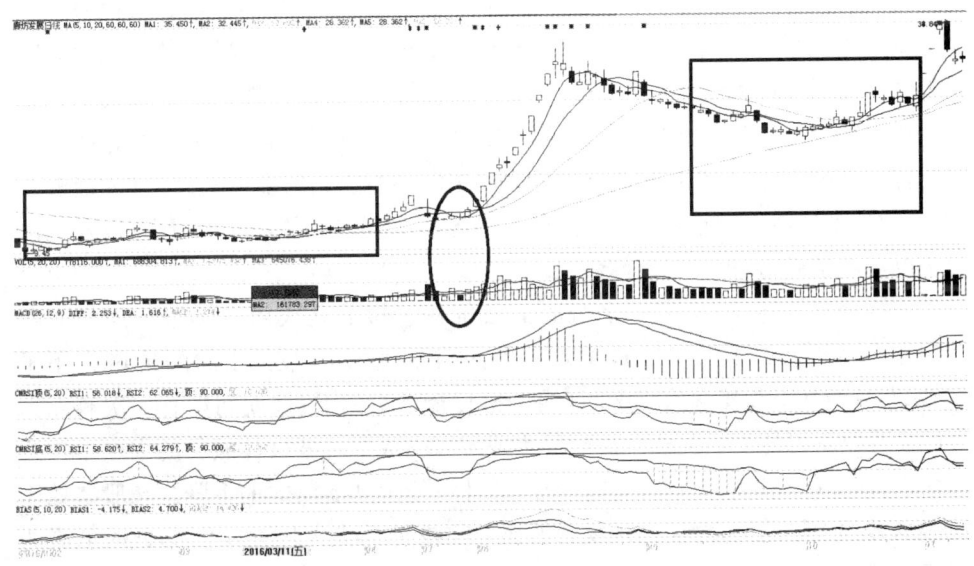

图 1-36

八、60日均线的实战应用技巧和配合秘诀

60日均线反映的是60个交易日里投资者的持股成本,对判断中期趋势非常重要。60日均线和20日均线结合在一起,构成了一个反映中期趋势的均线组。当两个均线同步向上的时候,就形成了多头排列。两者同步向下时,就形成了空头排列。一旦多头排列形成,是这段时间股价向同方向运行的强烈信号,投资者可以在前期底部起来第一大波上涨过的强势股或极强势股的股价第一次回调到60日线附近,并且此时其60分钟、日线、周线的CMRSI底指标数值都调整到低位的时候积极买进,可以充分享受到第二浪调整结束点的最佳低点买入机会。

比起调整所用的时间,调整的幅度才是应该首先考虑的重点,只有在调整幅度相差不大的情况下,调整所用时间才会更重要。同时也必须高度重视成交量伴随着震荡下跌调整时是不是能够迅速持续萎缩至均量线以下的地量。它们三者之间是非常有意思的组合。理解了它们三者之间的有机联系规律,对于实战当中捕捉买点是非常有益的。

用60日线来判断一波大牛市或大熊市的稳定性、有效性是其他时间级别的均线无法比的。指数或股价一旦乖离它太远、60分钟和日线以及周线的CMRSI底指标当中的RSI1数值都在极低位或极高位的话,就会反向运作。60日线在一波指数的大行情中是不会轻易拐头的。一旦60日线由原来的下跌状态改变为拐头向上了,就说明指数最起码有一波长时间的中线上涨行情。一旦60日线由原来的上涨状态改变为拐头向下了,就说明指数最起码有一波长时间的中线下跌行情。但是它对及时把握最高点和最低点区域的转折敏感性、及时性会比5日线要差好多。所以要充分利用5日线、20日线和60日线各自不同的特性,并且结合四位一体指标体系的其他几个敏感、有效要素,来加以有机配合使用。只有这样才能够及时、有效地把握他们的止跌点启动涨停和共振多头起涨点涨停买入机会,以及上涨途中的洗盘结束后,再度起涨涨停买入机会。

依据通常的规律,指望一个个股的股价在短短的几天内持续快速缩量大跌20%左右,同时20日线和60日线又是处于有接近45%角度向上的情况下,一下子跌破20日线甚至直接快速将20日线也扭转至空头向下,这期间没有一次有点力度的反弹是不可能的。除非是碰到股灾或该股完成了一波极其疯狂的大牛市拉升行情后,庄家已经彻底不顾一切地逃庄了,才可能出现崩溃式的下跌。在股票处于缓慢攀升的大格局下,短期出现反弹的概率往往高于继续下跌的概率,此时低吸的可靠性就更高了。

股价还没有经历过中长线的快速大幅拉升,而只是出现了短期大幅快速缩量下跌,在第一次跌到20日均线附近股价没有再创新低,反而出现收盘价或最高价超越前日最高价时,并且在其小一时间周期的四位一体指标体系走势图上已经出现了放量全多头的排列现象,此时是一次较好的买入时机。

同理,若股价还没有经历过中长线的快速大幅拉升,而只是出现了短期大幅快速缩量下跌,在第一次跌到60日均线附近股价没有再创新低,反而出现收盘价或最高价超越前日最高价时,并且在其小一时间周期的四位一体指标体系走势图上已经出现了放量全多头的排列现象,此时是一次较好的买入时机。

但是当指数和股价经过若干次的回跌60日线,然后运作完成一波大幅上涨的牛市行情后再度跌破60日均线后,意味着指数和个股还将会下跌一段空间和时间。之后股价经过较长一段时间的缩量下跌或低位横盘震荡,且股价经过一段时间缩量运行在60日均线之下后,又发生股价放量突破60日均线且使得60日均线开始拐头向上,且随后形成了60分钟和日线以及周线级别的四位一体指标体系放量全多头现象时,此时再介入该指数或个股的炒作,中短线获利的机会就较大了。

图1-37为601668中国建筑从2016年7月5日到2016年年底期间60日线的运行走势图,以及结合上文中所述内容的走势示意图。从2016年7月5日以后其60日线开始拐头向上后,就一直是多头向上缓步上移的。其各框中多次出现了均线的不同级别的黏合多头向上发散,以及各种各样抄底买点生成以后的各类向上走势,大家在观看这些买点的时候,应该清晰地得出了一个体会:出现买点以后,如果得到了各种复合时间周期四位一体指标体系的共同放量多头向上的配合的话,此后的上涨都表现不错。但是如果说后期得不到主动性买盘成交量的持续放大配合的话,则后期的涨势都比较曲折且不太理想,甚至直接拐头向下。如果经过大幅上涨以后,离乖离率60日线太远、太大的话,也会形成快速、大幅向下回落的走势。同时,在上涨过程当中,第一次回敲确认上涨过程当中的60日线时,通常都有一个比较好捕捉的买点出现,随着不断地向60日线回踩次数的递增,它的有效买入效应会降低,它的有效卖出效应会增加,从此以后转入下跌趋势的可能性逐步在加大,并最终成为现实。所以掌握均线分析的一些规律特点,然后结合四位一体指标体系的规律特点去进行大波段反复的高抛低吸操作,是很有必要的,也是非常有效的。这样才可以轻松地实现将一个大牛股分段来炒,达到精准地进行好大波段趋利避害的完美操作。

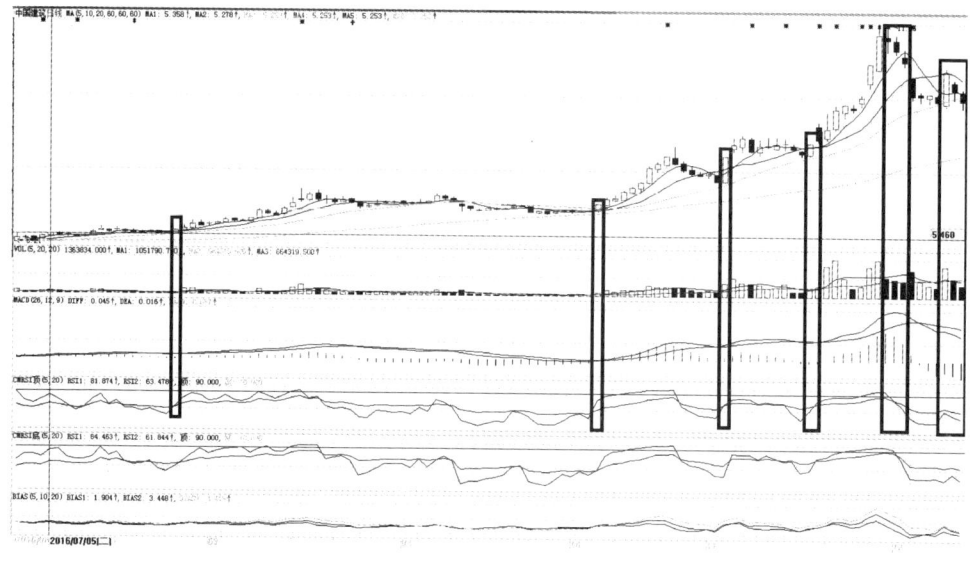

图 1-37

九、均线卖点小总结

第一条：10日均线即将下穿20日均线，或者它们之间已经刚刚形成死叉之时，股价虽已经下跌了一大段，但仍然必须先考虑利用盘中的任何缩量反抽机会及时出货。这种现象发生时，若一旦再得到日线、周线MACD指标当中的柱状体同步开始双双向下缩短；从日线以及周线级别的CMRSI顶指标数值高位，双双向下缩短，以及5日线和10日线双双大角度向下的有效配合的话，这种中短线甚至中长线的卖出信号的准确率是非常高的。

图1-38为600109国金证券在2016年11月月底到2017年1月月底之间，分别有两次出现10日线死叉20日线的现象。其两次死叉后的走势截然不同，原因就在于上述文章当中的要求第一次是充分满足了，而后一次并没有得到满足。所以在针对10日线死叉20日线的时候，一定要分清楚指标发生这种现象时的位置高低以及当时5日线与10日线的向下走势的角度和力度来决定后期该怎样操作。任何一种方法都不能刻舟求剑式地去执行，而一定要进行综合判断。前一次死叉后下跌时，产生了一波巨大的跌幅，是因为满足了前文中所有要求的要素条件，即它们都是在指标高位大角度下杀的，那它的中短线下杀力度当然是比较大的，所以一定要尽快回避。但是第二次产生10日线下杀20日线时，其指标位置已经在很低的位置，同时它的下杀的角度也很小，反而因为当时的指标体系数值都在比较低

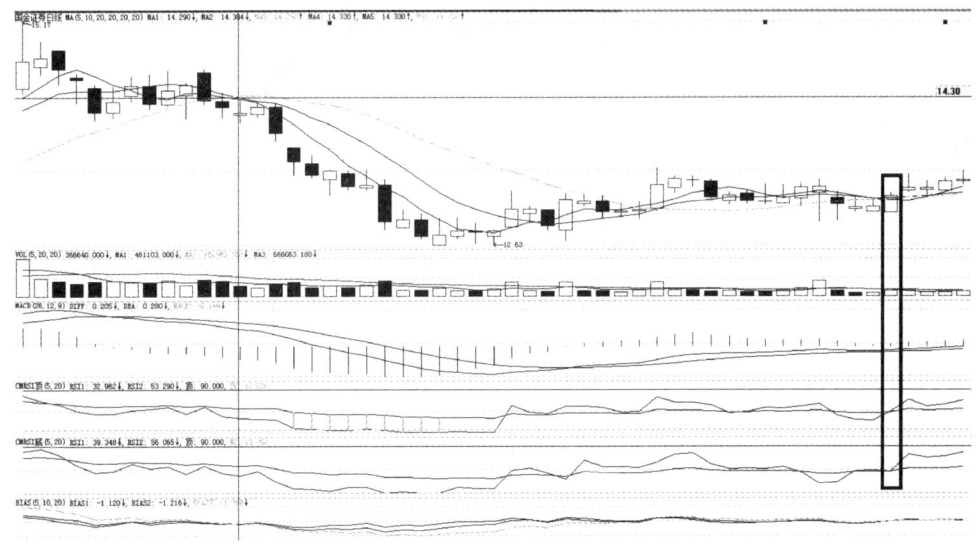

图 1-38

的位置、下杀的角度比较平缓,再加上正好此时指数环境正在形成反弹向上趋势之时。那么它后期立马被放量拉起,形成了一个看似骗线但却是合情合理的拉升现象,也不足为怪。

第二条:当 20 日移动平均线向由原来的曾经大角度多头上升刚刚开始转为空头向下运行时,若得到日线、周线 MACD 指标当中的柱状体同步开始双双向下缩短的有效配合的话,这种中短线甚至中长线的卖出信号的准确率是非常高的。多数都是一波中短线上升趋势终结了的最后逃命机会。必须先考虑要利用盘中的任何缩量反抽机会及时出货。

图 1-39 为 600109 国金证券在 2016 年 4 月 19 日满足了上述文章当中的所有要求。此时,它是在复合时间周期指标数值都到过高位后形成了震荡下跌以后,再加上已经完美构筑了 60 分钟四位一体指标体系的顶背离死叉以后形成的大角度下杀也好、跳空下跌跌破 20 日线也好,只要其几次三番跌破了 20 日线,并且造成 20 日线刚刚拐头向下的话,那它今后的中短线下杀力度一定会比较大。那就一定要尽快利用任何盘中缩量反抽的机会尽量抛出,此时已经是最后刻不容缓的最低止损点了。千万不要说我之前没有抛,现在已经离开最高点价位这么远了,还要抛吗等诸如此类的话和想法了。怪只怪之前的所有最高点、次高点卖点你为什么不抛呢?人不可以一错再错、错上加错,错了就要赶快改的。

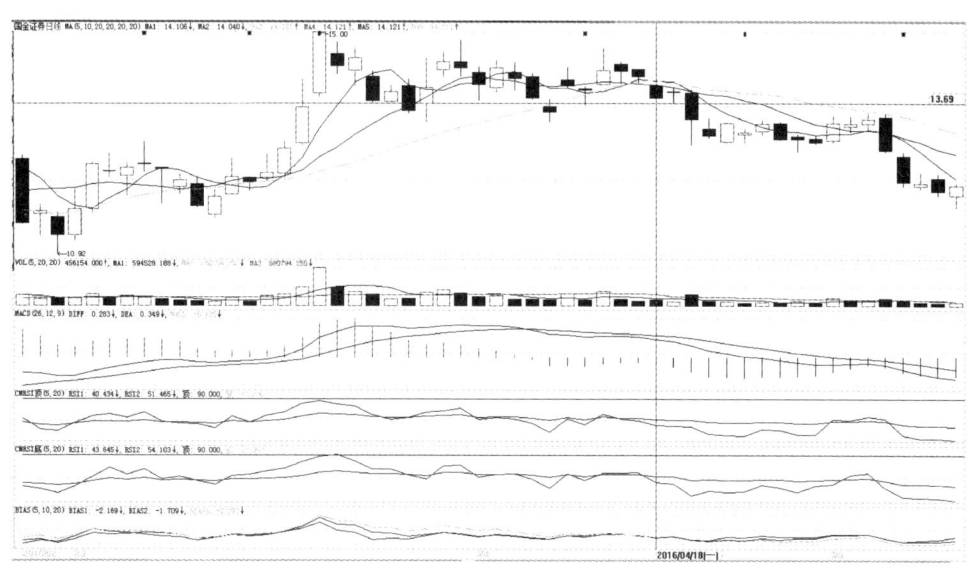

图1-39

第三条：当股价跌破10日移动平均线之后，又很快再跌破了20日和60日移动平均线，同时日线、周线MACD指标当中的柱状体同步开始双双向下缩短的有效配合的话，预示中期下跌行情的开始，将会有较深的跌幅，必须利用盘中的任何缩量反抽机会赶快逃命。

图1-40为300500启迪设计在2016年12月8日满足了上述文章当中的所有要求。其实这种现象在极强势股的头部区域形成以后的快速向下加速下跌过程中，顶部形成以后的破位下跌初期，指数行情突然出现比较大的系统性风险的时候经常会出现。所以一旦出现跌破了10日线后又快速地将20日线和60日线同时在两个星期之内快速跌破，且整个下跌和跌破过程当中，无明显的抵抗性放量反弹发生过的，则通常就意味着一波真实有效的中线下跌行情即将展开。即使后期形成一个短线的缩量反抽、反弹，也无法改变其中线的向下杀跌走势。所以一般碰到这种现象出现的时候，须尽量利用后期的任何盘中缩量反抽机会，先把股票卖掉，持币观望为好。

第四条：当股价在任何一个时间级别的移动平均线的上下一定幅度内，有依次缩量震荡徘徊的现象出现时，同时其MACD指标走势图上有柱状体的顶背离现象或曲线图的顶背离现象出现时，而这根移动平均线也已经在持续开始有缓慢下跌现象发生时，尽快利用盘中冲高机会卖出股票持币观望。如果此时其大一时间周

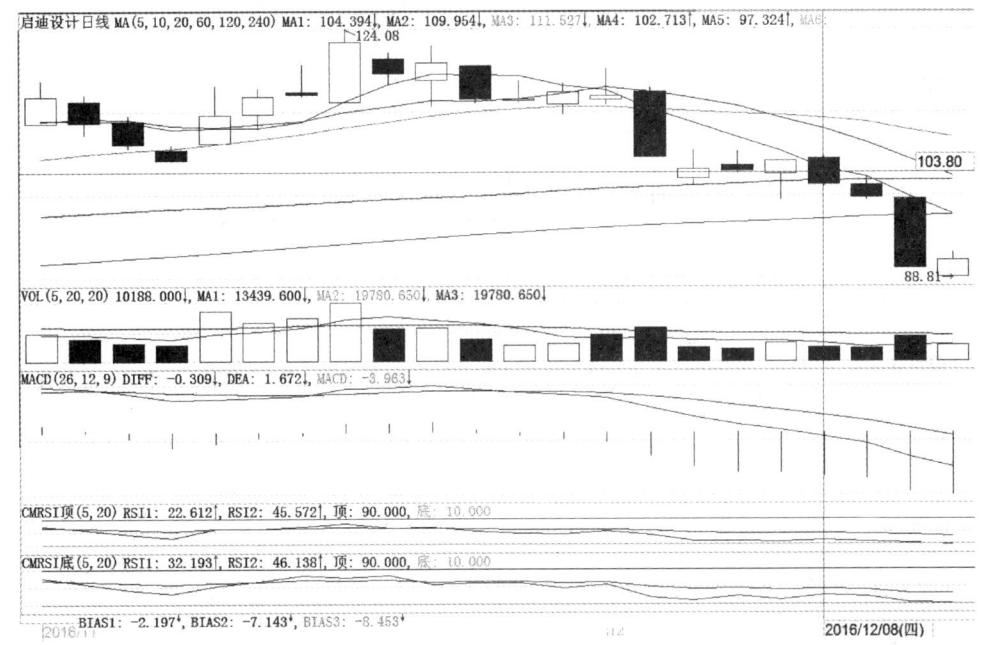

图 1-40

期的 MACD 指标走势图上的那些相对敏感的要素条件,已经同步或提前向下运行了,则更加可以确定后市必跌(参考以前的图例或自己去观察任何一个个股发生类似这样的现象,都可以得到明确的体会结果)。

第五条:当 10 日线或 20 日线或 60 日线明显呈空头排列之时,股价第一次反弹至其 10 日线或 20 日线或 60 日线移动平均线附近时,都应果断抛出。从中长期明显向下的大量个股的历史走势中都可以发现,股价反弹到重要的均线附近形成阶段性反弹高点的概率是很高的。明白了这一点,在具体操作上就较为简单而有效了。此外,在股价中长期下跌的过程中,还是有一些较明显的运行规律可循。比如,下跌的时间要远大于反弹的时间,通常两者的比例至少是 2∶1~3∶1;往往在经历较大幅度或是较长时间的下跌之后,在第一次反弹到 10 日线、20 日线、60 日线、120 日线附近时,都会遇到不同程度的阻力。所以在反弹到了这种价位附近的时候,需要关注小一时间周期的四位一体指标体系走势图上是不是已经出现明显的顶背离、全空头排列等见顶、疲软态势,如果确已看见不良现象出现,更需要及时抛股离场。

图 1-41 为 603861 白云电器从 2016 年 11 月 10 日见顶开始到 2017 年 1 月中旬期间发生的多次 5 日线、10 日线、20 日线共同形成趋势明显的下跌行情以后,其短

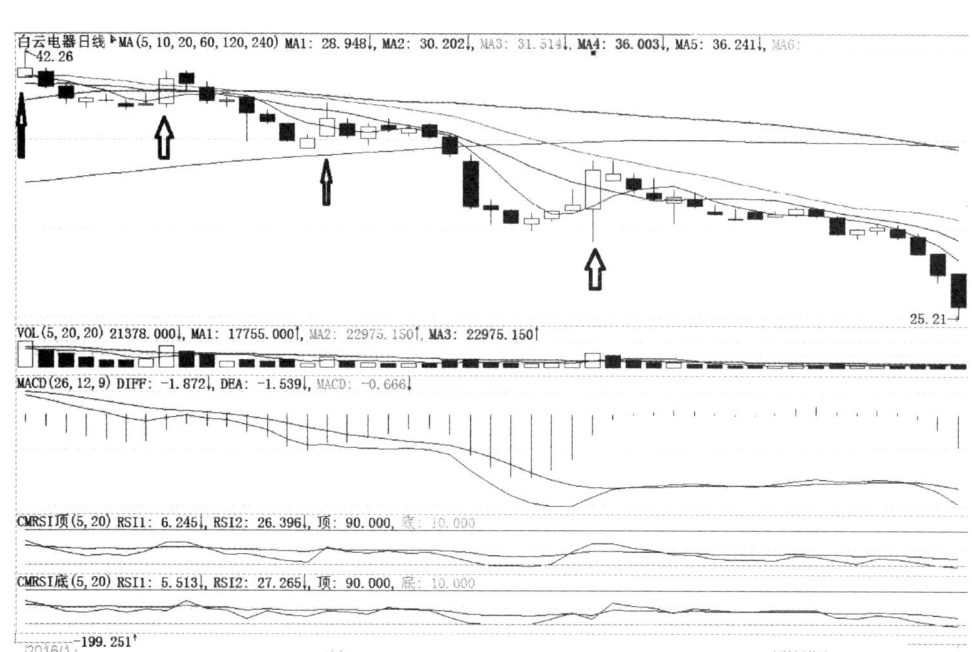

图 1-41

暂反弹的天数,永远比其震荡下跌的天数要少二分之一到三分之一以上,同时每次缩量反弹到下跌途中的 10 日线和 20 日线附近的时候,就会又形成新一波的震荡下跌走势。这样一个台阶一个台阶地往下走,直至最后见到一个大级别的底部和大级别的底部形成以后再起一波新一轮的向上有力度的行情为止。所以大家掌握了这些规律和方法以后,可以抛出筹码有效地回避掉其必然会有的持续大幅下跌阶段。更可以利用这种下跌时间段,把有限的资金投入那些更可以确定的会上涨的个股的机会上去,这样资金的使用效率和获利速度,会得到很大的提升,同时心态也会越来越好。

第六条:5 日均线从上向下即将跌破 10 日线,或 5 日均线从上向下即将跌破 20 日线而要形成对它的死叉时,再得到日线和周线级别的 MACD 指标当中的柱状体共同在向下延伸现象配合的话,通常都是中短线下跌势即将来临的先兆,后市必跌无疑,即使偶尔不快速下跌也多属于垂死挣扎状态,80% 以上都会有一段跌幅的。这时及时利用任何盘中的反抽机会清仓是很有必要的。

图 1-42 为 300506 名家汇从 2016 年 6 月 30 日到 2016 年 11 月 22 日期间,发生的多次 5 日线死叉 10 日线,5 日线死叉 20 日线的情形。其中,有多次在满足阐述的条件以后,确实是产生了中短线的大幅下跌的。但也有部分死叉以后没有立

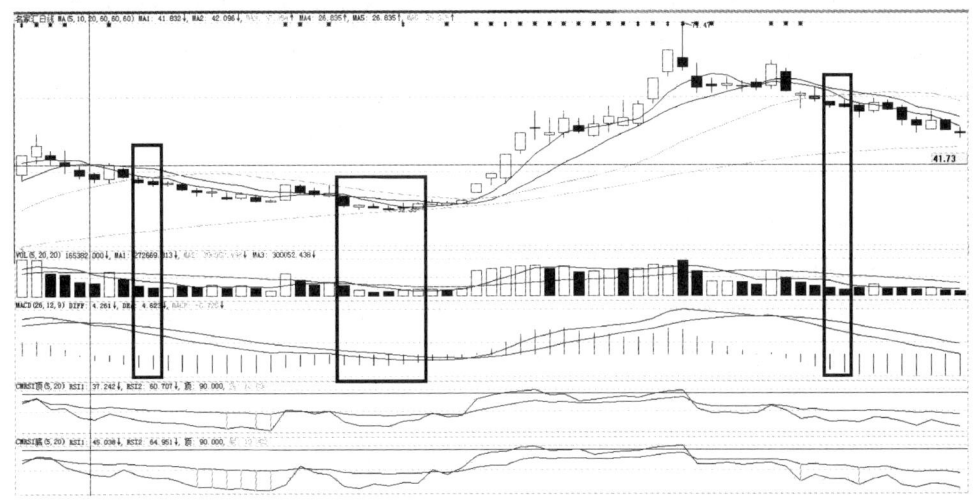

图 1-42

刻进行大幅回调,而只是进行了一波短线的横盘窄幅震荡以后,即大幅放量持续向上反弹,又再起了一波中短线的轰轰烈烈行情。还有的在即将要死叉又没死叉的时候,又突然放量拉起,但最终因为主动性买盘成交量没有得到持续的放大和没有在周线级别上得到指标体系的共同多头向上配合,而导致延续向下的颓势。这些现象充分地说明,在利用均线死叉的方法做卖出时,一定要充分地看清楚其60分钟、日线、周线CMRSI底指标数值究竟是在什么位置?日线、周线级别的柱状体是刚刚开始回落?还是回落了很长一段时间?要看复合时间周期指标数值是不是都是刚刚从高位下来?还是已经回落到共同的低位,来决定后期应该采用何种买卖措施?这样才能够根据实际情况做出最合乎市场运行规律和实际的正确的判断以及准确的操作。不能形而上学地一味用有死叉就卖的粗放式操作模式。在后期的所有交易策略中,必须要根据实际情况有所取舍,才能够活学活用以前和今后介绍的这些好的方法,以期达到更好的实战运用效果。

第七条:当股价的日线、周线甚至月线的CMRSI顶指标数值都到过高位后,股价开始跌破5日移动平均线之后,又很快再跌破了10日和20日移动平均线,同时日线、周线MACD指标当中的柱状体同步开始双双向下缩短的有效配合的话,预示中期下跌行情的开始,将会有较深的跌幅,虽然股价已经跌了一大段了,也必须及时利用盘中的任何缩量反抽机会赶快逃命。

第八条:股价在移动平均线的上方强势运作,偏离过远,正乖离率很大以后,同时其 60 分钟以及日线、周线甚至月线这些时间周期级别的 CMRSI 顶指标数值到达过高位、分时图上已经出现过上豁口大于 3‰ 的现象以后，一旦在比其小一时间周期 60 分钟的 MACD 指标上的柱状体开始向下缩短，绝大多数情况下，就意味着股价终将开始起码被拉回到移动平均线的附近的回落要来临了。此时宜保持冷静，及时见好就收、落袋为安。如果 10 日、20 日股价移动平均线都刚刚不同程度地开始向右下方运作之时，表示多头行情结束，空头行情来临，宜尽快利用盘中的任何缩量反抽机会清仓离场休息。

图 1-43 为 300506 名家汇在 2016 年 11 月 3 日满足极强势股的最高点卖出法条件"乐极生悲"模型时的分时图形态走势图。

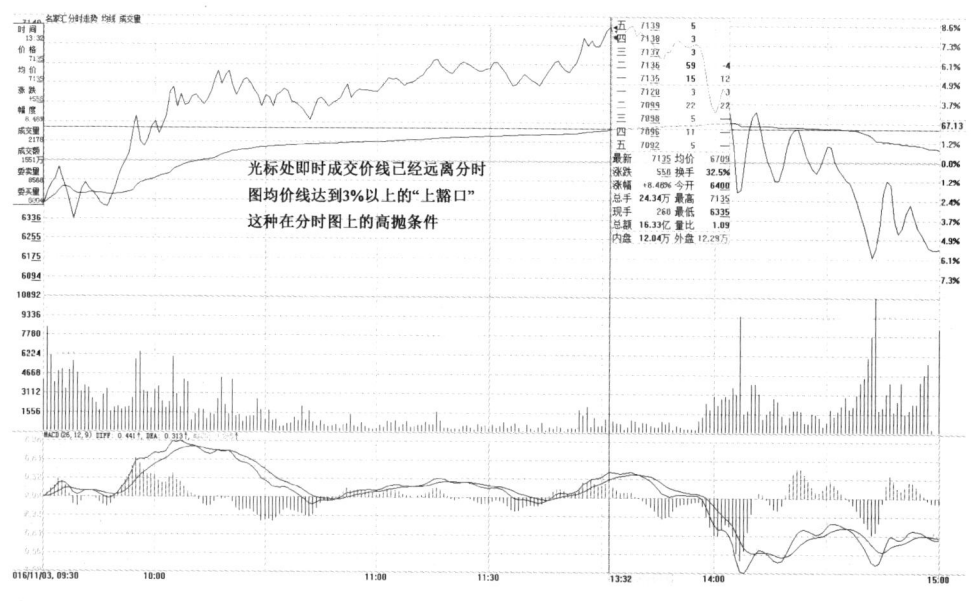

图 1-43

图 1-44 为 300506 名家汇在 2016 年 11 月 3 日满足极强势股的最高点卖出法条件"乐极生悲"模型时的 60 分钟四位一体指标体系走势图，以及后期满足上述情况时的 11 月 28 日、12 月 23 日及今后的形态走势图。图 1-44 中大家看到的是在 11 月 3 日见顶以后，其虽然也发生了多次的抵抗性反弹，但终究因为月、周、日线级别的四位一体指标体系都不再同步支持它再度上涨，月线、周线、日线级别的柱状体都依次向下移动，不再支持其再度多头上攻。故此盘中形成的短期脉冲性的反弹只能延续 1 日或几日，终究不敌趋势的力量，而逐渐下移交易重心的走势特征。

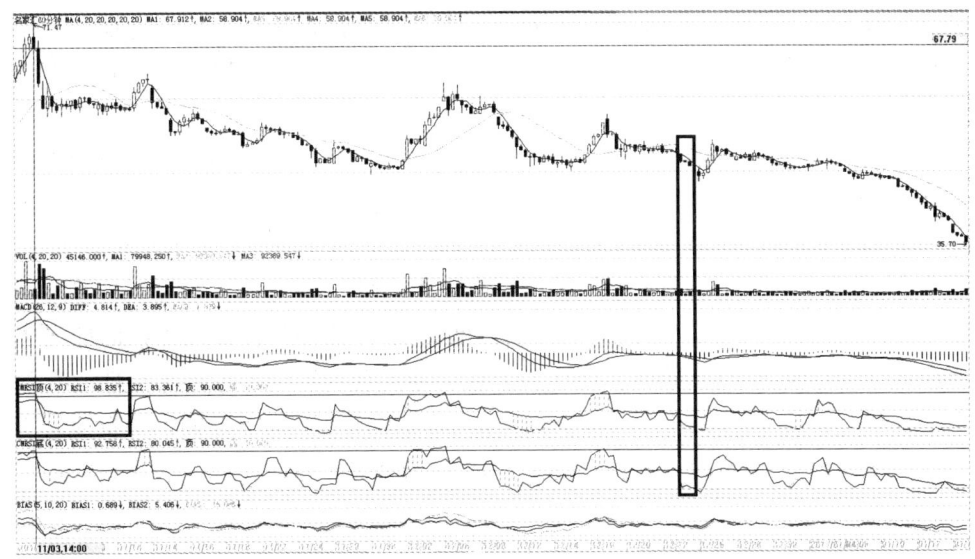

图 1-44

图 1-45 为 300506 名家汇在 2016 年 11 月 3 日满足极强势股的最高点卖出法条件"乐极生悲"模型时的日线四位一体指标体系走势图,以及后期满足上述所述情况时的 11 月 28 日、12 月 23 日及今后的形态走势图。图 1-45 中大家看到的是在 11 月 3 日见顶以后,其虽然也发生了多次的抵抗性反弹,但终究因为月、周、日线级别的四位一体指标体系都不再同步支持它再度上涨,月线、周线、日线级别的

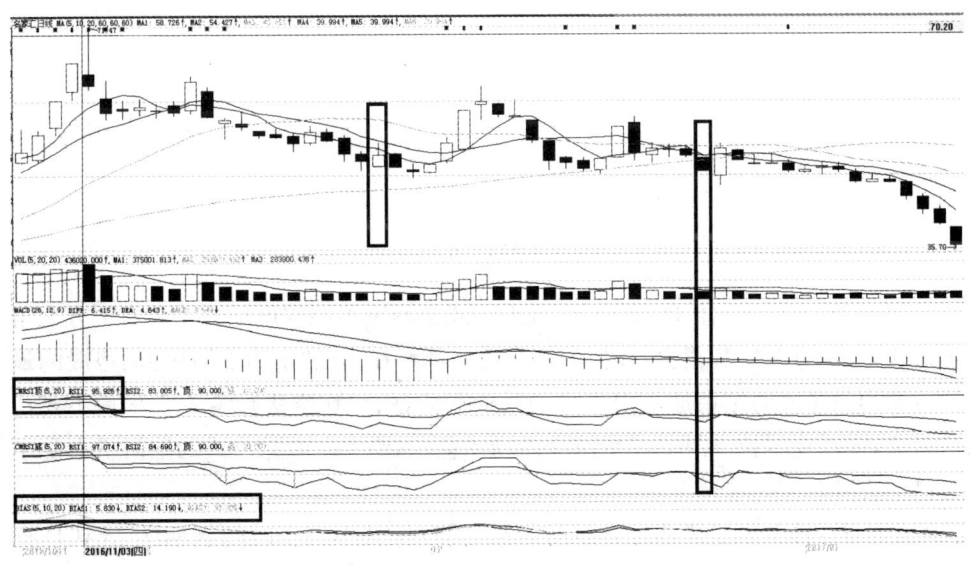

图 1-45

柱状体都依次向下移动,不再支持其再度多头上攻。故此盘中形成的短期脉冲性的反弹只能延续一日或几日,终究不敌趋势的力量,而逐渐下移交易重心的走势特征。

图1-46为300506名家汇在2016年11月3日满足极强势股的最高点卖出法条件"乐极生悲"模型时的月线四位一体指标体系走势图,以及后期满足上述所述情况时的11月28日、12月23日及今后的形态走势图。图中大家看到的是在11月3日见顶以后,其虽然也发生了多次的抵抗性反弹,但终究因为月、周、日线级别的四位1体指标体系都不再同步支持它再度上涨,月线、周线、日线级别的柱状体都依次向下移动,不再支持其再度多头上攻。故此盘中形成的短期脉冲性的反弹只能延续一日或几日,终究不敌趋势的力量,而逐渐下移交易重心的走势特征。所以说兵败如山倒、墙倒众人推,趋势的作用力度需认真对待。

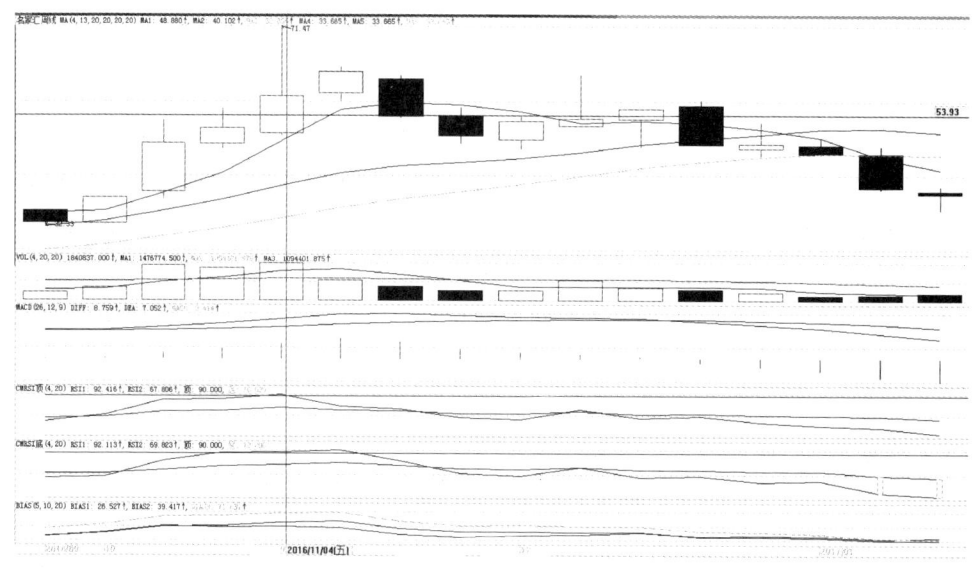

图1-46

第九条:如果10日、20日和60日平均线都刚刚不同程度地开始向右下方大角度运作,表示空头气势很盛,任何的缩量反抽都将在满足"走为上"这种弱势股的最高点卖出法条件时结束熊市中难得的反抽行情,所以在空头行情中宜尽量不要持股待涨,而需要尽快、尽早、尽量清仓离场休息,不要为一般脉冲式的陷阱机会乱了自己的方寸。

第十条:移动平均线从上升逐渐走平,同时比其小一个时间周期的MACD指标走势图上有柱状体的顶背离现象或曲线图的顶背离现象出现时,股价从上向下跌破该移动平均线时,表明市场主力的卖压越来越严重了,中短线股价下跌已经是在所难免了,那此时当然就是一个不得不卖的卖出时机。

图1-47为300545联得装备2016年11月11日开始到11月23日期间形成满足上述阐述内容的连续顶背离以后的60分钟四位一体指标体系走势示意图。在看盘交易过程中,每个人可以根据自己的情况,或选择5日线,或选择10日线,或选择20日线作为止盈止损或买卖进出场参考点、参考线。只要此根参考线,从原来的多头向上转而走平甚至有拐头的迹象之时,习惯性地随时多注意其60分钟的四位一体指标体系走势图的变化情况,特别是MACD指标体系当中的柱状体和曲线的方向变动情况,其对后市短线运行方向具有无可比拟的先导性优势。

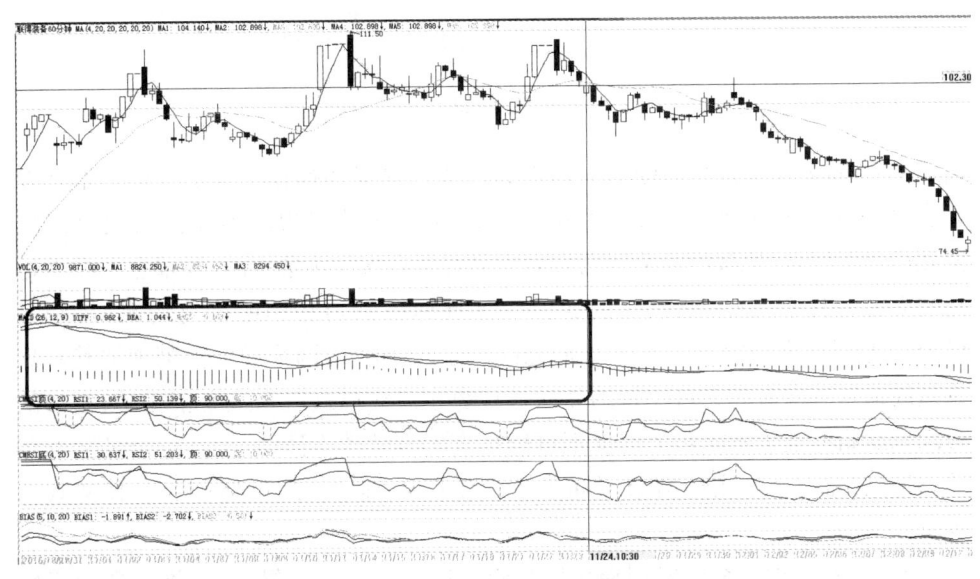

图1-47

图1-48为300545联得装备2016年11月11日开始到11月23日期间形成满足上述阐述内容的日线级别四位一体指标体系走势示意图。此时其5日线已经不再积极向上了,股价经常性地在碰触5日线这条极强势股的防守底线了,60分钟和周线图上的柱状体都在同步向下缩短、延伸了,整个三个时间周期的指标体系已经不同程度地共同在往疲态尽显方向发展了。君子当然不能立危墙之下,此时应尽快先落袋为安,见好就收,不能再贪心了。否则,后面的风险收益比严重偏向风险大于收益了。我在看盘交易过程中,绝大多数时间里选择关注5日线、4周

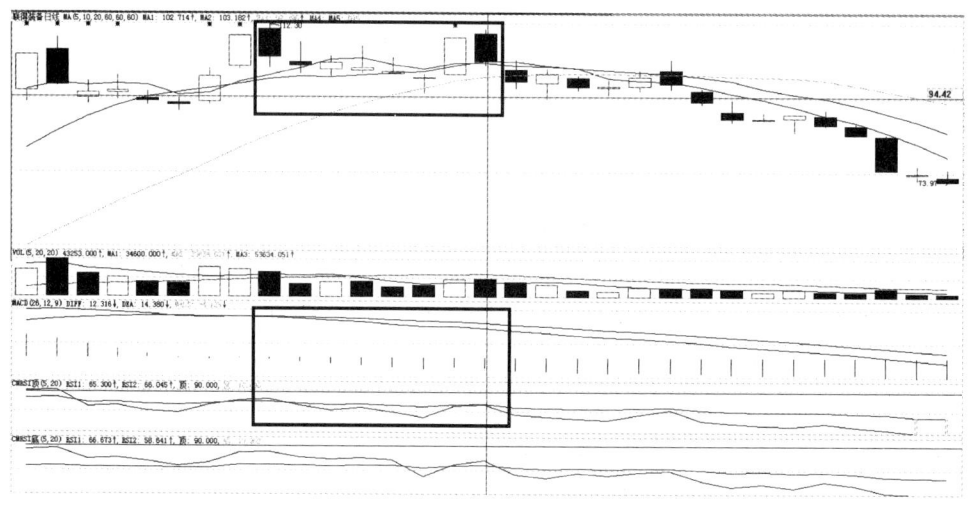

图 1-48

线、3月线都非常强势大角度向上运作的个股去观察和操作。即使是参与抢反弹行情,我也惯性地把5日线作为我的止盈止损或买卖进出场参考点、参考线。只要此根参考线,从原来的趋势方向转而走平甚至有拐头迹象之时,我都会习惯性地随时多注意其60分钟和周线的四位一体指标体系走势图的变化情况,特别是MACD指标体系当中的柱状体和曲线的方向变动情况,因为我太深刻理解其对后市短线运行方向具有无可比拟的先导性优势了。它们这三个最紧密相关、相邻的时间周期指标数值不同步上涨就不可能是真实有效的上涨,它们这三个最紧密相关、相邻的时间周期指标数值不同步下跌就存在"骗线"的可能和若干种变数的可能。

第十一条:在复合时间周期指标数值都达到高位的时候,碰上指数环境不好之时,若股价向下跌破最靠近现价的指标形态支撑位、短期均线已经开始拐头向下了,则要及时考虑利用盘中任何缩量反抽机会出货。正所谓"覆巢之下安有完卵",一定要抱着"宁可错过、不可做错"的心态先出来再说。有股票在手和没股票在手时,面对走势的冷静、客观程度是不一样的。当然心态和结果也会不一样。

第十二条:在上升行情中,当股价由上向下跌破3月移动平均线,同时周线MACD指标的柱状体开始向下缩短时,表示长线有由多翻空的中期下跌调整风险,应先卖出股票。在上升行情中,当股价由上向下跌破4周移动平均线,同时日线 MACD 指标的柱状体开始向下缩短时,表示有中短线由多翻空的下跌调整风险,应先卖出股票。若 3 月移动平均线开始拐头向下,月线 MACD 指标的柱状体开始拐头向下缩短时,表示大级别调整市、熊市开始,应卖出股票,并且不要在短期之内再去介入买股事宜。若 3 月移动平均线开始拐头向下,月线 MACD 指标的柱状体也开始向下缩短时,同时周线、日线的 CMRSI 底指标数值还双双都在中高位向下的下跌过程中的话,那千万不要轻易言底,千万不要轻易去下抄底买入的决定。大级别的调整市、熊市中,没有到日线、周线的 CMRSI 底指标数值都在极低位之前轻易不要抢反弹,即使日线、周线的 CMRSI 底指标数值都到了极低位之后去参与抢反弹,也尽量不能重仓,并且尽量不要在抢反弹期间,持有超过一星期以上的股票,一定要在"走为上"模型条件预警弹出来后及时卖出股票。弱势中抢反弹一定要采用"游击战"的战略战术,不能跟市场和主力玩"持久战",在大熊市中你跟市场和主力玩"持久战",那就一定会被它搞成"歼灭战"。90%以上的人都是大输特输在熊市过程当中的。别在熊市当中一直持有股票、别在熊市当中经常去随意买卖股票,你就可能成为经历过熊市的幸存者、幸运儿。

图 1-49 为 002695 煌上煌从 2016 年 6 月开始正式形成日、周、月线各时间周期级别的四位一体指标体系全多头放量金叉,启动一波大牛市到 2017 年 1 月正式确认完结束一波大牛市期间形成的满足上述阐述内容的月线级别四位一体指标体系走势示意图。在其震荡向上的过程当中,其月线的 MACD 指标当中的柱状体和

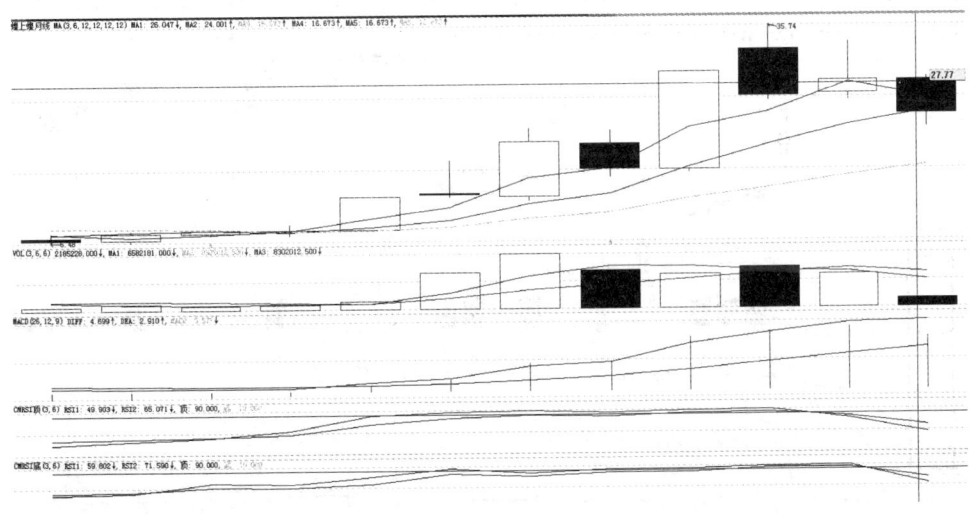

图 1-49

3月线始终是保持大角度向上移动的,那么期间股价不管怎样震荡,它总体的月线级别的大的总体向上趋势应该不会得到轻易地改变。可以在其上涨过程中持有,也可充分利用《四位一体操盘术》一书中教的方法高抛低吸赚取更多额外上涨行情中的利润。但是到了2017年1月的时候,它已经形成了跌破3月线、3月线开始拐头向下,月线柱状体已经开始拐头向下,且这种拐头向下是在月线和周线以及日线的CMRSI顶指标数值都在极高位以后形成的,那它见顶回落的真实、有效性,就毋庸置疑了。这些现象通通集合在这张走势图上出现,就充分地可以让大家明白,此次针对这个个股的大牛市行情结束了。

图1-50为002695煌上煌从2016年6月开始正式形成日、周、月线各时间周期级别的四位一体指标体系全多头放量金叉,启动一波大牛市到2016年11月正式结束一波大牛市期间形成的满足上述阐述内容的周线级别四位一体指标体系走势示意图。其正明确地处于月线级别的大牛市背景下,我在周线图上标注了若干个向下的箭头和向上的箭头,以及一个向右的箭头。第一个向下的箭头是表示其此时月线、周线、日线的CMRSI顶指标当中的RSI1数值都在极高位,分时图上出现了上豁口大于3%的现象,此时可以进行大波段当中的高抛。出现第一个向上的箭头时,其经过了一波中短线的下杀,在日线上、周线上都形成了CMRSI底指标当中的RSI1数值都在相对低位。同时,其大均线系统仍然是多头大角度向上移动的过程,那么我们知道第一次下杀到这种程度,本身就可以抄底的,又获得这种支撑的时候,是有这个机会可以再做一波的。那么此时在其周线上出现放量老鸭头

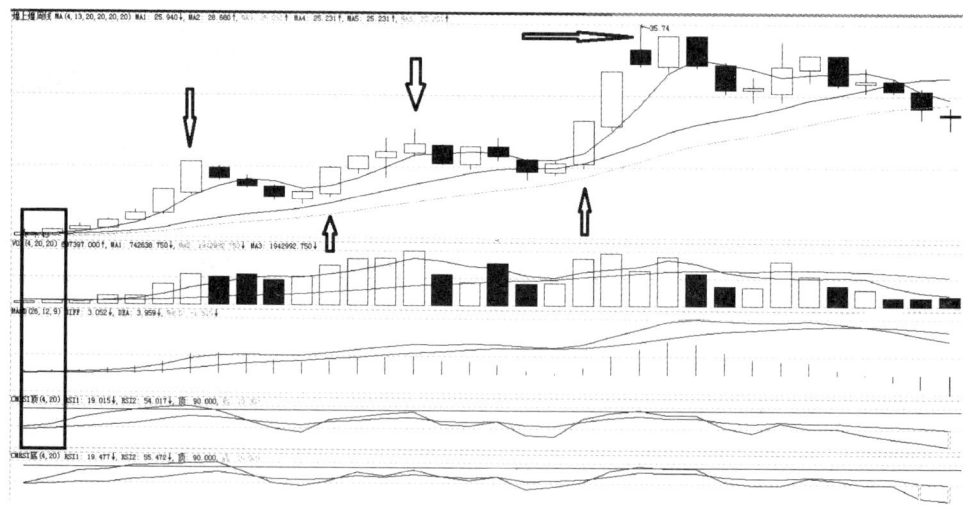

图1-50

之时,当然更应该及时再参与一把。在第二个向下箭头发生的时候,月线、周线、日线上又形成了共同的复合时间周期指标数值到了极高位;分时图上出现了上豁口大于3%的现象,那又是一个符合最高点卖出法"乐极生悲"模型条件的抛点。然后它又进行了一段时间的震荡调整以后,在大均线组的支撑位置和均线的黏合发散后又产生了一波日线级别四位一体指标体系的放量全多头行情,此次日线级别的上攻行情,又进一步配合形成了放量的周线级别的老鸭头局面。同时,月线级别也没有任何走软迹象,那么这种长、中、短相结合的参与极强势股的向上运作的机会是不能轻易放弃的,要敢于去参与、敢于去持有、敢于去及时在其交易重心附近分仓买入。然后一直到在 11 月中旬向右的箭头发生处,其日线、周线、月线又共同达到了极高位的、符合极强势股最高点卖出法"乐极生悲"模型卖出条件了,那此时进行一个再次的抛出动作,是理所当然的,也是必须要去这样做的。此后 4 周线开始拐头向下,周线的 MACD 柱状体再次依次向下,日线上也再没出现明确有效的买点信号,月线上的见顶 K 线,越来越浓烈地表现出来,那么此时不管它如何震荡下跌,它三期共振多头效应已经丧失,三期共振空头效应已经越来越强烈,则在复合时间周期指标数值都到极低位前,不再进行激进的买入动作,要谨防见顶回落的熊市来临。

第十三条:在任何一个压力位、阻力位附近都要极其警觉是否有庄家大力度的出货现象,因为特别是第一次升至前期形成的压力位、阻力位等密集区时,往往解套盘和获利盘会纷纷拥出,造成上升压力加重,抛出欲望提升,一旦此时小一时间周期的四位一体指标体系出现,基本可以确定不良迹象时,高位抛股的胜率都会特别大。(此次介绍的图例在后面的专门论述中有详细分析和案例图示)

第三节　RSI 指标的详细运用技巧

RSI 指标属于技术分析指标体系中为数不多的领先指标,可以率先洞察出行情的变化,可以让大家提早一步发现底部或顶部的出现,以及趋势即将发生的突破和改变。RSI 指标是通过比较一段时间内收盘价的涨跌变化情况,来分析测量多空双方买卖力量的强弱程度,从而判断未来股市走势的一种技术指标。该指标能够相对测量股价本质的强与弱,根据"择强汰弱"的原则,为投资者过滤弱势股,选择强势股,因此用它来研判主升浪具有重要意义。

由于传统的 RSI 指标数值是通过收盘价计算的,如果当天行情的波动幅度很大,上下影线较长时,RSI 就不可能较为准确地反映此时行情的变化。所以我分别以最高价和最低价为取样值,改良了 RSI 指标,成了现在的 CMRSI 顶(用于逃顶)指标和 CMRSI 底(用于抄底)指标。在 CMRSI 指标图中我增加了一根顶线参数设置为(90),作为顶部警戒线之用。一旦出现短周期 RSI 线下穿顶线立刻准备抛。在 CMRSI 指标图中增加了一根底线参数设置为(10)。作为底部警戒线之用。一旦出现短周期 RSI 线放量上穿底线立刻准备买。

图 1-51 为我改良了后的 CMRSI 指标,CMRSI 顶(用于逃顶)指标和 CMRSI 底(用于抄底)指标。

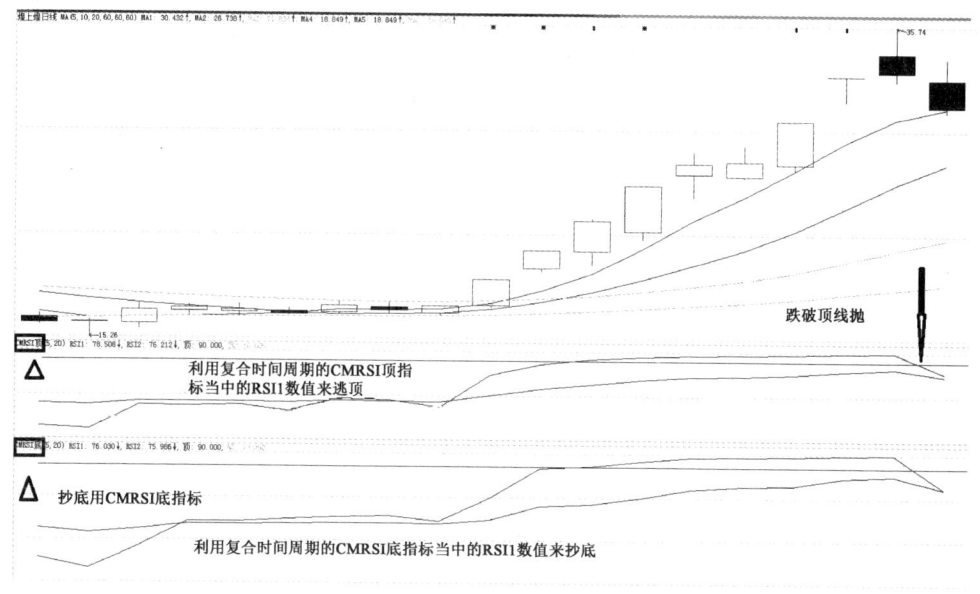

图 1-51

60 分钟参数设置为(4、20)、日线参数设置为(5、20)、周线参数设置为(4、20)、月线参数设置为(3、6)。

利用日线 RSI 指标的使用技巧包括:

(1) RSI1 数值在 20 左右水平,向上放量金叉 RSI2 数值时为"短期买进"信号。

(2) RSI1 数值在 80 左右水平,向下死叉 RSI2 数值时为"短期卖出"信号。

(3) RSI1 数值形成一底比一底高的现象,并在 50 以下水平,由下往上连续两次放量金叉 RSI2 数值时,股价涨幅会较大。

(4) RSI1 数值形成一顶比一顶低的现象,并在 50 以上的高水平,由上往下连续两次死叉 RSI2 数值时，股价跌幅较大。

（5）RSI1 数值高于 80 超买区时，短期股价只要得不到主动性买盘成交量的有效支撑，股价就容易向下跌。

（6）RSI1 数值低于 20 超卖区时，短期股价只要一得到主动性买盘成交量的有效放大配合，股价就容易向上反弹。

（7）多时间周期（即是我文中一直所说的复合时间周期指标数值）RSI1 数值都大于 80 以上时，股价就容易形成头部；多时间周期（即是我文中一直所说的复合时间周期指标数值）RSI1 数值都小于 20 以下时，股价就容易形成底部。

（8）在实战过程中，千万不要只单一利用某一个指标和某一个时间周期去研判行情。任何一个指标都有其优缺点，不能以偏概全。需要结合到四位一体指标体系和复合时间周期的四位一体指标体系中，进行客观研判，才能够达到比较有效的实战效果。

图 1-51 与图 1-52 为上文中对 RSI 指标的用法的介绍示意图。

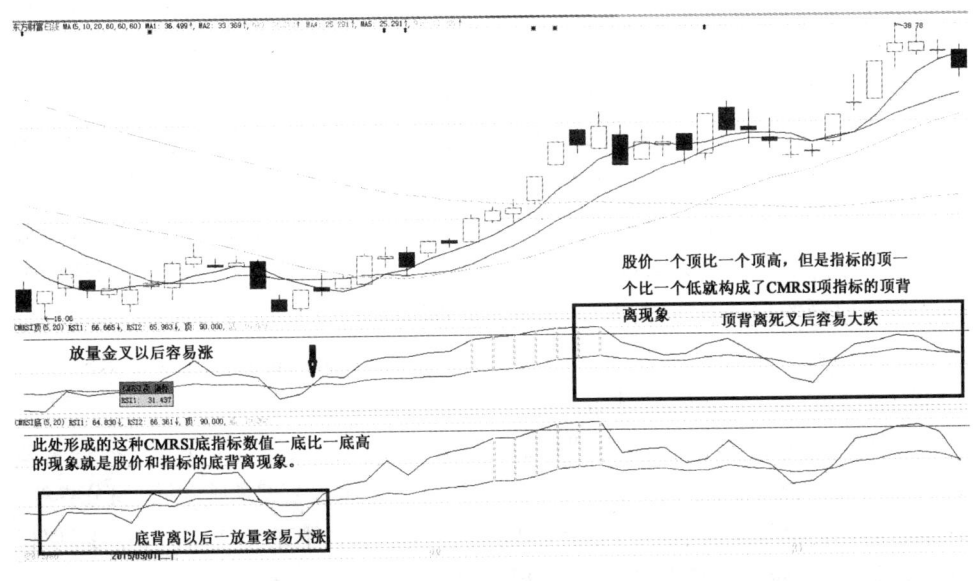

图 1-52

RSI 指标一个完整强势信号的产生过程，应当是从弱势区经过放量金叉后，逐步震荡向上运行到强势区，并且最终到达高位区后，在高位区经过放量震荡后开始两条线同时从高位拐头向下。这是一般多数情况下的一个强势信号的生成到结束的整个过程。在此之间产生的就是一轮震荡上涨的行情。信号在强势区域持续一段时间后(此时股价不断往上涨),从强势区死叉后,两条线双双拐头向下逐步震荡下跌运行到弱势区,然后经过筑底反弹以后再积蓄能量为新一轮的向上行情做准备。这是多数情况下一个震荡下跌行情的生成到结束的整个过程。

RSI 指标的图形特征信号就是如此周而复始、起承转合地在这个指标框架内,不断循环往复演绎着涨涨跌跌、不断震荡的运作变化。

一个信号从产生到终结的持续时间长短不一。有的持续几天就结束,如反弹行情、庄家自救行情、受消息面影响产生的震荡行情等,有的持续几周甚至几个月。在信号持续期间,中间的图形信号对判断行情没有实质性指导意义,投资者可以不必教条地理会,其实最重要的是,只有信号在生成和终结时出现的图形才具有实质性指导意义。因此,把握住信号的生成和终结,就能够掌握一波市场最重要的买点和卖点。如果是短线技术高手,可以在信号持续期间根据顺势操作的原则,进行一些短线操作,收益当然也有可能更丰厚。

在一轮行情中,周线图上或月线图上可能只出现一个周而复始的完整的波段买卖信号,也可能出现三个完整的强势信号。所以尽量按照大的时间周期去安排大的波段主线,然后以小的时间周期去安排做些小波段甚至是分时级别的 T+0 操作,以期更多地赚取大波段上涨利润之外的额外利润。

在实盘操作中,如何确认 RSI 指标交叉信号是否有效以及信号是否在持续,确认方法为:在信号生成时,5 日 RSI 线在低位(20 以下)与 20 日 RSI 线的金叉一定要放量才有效。放量金叉后上行,并成功突破 50 强弱分界线上行的过程中,能够持续地获得梯级放量的强势配合才最有效。RSI 线金叉后,在 50 强弱分界线下方不能持续放量的来回震荡,没有任何有效意义。突破 50 强弱分界线后,很快跌回 50 强弱分界线之下的也不行,20 日 RS1 线在 50 强弱分界线上方与 5 日 RSI 线在 60 以上放量金叉的上涨往往才最厉害。

在股价上涨或 5 日线、20 日线仍然处于多头震荡阶段时,20 日 RSI 线一定要在 50 强势区上方有效盘稳。5 日 RSI 线回调时不能连续 2 天跌破 50 强弱分界线,即使跌破也要很快拉得起。5 日 RSI 线回调时,必须不能死叉 20 日 RSI 线,那样的话,指数和该股的行情走势,才可能更加强劲。

5 日 RSI 线在高位(80 以上)与 20 日 RSI 线死叉后向下(其死叉点在 80 左右更佳),基本已经可以确认一波上涨行情结束。若此时结合 5 日线跌破或已经拐头向下,或结合 MACD 指标当中的柱状体,已经从原来的依次向上,开始首次向下缩短的话,那么更可确认一波上涨行情结束。若 20 日 RSI 线没有拐头向下,而只是 5 日 RSI 下穿了 50 强弱分界线或 5 日 RSI 下穿 50 强弱分界线后很快放量拉起,有时是表明行情仍然处于强势之中,可能只是碰到了盘中较剧烈的快速洗盘,可以再度买入并持股到强势行情高点,或见顶信号出现时再抛。

50强弱分界线的运用方法是:通常当RSI指标向上突破50强弱分界线时,为强势特征;当RSI指标向下突破50强弱分界线时,为弱势特征。这一点容易辨认,技术难点在于突破后的运行趋势及突破后的有效确认,仅仅是RSI线越过50强弱分界线还不行,还必须要求持续地向突破方向运行才能有力,或维持在50强弱分界线上方运行,信号可信性才高。

RSI指标的突破角度必须大于45度以上,太平坦了的信号其可信程度低、操作性差。

RSI指标突破50强弱分界线后,在突破的这一边运行一段时间,然后RSI指标返回到突破前的这一边,经短暂的运行后再次放量到达突破的这一边,表明洗盘或反弹结束,股价将出现新一轮涨升行情或新一轮下跌走势。

图1-53光标处为50中轴位。在一波上涨趋势中,这个50中轴位RSI2的这条指标曲线是不会轻易跌破的,一旦跌破意味着上涨趋势彻底结束了。在一波下跌趋势中,这个50中轴位RSI2的这条指标曲线也是不会轻易突破上去的,一旦放量突破就意味着下跌趋势基本结束了。结合本书中的内容去仔细学习体会吧。书中自有黄金屋!

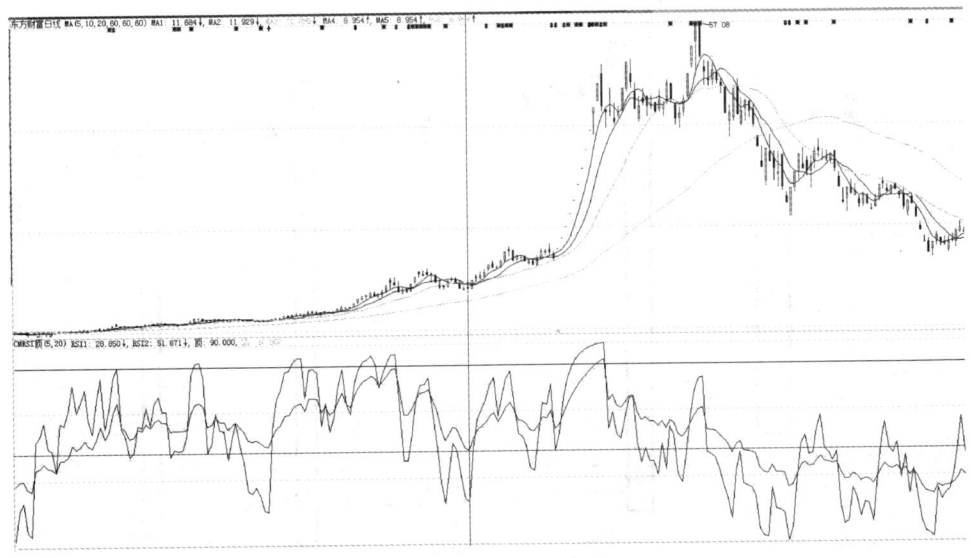

图1-53

RSI 指标出现交叉信号时，一定要观察 20 日均线方向。在一轮趋势行情中，RSI 指标信号与 20 日均线同向的，信号可信度高，与 20 日均线逆向的，为疑似信号。股价在均线之上特别是 20 日均线向上运行时，RSI 指标的金叉信号，准确率较高。股价在均线之下，20 日均线向下运行时，RSI 指标的底部形态信号，其准确率较差，而见顶信号的准确率较高。20 日均线走平阶段运行时，若 MACD 指标的两条曲线也已经拐头向下运行时，RSI 指标的所有信号均较差，应结合当时时间周期的四位一体指标体系和比其小一个时间周期的四位一体指标体系走势图来综合分析。

图 1-54 为 603028 赛福天在 2016 年 10 月 11 日见了复合时间周期指标数值都在极低位以后，产生的第一个有效底部金叉买入信号，到 2017 年 1 月月底之间多次形成金叉、死叉的现象。其中，有的金叉以后确实是出现了一波向上的行情；有的时候出现了金叉确是产生了一波新的下跌的行情；有的又确实是因为到了复合时间周期指标数值都在极高位以后，准确地通过一个死叉判断出来一波大级别下跌的行情；有的又是想要金叉，没金叉，反而是形成了 RSI 指标当中的"倒挂老鸭头"的现象后，又产生一波新的下跌的行情。有心的读者应该结合之前文中所说的内容，看清楚它当时的均线和 MACD 指标的两条曲线以及 CMRSI 指标 50 中轴线

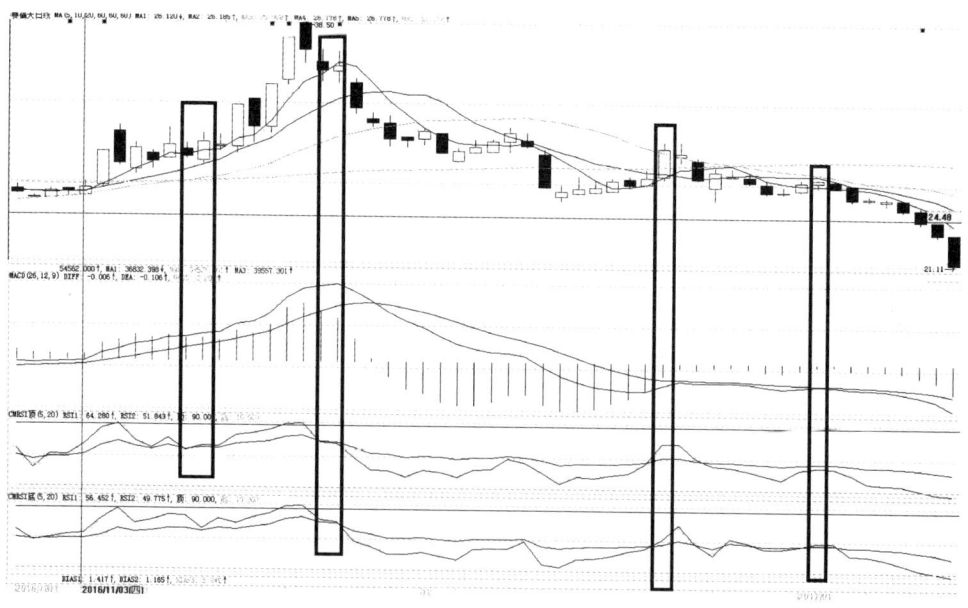

图 1-54

等要素条件的不同位置和不同配合情况,应该就可以清晰地、深刻地理解上文中所述的内容了吧?今后再看到这些金叉和死叉的时候,就可以预先判定是机会还是陷阱了吧?

用这种方法研判金叉、死叉的后市变化以及利用复合时间周期的金叉和放量老鸭头再结合好均线角度和MACD指标多头强势的共同配合去做主升浪时,必须要结合移动平均线、成交量、分时图均价线涨跌气势和复合时间周期指标数值位置高低等条件,并且结合大盘趋势等因素进行综合考虑,一起研判效果当然就会更好。

一、RSI底部金叉买点法则

股价在下跌趋势即将结束的时候,RSI的短期指标由下向上穿越长期的指标线,这时候就形成了底部的金叉形态。金叉形态由当时RSI数值所处的位置可以分为50线以下的金叉和50线以上的金叉。在50线以下没有放量形成的金叉,一般都是弱势金叉,通常后期短线走势比较复杂和凝重,甚至不少个股还会创新低,或者形成底背离以后,再放量向上运行。只有短期的RSI由超卖状态开始向上反弹,穿越长期的RSI线,并且在成交量放大时,才更具有看涨的作用。股价在上涨过程中重新放量上涨,会在50线上形成金叉形态。50线以上形成放量金叉形态后,交易者可以在股价相对低位处买进股票或者加仓。

所以我一般建议大家在极弱势股下跌到复合时间周期指标数值共同达到低位以后,产生的第一个放量底部金叉处,去进行中短线买入,且通常都是建议在50中轴线以上再出现的放量金叉处,去进行及时的买入动作。特别是此时其20日线、MACD指标的两条曲线都已经共同强势多头向上运行的时候,进行及时买入是最好的时机,可以让你以最快的速度,比较轻松地、流畅地挣到强势股上涨过程当中,经常会有的无风险套利的短线"小而快"的钱。所以千万不要小看50中轴线上方出现的放量金叉买入机会,不能因为它已经比相对低位高了不少的股价,而不敢去买入这种短线送快钱的机会。

图1-55为300506名家汇从2016年7月29日到2016年11月4日期间发生的从复合时间周期指标数值都到低位以后的第一次底部放量站在50中枢位上的金叉,到震荡走高到复合时间周期指标数值都到最高点后开始跌破90高位警戒线,然后死叉向下的两次轮回的全过程示意图。其过程当中有出现了0轴上MACD指标的放量老鸭头和RSI指标的共同放量老鸭头现象;也有在复合时间周期指标数值都到极高位区域,在高位下跌过程中出现顶背离死叉后立马再制造个放量金叉陷阱后,再在20日线和MACD指标体系不断空头下移的情况下,出现一

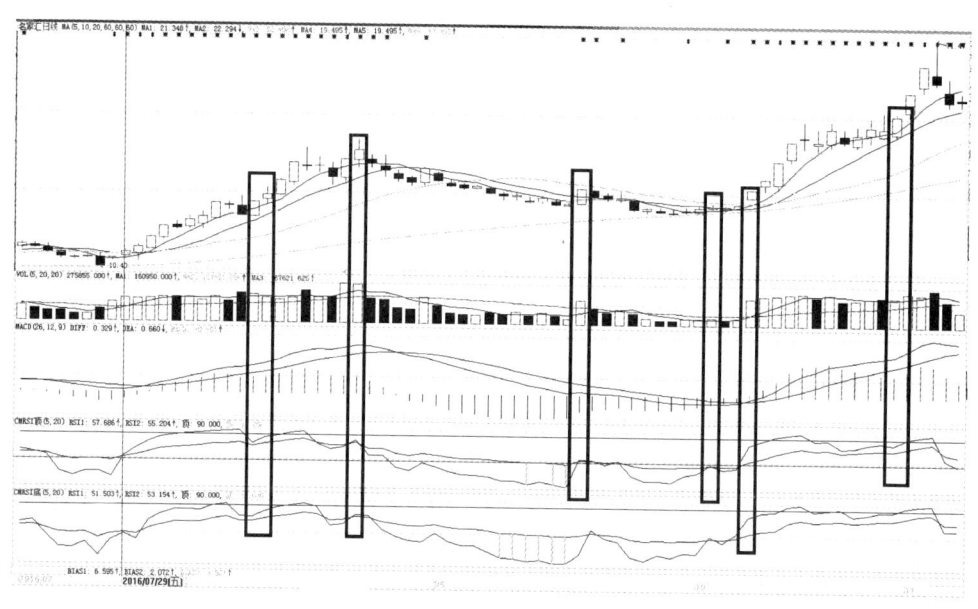

图 1-55

定会失败的 RSI 指标的放量金叉,然后再度向下跌破反弹标志性阳线最低点止损位,快速下跌现象,还出现了在回调到复合时间周期指标数值都到低位以后,再度形成 50 中枢位上的放量金叉买点;最后还有在上涨过程当中形成 0 轴上和 50 中枢位上的放量老鸭头加速上涨买点。这些成功的买点,大家看到的都是在 0 轴和 50 中枢位以上产生的。再一次向大家提示:只有四位一体指标体系能够形成共同多头向上,并且都在 0 轴上和 50 中枢位上出现的这些买点,才是比较有效的。如果说 20 日线是空头排列的、MACD 指标的两条曲线也是空头排列的,则这个时候出现的任何金叉你都应该要警惕,除非它是复合时间周期指标数值都到低位以后的第一次底部放量金叉才可参与。否则,多数在弱势形态当中出现的金叉,差不多都是庄家主力制造的"陷阱",而不是真实有效的机会。

二、底部背离买点法则

RSI 的底背离一般是 RSI 指标数值出现在 30 附近的低位区。当 K 线图上的价格一路下跌,形成一波比一波低的走势,而 RSI 线在低位却率先放量止跌企稳,并形成一底比一底高的走势,这就是底背离。

股价在持续下跌中,RSI 指标却开始上升,两者就在底部形成背离现象。背离虽然不能够说明股价可以立即上涨,但是可以提示交易者底部可能已经在形成之中。底背离形态出现后,股价一般都会不同程度地上涨。交易者可以根据股价所处的下跌趋势的大小来判断反弹幅度。在长时间、大幅度的下跌中,复合时间周期指标数值都到过极低位以后,所发生的底背离,只要股价开始量价配合上涨,那么其中短线涨幅就容易出现很可观的结果。

底背离现象一般预示着价格短期内可能将反弹或反转,是短期买入的信号。我在实战过程中一直采用月 RSI 指标数值和方向操作长线依据,用周 RSI 指标数值和方向做中线依据,用日线 RSI 指标数值和方向做短线警示,用 60 分钟 RSI 指标数值和方向决定高抛低吸点。对于满足我极强势股条件的股票,就用 5 分钟四位一体指标体系出现放量全多头现象时来进行买入。

所有指标或者形态的底背离图例都是大同小异基本一样的,大家可以参阅本书之前的有关底背离论述图例,和我之前已经出版了的《轻松买对卖对大牛股》一书中,就有关的 RSI 指标底背离论述图例进行学习和体会。

三、底部双底或三重底买入法则

RSI 指标线在底部形成类似于股价底部双底形态,或者三重底形态时,如果股价在此时带量上涨,通常情况上涨都是比较可信的。不过友情提醒大家的是日线级别的底部双底或三重底即使形成了,也不太会立马流畅地大幅上涨的,我建议还是多关注周线级别的已经充分构筑完毕底部双底或三重底形态的个股,然后在其日线级别四位一体指标体系形成放量全多头之时,再及时在其交易重心附近分仓介入更有效率,可更加立竿见影获得丰厚回报。

股价在下跌过程中,RSI 指标形成双重底的形态。激进一点的交易者,可以选择在 RSI 指标出现双重底形态,且形成放量金叉之后,立即买进股票。开始准备小波段操作时,只有等到最起码的日线级别无反作用力的四位一体指标体系放量全多头形态出现后,再加上周线级别四位一体指标体系也基本都形成放量全多头的无反作用力反制之时,才可以以中线思路进行中短线结合的大波段强势操作。这样一来,时间效益和效率才更加高,后期的上涨行情才可能更加流畅。

四、顶背离卖出法则

顶背离现象一般都是价格在高位即将反转的信号,表明价格短期内即将下跌,是比较明确的卖出信号。但是有的会跌得猛一些,有的会跌得缓一些,有的则跌没多久又会再度拉起,此后的关键点是看后市什么时候再出放量金叉来结束前面顶背离死叉后的这波下跌行情。

当 RSI 指标数值处于高位,但在创出 RSI 近期新高后,反而形成一峰比一峰低的走势,而此时K线图上的价格却再次创出新高,形成一峰比一峰高的走势,这就是股价与指标之间的顶背离迹象。一旦出现顶背离迹象以后,RSI指标出现死叉,则顶背离现象正式成立。那抛也得抛,不抛也得抛了。

图1-56为CMRSI顶指标发生顶背离及死叉的现象图例。在两个方框内,股价一个顶比一个顶高,而CMRSI顶指标数值一个顶比一个顶低,而且实现了从90以上转而跌破到90以下,使得两条CMRSI顶指标曲线都开始往下回落。此时就是明确的顶背离形成之时。因为此时其复合时间周期的CMRSI顶指标的RSI1数值都在极其高位后形成的顶背离死叉,那么其中长线的下跌趋势就形成了。此后它将形成一波比较长时间的、大幅度的下跌,已经是板上钉钉的事情。在此顶背离死叉刚刚形成之际,需利用盘中任何缩量反抽机会,先将仓位清掉为好。直到后期它最起码的日线级别四位一体放量全多头形成之时,才可以考虑去抢反弹或者参与其后市再有的一波短线波段上涨行情。任何一波顶背离下跌行情产生后,在没有确定无疑的一波强势上涨行情真正起来结束其下跌的行情之前,不能轻易地去介入炒作。往往在其下跌过程当中,在20日线和MACD指标都是空头排列的

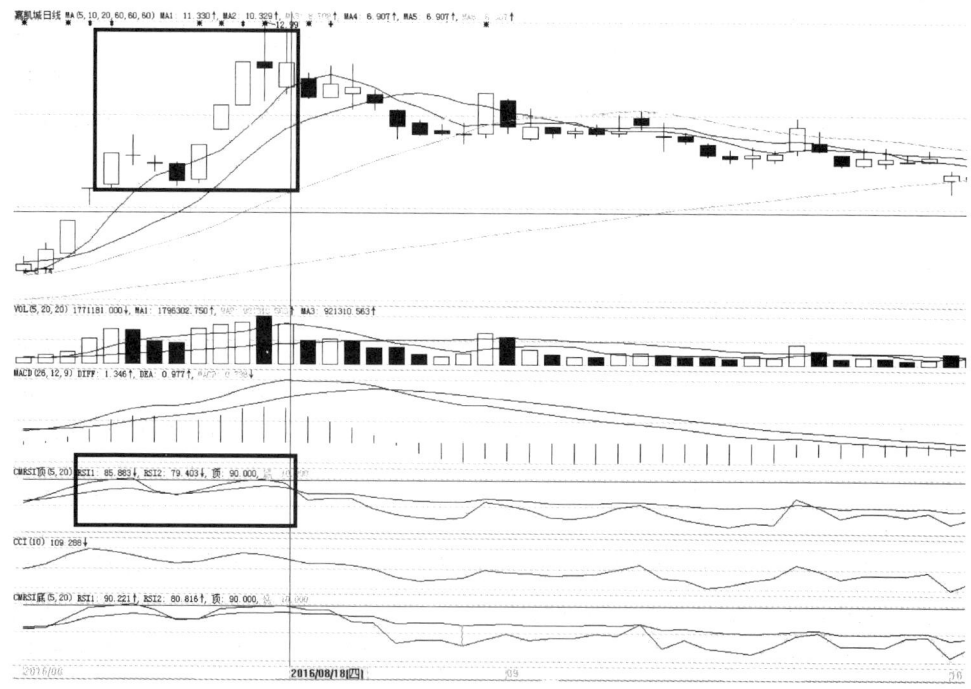

图1-56

情况下,出现的第一次缩量或放量金叉之时,仍然是抛出的最佳时机。一直要到后期发生过几次的CMRSI顶指标放量金叉以后,才可能真正出现一波比较靠得住的、有效的上攻行情。

CMRSI图中有两种预警作用:第一种预警作用表现为,短周期RSI的数值减长周期RSI的数值已大于等于30之时,必须时刻配合比其小一个时间周期的四位一体指标体系走势图上发出的卖出信号准备抛;第二种预警作用表现为,长周期RSI的数值减短周期RSI的数值已大于等于30之时,必须时刻配合比其小一个时间周期的四位一体指标体系走势图上发出的买入信号准备买。

图1-57为300491通合科技在2016年6月月初到2017年1月上旬,出现的多次满足上述文字要求条件时的高抛低吸周线走势示意图。在6月月初CMRSI顶指标当中出现红杠子的时候,此时就需要在日线走势图上,结合之前的各分时级别走势图和分时图一起进行及时的高抛。在9月,就应该在CMRSI底指标走势图上出现红杠子的时候,结合日线及各个小的时间周期当中的CMRSI底指标数值都到低位以后进行低吸。在11月月底时就要结合之前的各分时和日线级别走势图上都到高位的数值和分时图上豁口一起进行及时的高抛。然后在后期再度下跌期间,就不用进行任何的买入操作,因为其周线走势、日线走势在没有止跌企稳之前,提早参与是没有任何实际意义的,只会让你输

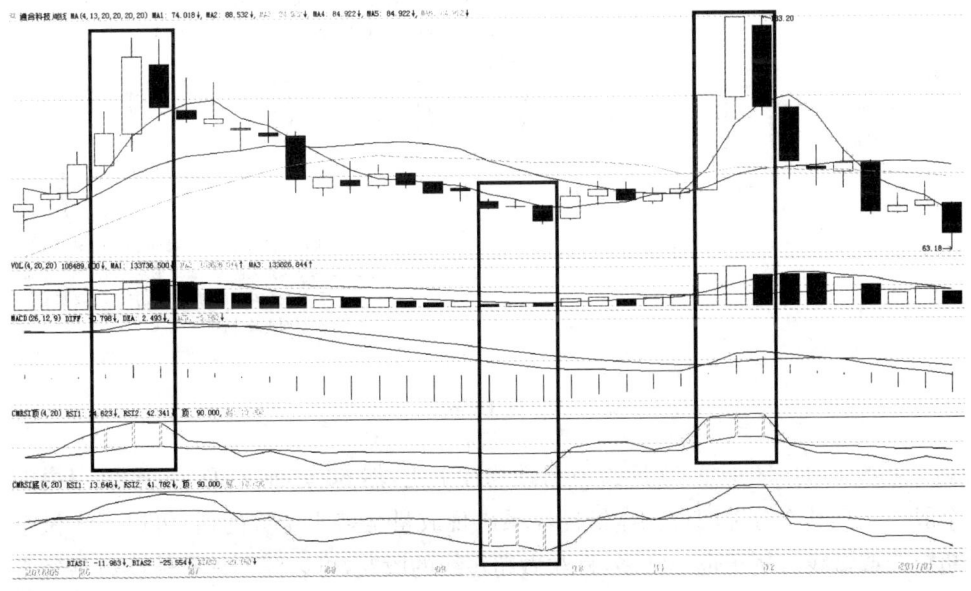

图1-57

钱,不可能让你赚钱。不能让你赚钱的行情去参与是没有任何实在意义的,只会让自己的资金缩水,只会影响自己的心态。

当20周线多头向上但其周线RSI指标之RSI2数值减RSI1的数值大于等于30,需综合分析判断在其日线MACD指标的柱状体首次放量上升时,才可买进再做一小波段。虽然这种行情发生的次数比较少,但是成功率非常高,接近100%!

当5日线向上、4周线向上、3月线向上、RSI(60分钟和日线的)指标之RSI1放量金叉RSI2之时,或形成RSI指标的放量老鸭头形态之时可买入。这种现象非常非常多,通常需要配合短期均线指标是不是多头向上、MACD的柱状体是不是在放量配合向上状态、均量线是不是能够温和向上等来一起佐证其金叉和老鸭头的有效性。

图1-58为002676顺威股份2016年10月10日开始到12月月底期间的符合上文阐述条件的买卖点走势示意图。

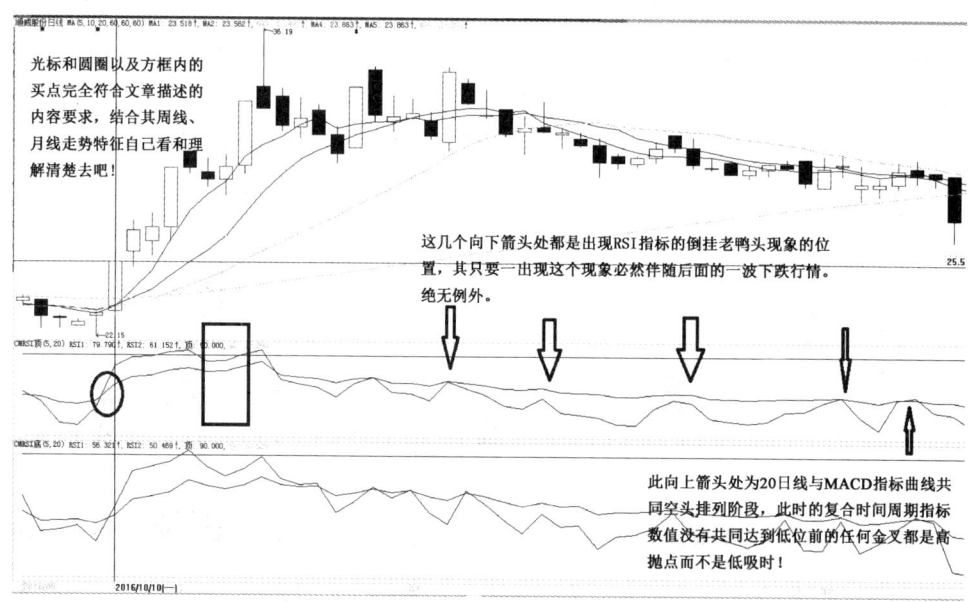

图1-58

可炒20日、60日、120日、240日线均往上走,然60分钟RSI1小于20以内的个股。一旦其5分钟四位一体指标体系出现放量全多头走势的话,可以买入做个超短线或短线。例子也非常多,喜欢做超短线的股友,可以深刻理解体会以后经常操作。

图 1-59 是结合图 1-58 日线的要求，以 002676 顺威股份 2016 年 10 月 26 日的 60 分钟走势图来显示其符合上文阐述条件的买卖点走势示意图。光标处和方框处，显示其 CMRSI 底指标当中的 RSI1 的参数数值已经到了 20 以内。第二天其 5 分钟四位一体走势图上，出现了放量全多头现象，此时去进行及时的买入，一直持有到后面的 28 日时，其 5 分钟、15 分钟、30 分钟、60 分钟当中的复合时间周期指标数值当中的 CMRSI 顶指标当中的 RSI1 数值都到了 80 以上；分时图上要么出现了上豁口大于 3‰ 以上的现象，要么出现分时图均价线高开低走现象时就把它卖掉，这个超短线中的高抛低吸操作就做得非常完美。

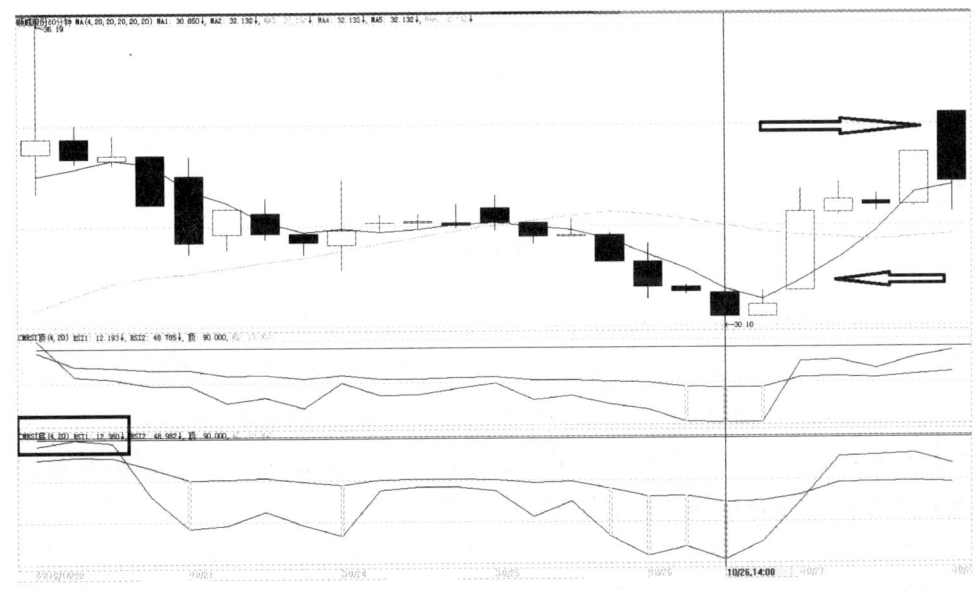

图 1-59

图 1-60 是结合图 1-58 和图 1-59 日线和 60 分钟图上的要求，以 002676 顺威股份 2016 年 10 月 26 日的 60 分钟走势图来显示其符合上文阐述条件的买卖点走势示意图。光标处显示的是其 5 分钟四位一体走势图上，出现了放量全多头现象的这个买点信号，此时去进行及时的买入，一直持有到后面的 28 日时，其 5 分钟、15 分钟、30 分钟、60 分钟当中的复合时间周期指标数值当中的 CMRSI 顶指标当中的 RSI1 数值都到了 80 以上。当分时图上出现分时图均价线高开低走现象时就把它卖掉。

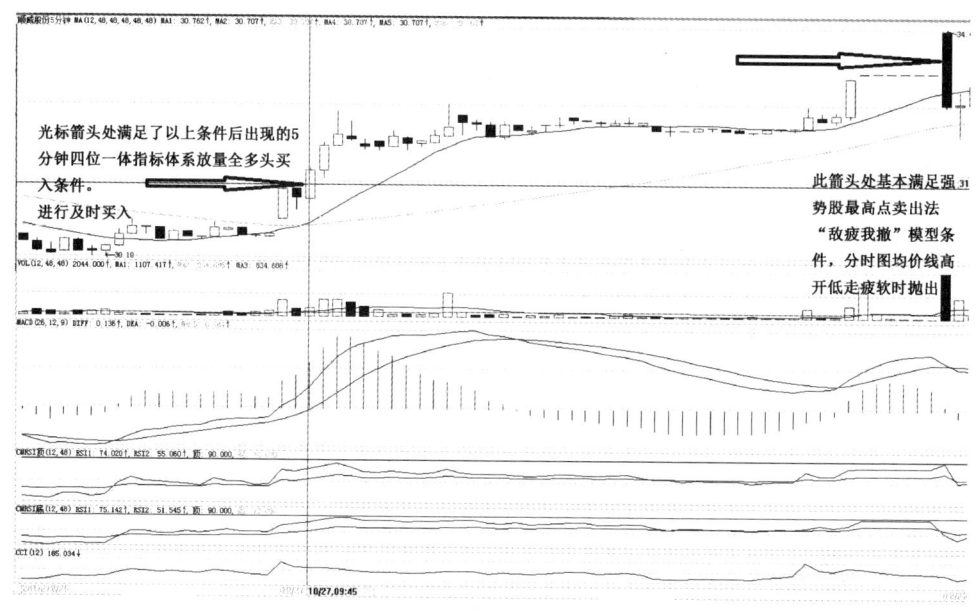

图 1-60

可重点预警 60 日、120 日、240 日线均是大角度往上走,然日线级别 CMRSI 底指标当中的 RSI1 数值小于 30 以内的个股。预警框里弹出来这种个股后,把它放在自选股中,用 60 分钟 MACD 指标中出现放量金叉再来预警这种股票。一旦预警框里再弹出来这种个股时,可以买入做个超短线、短线。例子也非常多,喜欢做超短线的股友,可以深刻理解体会以后经常操作。

图 1-61 为 000635 英力特在 2016 年 12 月 1 日前和之后的满足上述文字阐述内容的走势示意图。其在 2016 年 12 月之前一两天,CMRSI 底指标数值已经调整到位,接着在 12 月月初开始出现了 60 分钟的放量金叉,开始形成后一波短线上涨趋势,在图例上的第一个向下的箭头处,出现了满足强势股的最高点卖出法"敌疲我撤"卖出模型条件。此时可做一个超短线、短线了结。在图例上接下来出现的向上箭头指示区,其符合了强势股的"龙回头"模型的抄底买点的要求,此时又可以在其分时图的下豁口附近进行买入。因为此时是它形成了极强势上涨走势行情后的第一次回敲 10 日线。这种买点几乎都是很好的超短线、短线买点。买入后其再度放量上涨,在 CMRSI 顶和 MACD 指标图上又出现了放量老鸭头的现象,直到向左箭头出现时,其再一次满足了强势股最高点卖出法的"敌疲我撤"模型条件,此时再在其分时图上豁口附近,可以进行中短线的卖出动作。

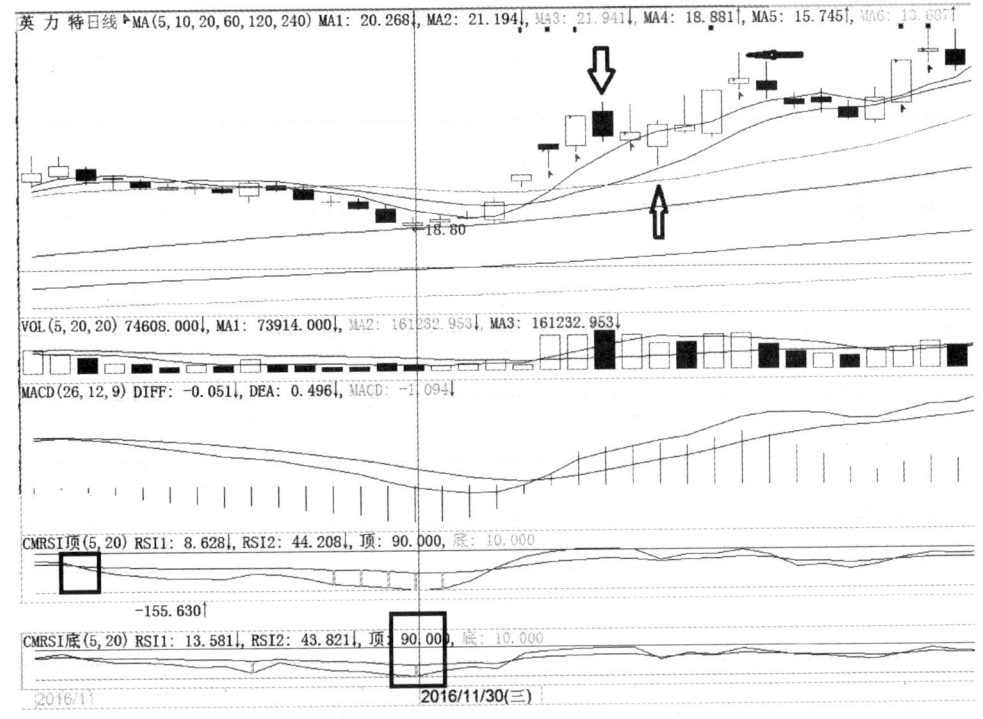

图 1-61

当强势龙头股第一次跌至 10 日线处,或者第一次跌至 20 日线时,若 60 分钟走势图中出现 RSI2 与 RSI1 的差值已经超过 30 之时可适量介入,一旦其 60 分钟走势图中,出现 RSI1 放量金叉 RSI2 之时可适量增仓。极强势股回敲 5 日线时出现上述情形也可同样操作。

图 1-62 为 000635 英力特在 2016 年 12 月 1 日前和之后的满足上述文字阐述内容的 60 分钟买卖点走势示意图。向下的第一个箭头处是复合时间周期指标数值的最低点,是个很好的最低点买入法的低吸买入点。第二个向下的箭头处时,是它的 60 分钟 MACD 和 RSI 指标的共同放量金叉起涨买入点。向下的第三个箭头附近是它放量涨停以后,打开涨停时满足"乐极生悲"模型的最高点卖出点。第四个向下箭头时,就是其"龙回头"极强势股回调最低点买入模型的最低点买入点。第一个向右的箭头附近,是它最高点卖出法的条件全部满足时的一个理想抛点。第五个向下箭头时,是它又一次地满足了"龙回头"模型条件,值得再次买入的一个最低点买入点。第二个向右箭头时,又到了其符合极强势股最高点卖出法的一个最高点卖出点。这样高抛低吸的买入方法若你理解了它

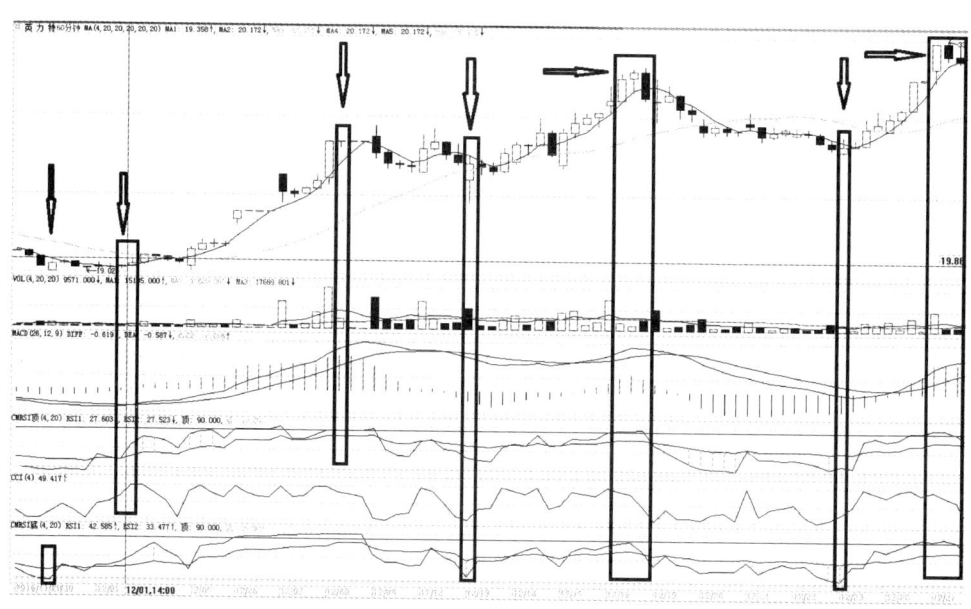

图 1-62

的内在原理和有效规律性的变化轨迹,利用好四位一体操盘术的预警方法,及时地在预警出现之际跟随操作,这样你也拥有了精准有效节奏,从此也可以炒股不求人了。

当周线、月线的 CMRSI 底指标当中的 RSI1 数值都在极低位时,若量能也都已缩至其周线、月线的两条均量线下方,呈现非常小的地量时,要时刻准备应对在日线级别中出现股价暴涨行情。

图 1-63 为 300311 任子行在本次 2017 年 1 月份见底反弹时我及时提前选出并且操作的一个个股,这是其月线指标示意图。由于当月放量反弹非常厉害,所以现在大家看到的是其成交量已经非常大了,但是其月线和周线的 CMRSI 底指标 RSI1 数值在极低位尚未大幅放量反弹之时,其成交量是萎缩在其两条月、周均量线下方的。

图 1-64 为 300311 任子行在本次 2017 年 1 月份见底反弹时我及时提前选出并且操作的一个个股,这是其周线指标示意图。由于当周放量反弹非常厉害,所以现在大家看到的是其成交量已经非常大了,但是其月线和周线的 CMRSI 底指标 RSI1 数值都在极低位尚未大幅放量反弹之时,其成交量是萎缩在其两条月、周均量线下方的。

>> 第一章 "四位一体操盘术"重点内容阐述

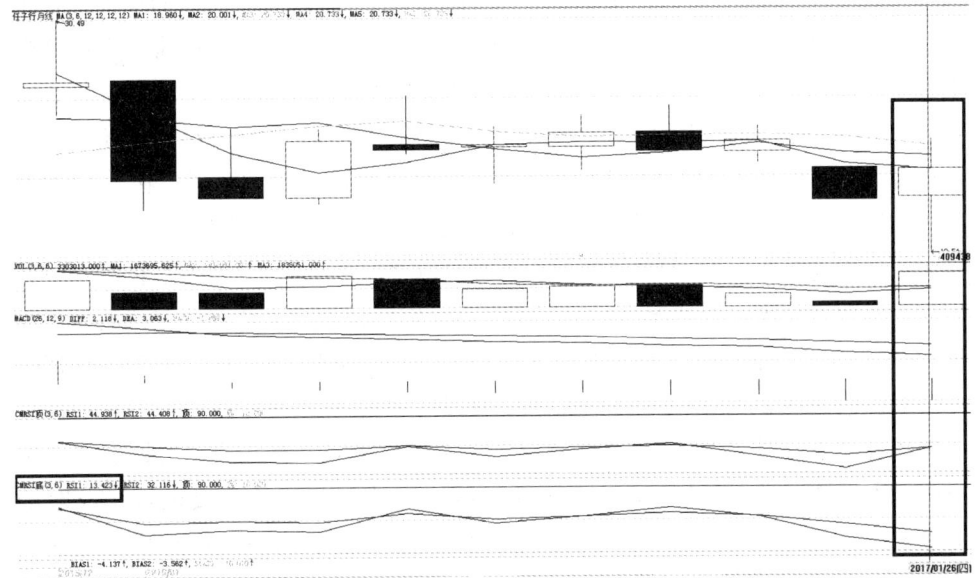

图 1-63

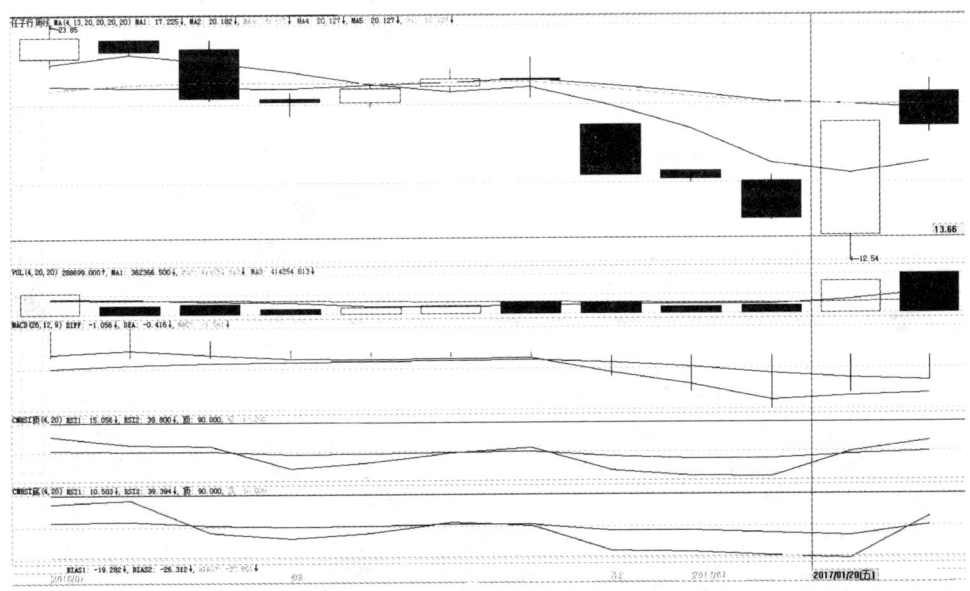

图 1-64

图1-65为300311任子行2017年1月16日到1月24日期间的见底反弹买卖全过程的日线级别走势示意图。在本次2017年1月份见底反弹前一天预警框里提前跳出来，并且被我成功操作的一个个股，当时其月线级别、周线级别、日线级别的CMRSI底指标当中的RSI1数值全部都缩量下跌到了极低位，然后还是一个从相对高位连续快速大幅地下跌的；远离了其最低起跌平台的个股。在2017年1月16日，其从我软件的预警框中跳出来时，已在当天处于跌停附近。按道理说，这一天是可以逢低买入的，但是因为这一天有600多只股票，都是处于这种复合时间周期指标数值都到位的情况。所以当天只是把它们这些股票全部放在我的自选股里面，然后用5分钟四位一体放量全多头预警条件去跟踪它们，而没有买入任何一个个股。但是在2017年1月17日，它开盘没有多久，就放量形成了5分钟的四位一体指标体系放量全多头形态，这时我就毫不犹豫地对这种板块概念题材符合国家战略发展方向的、又满足了极度超跌以后快速放量起涨的个股进行了及时的分仓买入。结果当然就是再一次的不负我望，短期之内大幅拉升，形成了短线符合预期的放量V形反转走势。然后在其2017年1月24日，出现满足了强势股最高点卖出法"敌疲我撤"模型卖出法条件时，予以一次性的清仓撤退，做了一次令自己很满意的中短线操作。有股友曾经问我对于这种股票，为什么不在"走为上"模型条件满足时卖出，当时我就告诉了他们，是因为在其大幅拉升的过程当

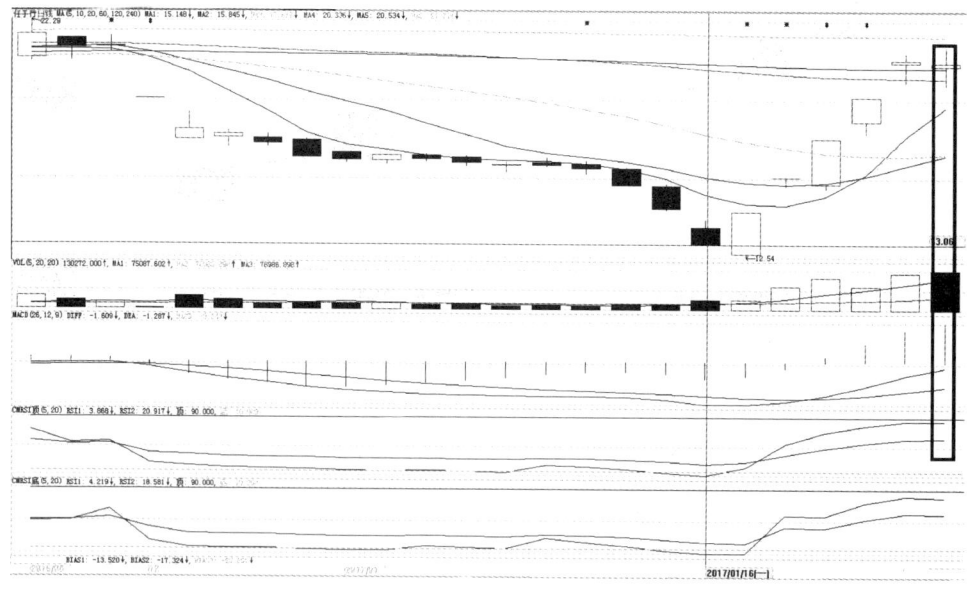

图1-65

中,虽然第一次碰到20日线,是一个比较好的高抛机会,它在当天盘中在20日线处也确实是上蹿下跳得很厉害,有几个股友拿不住先高抛了,但是它在反弹过程当中,一直是在持续放量,分时图均价线走势非常强悍,那么说明它应该是志在高远的股票,所以当时没有急于在"走为上"模型出现满足卖出条件时就去提前收割这根青苗。果然它也确实不负我望,继续一而再,再而三地持续快速放量拉升,令自己和股友们的短线收益非常理想,得到了非常满意的结果。今后这个股票还有机会去做它调整好后的再度上涨期行情的。只不过好股票我还是习惯分段精准做。

当股价不是很久以来的第一次突破前高,或不是很久以来的第一次突破历史天价时,若RSI指标的RSI1数值未超过80的时候两条指标曲线刚形成向上金叉或已在此附近缩量蓄过势,形成RSI或者MACD指标放量老鸭头之时,分时图上均价线走势也非常强劲的话,可短线快进快出搞一把短线。

图1-66光标处为000795英洛华于2016年5月26日出现满足上文中叙述的条件时,所出现的买入情形走势示意图。该股前几日已经突破了之前很久以来形成的平台高点,因为是第一次突破,所以必然会有回踩。我就在其缩量回踩确认好原先平台高点支撑有效以后,再度放量迅速地又在日线图上形成了MACD指标和

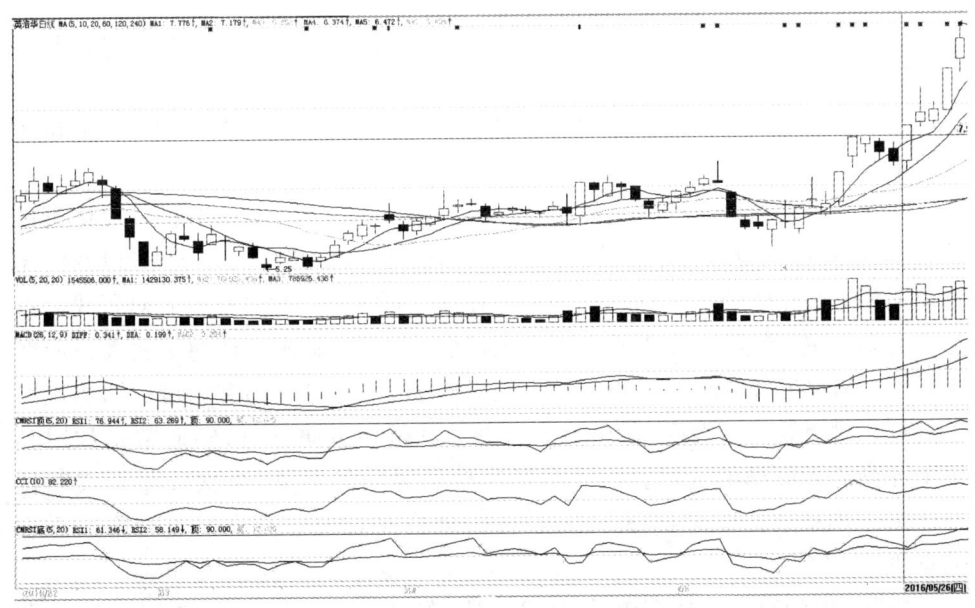

图 1-66

CMRSI顶指标的放量老鸭头形态之时,及时地分仓介入了其短线炒作之中。因为这是一种非常明确的,继续要有上攻行情的表现形态。对于这种"千年等一回"的好机会,与它失之交臂是不允许的。所以在预警出现买入信号跳出来以后,就及时地分仓介入了其短线操作过程当中。当然结果也是令人非常满意的,后期在其上涨到满足了极强势股最高点卖出法条件的时候,短线就先予以落袋为安。当然也是充分考虑到当时大盘指数有一定风险的时候,及时落袋也应该是比较客观现实的第一反应。这也是一种先保护住胜利果实的具体操作行为。

在运用RSI指标和其他所有分析方法时,都必须应该综合四位一体指标体系的其他技术指标要素和多周期指标体系共同分析。结合好当时盘面的大势强弱特征进行操作、判断,这样才能充分、有效、准确地得到非常好的实战效果。

第四节　用好MACD走遍天下都不怕

MACD指标是个比较经典、有效的趋势指标。了解其一些有效的特征和规律性的使用法则,对于促进每个人在实战上的运用是非常重要的。这个指标值得多学习多了解并且融会贯通,落实在实际操作过程中。

在众多技术指标当中,MACD指标非常独特,一般反映中线的波段趋势,相对滞后但是比较稳健。用该指标预测趋势准确率、稳定性都很不错。

但是利用其中的柱状体是否领先或同步变化,可以分析判断得出大盘后市短线的走向,所以更应重点关注。

柱状体表现的是一种净买量、净卖量之间的辩证关系,MACD的柱状体可以分析净买量、净卖量之大小。伴随股价上升,若MACD指标红柱大幅度增高,超过前期相对高点时的红柱,而股价还未到达前期高点时,此时投资者对短线后市应以看多为主。红柱增高表明净买量大,红柱向下缩短或绿柱向下放大说明净卖量大。MACD指标的柱状线,通常指示着后市的行进方向和力度。而当该线经过较长时间的上涨之后,若出现上升乏力甚至拐头向下时,则通常是利用其盘中冲高之际高抛的良机。当该线经过较长时间的下跌,再次放量形成四位一体指标体系的各要素全部向上运行时,通常是及时在其交易重心附近低吸的良机。

如果MACD柱状线向上运行时,MACD红柱较小,甚至没有红柱出现,且股价也没有成交量持续放大配合的那种没有力度的上涨,就只是拖泥带水的横盘震荡行情。这往往说明这种时刻的行情是假突破、假上涨，有诱多嫌疑，应在这种现象出现时，或出现后第一时间利用盘中冲高之际抛出手中股票。

只有当柱状体线在得到成交量也同步持续向上放大共同推升时，才表明股市处于上涨势行情中，股价将继续上涨，这时应持股待涨或短线买入股票，直到柱状体线无法再放大时，才考虑卖出股票。

当绿柱线持续向下放大时，表明股市处于熊市行情中，股价将继续下跌，这时应持币观望或卖出股票，直到绿柱开始缩小时，才可以根据当时盘面的各要素条件是不是有转强迹象，再考虑是不是少量买入股票参与一下。

当红柱线开始缩小时，表明股市上涨势即将结束或最起码也要进入调整期了，这时应进行减仓操作。

当绿柱线开始向上缩短时，表明股市的熊市行情即将结束，股价将止跌向上或最起码也要进入底部盘整期了，这时可以根据当时盘面的各要素条件是不是有转强迹象，再考虑是不是少量买入股票参与一下。

伴随着股价上升，若MACD指标红色柱状线大幅度增高，超过前期股指相对高点时的红柱线，而股指还未到达前期高点时，此时对短线后市应以看多为主。红柱线增高表明净买量在增大，因此当短线上涨强度暂时受阻回落时，回调即是一个良好的买点；反之亦然。

如果MACD指标当中的两条曲线勾头向上运行，MACD红柱线却较小，且股价也没有明显的放量强势上涨，而只是横盘整理，则说明行情是假突破，此时交易者应抛出手中股票。而当该两条曲线勾头向下，但绿柱线较小，股价经过小幅下跌之后即止跌，则说明短线后市还会有一个波段上扬行情出现。

图1-67为2005年5月到2015年5月期间上证指数的牛熊转换的月线图中MACD指标当中的柱状体的每次转折点特征示意图。用上文中阐述的内容对照着这种走势图一看可清晰明确地感受到股市涨涨跌跌的脉搏，看得懂股价高低转的拐点在哪里。也已经可以结合小一个时间周期的四位一体指标体系的变化情况做出相应的买卖操作了。总之，在得到成交量放大和短期均线共同多头向上配合时的柱状体向上的时候以做多为主。一旦运行到复合时间周期指标数值都到高位以后，需要主动及时落袋为安，若高位区域出现柱状体拐头向下，则先中短线止盈止损出来再说。短期均线向下、柱状体也往下运行的阶段，要尽量放弃那些极有可能是陷阱的任何无量反弹机会，最好保持空仓状态，直到复合时间周期指标数值都到极低位以后，再度持续放量将柱状体和短期均线扭转之时，再参与新一轮的波段上涨。

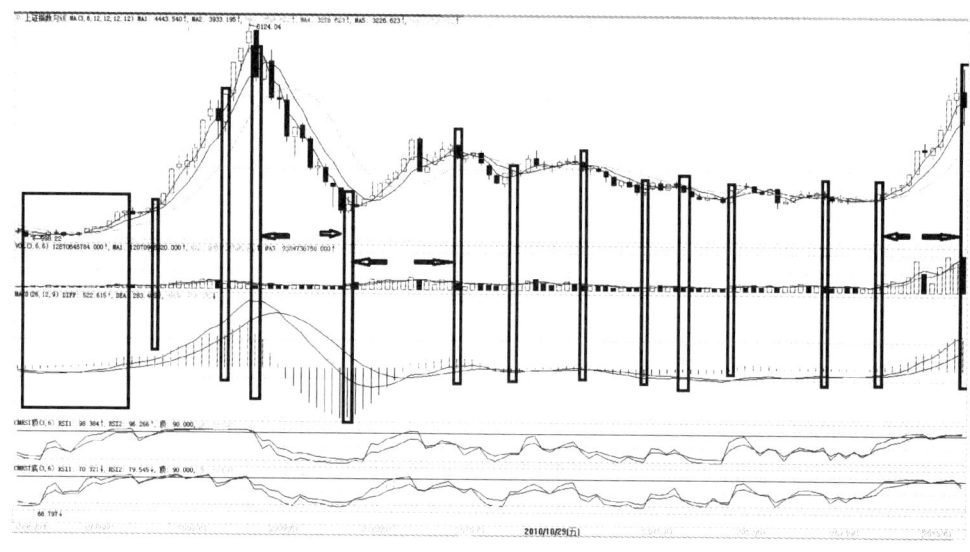

图 1-67

利用柱状体线进行买卖操作时,必须同时关注比目前时间周期小一个时间周期走势图上的柱状体的运行方向,以及比目前时间周期大一个时间周期走势图上的柱状体的运行方向,此三个时间周期走势图上的柱状体的运行方向一致的话,则安全性、可靠性、准确性会大大提高。

1. 运用 MACD 指标的优点捕捉最佳卖点的方法

股价在经过大幅拉升后出现缩量横盘震荡,从而形成一个 MACD 指标当中的柱状体的一个相对高点,投资者可以在柱状体首次缩短的此第一卖点出现时出货或减仓。通常接下来会形成 MACD 死叉现象,此死叉出现时也应该卖出或减仓。

这些卖点形成之后,有些股票并没马上出现大跌,有的股票会在超短线、短线回调之后,再来次假装向上突破的多头主力出货前的最后一次拉升,又称虚浪拉升,此时形成的高点往往成为一波波段上涨行情的最高点。此时,其小一时间周期的 MACD 指标当中,要么已经出现顶背离现象,要么出现明显的量价背离现象,如果此时还错失良机的话,后果将不堪设想。

图 1-68 为 300376 易事特 2016 年 12 月 8 日到 2017 年 1 月期间见顶回落的日线图中 MACD 指标中柱状体的转折点特征示意图。我在日线图上画了几个框和图标,这些日线级别的敏感转折点位置,都是对应着它 60 分钟里面几个重要的柱状体或 MACD 指标曲线的转折点。有心人会看到在日线图上标示的这些重要的转折点处,其柱状体都是一根比一根低的;同时,其日线级别的 CMRSI 顶指标数

>> 第一章 "四位一体操盘术"重点内容阐述

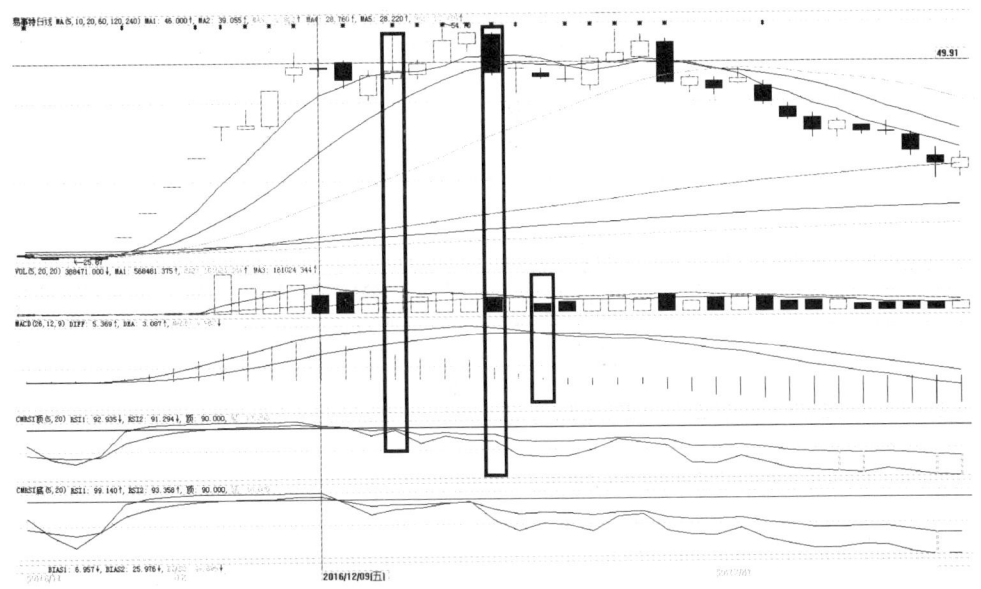

图 1-68

值也是一顶比一顶低的；同时，会在日线级别的 CMRSI 顶指标当中屡次出现"倒挂老鸭头"或者死叉的现象。对于任何短期涨幅巨大的、在日线图上形成了复合时间周期指标数值都到过顶部区域，开始展开震荡行情的个股，我们一定要结合 60 分钟四位一体指标体系走势图，去进行有效的研判，及时地在其高位进行主动性的高抛卖出。也可以在其 60 分钟的明确转势点去进行卖出，以达到在最高点卖出和在最高点区域附近卖出的理想结果。

图 1-69 为 300376 易事特 2016 年 12 月 8 日到 2016 年 12 月底期间见顶回落的 60 分钟 MACD 指标走势图中的柱状体和曲线的几个转折点以及指标体系的一些特别有意义的走势特征示意图。图上光标处为符合最高点卖出法的最高卖出点。第一个向下箭头，此处为见了最高点以后的第一次 MACD 指标的两条曲线死叉点，这也是一个明确的卖出点。考虑到其在强势且流畅的上涨过程当中，还从未碰过 5 日线，所以在跌破 5 日线以后的，各小级别复合时间周期指标数值都到了低位，产生了满足"龙回头"模型买入条件的时候，可以考虑再在分时图中的"下豁口"处买入一次，因为此时 5 日线和其他的指标体系特征显示，其上涨势头还有余温未散。那么通常情况下其就应该还有一次上攻的机会。此后，在其再度冲高满足次高点卖出法条件以后，MACD 指标当中的柱状体就再也没有上到过 0 轴之上，反

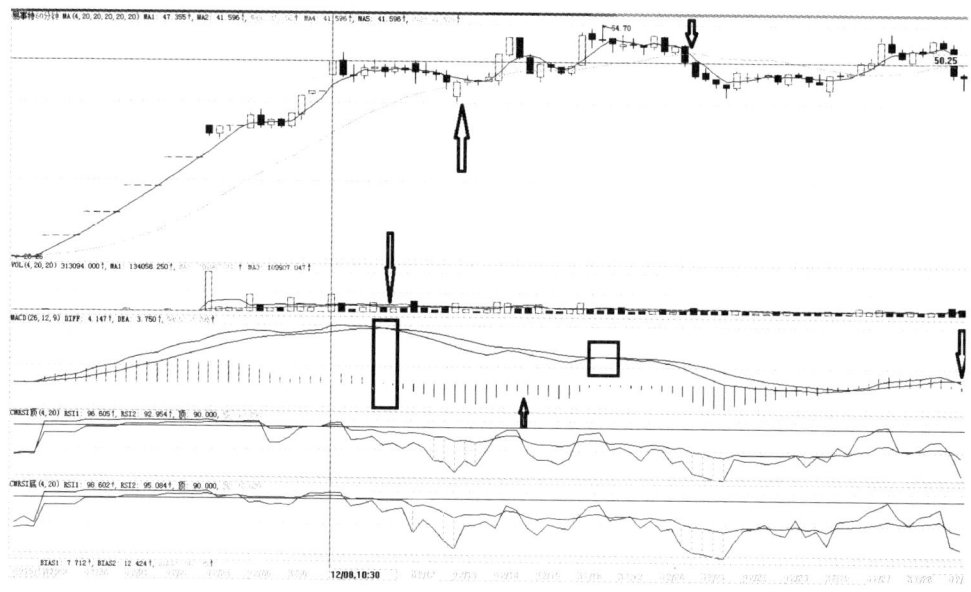

图 1-69

倒是屡次形成了 MACD 指标曲线和柱状体的"倒挂老鸭头"形态或死叉现象,那就是一个非常弱的走势特征了,提醒我们一看到这种现象,需要注意及时卖出以回避风险。其后均量线也好、MACD 指标两条曲线也好,都逐步形成共同空头排列的现象,那么就更加是明确要抛的卖点。在第二个向下箭头处,此时 20 小时线已经从原来的多头上行变成拐头向下了,股价再度跌破空头下行的 20 小时线,意味着其上涨态势正式结束,下跌行情正式展开。因为此时其日线,周线中这些提前敏感的指标数值已都拐头向下,共同形成了复合时间周期的空头排列,那么此时其中短线的下跌趋势,已经板上钉钉无可置疑了。此时若在 60 分钟图上,或日线图上再看到有 MACD 指标的顶背离死叉出现的话,那是更加明确的最后相对高位区域的高抛点。后期这种已经离开最高点一段距离的价位你都无法在中短期内再看见了。

后面还将结合其顶部区域的 60 分钟 MACD 指标的柱状体和曲线的各种转折案例,来阐述上文中的内容,同时还要多讲几种柱状体在顶部的变化特征,以便大家对照着上文和后面的展开内容来详细理解清楚这种逃顶技巧。

图 1-70 为 300256 星星科技 2016 年 6 月 17 日见顶时的日线级别柱状体特征示意图。其见顶时的 MACD 指标当中的柱状体数值明显比前一个 MACD 指标当中的柱状体的顶数值要低很多,形成了明显的日线级别的柱状体数值顶背离,同时

>> 第一章 "四位一体操盘术"重点内容阐述

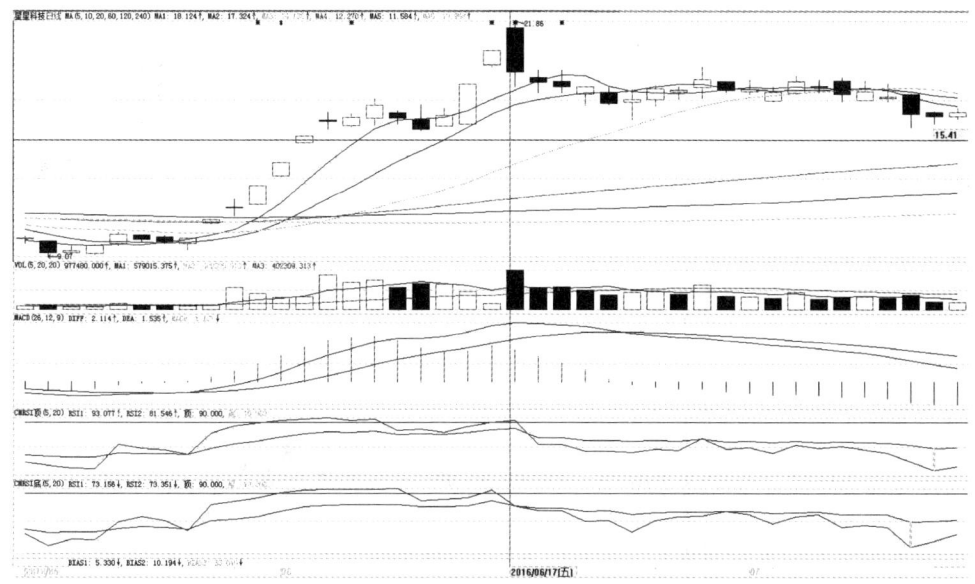

图 1-70

也在日线图上明显地显示出股价与指标数值的顶背离,其 CMRSI 顶指标也形成了明显的顶背离。以后大家发现这种日线级别的柱状体顶背离的见顶图形时,只要一看其 60 分钟的四位一体走势图就可以清晰地判定出此时就是顶。当然此时若再结合其当时的分时图均价线走势和其当时的复合时间周期指标数值等各种因素一起来综合研判,就更加能够确认无疑。

图 1-71 为 300256 星星科技 2016 年 6 月 17 日见顶时的 60 分钟级别柱状体特征示意图。其见顶时的 MACD 指标当中的柱状体数值和两条曲线数值明显比前一个 MACD 指标当中的柱状体的顶数值和两条曲线数值要低很多。这形成了明显的日线级别的柱状体数值和两条曲线数值的顶背离,同时也在日线图上明显地显示出股价与指标数值的顶背离,同时其 CMRSI 顶指标也形成了明显的顶背离。以后大家发现这种日线级别和 60 分钟的柱状体共同顶背离的见顶图形时,就可以清晰地判定出此时就是顶。当然此时若再结合其当时的分时图均价线走势和其当时的复合时间周期指标数值等各种因素一起来综合研判,就更加能够确认无疑。此时赶紧利用盘中缩量上冲机会抛出就是了。如果此时没来得及跑,或者还在犹豫,那么等到后面出现 60 分钟 MACD 指标死叉的时候,或后一个方框出现的时候,也就是它跌破了 20 小时线,并且使得 20 小时线开始拐头向下的时候,那就

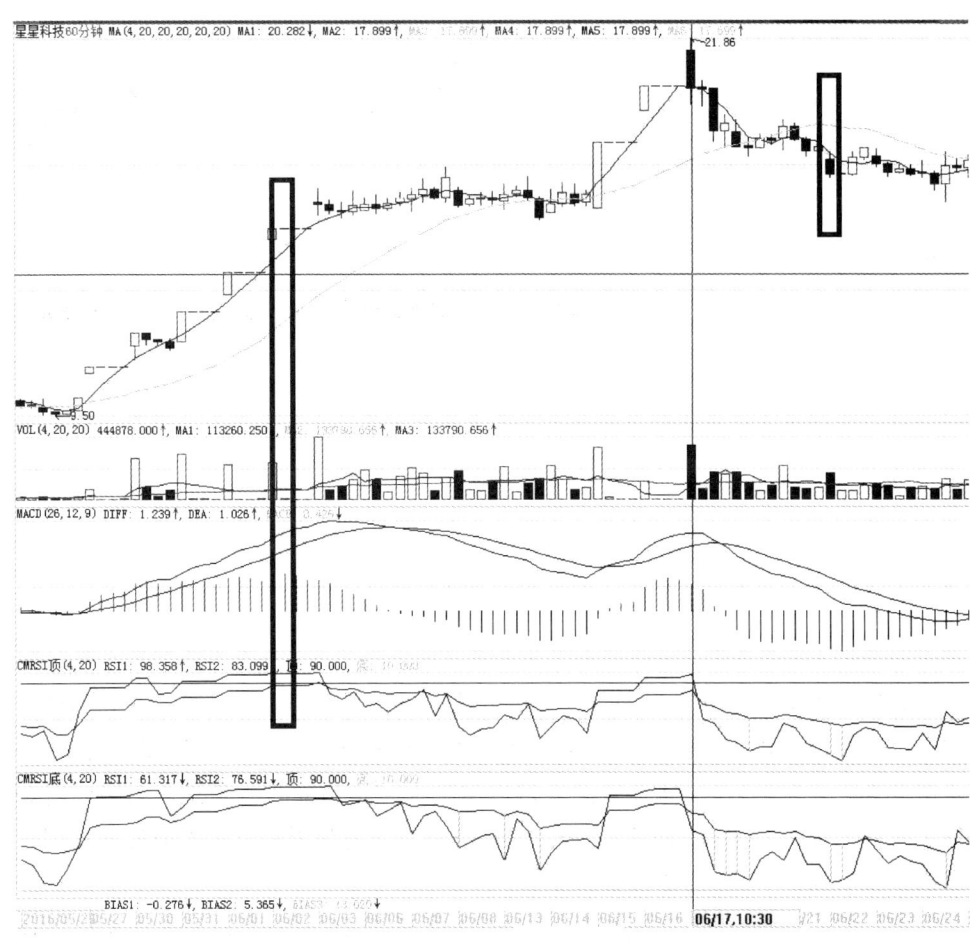

图 1-71

一定要赶紧利用盘中任何反抽机会卖完手中持有的其股票,并且在后期不要轻易在没有出现确定无疑的超短线、短线买点前,去进行任何没必要的买入动作。

判断一个顶成立的技巧其实有时真的很简单:"股价和 MACD 柱状体或曲线走势产生背离就卖出"。即当股价在进行虚假拉升时,MACD 指标当中的柱状体或曲线走势却不能同步向上运行,两者的走势之间产生了不同步的背离,那这就是股价即将见顶或已经见顶的明显信号了。必须说明的是,绝大多数情况下在柱状体首次拐头向下时卖股票比 MACD 死叉后抛股票价格要高得多,等到 MACD 死叉后再卖,股价已经下跌了许多,但还是必须卖股票。

这里重点要提醒的是"背离点取值原则":针对所有的指标和分析方法来说,要在同一波段的上升(下降)趋势里出现明显的高(低)点！要在同一波段的上升(下降)趋势里中取背离点数值！只有取这样的原点去判断才比较可靠。通俗地说,就是在日线级别指标系统当中配套20日移动平均线,在周线级别指标系统当中配套13周移动平均线。只要信号是出现在同一波段的上升(下降)趋势里的背离现象就是符合背离点取值原则的。否则容易庸人自扰之,丈二和尚摸不着头脑,无所适从,自乱阵脚。

图 1-72 为 300381 溢多利其从 2016 年 10 月 18 日到 2017 年 2 月 7 日期间发生的 MACD 指标当中的指标曲线和柱状体,双双处在 20 日线同一段上升过程当中形成的顶背离现象,以及 MACD 指标当中的指标曲线和柱状体,双双处在 20 日线同一段下跌过程当中发生底背离的现象的走势示意图。它是双双都符合上文要求的条件的经典案例。有的个股可能只是曲线符合条件,更多的可能是柱状体符合条件,总之只要符合条件,就要警惕在其小一个时间周期的四位一体指标体系走势图上,出现提前日线走势图的先拐头运行态势,一旦成型则要立刻做相应的买卖操作。

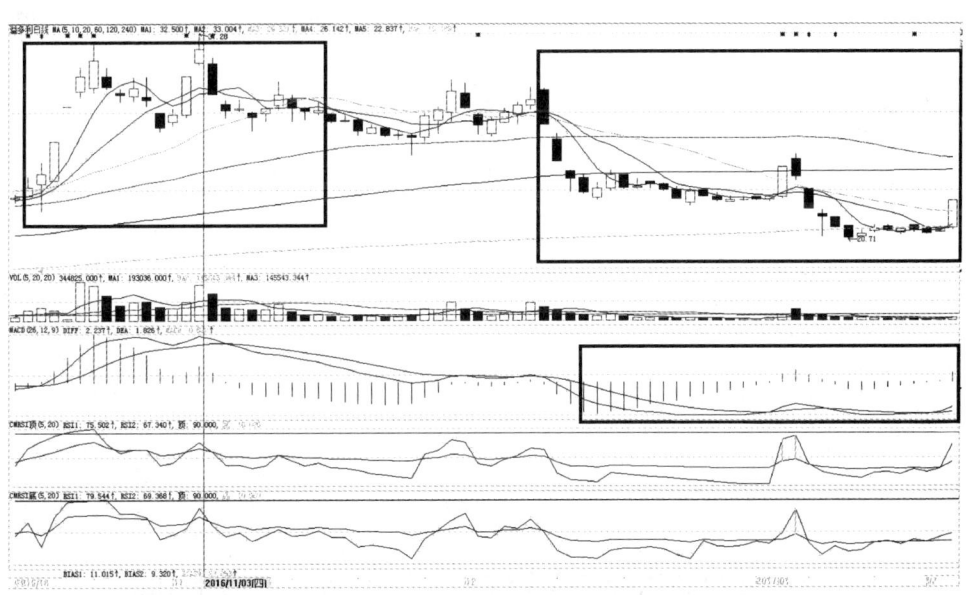

图 1-72

MACD 指标底背离分析最有用的时候,就是用在大级别周期时,特别是至少周线级别以上的,这时候所发生的底背离,往往就是历史性的大底部。

最简单的判断方法就是：回抽 0 轴方向的 DIFF 和 DEA 线再次下跌不创新低

数值,而且绿柱子的面积是明显小于前一次绿柱子的面积的。一般来说,只要其中一个条件符合就可以是一个底背离的信号,两个都满足就更标准了;反之亦然。

图 1-73 为 300008 天海防务 2014 年年底到 2015 年年底满足了周线级别底背离条件的周线炒作全过程走势示意图。出现了满足底背离形态后,不管是柱状体的底背离还是曲线的底背离,还是两者皆成立,它都容易先有一波上涨,但不是说出现了底背离以后就一定会大涨。后期会大涨的要求是:它出现底背离或底背离以后的金叉后,一定要持续地放量,并且快速地将四位一体指标体系扭转成全部多头向上排列,同时其他的几个时间周期的四位一体指标体系走势图中,也不能有明显的反作用力要素条件出现,那么在复合时间周期指标数值和复合时间周期的四位一体指标体系共同向上推进下、在后期能够持续放量的作用下,才能形成一波流畅且强悍的向上攻击趋势。正所谓"万般皆下品,唯有钱堆高"。

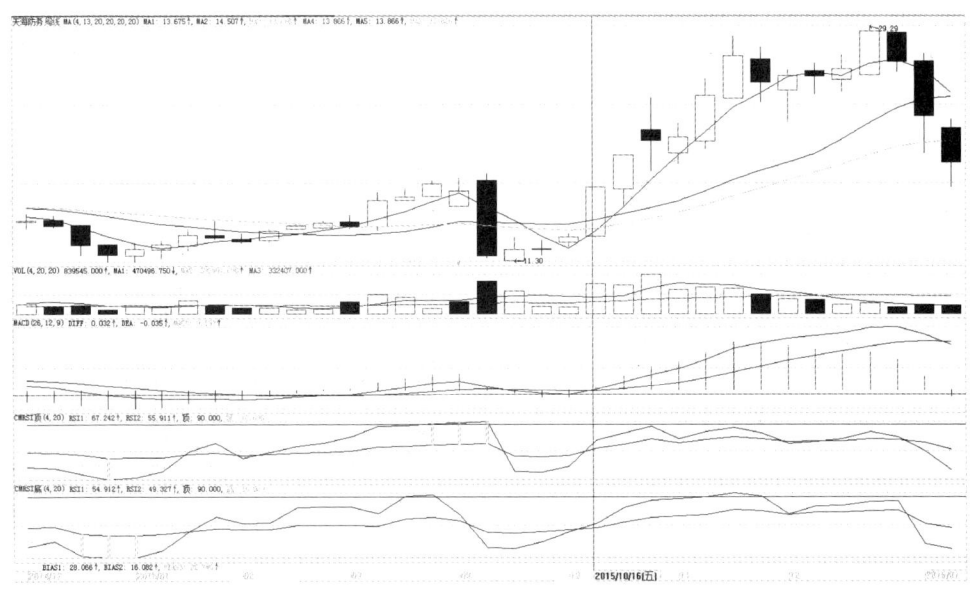

图 1-73

一般来说,在复合时间周期指标数值都在高位后如果出现"高开低走阴线"或"长上影线"等经典见顶 K 线时,绝大多数都是卖出的极佳时机。最后需要提醒的是,由于 MACD 指标的曲线具有滞后性,尽量以我的复合时间周期 CMRSI 顶指标数值都到高位时,再结合分时图出现上豁口时去做最高点卖出最好。用 MACD 柱状体首次缩短来寻找卖点逃顶为次,用 MACD 指标的曲线死叉来确认卖点逃顶为最后卖点。

MACD 指标的金叉分别发生在 0 轴线下方的金叉和发生在 0 轴线上方的金叉。

MACD 中的两条曲线在 0 轴线下方金叉时,有时候只是一个小反弹,有时候只是一个小反抽,但有时也会演变成一波强劲的上升行情。究竟在什么情况下 MACD 指标在 0 轴线下方的金叉只是小反弹呢? 在什么情况下 MACD 指标在 0 轴线下方金叉会走出一波强劲的上升行情呢? 这要结合成交量及其他技术指标综合分析,尤其要结合是不是发生了 MACD 指标系统内的底背离情形以后的金叉? 还是在周线的 MACD 指标系统里也正在发生了向上的倾向? 在金叉的时候是不是立刻放出比前一天大的成交量? 如果不是发生了 MACD 指标系统内的底背离以后的金叉,则这种在 0 轴线下方发生的金叉,可能只是一个小反弹甚至有时候只是一个小反抽,特别没有得到成交量有效的放大配合的话就没必要重视和参与。

两条曲线在 0 轴线上方放量多头金叉时,以买入为主,在 0 轴线上方附近金叉时,若之前没有发生过 MACD 指标当中的柱状体顶背离迹象的话,一旦放量多头向上时更应该迅速大量买入。MACD 在 0 轴线上方金叉一般是在上升了一波行情后,经短暂浅幅回档调整后再出现的居多。任何一个股票它的 MACD 指标中的 DIFF、DEA、MACD 数值都在 0 轴以上的时候,在 0 轴上方不远的地方出现放量突破 K 线的前期高点后,第一次产生的金叉的话,就是一个最好的大胆重仓买入的绝佳机会。

图 1-74 为 300097 智云股份 2016 年 9 月 30 日到 2017 年 1 月 17 日期间发生的多次 0 轴线下方和上方的金叉、死叉情形走势图。光标处显示的是其在 0 轴线下方经过若干次的底部逐步抬高的金叉以后,在成交量的不断补量抬升下上涨,导致 20 日线由原来的空头排列转为多头向上格局。在其不断震荡走高过程当中,它经过了若干次的放量老鸭头和再度的 0 轴线上金叉,但是大家应该关注到其在 0 轴线上放量金叉以后,没有持续地得到成交量的放大推升,所以它只能是再度选择震荡走低。当其出现顶背离现象以后,再度形成最弱势的"倒挂老鸭头"形态时,就自然而然形成一波猛烈的下杀,在下杀的过程当中 20 日线由原来的上升态势变成下跌状态。在 20 日线下跌状态过程当中,MACD 指标在 0 轴线下又出现过金叉,但是此种金叉,由于没有成交量的放大配合,本身又在 20 日线空头排列的情况下,第一次出现这种金叉是庄家撤退过程当中设置的"还魂枪陷阱",所以它即使有短线小幅的无量、小量反弹上涨,也终究不敌规律的作用,最终还是选择了快速下跌,再度形成 0 轴线之下的死叉,来彻底展开其后的弱势走势。

MACD 在 0 轴线上方金叉后的走势要注意:若前一波上升行情升幅不大、力度不强时,发生的 MACD 在 0 轴线上方放量金叉,则往往后面的这波上升行情会比前一波上升行情升幅大。在 MACD 指标中出现的放量金叉点的位置一定要后

图 1-74

一个比前一个高。这是非常非常重要的！只有后一个放量金叉点比前一个放量金叉点高,后一个放量金叉点的量比前一个金叉时的量大,才能够充分反映其是充分准备好了想真正启动。

一般来说,周线 MACD 在 0 轴线以上再次放量金叉的话,上涨起来的幅度起码有 50% 左右。如果周 MACD 在 0 轴线以上发生再次放量金叉时,你就要果断及时买进。但是要注意的是,一定是前面一浪的走势,涨得不能太猛太高。

图 1-75 为 300304 云意电气 2015 年 11 月上旬到 2016 年 12 月中旬发生的多次在 MACD 指标中出现的放量金叉点的位置后一个比前一个高、后一个放量金叉点的量比前一个金叉时的量大的周线走势示意图。其上涨过程比较完美地诠释了上文中和之前所有文章中内容的要点。习惯将这种图形和所有要求以及结合其左右邻居时间周期的四位一体指标体系来综合研判的话,你的看盘功力和今后再碰到这样的走势个股时你的敏感度以及及时把握住它的兴奋度,会有巨大提升的。这样的话,今后你的操作业绩不好才怪呢。

有些从高位放量出货溃退下来的股票,后面也可能出现 MACD 再次金叉的情况,那是需要结合红绿柱和成交量的变化情况,以及其左右邻居时间周期的四位一体指标体系来综合小心研判,及时进出。一旦不慎买入,发觉在其小一时间周期的四位一体指标体系走势图上出现弱势的反向运行时,必须尽快止损出局。

>> 第一章 "四位一体操盘术"重点内容阐述

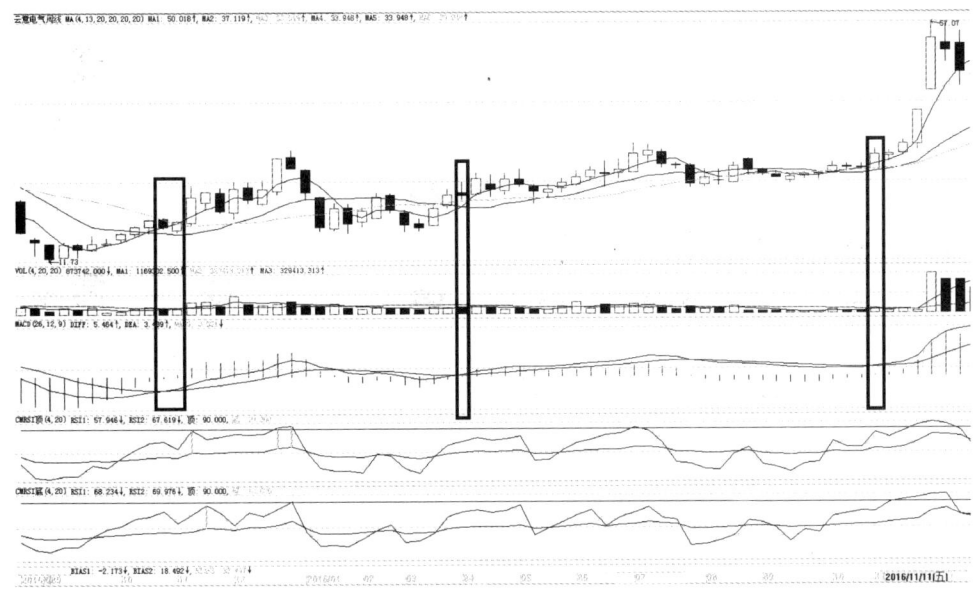

图 1-75

2. 怎样用 MACD 指标选股

我归纳起来有六个方面,即:形态、均线、技术指标、成交量、热点及主力成本。先谈周线 MACD 与日线 MACD"共同金叉"选股法。

运用周线 MACD 与日线 MACD 共同金叉选股法,就可以过滤掉虚假的买入信号,找到高质量的成功买入信号。周线 MACD 与日线 MACD 共同金叉选股法的买点选择可按照如下几种方法去分析判断执行:

第一种买入法:提前量买入法。在实际操作时往往会碰到这样的情况,由于日线 MACD 的变化速度比周线 MACD 快,当周线 MACD 金叉时,日线 MACD 已提前金叉几天,股价也上升了一段,买入成本已抬高。激进型的投资者可在日线 MACD 已提前出现放量强势金叉或放量老鸭头、周线上的 DIFF(白线)柱状体也在放量向上回升,并且其日线四位一体指标体系都刚刚出现放量全多头之际、5 日线和 4 周线已经大于 60 度向上运行了、周线的柱状体数值已经小于－0.5 之内非常接近 0 轴线即将有可能很快金叉、而周线级别的 CMRSI 顶指标已经刚刚产生金叉之时,提前量先买入,以求降低成本,增加盈利空间。

图 1-76 为 300491 通合科技 2016 年 11 月 14 日刚刚在日线四位一体指标体系走势图上出现满足放量全多头态势的走势示意图。此时对于上文中产生的对于日线图上的所有要求条件完全符合。

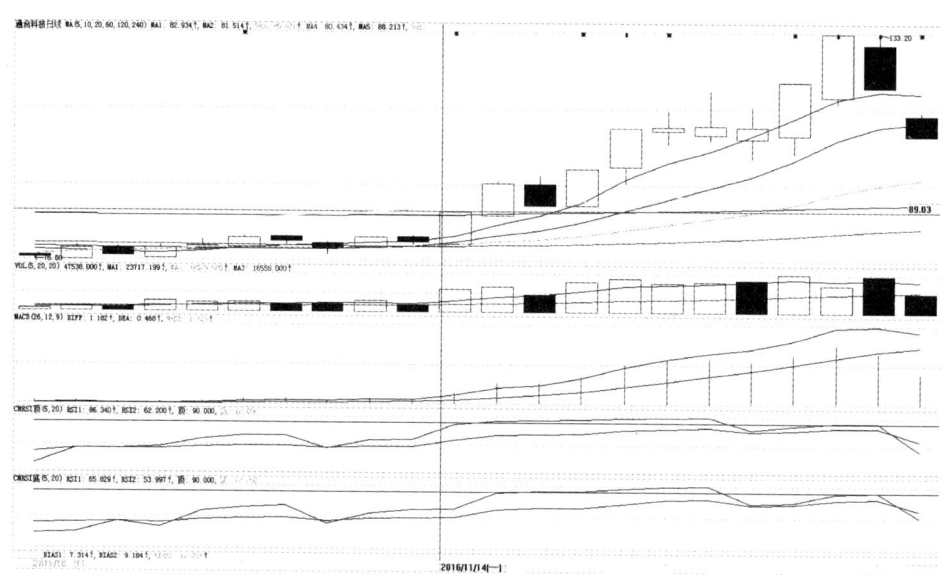

图 1-76

图 1-77 为 300491 通合科技 2016 年 11 月 14 日刚刚在日线四位一体指标体系走势图上出现满足放量全多头态势的周线走势示意图。此时针对上文所有要求

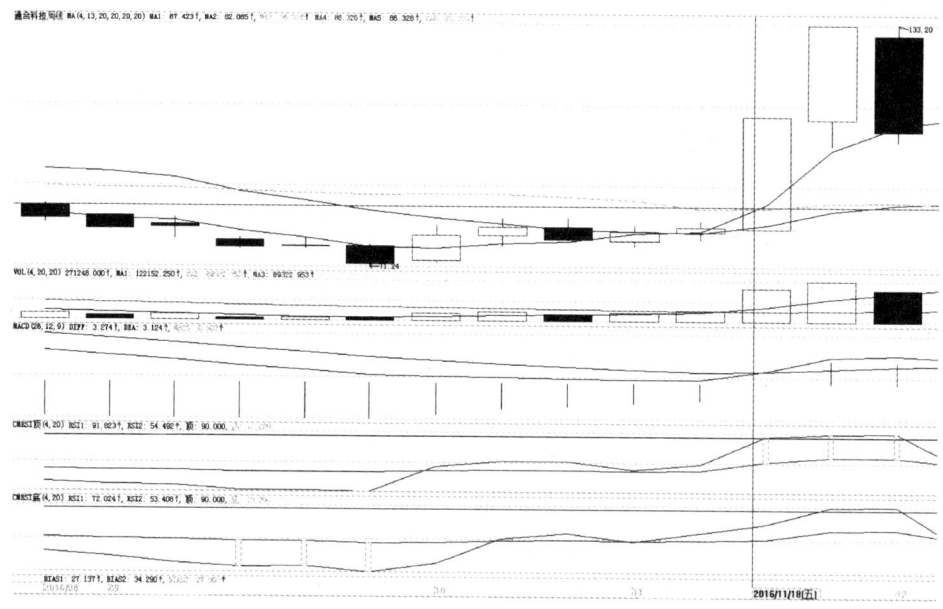

图 1-77

周线图必须满足的条件其也刚刚完全符合。这种现象在很多股票暴涨阶段的走势图上都能够找到踪迹,只要大家能够像我一样将这些所有要求的条件设置成一个选股模型,并且把它放在预警框里,它就会在满足模型条件要求出现盘中买入点时,就及时地从预警框里跳出来,以便你及时查看选择买入。这是一个买入在周线、日线共同爆发点时候的一个比较好的、比较低的买入模型。它的有效成功率在于出现买入信号的时候,当时它的成交量一定要足够地放大,同时后续的成交量也一定要有延续性,这些条件全部满足的话,即使后期盘中有所合理震荡,其中短期的上涨趋势、上涨力度还是能够得到保证的。毕竟做一把这种情况下的短线赚到的钱是不少的,也是比较容易成功赚得到钱的。

第二种买入法:周线 MACD 刚金叉,日线 MACD 再度刚刚形成放量金叉或放量老鸭头的买入法。

图 1-78 为 002346 柘中股份在 2016 年 11 月 11 日这周出现满足上文中阐述的所有条件时的周线走势示意图。

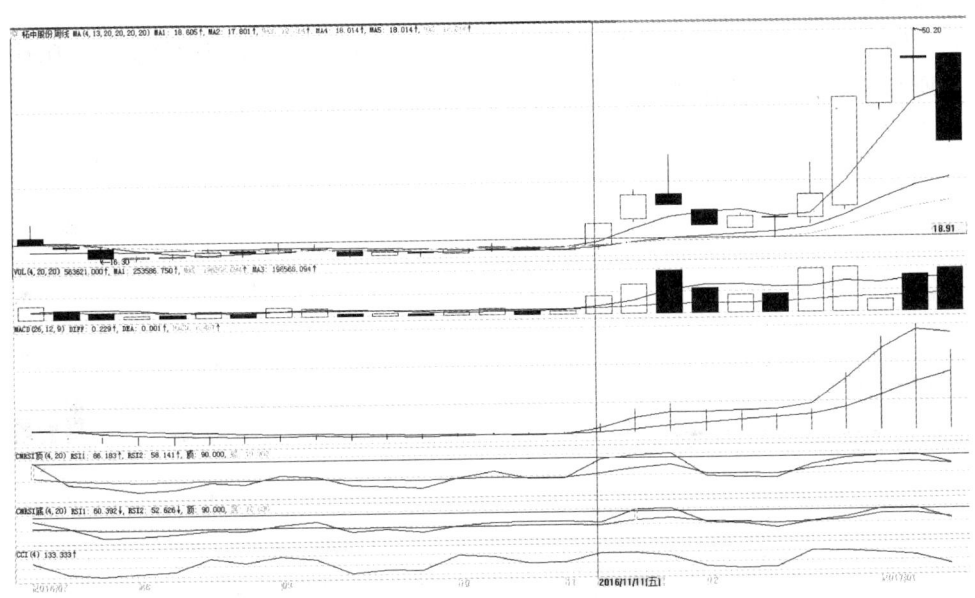

图 1-78

这种情况在股市当中也屡见不鲜的,特别是在那些脱离了底部以后,在 0 轴线上产生的放量金叉,是更加厉害的。在周线 0 轴线附近或 0 轴线上出现放量金叉时,日线的 MACD 指标最好也能够在 0 轴线之上刚刚出现放量金叉或放量老鸭头形态时，通常表示它的短线回调或者洗盘整理已告结束，即将启动一波新的上攻行情。此时，对其日线和周线指标体系有要求的就是其在发生这种现象时，一定要日线、周线同时都形成了四位一体指标体系的放量全多头现象，而且必须是刚刚形成或刚形成不久的。切记不能在日线上已经形成了红柱连片地长达二三十天以上，那其大幅涨高到了复合时间周期指标数值都在极其高位的时候，还是有一定的即将面临短线回调风险的。切记此时勿盲目乐观追高。尽量不要在日线上出现有MACD柱状体顶背离的那种现象，并且即使是买入点时有可能是有这种顶背离苗头的，但是也要确认其再度放量金叉或放量老鸭头之时的成交量要大过之前顶部的成交量才能预计到后面的力度和涨幅会高于其前一波上涨行情。同时其3月线一定还是要向上的；月线的柱状体还是要向上的，其日线的60日线也一定是要向上的，不能有反作用力的。一旦这些条件都满足的时候，在其当时分时图交易重心附近进行分仓买入是非常有必要的。只要其后市量能和指标体系没有缩减向下的现象出现，就可以继续持有，在出现了复合时间周期指标数值都在集体高位的时候，再进行主动性的抛出就是了。

图1-79为002346柘中股份在2016年11月11日这周出现满足上文中阐述的所有条件时的日线走势示意图。

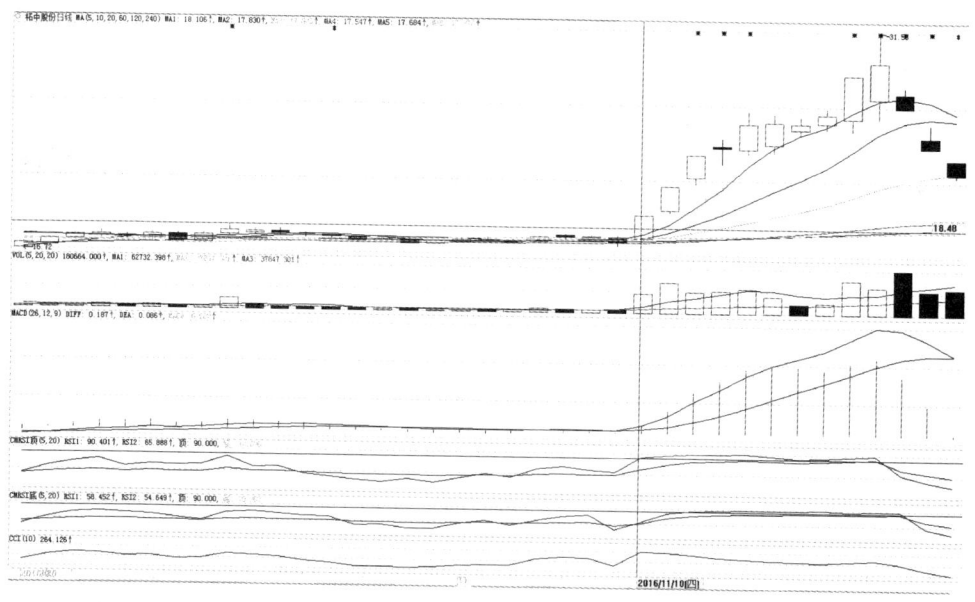

图1-79

满足了这种良好买点要求的买入信号,一旦出现是一定要珍惜的,买入后如期上涨的概率非常大。在其不断放出主动性买盘成交量和柱状体不断向上延伸的过程中,自然而然会推动着个股股价,不断向上创新高的。此时,尽可以持股待涨,并且在其上涨过程中第一次发生宽幅震荡时,也要有足够的良好心态去应对。股价上涨到复合时间周期指标数值都在极高位以后,可以先利用最高点卖出法,进行主动性高抛。在其再次跌破 5 日线的时候,进行及时止盈止损。如果其 60 分钟四位一体指标体系走势图,在上涨过程当中出现了严重的顶背离迹象,并且形成了死叉,那就先抛出股票再说。俗话说,风险是涨出来的,涨得高了就容易跌,跌的过程是一个释放风险的过程,等它风险释放完了,再等它下一次确实无疑的最起码的 60 分钟四位一体指标体系放量全多头甚至日线级别的四位一体指标体系放量全多头买入时机到来时,再及时入场买入。那么后期的走势,又是可以预期和享受到它的再一次美妙的投机效果的。

第三种买入法:周线 MACD 两线"将死不死"买入法。

此方法要满足的条件是:周线 MACD 金叉后,一波周线涨幅没有超过翻倍以上,就因为各种各样其他因素而造成股价在顶部区域没有出现巨量和大换手就依次缩量较快速度回档调整,然后在 20 周均线和周线级别的 MACD 指标当中的 DEA 线也仍然是比较大角度向上的时候;在日线及以下时间周期中 CMRSI 底指标数值都到极低位以后;重新获得 60 分钟和日线级别的四位一体指标体系放量全多头的配合下;重新获得 20 周均线和周线级别的 MACD 指标当中的 DEA 线的双重支撑下再度放量上行;周线 MACD 两条曲线将要死叉,但没有真正发生死叉时重新立刻放量张口上行;此时,日线上要出现 MACD 的放量金叉来配合确认。用此方法买入这种股票,可捕捉到一波满足四位一体指标体系的日线和周线的共同放量全多头的、比其前一波周线涨幅更厉害的快速强劲上升的行情。而且再一次友情提醒大家:满足了这种条件的情况下,其后一波周线的涨幅空间,一般都是其前一波周线涨幅的 1.618 倍甚至更高。

图 1-80 为 002346 柘中股份在 2016 年 7 月 29 日这周开始到 2017 年 1 月 13 日这一周为止的出现满足上文阐述的所有条件时的周线走势示意图。

图 1-81 为 002346 柘中股份在 2016 年 11 月 23 日这周开始到 2017 年 1 月 13 日这一周为止的出现满足上文阐述的所有条件时的日线走势示意图。

此图显示的是股价在前一波见顶以后,迅速缩量快速调整,调整到第一个方框处的时候,其 5 分钟、15 分钟、30 分钟、60 分钟、日线级别的 CMRSI 底指标当中的 RSI1 的参数数值,都已经到了 20 附近的低位。此时,其本身就是一个比较好的低

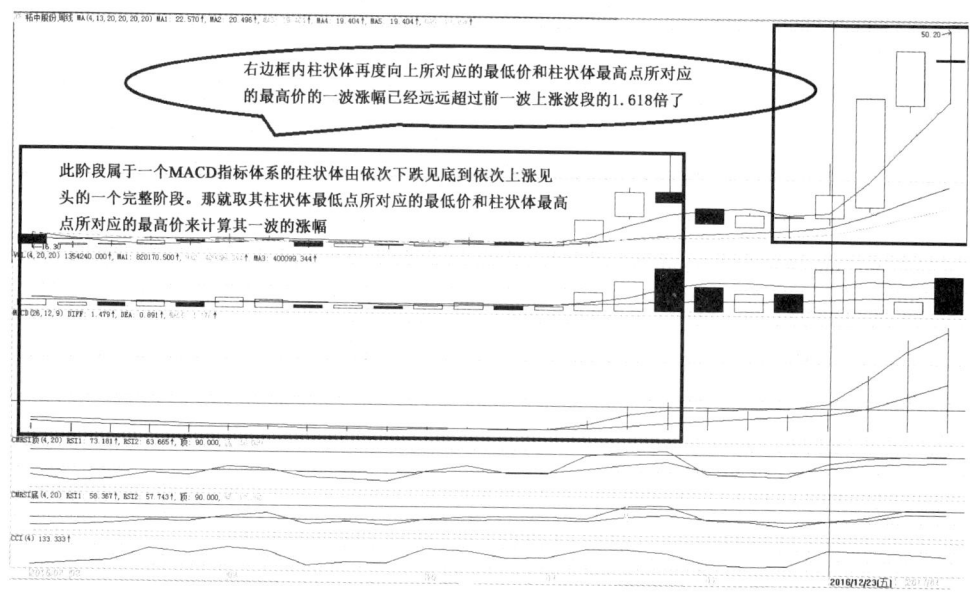

图 1-80

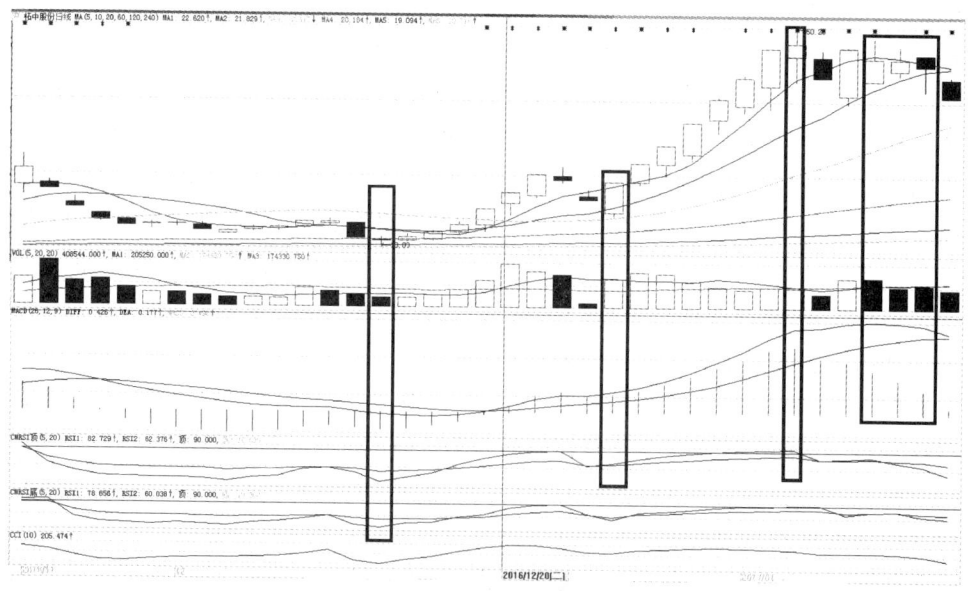

图 1-81

吸抄底买点,再加上此时其日线上的大均线系统和周线上的20周均线系统和DEA线都对它形成了有力的支撑。如果此时不敢去抄底,或者错过这个买点也没有什么问题,可以等到其60分钟四位一体指标体系再度形成放量全多头之时,再去进行及时的介入,也可等到光标处形成日线级别四位一体指标体系放量全多头之势时,在其当时的交易重心附近进行买入。当然在这个案例图上,其光标处并没有完全形成日线级别四位一体指标体系放量全多头形态,其中有一个要素条件还没有完全拐头向上,存在着一定的反作用力,所以它上涨两天以后,就有过一次快速的洗盘,这一次的洗盘一下子就跌到了其拐头上涨以后的20日线附近。我们之前已经说过:形成了一波流畅的、强势的四位一体指标体系放量全多头形态的上涨态势后,其第一次缩量洗盘回调的极限位,就是上涨过程当中的20日线附近。所以其在20日线附近再度获得支撑,形成日线上的第一次放量老鸭头现象以后,再进行了一波快速主升浪拉升行情。所以形成买点的时候,大家一定要注意,当期指标体系有没有反作用力,还要看看其左右邻居时间周期级别上有没有反作用力,如果各个时间周期级别的四位一体指标体系走势图上都没有反作用力,那它后期流畅上涨的保障度会提升很大。有反作用力的话,通常其后市的走势会稍微显得纠结一些、复杂一些,甚至还会导致后市行情迅速夭折。这也是利用四位一体指标体系去看个股后市潜力最重要的精华所在。当第三个方框出现的时候,就是满足了最高点卖出法条件的时候,此时进行主动性地高抛理所当然,量度升幅也已基本达到并且超过,此时见好就收,不失为一个比较好的策略。第四个框的地方是需要重点提醒一下的一个小技巧:如果说见了高点以后,股价连续3天出现最高价不断下移、甚至连续3天出现最高价不断下移的同时其每天的最低价也在不断地下移的话,柱状体也同时依次向下缩短,尽量利用盘中冲高机会先抛了再说。另外,股价如果见了高点以后,连续3天收盘站不上5日线,就必须尽量利用盘中冲高机会先抛了再说。如果这种现象发生了以后还使得5日线已经拐头向下,柱状体也同时依次向下缩短,那么这个头部确立的可能性就更加大了。这时投资者抛也得抛、不抛也得抛。不抛,后面的下跌可能会是很猛烈的,因为很多被大幅炒高的个股,主力庄家一旦去意已决,它的中短线跌幅是会很大的。所以一定要注意,在高位及时获利了结。不舍得及时抛出股票的人,去盲目地做极强势股操作的话,那是"死"得最快的、亏钱亏得最多的人。

3. 如何运用MACD进行完美的买卖操作

了解了以下一些有效的方式、方法,可以帮助你在炒股中减少很多失误。利用MACD指标的特性进行操盘的几个重要点如下。

(1) 日线 MACD 指标走势图上,在 60 分钟和日线级别 CMRSI 顶指标数值都到过高位以后形成的 MACD 指标出现高位死叉的话,短线就先出局再说。因为其短线调整几乎是势在必行了。不到 60 分钟和日线这两个时间周期指标数值都出现放量拐头向上趋势前,不要轻易进场买入股票。

图 1-82 为 300127 银河磁体在 2016 年 6 月间连续两次出现 MACD 死叉后短期之内不跌反涨的走势示意图。这里为什么先介绍这种典型的利用死叉卖出而失败的案例呢?是因为在平时的盘口上,庄家主力经常会利用死叉卖出反做多,金叉买入反做空,把人心态搞坏,把水搅混,以便其乱中取胜、浑水摸鱼,达到其自身买卖进出的目的。所以学会怎样去识别是很重要的基本功。这样才能有效地把握住机会,避开陷阱。通常来说,在 MACD 指标出现死叉时,如果其 10 日线和 20 日线还是大角度向上移动的过程当中出现的死叉,同时在出现死叉前柱状体依次向下已经很多天了而周线 MACD 指标当中的柱状体依然是昂首挺胸向上的,则有可能会形成先死叉以后立刻就向上放量金叉或平量金叉,形成一个诱多的陷阱。在陷阱构成以后不久,再度大量出货完毕以后,在 10 日线和 20 日线基本共同开始拐头向下时,再向下连续地大力度杀跌,在这种样式的下跌过程当中,第一次出现 60 分钟的四位一体放量全多头金叉现象的时候,还不能买入。这通常很有可能是其第

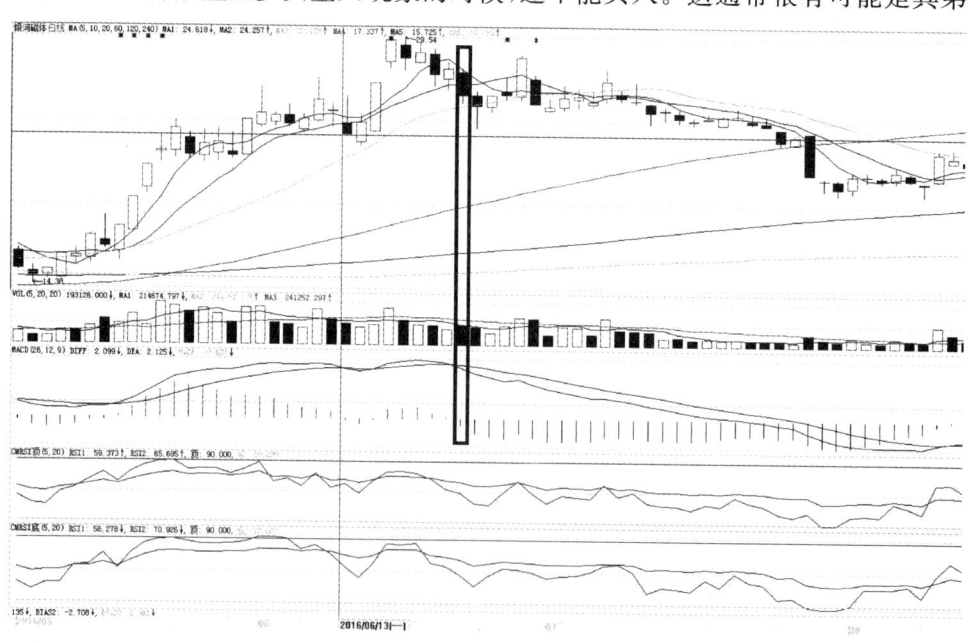

图 1-82

一次回敲确认下跌过程中均线的一个卖点,而不是买点。一定要等到它60分钟、日线、周线CMRSI底指标当中的RSI1的参数数值,都到极低位以后,才考虑在出现60分钟四位一体指标体系的放量全多头之时入场买货。

图1-83为002265西仪股份在2016年11月9日前后出现死叉的走势示意图。针对图中这种经过了连续长期在0轴线上反复多次出现放量老鸭头现象的、满足了上述文章中阐述的所有条件的个股,在其出现死叉,加上其周线柱状体也由原来的依次向上首次出现拐头向下时,是可以确定无疑应先跑为上的。

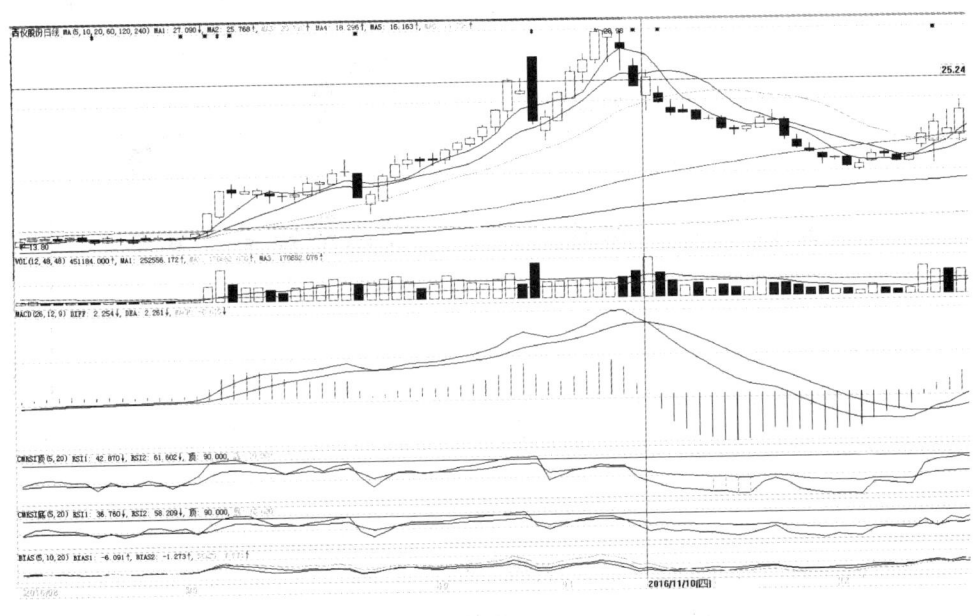

图 1-83

此外,由于之前其上涨的过程中,是多次的出现放量老鸭头现象的,那么在其下跌的过程中,也通常会出现倒挂老鸭头现象,所以不能在第一次出现柱状体有拐头迹象,或者60分钟四位一体指标体系走势图上第一次出现放量全多头之时就去介入,应该要耐心等到其风险充分释放好,60分钟、日线、周线CMRSI底指标当中的RSI1的参数数值都低位以后、再度形成60分钟四位一体指标体系放量全多头现象满足时,才可以考虑在其当时的交易重心附近分仓买入。有时甚至还要等到其60分钟或日线级别的底部起来后的第二次放量全多头之际才可放心买入,做把短线或中线行情。

(2)周线MACD指标走势图上,在日线和周线级别CMRSI顶指标数值,都到过高位以后形成的MACD指标出现高位死叉的话,中线就先出局再说。因为其中线调整几乎是绝对的了。不到60分钟和日线这两个时间周期指标数值都到极低位前,不要轻易进场买入股票。即使想买入也一定要看到其周线柱状体有放量向上收缩的迹象时,才可以适当考虑准备参与一次短线做多操作。

图1-84为002730电光科技2016年12月23日这周死叉时和后期满足上文中所述条件后的走势示意图。

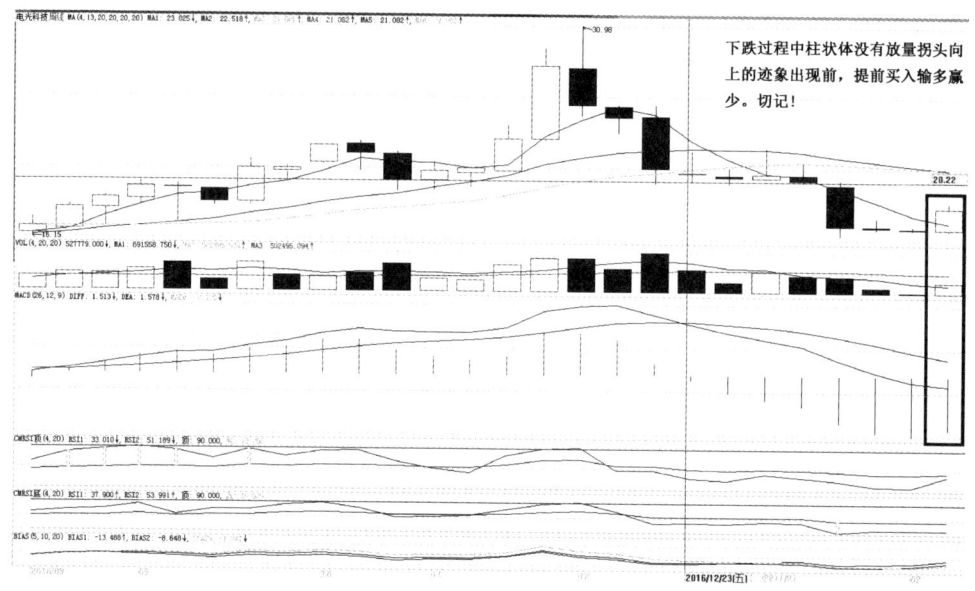

图1-84

(3) 月线MACD指标走势图上,在周线和月线级别CMRSI顶指标数值,都到过高位以后,形成月线MACD指标死叉的话,往往接下来会有一波中短线反扑行情。但是只要其月线的三条均线和月线的四位一体指标体系当中的要素条件有严重的反作用力的话,此后其漫漫熊途就不知道什么时候是个头了。其涨少跌多的调整时间一般都是其之前一波月线级别牛市的2倍到3倍以上时间。月线级别的下跌基本上不会少于清晰的大三浪级别的。而且月线级别的第一大波段的下杀低点,一定是会在后期被跌破的。所以一定要尽量在其月线柱状体向下之际长线就先出局再说,因为其长线调整已经是铁板钉钉了。不到60分钟和日线、周线这三个时间周期指标数值都到极低位前,不要轻易进场买入股票。并且即使想买入,也一定要看到其周线柱状体有放量向上收缩的迹象时,才可以适当考虑准备参与一次中线做多操作。

图 1-85 为 300155 安居宝在 2015 年 9 月死叉后反弹一把,然后再度无力回天依次震荡下跌的月线级别走势图。2012 年年底,我和广大学员及股友,一起用"抄大底"模型耐心等待其下跌,在最低价才下手抄到了这个股票真正的底,然后一直坚定地利用"四位一体操盘术"的高抛低吸买卖方式、方法,反复高抛低吸操作这个股票。因为对其之前走势的理解和了解,以及对这种形态、换手率、涨跌幅空间规律的理解和了解,加上后期不断地去上市公司进行调查研究、沟通联系,大量阅读了其行业的各种报告,也结合了国家产业政策的扶持导向,了解了当时整个创业板市场的炒作氛围和行情气氛特点,坚定地把它作为创业板中一定会成为翻十倍以上的牛股来对待和炒作的。其也确实不负我望,成就了我的又一个令人赞叹不已的大黑马。但是,天下没有不散的宴席,没有永远的好股,也没有永远的差股。其经过充分透支炒作以后,庄家主力坚定地撤退后,造成了它不管是牛市还是熊市,一如既往地震荡向下的颓势。其这种震荡下跌的走势,到目前仍然看不到有丝毫的转强迹象。

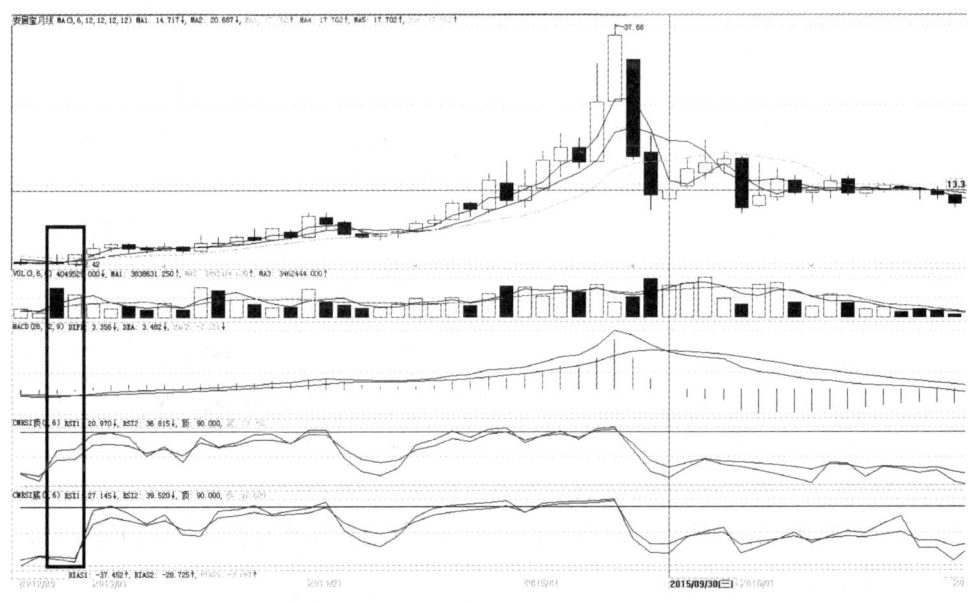

图 1-85

(4) 一旦月 MACD 柱状体向下,周 MACD 柱状体也向下,日线级别 MACD 柱状体也拐头向下时,绝对需要抛清仓位空仓休息。不到所有复合时间周期指标数值都到极低位前,不要轻易进场买入股票。

这种走势特征,我们之前已经多次强调和重申过。类似的图形也已经多次在前文中出现过。这在所有的股票走势图上,都是规律性地存在着的。这里唯一要强调的是,只有在3月线和柱状体仍然是向上运行的情况下,才可以在日线、周线级别的MACD柱状体放量向上开始回升上涨的时候,结合四位一体指标体系放量全多头现象出现,进行及时的买入。请永远记住:"上涨势赚钱轻松,下跌势输钱容易","上涨势中买入持有,下跌势中抛出不买"。跟着趋势拐点做同步的事情才是股市最根本的生存之道。

(5)综合运用"四位一体操盘术"中阐述清楚的MACD、RSI和短期股价移动平均线以及均量线的综合使用规则,以及多周期四位一体体系判定法和复合时间周期指标数值的高低位置来相机行事。

最简单的方法往往是最有效的。在多时间周期的CMRSI顶指标走势图上看见RSI1数值都到高位了就准备止盈,此时柱状体一缩短立刻进行止盈止损操作,等到股价跌破5日线就先只考虑卖就是了。在多时间周期的CMRSI底指标走势图上看见RSI1数值都到低位了就准备买入,此时柱状体一放量向上推升,立刻进行买入持有操作。等到股价放量再次站上5日线,5日线也开始拐头向上就先只考虑买就是了。

(6)你要观察大盘MACD是不是处于刚刚放量金叉或刚刚放量老鸭头或刚刚放量多头向上状态阶段,特别是如果在0轴线上正处于这种状态的话当然更好了。因为在这些特征表现的时候,通常表示目前的大盘是在利于做多操作阶段。

请时刻牢记和注意的是,为什么在这段文字当中,反复强调的是"刚刚"这两个字。如果是刚刚出现这种现象,说明主力庄家们刚刚在发力选择向上运作的方向力度,这种情形刚刚形成的时候,它是有惯性的,它就容易能够继续保持向上运行的态势。如果它已经向上运行了很久,那么它就有可能更倾向性要孕育拐头向下的反向行情了。所以一定要注意是"刚刚形成"这个看指标的比较重要的重要点;反之,如果是共同刚刚形成指标走势的拐头向下态势,那么它接下来向下的行情,也会容易得到持续的发力的。

(7)选股的时候要注意MACD是否在0轴线之上,是否在0轴线上处于刚刚放量金叉,或刚刚放量老鸭头,或刚刚放量多头向上状态阶段,同时其60分钟和周线的MACD指标体系当中的所有要素条件也必须要呈现多头向上的格局,才可以更好地相对充分保障你短线做多的安全性、有效性、持续性。只有这三个时间周期齐头并进共振、多头向上,才可以保证其持续性的上攻力度和上涨行情的时间跨度。这一点是得到了海量的统计数据和大量的实战案例来验证过了的。

图 1-86 为 000672 上峰水泥从 2016 年 11 月 30 日 14 点开始到 2016 年 12 月 16 日 10:30 分为止的一波快速上涨波段行情的 60 分钟级别走势示意图。其 60 分钟走势图上出现买入信号的时候，其日线、周线走势图上也刚刚都满足了上文所述的内容要求。这个非常美妙的起涨点模型也是我喜欢经常使用的，因为它的启动位置比较低，只要当时市场环境稍微利于庄家主力发力做多，就可以让这种庄家准备好就欠拉升的股票腾空表演了。这种股票失误率小、获利比例高、获利幅度大、行情流畅性强、止损机会少、买入以后立刻大幅下跌的可能性小。

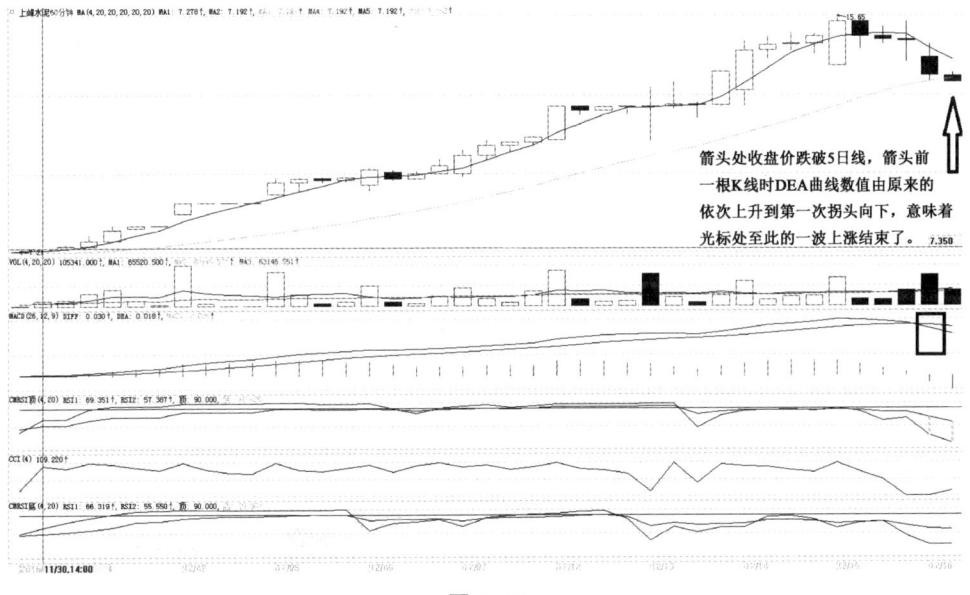

图 1-86

图 1-87 为 000672 上峰水泥从 2016 年 11 月 30 日 14 点开始到 2016 年 12 月 16 日 10:30 分为止的一波快速上涨波段行情的日线级别走势示意图。

图 1-88 为 000672 上峰水泥从 2016 年 11 月 30 日 14 点开始到 2016 年 12 月 16 日 10:30 分为止的一波其 60 分钟、日线、周线走势图上刚刚都满足了上文所述的内容要求的周线级别走势示意图。

普遍的规律是：在这三期时间周期共振多头向上的情况下，只要 60 分钟走势图上没有出现 MACD 指标的 DEA 线拐头向下前；日线级别的 CMRSI 顶指标当中的 RSI2 数值一直是向上运行没有拐头向下前；5 日线没有被收盘价跌破前，其一波涨幅都相当不错，其一波涨幅基本上都能够满足 50% 以上的幅度。

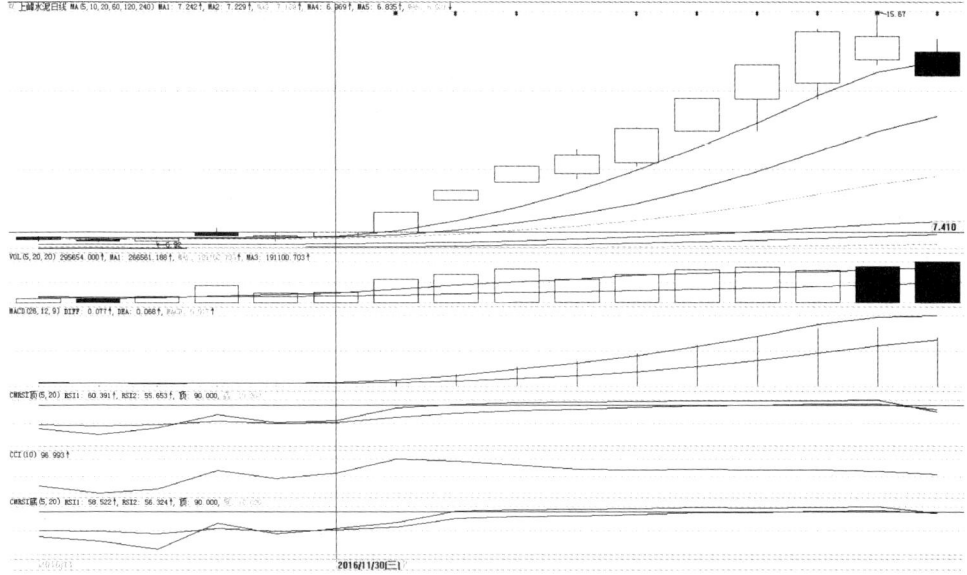

图 1-87

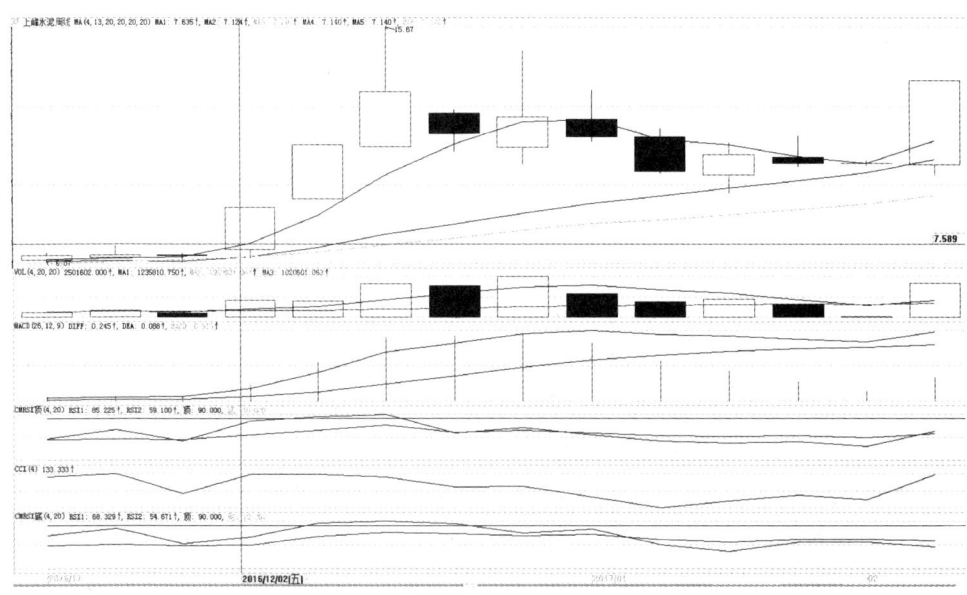

图 1-88

>> 第一章 "四位一体操盘术"重点内容阐述

（8）根据历史数据统计、总结、分析，有一种买卖模型非常有效。绝大多数情况下，一旦其月线 DEA 曲线刚刚从 0 轴线上方下跌到 0 轴线附近拐头向上时，此时月线 MACD 指标当中的柱状体也是刚刚翻红时，通常都是一波极强势大波段上涨行情的起始点。只要后期月线的 3 月线和柱状体是一直依次向上的，则可以利用日线走势图上每次出现放量金叉或者放量老鸭头现象时，进行日线级别的波段买入，然后在每次日线级别的柱状体首次拐头向下之时卖出。反复如此操作直到月线 CMRSI 顶指标当中的 RSI1 数值在 90 附近与 RSI2 形成死叉时，坚决止盈止损出局，再不去看该股和参与其任何级别的操作。

当然这种现象是针对大多数在上涨过程当中量能充沛、题材契合当时政策炒作环境的、K 线历来是比较长的有强势基因的个股而言的，不排斥有些冷门题材、量能偏小、K 线历来是比较短的没有强势基因的个股，利用该方法的效果不一定非常理想。所以还是要重申一个观点，那就是我们不能把特例当惯例，也不能把惯例当特例。我们一定要尊重规律，但是更要尊重当时盘面的实际情况来进行相对及时的买卖策略调整，以便踏准市场主力变化的节奏。

图 1-89 为 600620 天宸股份从 2016 年 9 月开始到 2016 年 12 月为止的一波其日线、月线走势图上刚刚都满足了上文所述的内容要求的月线级别走势示意图。

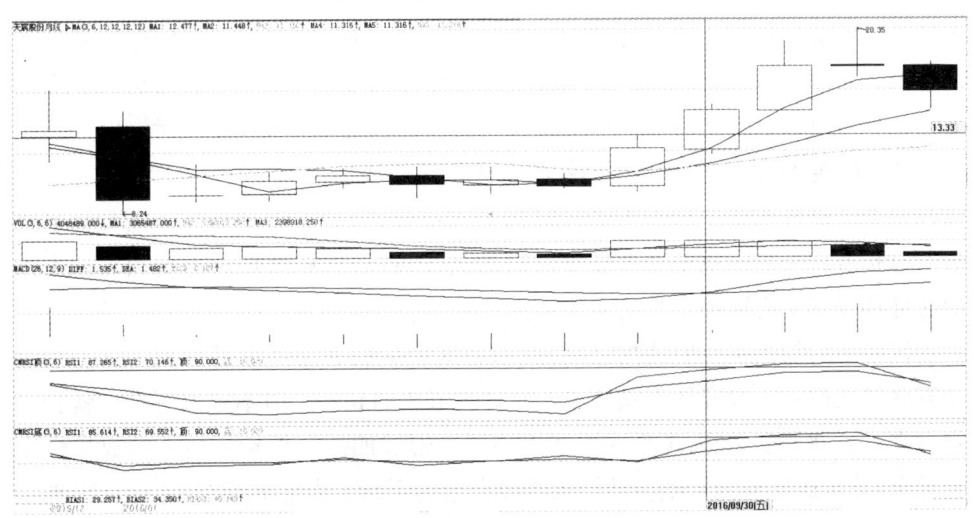

图 1-89

图 1-90 为 600620 天宸股份从 2016 年 9 月开始到 2016 年 12 月为止的一波其日线、月线走势图上刚刚都满足了上文所述的内容要求的日线级别走势示意图。

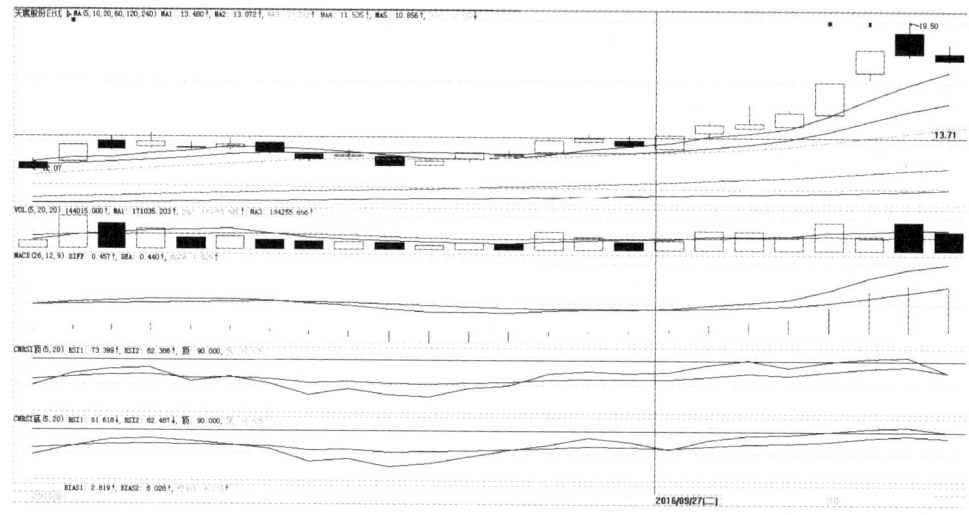

图1-90

该股从2016年9月2日起满足了月线级别这种买入模型的走势特征。经过一段时间的逐波洗盘下跌,在9月19日和20日分别形成了抄洗盘底买入法和60分钟四位一体放量全多头买入法条件,这种位置都可以适当买入,进行上涨过程当中的高抛低吸操作了。在9月27日正式形成了日线级别四位一体指标体系的放量金叉买点,经过逐波向上震荡后,在2016年10月14日满足了极强势股最高点卖出法条件,此时可以考虑卖出,也可以在第二天柱状体形成缩短之时卖出。

(9) 周线MACD指标当中的柱状体或两条曲线出现放量的底背离或顶背离。这几乎无一例外的是中级以上底(顶)的可靠信号,大家不妨做个有心人看一下过去所有指数或个股的重要底部和顶部时的周线指标,这样对今后寻找和确认未来的底部和顶部会有更确定性的实战价值。

发生了周线级别的底背离之后,意味着这个个股其底部已经见到了。它在后期震荡筑底期间不太容易再跌破这个底背离形成的底了。但不是说它马上就会一定大涨。后期如要大涨,还得在周线走势图上形成四位一体指标体系的放量全多头配合,并且还要得到后期主动性买盘成交量的不断大力度的推升,才能够出现飙升行情。同时,其个股、其板块向上运作的力度还要受到指数环境的有利因素来相配合:其个股和板块是不是符合国家产业政策扶持的对象,目前的概念炒作它是不是在其中等诸多因素来决定。不是说出现周线底背离图形的股票就可以去买入,买入就一定会在短期内大赚这么简单的。

周线的MACD指标走势图上,不管是柱状体还是两条曲线出现了顶背离现象的话,通常都是会大跌的。但是也有一些个股,在出现了顶背离死叉的见顶信号以后,它没有迅速地连续大跌,反而在快速缩量洗盘到还在大角度向上的20周线附近的时候,再度出现向上攻击,形成更高价格的高点。只不过后期在再一次缩量的背景下,很快再度跌破了上涨过程当中的4周线,并且使得4周线迅速再度拐头向下,也使得本来是多头向上的MACD柱状体或MACD指标当中的DIFF线拐头向下,甚至使得MACD指标当中的DEA线也拐头向下,20周线由原来的依次上涨变成被周收盘价跌破,20周线也由原来的依次上涨变成拐头向下,最终形成一波大幅度的快速下跌行情。

图1-91为601668中国建筑从2014年12月开始到2016年12月为止的在其周线走势图上满足了上文所述内容要求的周线级别走势示意图。

图 1-91

在左边大框中形成的是周线的柱状体顶背离现象,然后在柱状体依次下跌和量能的依次萎缩下,以及CMRSI顶指标的周线级别顶背离下,共同合力剿灭了一波牛市行情。在中央小框和光标处形成了柱状体的周线级别底背离。因为20周线和周线以及月线级别的四位一体指标体系的各要素条件,都没有形成拐头向上,没有形成无反作用力的放量上攻态势,所以虽然它不会再去创新低了,但也经历了漫长的筑底阶段,直到2016年7月29日这一周才第一次再度形成其新牛市的第一次周线级别四位一体指标体系的放量全多头形态,正式开启了脱离底部区域的新主升浪的第一阶段。到2016年10月14日这一周又第一次形成其新牛市的第一次周线级别四位一体指标体系的放量老鸭头形态,正式回踩确认突破底部区域第一平台的有效的新主升浪的加速上攻阶段。

(10) 在实际交易中,有一种情况出现时,比较容易在短期内获得股价的大涨甚至涨停的机会。那就是DIFF线与0轴线形成多头"金叉"的时候。投资者利用DIFF线与0轴线形成多头"金叉"的时候去捕捉个股的大涨或涨停板时,一般除了要准确辨别DIFF线与0轴线正在形成的这个"金叉"形态之外,还要注意观察该股当日的成交量状况,才能更增添确定股价会大涨甚至上冲涨停的概率。一定要保证之前的DIFF线是一直运行在0轴线以下的区域。此外,当时DIFF线正在上穿0轴线,形成"金叉"形态,并且在形成这种上穿0轴线时,日线级别形成了四位一体指标体系的放量全多头态势;同时,此时个股的量能一定要充沛,一般起码当天的量比要大于1.5以上,最好半日量就已经等于或超过上一个交易日的全部成交量。还必须同时关注比目前时间周期小一个时间周期走势图上的柱状体的运行方向和比目前时间周期大一个时间周期走势图上的柱状体的运行方向,此三个时间周期走势图上的柱状体的运行方向一致的话,则安全性、可靠性、准确性会大大提高。

当然这种方法同其他方法一样可以使用在周线图上,其要求和日线级别走势图需要配合的条件是一样的。

图1-92光标处为603678火炬电子其在2016年6月1日经过了漫长的在0轴线之下的运行,DIFF线首次上穿0轴线,就在短短的几天里,享受到了一个很好的超短线、短线收益。对于这种之前一直很弱势的走势个股,在这种情形下,能够出现这样的超短线、短线收益,应该是相当不错的。有些个股在复合时间周期四位一体指标体系都形成良好的放量全多头配合走势时,甚至会短期之内获得百分之几十的短线收益。对于这种做超短线、短线的好方法,大家多掌握一点,没有任何坏处。然后利用复合时间周期指标数值都到高位后,及时高抛就是了,不必恋战。当然如果出现在长框内的这种没有得到四位一体指标体系的放量全多头配合的上穿0轴线现象,不必趋之若鹜、急于买入。这种方法的买入点一定要符合上文中所述的所有条件内容,才可以在其当时的交易重心附近分仓买入。

(11) 在0轴线上方附近出现放量金叉或放量老鸭头之时,只要之前两个月内没有发生过明显的顶背离迹象的,得到了量价配合突破浅幅强势整理的平台高点、筹码的获利比例达到90%甚至99%以上,而且它的平均成本离当时的股价涨幅小于20%以内,MACD指标的"前后隔壁邻居时间周期"系统都是在0轴线上面往上走的,这种股票最容易暴涨。一旦量价、指标完美配合,通常在股价短期之内再度

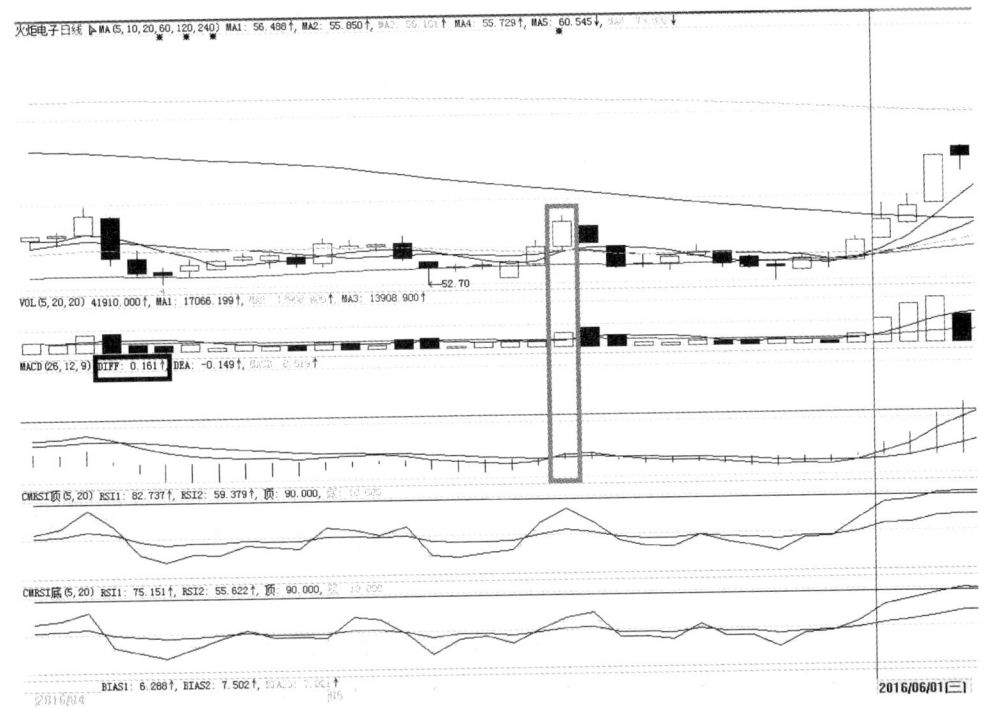

图 1-92

放量突破平台或者短期之内再度放量突破历史高点附近的时候,最容易发生涨停板的行情。需要及时在其当天的交易重心附近买入。

图 1-93 为 300491 通合科技在 2016 年 11 月 14 日出现所有条件全部满足上文阐述内容时的走势示意图。

图中光标处是它正在突破之前构筑的一个窄幅横盘震荡的整理平台。在构筑此平台前和构筑此平台过程中,它都没有产生非常明显的顶背离迹象。在 11 月 14 日,它形成了日线级别的四位一体指标体系放量全多头态势,同时也形成了 60 分钟级别的四位一体指标体系放量全多头态势,还形成了周线级别的四位一体指标体系放量全多头态势。这三个隔壁邻居的时间周期里,所有的要素条件全部形成共同利于多头挺进的格局,没有任何一个时间周期有反作用力现象来捣乱和拖后腿。本身这种现象就是一种容易大涨的行情,再加上此时在右边方框中,其获利比例已经高达 96%,平均成本是 81.49 元,很接近其当时的成交价格,与当时的成交价格之间没有相差 20% 以上的这种价差。60 分钟、日线、周线 MACD 指标体系里的所有条件要素都是在 0 轴线上方多头运行着的,这种时候预警框里及时跳出来

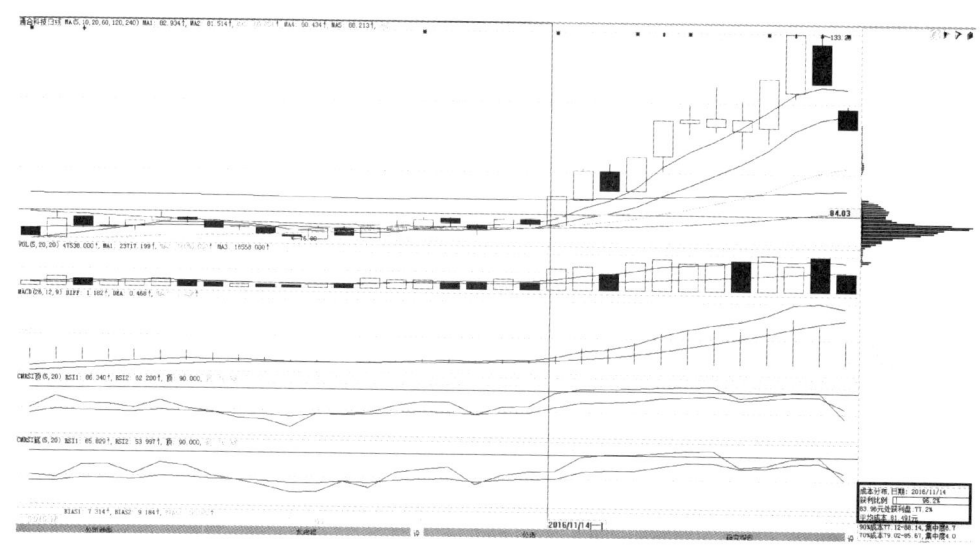

图 1-93

这种买入条件模型预警的话,那就不要再患得患失、犹犹豫豫了,应该及时在其交易重心附近分仓买入,这才是此时此刻最应该要做的最正确的操作。买入后只要后期 60 分钟图上没有出现明确的顶背离现象、没有收盘价跌破 5 日线、没有连续两天以上缩量、没有很快出现满足极强势股最高点卖出法条件的"乐极生悲"模型预警前,就不要急于先抛这种能够让你大赚特赚的筹码出来。

(12) 任何一个股票它的 MACD 指标中的 DIFF、DEA、MACD 数值都在 0 轴线以上的时候,在 0 轴线上方不远的地方,出现一产生放量金叉就能形成放量突破前期 K 线高点的话,这里就是一个最好的大胆重仓买入的绝佳机会。当然如果能够在 0 轴线上方,出现周线级别的高于前一个金叉的高点放量金叉,则往往是必须迅速重仓介入享受一波急速拉升的。同理,如果能够在 0 轴线上方出现月线级别的,高于前一个金叉的高点放量金叉,则往往也是必须迅速重仓介入享受一波急速拉升的明确买入信号。

图 1-94 为 600148 长春一东在 2017 年 1 月 6 日出现所有条件全部满足上文阐述内容时的走势示意图。

图中光标处该股从之前的高位向 0 轴线附近逐渐靠拢,然后又小阴小阳震荡向上,1 月 6 日时在靠近 0 轴线附近,出现四位一体指标体系都形成了多头向上的放量金叉现象,再加上它还形成了放量突破前期高点,这是一个不容错过的绝佳买点。这种现象出现后,如果能够得到后面成交量的持续放量的配合,通常涨幅都是

>> 第一章 "四位一体操盘术"重点内容阐述

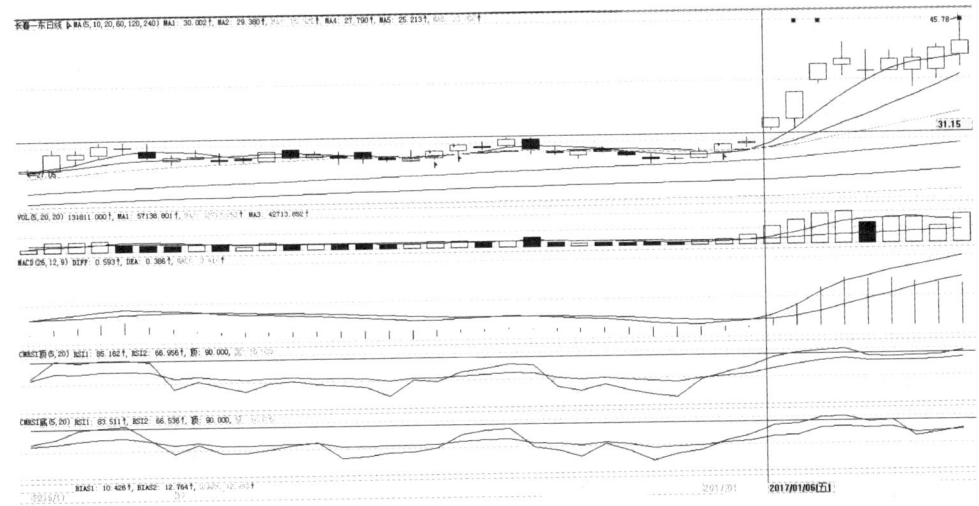

图 1-94

巨大且快速的。

不过有些从高位放量出货溃退下来，或者高位出现顶背离盘整的股票，后面也可能出现 MACD 再次金叉的情况，那是需要结合其多时间周期的红绿柱和成交量以及指标体系的变化情况，小心判断、及时进出的。如果这种股票的月线、周线已经出现空头排列现象，0 轴没有拐头向上前就坚决不要买入就是了。

MACD 指标当中最有特点和实战价值的有：顶背离死叉、底背离放量金叉、柱状体的首次放量上升、柱状体的首次缩短、低位二次金叉、0 轴线上首次金叉、0 轴线上再次金叉、一波比一波高的金叉、后量超前量的金叉、放量老鸭头等方法运用。我之前出版的《轻松买对卖对大牛股》和《四位一体操盘术》两本书里有比较详细的阐述，值得大家认真学习、认真对照着实际走势图去看、去体会、去理解。这对大家今后的看盘和反应以及操作有实实在在的提高和帮助。

4. 利用周线 MACD 做大波段的使用技巧

对于喜欢做大波段行情的投资者来说，周线 MACD 指标是一件利器。应用要点如下。

(1) 要充分利用周线 MACD 中的柱状体对股价的中线反应比较敏感且准确的特点，给以柱状体首次放量拐头向上上涨须给予足够的重视。周线 MACD 中的柱状体在持续向下萎缩的过程中，获得了主动性买盘成交量放大的配合，开始勾头向上且收周阳 K 线时，中短线机会便会降临，可考虑准备分批买入。此时股价的日线级别 MACD 中的柱状体线和 5 日线以及 4 周均线若也有放量拐头向上迹象的话,更应及时分批买入。

图 1-95 为 601668 中国建筑从 2016 年 1 月到 2016 年 12 月间,在周线图上出现多次柱状体首次拐头向上现象的走势示意图。

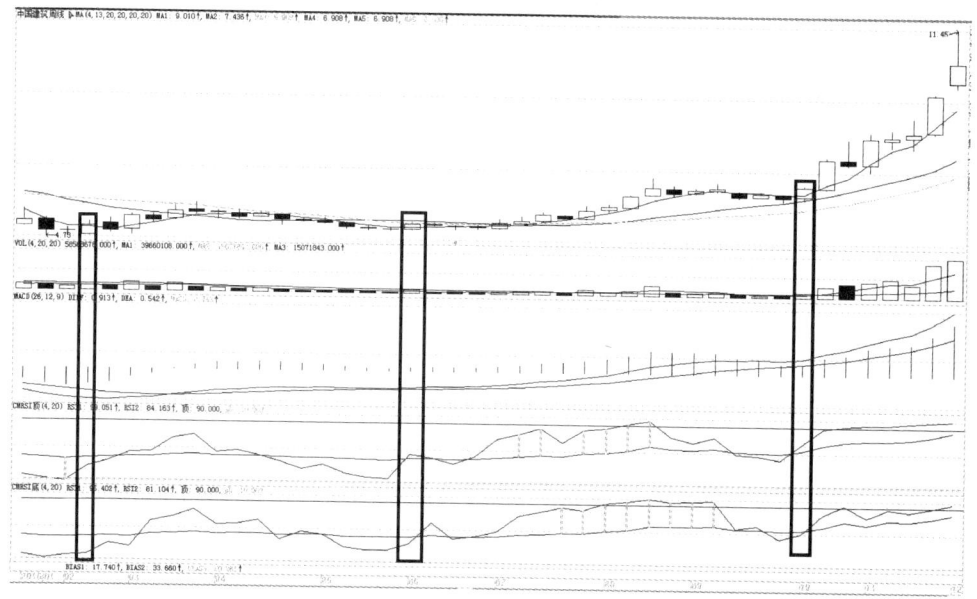

图 1-95

大家在看图 1-95 的图示时,可明显发现有些柱状体在周线上首次缩短向上的时候,确实是形成了一波向上的反弹行情的,有的只是确立了中短线的底部,但并没有形成多大力度的反弹;有的形成了周线的柱状体首次拐头向上后,确实形成了一波很强势的中长线上涨走势。究其原因,当然有当时大盘的因素,但主要还是在形成首次拐头向上的时候,其没有满足上述文章中所说的全部条件要求。那么它后期的上涨力度,就一定会受到抑制。所以,在运用柱状体周线首次拐头向上的时候,一定要结合其后续的成交量和当时其放量的力度、站上 4 周线时的力度、4 周线拐头的力度、角度。这些看似细枝末节的条件要素必须同步都达到,才能引发一波比较好的上涨态势,否则的话,就仅仅只是形成了一个短期的止跌信号而已了。正所谓"角度决定力度""力度决定结果"。

(2) 周线 MACD 中的柱状体在持续向下萎缩的过程中,获得了仍然流畅的依次向上的 20 周均线和仍然流畅的依次向上的 DEA 曲线的有力支撑;在主动性买盘成交量再次放大的配合下,柱状体开始再度勾头向上;且日线级别的 MACD 指标已经刚刚形成放量金叉或出现放量老鸭头现象之时,中短线机会便会降临,此时可考虑及时分仓买入。此时股价的日线级别若已经刚刚形成四位一体指标体系放量全多头的话,更应该在其当时的交易重心附近分仓买入。

图 1-96 为 601668 中国建筑在 2016 年 10 月 21 日这周,在周线图上出现满足上述条件的柱状体首次拐头向上现象的走势示意图。

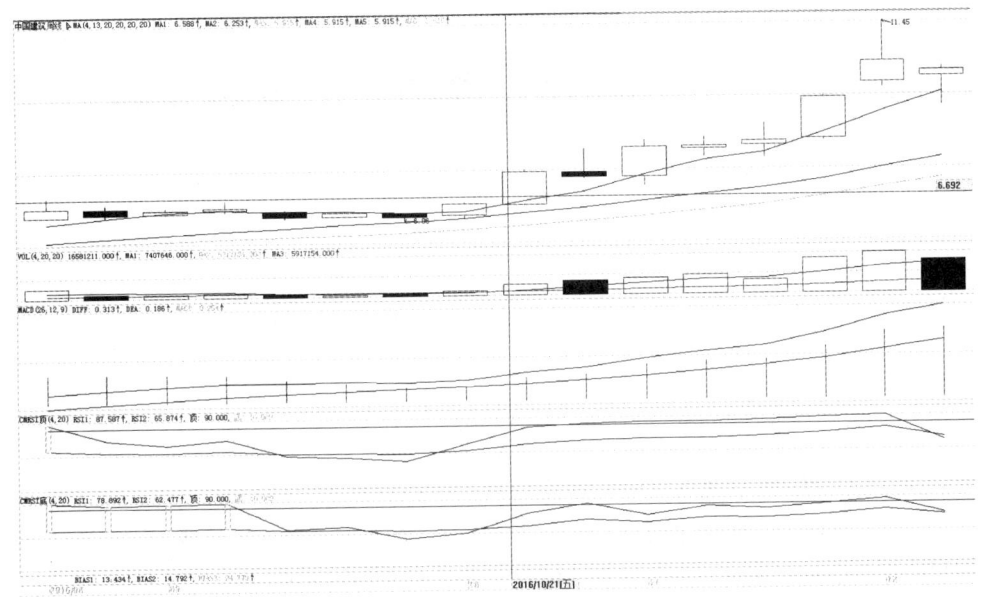

图 1-96

其在光标处当时就是因为在 0 轴线之上,受到了仍然流畅向上运行的 DEA 线的有效支撑;也同时受到了仍然流畅的向上移动的 20 周均线的有效支撑,所以在之前几周连续震荡下行的柱状体和 K 线接近了 20 周均线和 DEA 线的时候,再度获得了有效的支撑,庄家主力出现了放量超过两条均量线的主动性买盘成交量的现象,然后在日线、周线、甚至月线的四位一体指标体系走势图上共同出现了全多头的配合形式。在后期主动性买盘成交量不断有效放出的有力支持下,顽强地震荡走高,走出一波比较轰轰烈烈的上涨行情。

(3) 周 MACD 中的柱状体线在持续向上运行后开始首次拐头向下时,要警惕顶部出现。若之前周线、月线的 CMRSI 顶指标数值已经在 80 以上过的话,更应该及时抛股离场观望。

图 1-97 为 000672 上峰水泥在 2017 年 1 月 6 日这周出现的周线柱状体,从之

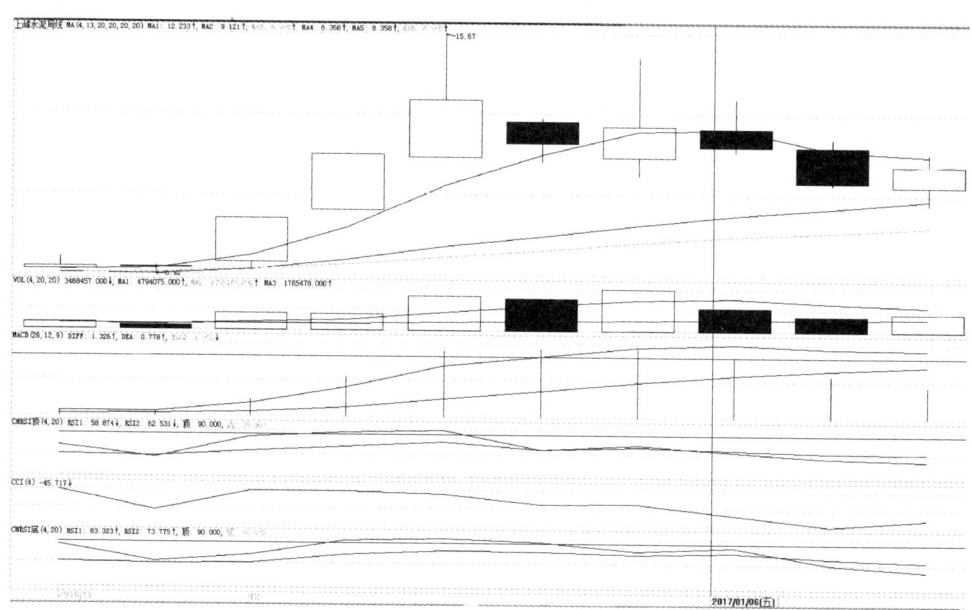

图 1-97

前的依次上升转而出现首次向下缩短现象的走势示意图。

在它之前的上涨过程走势图上,我们已经清晰地看见,其月线、周线当中的 CMRSI 顶指标当中的 RSI1 参数数值已经都到过 90 以上了,并且在周线上已经出现了 RSI1 参数数值下穿 90 顶部警戒线以下,并且在后期的走势过程当中,又再度形成过顶背离迹象。此时就证明其中线的上涨已经告一段落,震荡下跌将为后期中短线的主要运行态势,那么在它后期复合时间周期指标数值没有调整到位前,在其日线图上没有再度形成 60 分钟和日线级别四位一体指标体系放量全多头之前,不能提前乐观,不能放松警惕,不能提前介入,不能在其中短线下跌过程当中,还仍然持有其股票。

图 1-98 为 000672 上峰水泥为其从 2016 年 12 月 16 日到 2017 年 2 月 10 日期间整个过程当中的日线级别走势变化示意图。

此图的信息量其实是非常大的。在图中左上方第一个方框中,显示的是其日线、周线、月线复合周期指标数值都到高位以后的一个中短线,甚至有时就是其中长线最高点卖出法的卖出点。图上方第二个方框中,是它出现"倒挂老鸭头"现象的位置。在震荡走势过程中只要一发生"倒挂老鸭头"现象,则先来一波大幅杀跌是免不了的。在其"倒挂老鸭头"现象出现前、上涨的过程中也没有迅速形成 60 分

>> 第一章 "四位一体操盘术"重点内容阐述

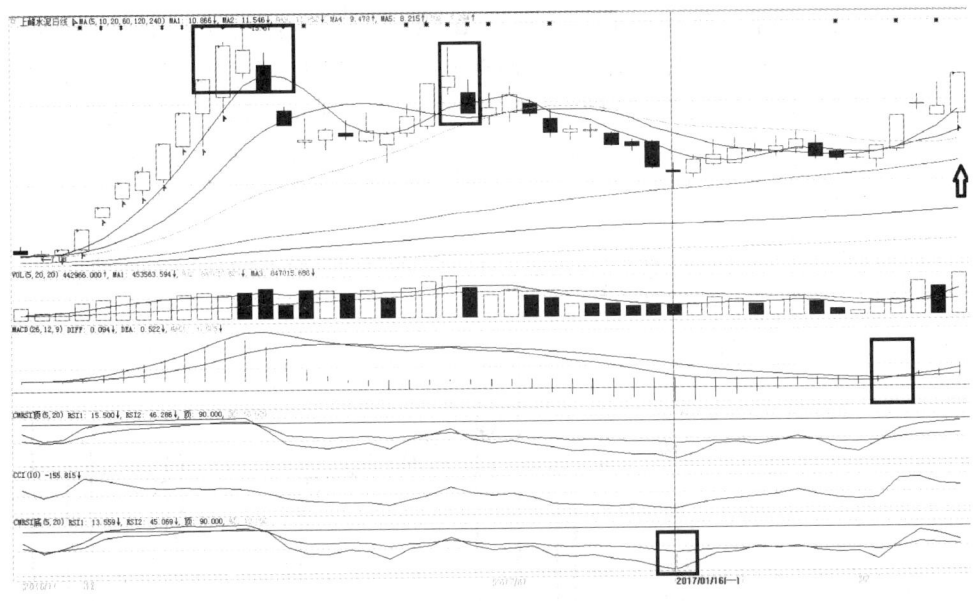

图 1-98

钟级别的四位一体指标体系的放量全多头现象,则往往说明这种反弹通常就是下跌过程当中的一个小级别的反抽而已。直到在光标处的方框内,其各小级别复合时间周期的指标数值,都到了极低位时,才是一个抄底的真正好买点。在图 1-98 下方的 MACD 指标处的方框内,它形成了一个放量金叉。这个金叉点一出现的时候,就立刻冲过了它相对底部构筑的一个底部平台高点,这种金叉就是比较有力度的金叉,是需要引起高度重视的金叉。在此处进行买入,往往在后期持续得到主动性买盘成交量释放的配合下,容易获得中短线的快速拉升行情。果然,不久以后就出现了 60 分钟和日线的四位一体指标体系放量全多头的进攻买点信号,迎来了其后期的更大幅度的上涨。此时及时在其当时的交易重心附近分仓介入,是正当其时的应该去实施的正确的做法。在整个买卖点布局的过程中,一定要坚守 60 分钟、日线、周线这三个时间周期全面考察的良好操作习惯。除了复合时间周期指标数值都到极低位以后产生的低点买点外,其他任何疑似起涨买点,都必须要得到 60 分钟、日线和周线的 MACD 柱状体的共同向上推升,才可以初步认为是介入的一个比较理想的买点。如果得不到这三个时间周期的共振向上多头的齐头并进出现的配合,则后市行情通常都是凶多吉少的,或者说是不太可能流畅地向上运行的,所以不必急于介入。

(4)周 MACD 中的柱状体线在持续向上运行后,若周线、月线的 CMRSI 顶指

· 121 ·

标数值都已经刚刚上到过80以上,日线MACD中的柱状体线也在持续向上运行后,日线的CMRSI顶指标数值也已经刚刚上到过80以上,再开始日线级别的柱状体线和日线级别的CMRSI顶指标数值的双双拐头向下时,则意味着顶部出现,应该及时止盈止损抛股离场观望。然后耐心等待新一波止跌企稳再度上涨的信号出现,再择机进场。

图1-99为000672上峰水泥从2016年12月16日到2017年2月10日期间整个过程当中的日线级别走势变化示意图。

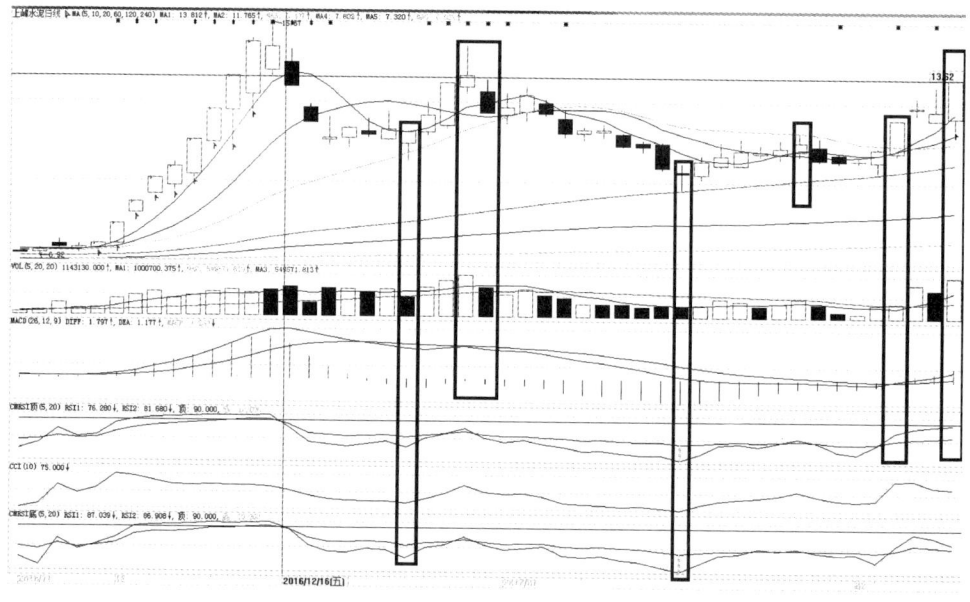

图1-99

光标处显示的是其日线、周线、月线复合周期指标数值都到高位以后,出现了日线级别的柱状体线和日线级别的CMRSI顶指标数值的双双拐头向下的一个中短线,甚至有时就是其中长线最高点卖出法的卖出点。图1-99上第一个方框中,是其上涨过程当中第一次快速下跌到大角度上涨过程当中的20日线附近的一个超短线、短线抢反弹买点;图1-99中第二个方框中,是它出现MACD指标的"倒挂老鸭头"现象的位置。在震荡走高或走低的走势过程中,只要一发生"倒挂老鸭头"现象,则先来一波大幅杀跌是免不了的。在其"倒挂老鸭头"现象出现前,上涨的过程当中,也没有迅速形成60分钟级别的四位一体指标体系的放量全多头现象,则往往说明这种反弹通常就是下跌过程当中的一个小级别的反抽而已。直到第三个方框内,其 5 分钟线开始到日线的各小级别复合时间周期的指标数值都到了极低位时,才是一个抄底的真正好买点。到第四个方框时,股价第一次反弹到拐头向下空头排列的 20 日线附近,之前已经说过,这种时候往往在分时图上一有上豁口或疲态之时就抛是不会错的。在图 1-99 下方的 MACD 指标处的方框内,它形成了一个放量金叉。这个金叉点一出现的时候,就立刻冲过了它相对底部构筑的一个底部平台高点,这种金叉就是比较有力度的金叉,是需要引起高度重视的金叉。在此处进行买入,往往在后期持续得到主动性买盘成交量释放的配合下,容易获得中短线的快速拉升行情。果然不久以后就出现了 60 分钟和日线的四位一体指标体系放量全多头的进攻买点信号,以及得到周线级别的 MACD 指标当中的柱状体放量拐头向上的有力配合,股价迎来了其后期的更大幅度的上涨。此时,及时在其当时的交易重心附近分仓介入,是正当其时的应该去实施的正确做法。在整个买卖点布局过程中,一定要坚守 60 分钟、日线、周线这三个时间周期全面考察的良好操作习惯。除了复合时间周期指标数值都到极低位以后,产生的低点买点外,其他的任何疑似起涨买点,都必须要得到 60 分钟、日线和周线的 MACD 柱状体的共同向上推升,才可以初步认为是可以介入的一个比较理想的买点。如果得不到这三个时间周期的共振向上多头的齐头并进出现的配合,则后市行情通常都是凶多吉少的,或者说是不太可能流畅地向上运行的,所以不必急于介入。

(5) 周 MACD 指标上刚刚发生 DEA 曲线由原先的依次上涨转变为拐头向下,通常是一波中级调整正式确认开始的最后盖棺论定的手续了。此现象一出现,则必须利用 60 分钟或日线级别的任何缩量反抽机会尽快高抛清仓;反之,如果周 MACD 指标上刚刚发生 DEA 曲线由原先的依次下跌转变为放量拐头向上,通常是一波中级上涨行情正式确认开始的确认点了。此现象一出,则必须利用 60 分钟或日线级别的四位一体指标体系出现买点之际进场抢筹码。

图 1-100 为 000957 中通客车其从 2016 年 4 月 15 日这周到 2017 年 1 月月底期间整个过程当中的周线级别 DEA 曲线走势变化示意图。

2016 年 4 月 15 日这周之前的方框内,显示的是 DEA 曲线依次空头向下的调整态势。右边方框内显示的也是 DEA 曲线依次空头向下的调整态势。两框当中显示的是其震荡上扬的一波强势上涨的大波段行情。因为 DEA 曲线的参数时间设置是当期时间周期四位一体指标体系的各要素条件中最长的,所以往往它的方向变化是最缓慢的,其趋势性的指示意义往往也最稳定,在碰到行情剧烈震荡时,经常看看它的支撑、压力转换作用是非常有必要的。若它已经从原来的大角度向上,转变为缓慢走平状态了,若此时日线 MACD 指标上刚刚发生确定无疑的疲态

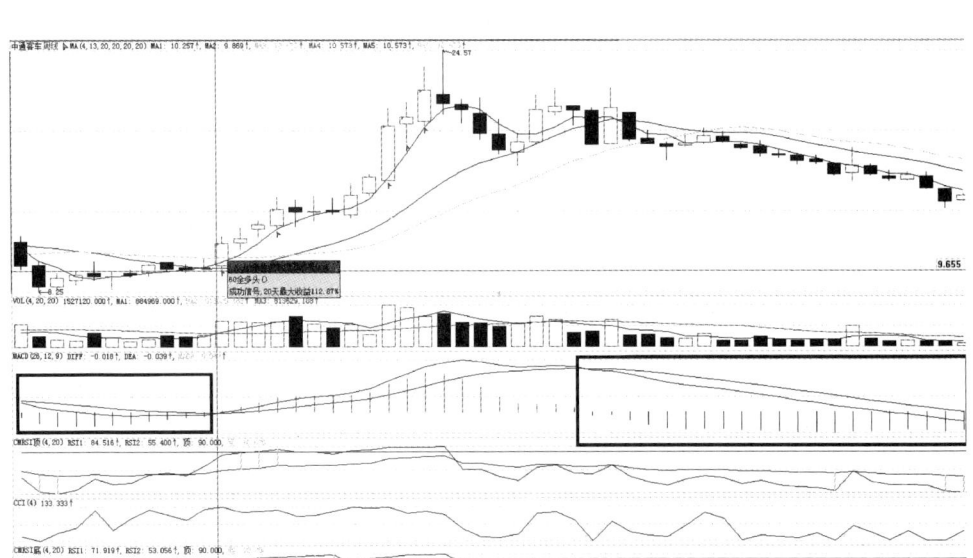

图 1-100

走势时，其他各项要素条件也早已见好、高点正在齐刷刷地拐头向下了的时候，也是需要果断先卖出的。若它已经从原来的大角度向下，转变为缓慢走平状态了，若此时日线 MACD 指标上刚刚发生确定无疑的强势走势时，其他各项要素条件也早已见到低点正在齐刷刷地拐头向上了的时候，也是需要果断先买入的。若周线 DEA 曲线向下阶段，只要 5 分钟、15 分钟、30 分钟、60 分钟、日线、周线级别的 CMRSI 底指标数值没有彻底跌到安全区间，或它们这些时间周期中绝大多数还没有彻底形成放量拐头向上的全多头形态之前，不要轻易地去抢反弹或参与新一轮的做多操作。

（6）周 MACD 两线底背离后发生的放量金叉是绝对的买入信号。周线 MACD 线底背离后的上升行情比没有底背离的上升力度要强。这种信号比较可靠。应用周线 MACD 柱状体和曲线进行操作时要记住：在经历过严重的超卖行情后的反弹，有过底部背离的后市只要主动性买盘成交量能够持续地放出，并且能够尽快形成周线级别的四位一体指标体系的全多头形态，再加上和当时市场炒作的概念板块合拍的话，那么它们的反弹力度和空间才有劲。

图 1-101 为 600870 厦华电子其从 2015 年 9 月 30 日这周到 2016 年 3 月 4 日这周期间整个过程当中的周线级别底背离形成走势变化示意图。

>> 第一章 "四位一体操盘术"重点内容阐述

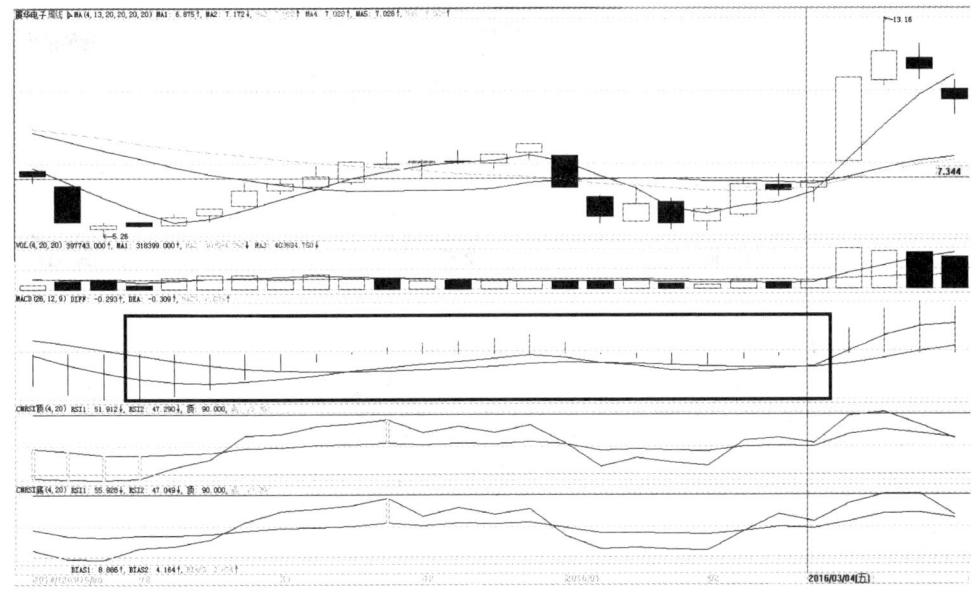

图 1-101

这种现象经常会有,但是也会有很多的个股在出现了底背离金叉以后,并没有立刻出现大幅的拉升,技术走势图上的原因就在于其周线上成交量和四位一体指标体系没有形成共同合力多头向上推升的这种现象,并且其周线和月线的指标体系没有形成同步向上的有力支撑。所以在应用周线 MACD 指标时,还要结合月线 MACD 指标的特点,一定要理解和看清楚并且处理好那些周线、月线 MACD 发生共振放量金叉或出现放量老鸭头之时的劲升大机会。

图 1-102 为 002722 金轮股份 2016 年 6 月份时与其周线一起共同形成共振效应的放量金叉,然后引发一波熊市中难得的震荡上涨行情走势示意图。

这几种关系普遍存在于大量的个股的实战操作过程中,我都有一整套完整的预警模型,在系统中进行实盘,随时随地的跟踪预警。在本书后面的模型讲解中会结合细则专门说的。

(7) 周 MACD 走势图上出现放量金叉或放量老鸭头时,一波中级行情会产生。若此时日线 MACD 也金叉或出现放量老鸭头现象时,要果断买入。若此时股价离开 5 日线乖离率超过 5% 以上的话,则最好要等日线级别出现一次超短线下行调整后再次形成 60 分钟或日线级别的放量金叉或老鸭头现象时再介入,以免超短线、短线被暂时先套一下。周 MACD 在 0 轴线下方第一次金叉时,若量能配合不

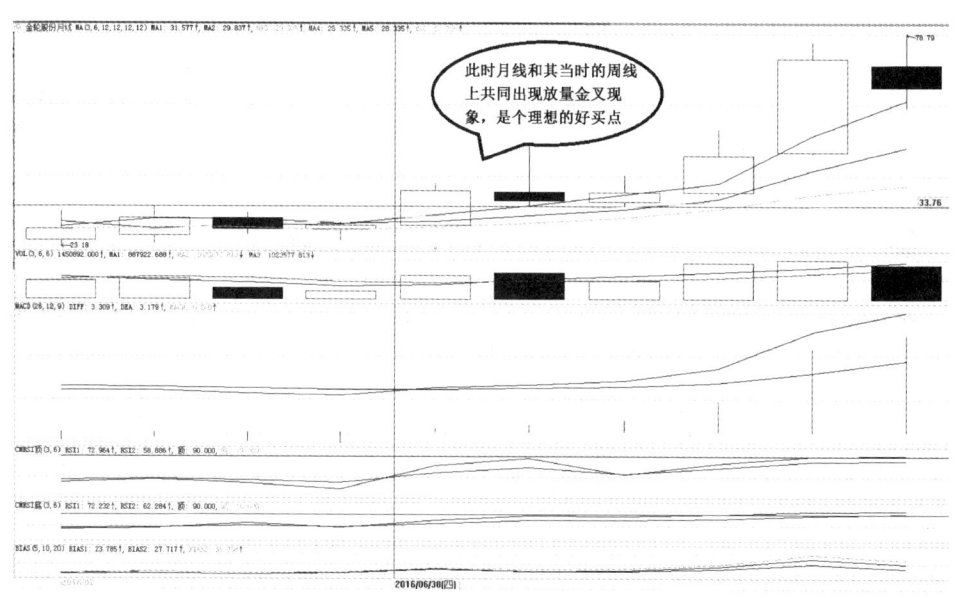

图 1-102

理想的话，通常这一波涨幅是不太理想的。但是周 MACD 在 0 轴下方第二次金叉时，特别是一波比一波高的放量金叉发生时，都会迸发一波比较猛烈的上涨行情的。这需要及时介入。

图 1-103 为 002561 徐家汇 2012 年 2 月到 2017 年 1 月期间周线图上出现的多次金叉和老鸭头形态发生点的走势示意图。

图 1-103 中第一个长框处，是其第一次在 0 轴线下出现 MACD 指标的金叉，但是因为这个金叉没有成交量放大的有效配合，加之后期成交量还是持续萎缩，没有出现依次快速补量的行为，同时其 20 周，均线是大角度向下空头排列的。四位一体指标体系当中的很多要素条件都是存在着反作用力的，起到了抑制上涨的作用，那么它只能往下再寻找支撑，所以在这个阶段，如果你是在复合时间周期指标数值都到了低位以后逢低买了这个股票的，也必须在 20 周均线附近，将原来买入的股票做次 T。在第二个长框处又出现了金叉，但是 20 周均线仍然是空头排列的，成交量仍然是萎靡的状态，在这个金叉点的时候，其实它已经比之前的一个金叉点高了，而且是在 0 轴线下第二次的金叉了，一般情况下，只要此时四位一体指标体系已经是多头排列的话，基本上是会有一波比之前的涨幅大的行情的。在这个金叉点的地方，这些需要配合的要素没有出现，所以此次金叉仍然没能使得股价有良好表现。所以在其后期震荡下跌后再次出现 MACD 指标老鸭头时，它即使有

>> 第一章 "四位一体操盘术"重点内容阐述

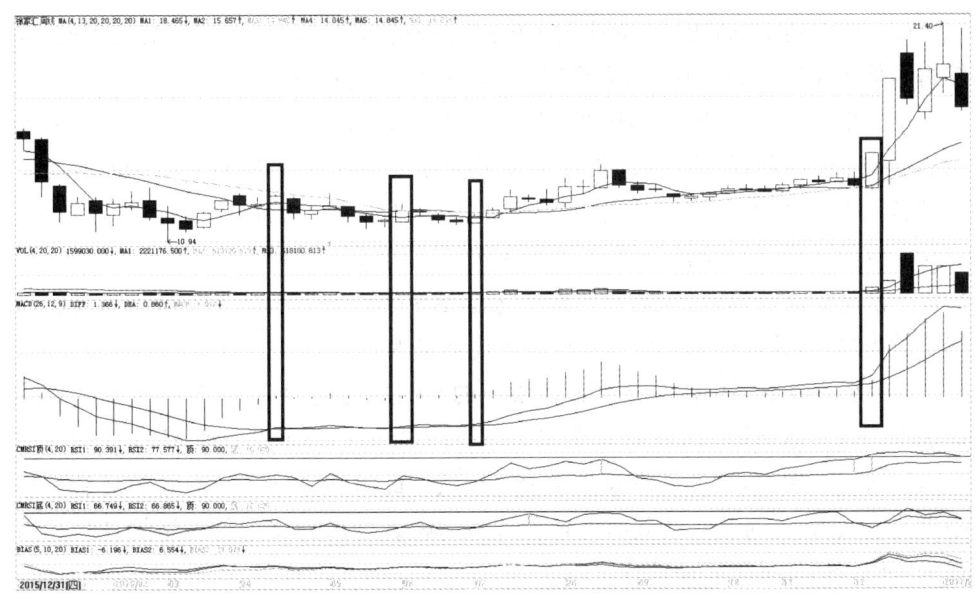

图 1-103

一波上涨，也因为四位一体指标体系还仍然没有给出放量全多头的有力态势，就算比之前的金叉上涨的幅度大，但仍然涨幅不大、不流畅。但是到了 2016 年 12 月 9 日这一周的时候，其复合时间周期四位一体指标体系指标数值都爬升到了 0 轴线之上，没有了各时间周期的反作用力现象，形成了标准的、有力度的放量老鸭头形态，那么此次就形成了一波气势比较足的日线、周线、甚至直接促使月线等各个级别的上涨行情。所以在任何时候，看到金叉或者看到老鸭头形态的时候，一定要关注是不是在形成这个买点的时候，其四位一体指标体系是否都已经形成有效的放量全多头格局。如果这种格局已经成立，可以及时在其交易重心附近分仓介入。后期只要关注成交量能不能持续地放出，能不能股价一直站在其最短的均线上方向上多头运行就了。如果这两点都能够得到满足，那么一波气势恢宏的中级上涨行情一定是会如期而至的，你也用不着急于提前下车。

5. 周线老鸭头抢买法

下面重点讲解一下经常出现，又非常有实战价值的"周线老鸭头抢买法"。

"周线老鸭头抢买法"是在日线的"老鸭头抢买法"基础上演变而来的，需要注意以下几个要点。

（1）股价在 4 周线附近伴随 4 周线从高位开始拐头向下，向 13 周线和 20 周线处下跌，此时周线的 13 周线、20 周线必须是在大于 45 度角度的上涨过程中的。

（2）在跌到 13 周线、20 周线附近的过程中是明显出现依次缩量的迹象的，量缩得越低于 4 周和 20 周均量线下方越好，持续缩量越规则越好。

（3）此时 60 分钟和日线级别的 CMRSI 底指标数值越低越好，此时 60 分钟级别的成交量缩得越低于 4 小时和 20 小时均量线下方越好；此时日线级别的成交量缩得越低于 5 日和 20 日均量线下方越好，持续缩量越规则越好。数值越低越好，有时回调的过程，回调的幅度和斜度越大越好，斜度决定上涨力度，下跌斜度越大，后面上涨的力度就越强，但是最关键的还是要在今后形成老鸭头张嘴时和以后量能要放得出来，并且还需要持续地放大才更会暴涨。

（4）某天股价一止跌立刻再度在很短的时间内迅速形成 60 分钟级别和日线级别的四位一体指标体系的放量全多头态势；周线上立马同步出现 MACD 指标的"放量老鸭头"现象，股价迅速放量站上 4 周线。此时须立马在其当天的交易重心附近分仓买入，此时是正逢其时的最佳买入时机。后面一波轰轰烈烈的日线和周线的大涨行情就被你轻松逮住了。

图 1-104 为 002408 齐翔腾达 2016 年 8 月 12 日这周发生周线放量老鸭头之时和之后因为没有放出和持续放出主动性买盘成交量而导致的上涨乏力情况以及 2016 年 10 月 14 日这周发生周线放量老鸭头之时和之后因为及时放出和持续放出主动性买盘成交量而导致产生一波连续猛烈的上涨行情的周线走势示意图。

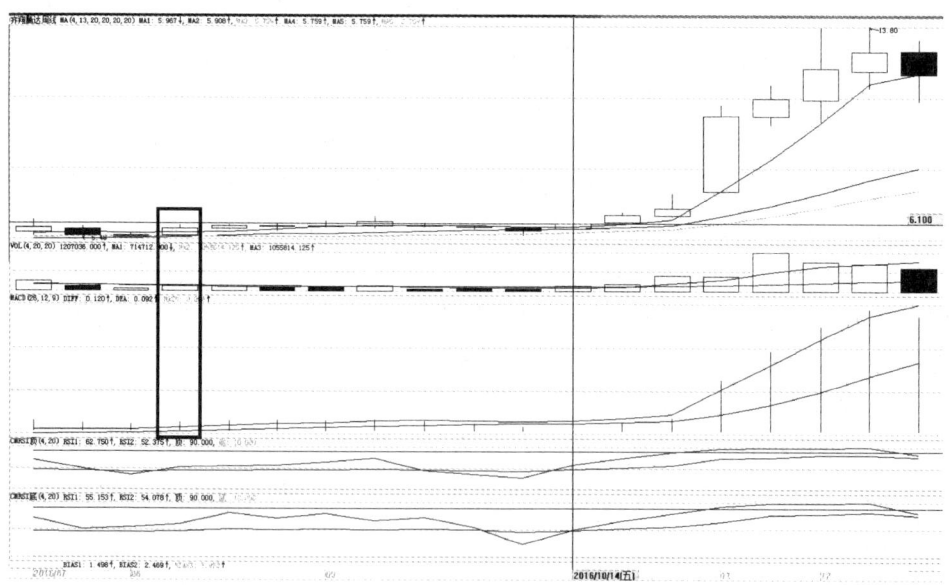

图 1-104

另外,可以把"周线老鸭头抢买法"的方法适当变通一下,用在月线上效果也是"杠杠的"哦。

第五节 不得不认真研究的均量线指标

均量线是将一定时期内的成交量相加后平均,形成的较为平滑的曲线。它是个相对能反映一定时期内资金走向趋势的技术性指标。我习惯根据其对应的各交易时间周期去设定参数。60分钟参数设置为(4、20)、日线参数设置为(5、20)、周线参数设置为(4、20)、月线参数设置为(3、6)。

图1-105为300221银禧科技2016年3月到7月期间的均量线走势特征。它的这一段日线走势图很有意思,几乎把所有特点都涵盖到了。结合下文中阐述的所有内容进行认真细致地学习和体会,你可以对均量线以及其运用有个质的飞跃。

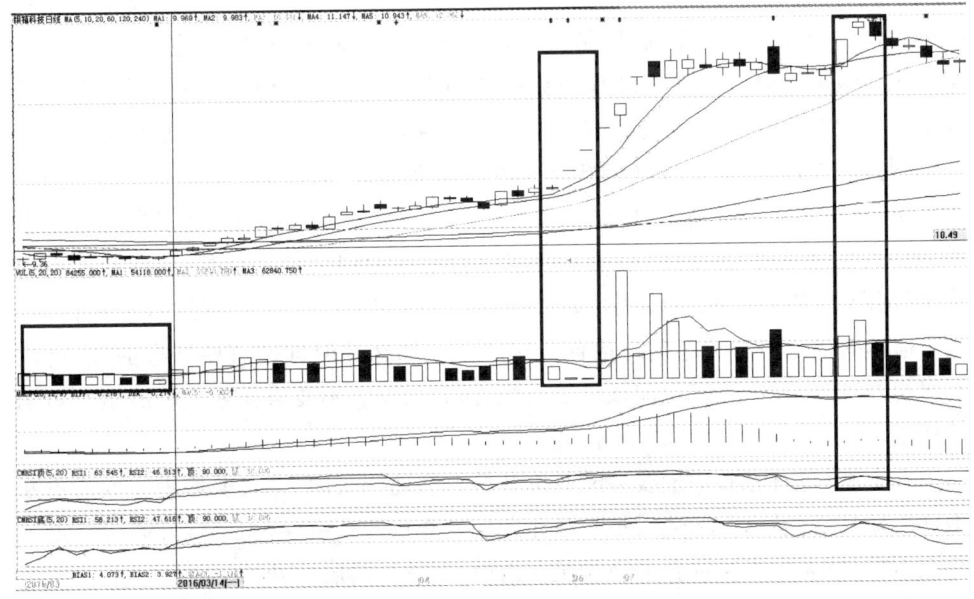

图1-105

光标左侧的方框内,是其股价和均量线均依次下跌的过程,在股价和均量线下跌的过程中,尽量不要急于提前介入和持有该股。只有等到光标处,股价和均量线均开始拐头向上,刚刚形成日线级别的四位一体指标体系的放量全多头现象时,才可以及时在其当时的交易重心附近买入和持有。随着股价不断震荡向上，其短期均量线因为比较敏感，所以会随着股价的不断震荡上下翻飞个三波左右的。但是其20日均量线相对比较稳定，不太容易在一个上升波段过程中随便拐头向下的。在第二个方框中，出现了缩量一字板的现象，此时包括均量线和其他所有指标曲线数值的变化，都不要把它太当一回事，因为这种缩量的一字板现象是一个极端的走势。因为停止了连续性的交易，所以此时的指标曲线暂时失去了连续性，它的表现形式是被交易制度所扭曲的，所以在此阶段，不必在意其数值的变化方向力度。随着股价的不断震荡向上，其5日均量线和20日均量线，始终是向上移动的。有的股票一波上涨行情到顶后，5日均量线会随着股价的快速向下也会快速的向下移动。所以，一旦复合时间周期指标数值都达到高位以后，产生了5日均量线开始拐头向下、柱状体拐头向下、RSI指标曲线拐头向下时，都是需要先抛一抛为主的。而有些个股，在均量线、指标曲线数值都到了高位以后，还会再出现一次假突破，甚至出现若干次假突破，就像第三个长框中显示的那样。但是我们用均量线和指标曲线、柱状体的变化特点，一下子就可以将这个假突破及时识别得清清楚楚。在其框内我们看到股价创了新高，但是5日均量线没有创新高、柱状体也没有创新高、MACD指标的DIFF曲线也没有创新高、CMRSI顶指标数值也没有创新高、当日成交量也没有创新高。这么多的四位一体指标体系当中的要素条件都没有创新高，只是偶尔有几个要素条件创新高是没有意义的。这种创新高方式就是个诱多的陷阱，可以在它创新高之时，立马判断出它是一个假突破行为。那后期即将走下跌趋势就已经是板上钉钉的事了。再往后大家就看到20日均量线也开始拐头向下了、MACD指标的两条曲线也拐头向下了、柱状体也开始到0轴线下运行了、RSI指标曲线也出现了连续的顶背离迹象了。那么此时即使有些指标曲线，还没有来得及彻底走坏，大家也应该见好就收、落袋为安。不要再介入这种股票的短期炒作了。

在上涨行情初期，均量线会随股价开始上涨而拐头向上，只要均量线数值不断地创出新高，就显示市场热钱不断在介入。上涨行情结束时，均量线开始出现走平甚至下跌，就表明市场资金追高意愿在消逝，下跌行情已经开始。

假如5日均量线在20日均量线下方持续下跌，且无拐头向上走势，同时20日均量线也呈空头向下走势，则跌势还将延续。假如5日均量线在20日均量线上方多头向上，同时20日均量线也呈多头向上走势，通常显示行情还将上涨。如5日均量线、RSI和MACD指标等都出现同步上升或者同步下跌时，要相信股价趋势也要跟随着发生同步变化的，需要及时跟上进退的节奏。

第一章 "四位一体操盘术"重点内容阐述

前期重要高点的有效突破一定是需要 5 日股价平均移动线和 MACD 指标当中的 DIFF 和柱状体以及均量线数值高点，都强势突破其原来的高点数值，才算是真正有效的突破！否则存在假突破的风险。

如果股价在突破前期高点时 5 日均线、DIFF、柱状体、均量线、CMRSI 顶的这些数值都没有实现突破前期高点数值，或者这些数值当中的绝大部分都没有实现突破前期高点数值，那就一定是假突破。下跌就成为必然！

日线行情中若 5 日均量线和日线级别 MACD 指标当中的柱状体，以及 5 日股价移动平均线几乎同时拐头向下的那个时候，一定是一波短期上升行情的结束点。周线行情中若 4 周均量线和周线 MACD 指标当中的柱状体，以及 4 周股价移动平均线几乎同时拐头向下的那个时候，则表明一定是一波中长期上升行情的结束点。月线行情中若 3 月均量线和月线 MACD 指标当中的柱状体，以及 3 月股价移动平均线几乎同时拐头向下的那个时候，也意味着一定是一波长期上升行情的结束点。

5 日均量线仅适用于短线，其所发出的信号过于频繁，有时还会发出错误信号，20 日均量线的稳定性、准确性、操作性更强些。它与当日成交量和 5 日均量线相结合，往往可作为股价运行趋势的良好而准确的讯号，尤其适合于操作波段行情。当某股票经过大幅上升以后，日成交逐步萎缩，其日成交量向下突破 20 日均量线，则说明场内资金撤离，其股价将走弱势。当日成交量连续上破 20 日均量线，是股价走势走强的标志，一旦 5 日和 20 日均量线也都刚刚拐头向上时，通常就是其真正意义上的波段起涨点。在日线级别的均量线系统上，我一直是把 20 日均量线当成是主力资金要发生打破趋势平衡的异动的标准线，把 5 日均量线当成是主力资金要改变方向力度的启动变轨基准线。

5 日均量线是主力资金要进行转变行情方向的变轨基准线。当股价要进行一波上升趋势的攻击态势时，其所对应的成交量往往都会突破 5 日均量线和 20 日均量线并且会促使 5 日均量线和 20 日均量线也都向上拓展。这是说明有新增资金在大量介入该股目前的炒作中来，它是一个相当直观、有效、明确的信号。此时，你可看见其当时的 MACD 指标当中的柱状体是依次向上的，说明主动性买盘成交量的力度和持续度远远强于和多于主动性卖盘成交量的力度。这种时候，此股所隶属的板块如果也正好强势启动在板块指数量比涨幅榜前列的话，则更是绝佳的中短线炒作品种。该股成为当天交易中非常活跃的股票，甚至是市场热点板块当中的焦点，都是可能的。

因此，我们应当把超短线、短线的观察重点放在热钱流入已经突破在 5 日和 20 日均量线上方的股票上，因为它们的短线炒作力度应该是最大的。而那些成交稀少，成交量在5日和20日均量线下方的股票，一般来说，它们既不是当前市场的热点，也不太会在短期内马上形成新的上涨，就暂时不要在它们身上花太多的时间精力和有限而宝贵的金钱去陪它慢慢熬。

另外必须重点说明的是，成交量突破了5日和20日均量线后，并不代表该股马上会连续上涨形成必然的主升浪行情。还需要使得5日和20日均量线共同多头向上继续持续性地发力攻击，与四位一体指标体系的其他几个重要组成指标一起，齐心协力共同形成放量全多头的进攻态势，才可以形成其不同时间周期级别的主升浪行情。当然若得到复合时间周期四位一体指标体系共同形成放量全多头的进攻态势，才可以形成其真正的大级别的主升浪行情。

通过观察判断这两条均量线的运动方向，再结合四位一体指标体系的其他几个要素条件的配合情况，以及结合四位一体指标体系的其他几个邻近时间周期的变化方向，基本上就可迅速看清其股价变化的方向、力度、趋势持续度。掌握股价变化的规律，使买卖都可把握到恰如其分的最佳时机。

一般而言，不同时间周期的这两条均量线向上、向下方向的走势，显示的是其不同时间周期级别的资金流入流出的性质和力度，是不可以掉以轻心的，也是必须要时刻根据它所直观、明确地反映出的主力运作股票的节奏与规律，来决定自己的及时进出。一般而言，在搞清成交量的进出级别性质时，将其与四位一体指标体系的其他几个重要组成指标迅速有机的捏合在一起进行客观的分析判断，就能把握住股价运行的节奏，从而跟上主力的节拍，狙击到主力的涨停板，与主力一起享受主升浪行情带来的快乐。

均量线与移动平均线一样，也会有金叉形态、死叉形态、多头排列、空头排列等各色各样的表现形态特征。当你懂得了它的特点以后，再依这些均量线形态的变化，就容易感受到均量线形态变化所提供的买卖交易机会和方向。

随着成交量的缩小、放大，会引起均量线走向上的变化。在实盘中，我们会看到：当日成交量突破了5日和20日均量线时，容易会引起5日均量线的向上，随之会使得5日均量线上穿金叉20日均量线，或随之会使得20日均量线也形成多头向上局面。一般来说，5日均量线金叉20日均量线后容易形成上涨格局。若此时已在其小一个时间周期的四位一体指标体系形成全多头排列之时，或在此时间周期的四位一体指标体系走势图上基本上已经都形成全多头排列之初时，那更需要及时在其当时分时图的交易重心附近分仓买入了。特别是其所隶属的板块如果也正好强势启动在板块指数量比涨幅榜前列的话，则更是绝佳的中短线炒作品种。这是梦寐以求的最佳介入时间。

>> 第一章 "四位一体操盘术"重点内容阐述

图 1-106 为 300221 银禧科技 2016 年 3 月 16 日的均量线放量金叉点时的日线级别四位一体指标体系走势示意图。它当时是满足了所有上文阐述内容的条件要求的。所以后期在得到持续的四位一体指标体系条件的有力配合下，其走出了一波非常靓丽的中短线上涨行情。

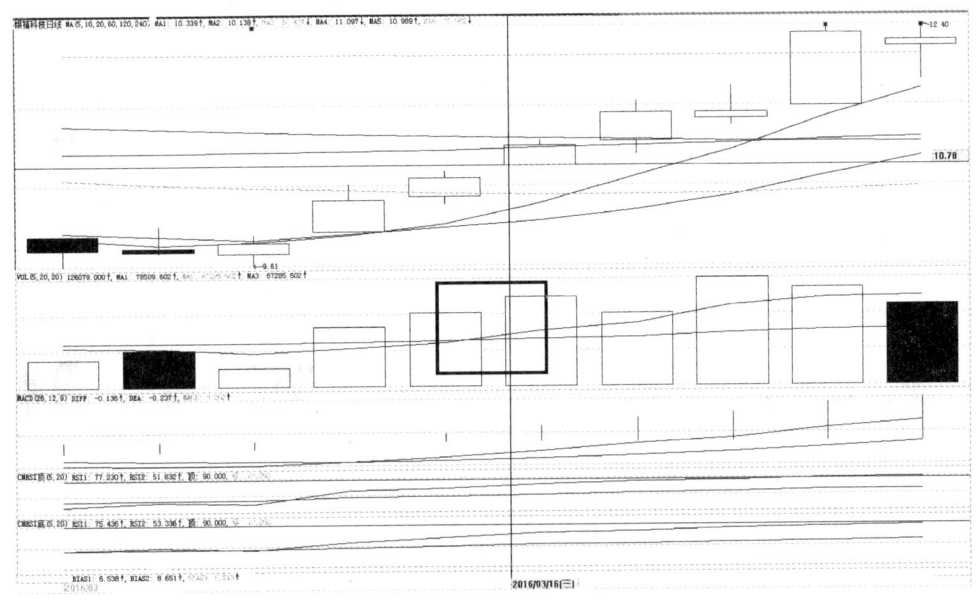

图 1-106

利用好 5 日均量线回靠后的拐点，在实战中的价值也是非常大的。很多时候，在均量线多头向上一段空间、时间后，主力经常会进行洗盘的动作。在其洗盘时，成交量应该是依次缩小的，有的会依次萎缩到 5 日均量线下方，有的会依次萎缩到 20 日均量线下方，有的甚至会依次萎缩到两条均量线下方，此时我们若看到随着成交量的依次萎缩后，突然出现 5 日均量线从原先的掉头向下走势刚刚转变为拐头向上之时，通常表明成交量的最低点已经出现过了，现在股价的转折点可能正在发生，若此时突然放量，股价位置也必须在相对低位，突然放量前的股价也应在一段时间内获得了一定的支撑，股价呈现平台整理形态，并且低位放量区域与前一波行情高点的距离越远，说明空头力量消耗得越充分，若此时已在其小一个时间周期的四位一体指标体系形成全多头排列之时，或在此时间周期的四位一体指标体系走势图上基本上已经都形成放量全多头排列之初时，那极可能是此股中之主力即将正式启动新一波拉升股价的时候，则需要及时在其当时分时图的交易重心附近分仓买入了。特别是其所隶属的板块如果也正好强势启动在板块指数量比涨幅榜前列的话，则更是绝佳的中短线炒作品种。这是梦寐以求的最佳的介入时间。

图 1-107 为 002265 西仪股份 2017 年 1 月 5 日的 5 日均量线与四位一体指标体系当中的其他绝大多数要素条件，同时放量拐头向上时的日线级别四位一体指标体系走势示意图。

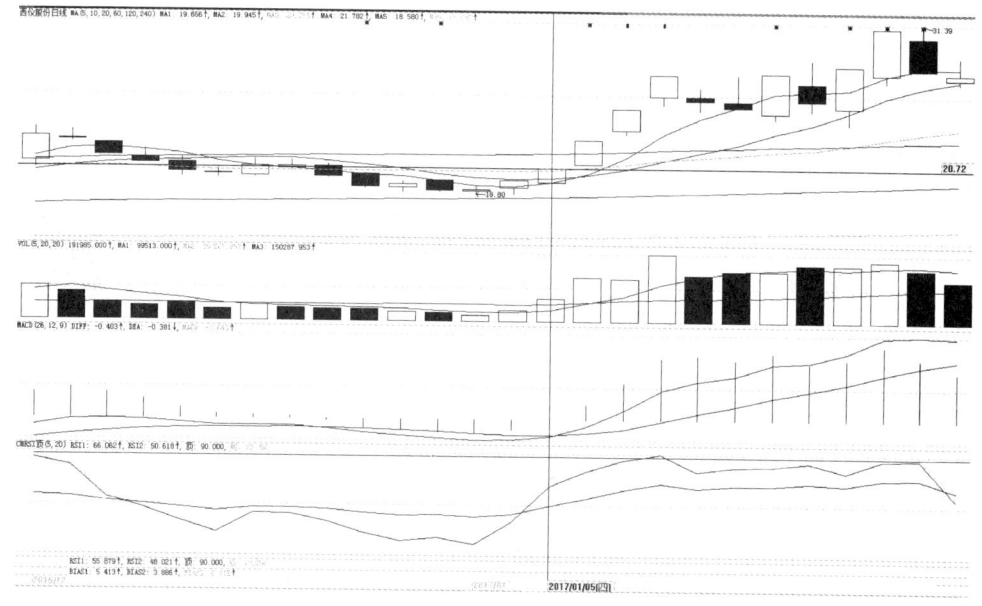

图 1-107

它当时是满足了所有上文阐述内容的条件要求的。对于这种现象的发生，今后绝对不能掉以轻心，因为只要后期在得到持续的四位一体指标体系条件的有力配合下，其一定会走出一波非常靓丽的中短线上涨行情的。

说穿了，股价上涨反映的是市场的供给与需求方中，多方略胜一筹的结果而已。只有资金源源不断地买入，才会推动股价连续上涨。成交量直接反映了参与到其个股中的资金力度、流向的多与少，是市场多空双方经过激烈对抗后，究竟是多方胜还是空方胜的一种具体表现形式。主力资金的主动性买盘、卖盘成交量是股价升降的直接原动力。所以我们在股市里会听到这样的股谚："股市里什么都可以骗人，只有成交量骗不了人。"其实不然，主力什么时候都会绞尽脑汁、想方设法要骗人、能骗人的。主力确实经常会用对倒量来骗人，但若结合其当时所处的复合时间周期指标数值高低位置,以及正在进行的上涨或下跌趋势过程,是可以轻松简单地分析判断出来主力真实的意图和今后运行方向的。理性客观的"以庄家主力的角度去进行换位思考"来研究判断成交量的变化规律,是可以比较清晰地看出股价升降端倪的。

虽然股价的上涨是由资金推动的,但具体的买入时机,一定还是要尊重主力庄家各自一定相对的个性化,来不尽相同地处置的。需要将成交量与K线形态、短期股价移动平均线形态等结合起来分析,才能获得比较准确的买入时机。

第六节 "四位一体操盘术"的精髓小结

我们要想迅速判断清楚目前股市,或者个股运行大趋势的话,必须尽可能详细地分析大势和目标股的形态走势、所处的空间位置、成交量的变化,以及主力筹码堆积在什么位置、个股上涨空间的大小和可能出现的走势等的各种情况。然后等真正放量起来,符合四位一体指标体系的进场理由时,才及时买入。

我不喜欢对短线卖出的价位定什么具体目标价位,因为实盘操作中行情走势会受到各种各样情况的影响,操作这个股票的大主力的心态,也会因为各种各样的情况,而发生微妙变化的。在实战中,盈利的多少,取决于对行情的把握程度和具体走势。不能刻意地去追求一只股票要赚多少钱。只有自己把握自己能把握的机会,在尽可能规避风险的前提下,实现最大化盈利。

在实盘操作中,经常买到大幅拉升的黑马股,但大多数情况下在上涨途中,可能会提早一点时间和空间卖掉了,有的时候是因为看见有的个股,虽然还有上涨的可能,但判断升幅不会很大或短期内有要快发生调整的迹象和可能了,就主动选择了要先放弃。因为后面即将开始的调整的走势具有不确定性,与其被动等着,不如主动选其他的看得懂和比较确定的目标股操作。或者在其日线、周线、月线级别的RSI指标系统的数值,都在相当高的位置的时候,看见其60分钟周期的MACD指标的红柱首次缩短时立刻先抛出。然后等待它的股价产生回落,当看见它的日线、周线级别的指标系统,仍然显示出没有改变短中期上升趋势的形态,其60分钟周期的MACD指标的柱状体经过调整整理以后,又再次首次放量上升时再次买入。这才叫在强势股中做完美和精准的高抛低吸。

图1-108为002265西仪股份从2015年6月开始到2017年2月期间的周线走势图。我们利用此图描述的是完美的按照四位一体买卖模式在个股满足条件时

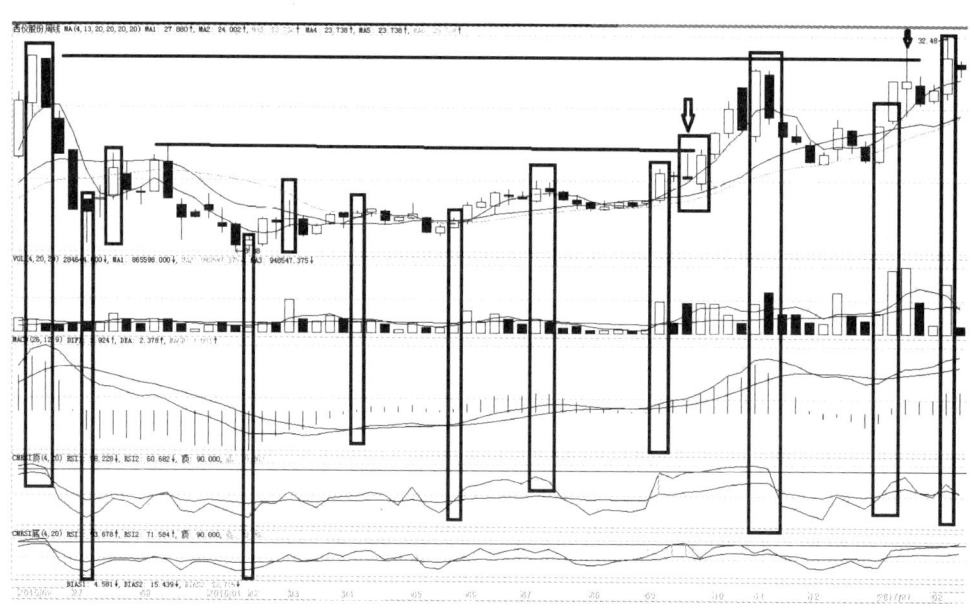

图 1-108

的高抛低吸操作要领。

第一个长框中，复合时间周期指标数值都到了极高位，那么此时进行及时的高抛是对的。如果当时由于种种原因没有及时高抛，也要在跌破 5 日线甚至在 5 日线拐头向下时及时抛出。若此时其柱状体也开始下跌、CMRSI 顶指标数值也从 90 以上，下到 90 以下并两线形成死叉，那么更应该及时止盈止损。因为在复合时间周期指标数值都到过高位以后出现这种现象，则意味着其中长线的顶部到了。第二个长框中，复合时间周期指标数值又到了极其低位，股价远离了 4 周均价线，乖离率实在太大。此时，在日线走势图上只要一出现放量向上收缩的迹象时，就必须先及时在其当时的交易重心附近分仓买入。当出现第三个长框时，股价已经第一次反弹至下降途中的 60 日线附近，此时是一个很好的卖点。因为此时日线、周线、月线走势图上都早已明确显示其已共同形成了弱势态势，那此时就停止买入这种下跌趋势过程中的股票，在下降途中尽量不轻易买入和持有股票，这是必须要遵守的纪律。只有在下降途中到了复合时间周期指标数值都在极低位以后，才可以考虑去买股票做短线。第四个长框中，复合时间周期指标数值又到了极低位，形成了一个可以放心抄底的买点信号，那么此时进行适当的买入，是完全有必要的，也是很容易赚到钱的。待第一次反弹到下降途中的 20 周均线和日线图中的底部震荡区间形成的平台高点时,本身就是一个相当好的卖出点,再加上此时其日线指标图上,也已经满足了弱势股的最高点卖出法"走为上"模型的所有条件了,此时进行适当的高抛是必需的。到第五个长框中,出现了0轴线下的第一次周线金叉,我们说0轴线下的第一次金叉一般都不会有大的行情,特别是在0轴线下的第一次金叉还没有量的情况下,那更不应该去买。在第六个长框出现的时候,俗话说得好:"没有买卖就没有伤害"。到第七个长框出现时,其周线MACD指标已经在0轴线下出现了放量老鸭头的现象,此时日线和周线的绝大多数四位一体指标体系当中的参数数值都已经形成了全多头形态。这时当然应该短线及时参与一把。当再次反弹至第八个框时,在满足强势股的最高点卖出法"敌疲我撤"模型条件时,加之日线级别走势图上没有显示可能会形成真突破的迹象时,及时止盈止损是做也得做,不做也得做的事情。再到第九个长框时,MACD指标已经极强势地迈上了0轴线之上。日线、周线和月线的四位一体指标体系都已经在0轴线之上形成了放量全多头形态,此时最黄金的操作大牛股的时候正式来临了！必须及时在其交易重心附近进行买入。待反弹到第一个向下箭头的时候,其股价已第一次接近顶部下来的前期平台高点附近,那么在第一次上摸到前期平台高点附近的时候,都是需要先抛一下的,此处是不可能一蹴而就过得去的。这是一个毋庸置疑的规律。所以在此处先进行及时的高抛是不得不去做的、非常有必要的事。虽然此时其四位一体指标体系系统都是强势的态势,但也是需要先抛一下的,然后可以利用极强势股快速回调的"龙回头"模式再去逢低介入。等到它首次回调到大角度上升的13周均线时,基本上都会获得再度的有效支撑。若逢低吸纳的最低点买入点错过的话,在其再度形成60分钟或日线级别四位一体指标体系放量全多头的态势时,及时地分仓买入也是恰如其分的一个很好的买点。待再次上涨到第十个长框中时,其复合时间周期指标数值又已经都到了极其高位。此时就需要利用极强势股最高点卖出法"乐极生悲"模型条件满足之时进行高抛了。若此时又没有及时进行止盈,那等到跌破5日线或跌破顶部最高K线的交易重心的话,也必须及时地进行止盈止损了。下跌到第十二个长框时,复合时间周期的四位一体指标体系又一次出现放量全多头态势。此时又是一个非常理想的买入点,应及时在其交易重心附近分仓买入。待上涨至第二个向下的箭头时,股价已经又第一次到了其历史高点附近,又是一个必须要抛的很好的卖点,此时及时地进行高抛正当其时。当此处高抛好以后,又需要等到"龙回头"抄底模型出现或60分钟以及日线级别四位一体指标体系走势图上,再度形成放量全多头态势时,才可及时在其当时的交易重心附近分仓介入,享受再度拉升的快乐。

用这种买卖点走势图向大家阐述的是：炒股是一件非常有规律的事情，也是非常严肃的事情，任何一次买卖操作，一定要基于站得住脚的理由。整套体系一定是要有效的、精准的、可以无限复制使用的、成功率要尽可能高的、能贴近实战现实。利用好这套买卖纪律体系，就可以让我们每个掌握了其方法和精髓的股友们，真正从此实现我一直倡导的用"四位一体操盘术"来"轻松买对卖对大牛股"，走上一条"完美操作大牛股"来实现自我价值的富裕之路、阳光之路、开心之路。

当然，不可能介入的个股百分之百都是赚的，要接受每个个股庄家的个性化运作，有时我介入的个股也赔，但如果介入后走势不对了，没有出现预期当中的如期上涨，反而大幅下跌了就要出掉。止损要快、要果断。这样做能避免出现亏大钱的可能。有时止损的股票回调后又进入正常的升势，可以选择合适的时机再买回来的。

我不喜欢做那些明确的在走下跌行情的股票，也不喜欢让资金和精力浪费在那些常态整理行情的股票中。我只在市场中寻找出现牛市第一浪、第三浪、第五浪等主升浪行情的股票。当它们符合我所已经明确了解的符合大涨规律条件时，我觉得有很大把握时才进场，是唯一明智的交易策略。在市场面前，我们必须清醒地认识到，我们每个个体的渺小。不要忽视任何一个走弱信号！因为我们任何人都无法预先知道，它将是进行浅幅调整还是深幅调整，也无法预先知道它是调整一天、调整一周、调整一月、还是调整一年。尽量不参与调整！这样对自己的操作节奏、操作心态和操作效益是非常有好处的。千万不要试图去和市场作对！千万不要试图去和趋势作对！

炒股票心态一定要稳和好！这里所说的稳不是买进被套以后的死捂，稳是在趋势没有出现明显变化时的耐心等待行为。在趋势还没有出现变化之前，不能凭自己主观臆测而去盲目操作。着急、焦虑的心态一定不能要、不能有！否则炒任何行情背景下的股票都可能赔钱。

要"抓大放小"！要敢于做、善于做大牛股！要敢于赚猛钱、赚大钱、赚快钱！具备大牛股特质的股票必须要有如下条件配合才能够心安理得地操作。

（1）大牛股要尽可能地有好的大盘形势来配合（哪怕这个"好"是短期的）。

（2）个股的每股收益要尽可能地高，预期要尽可能地好。

（3）要尽可能地属于最景气的行业，要尽可能的属于国家政策最支持和配合的，发展前景要尽可能地好，要尽可能地有良好的业绩预期和赚钱预期的，要尽可能地每年的收益都是递增的（亏损上市公司中是不会产生大牛股的，除非公司基本面发生重大变化）。

(4) 公司的主营业务要尽可能地突出，最好是单一的业务。主营业务有四五项以上的公司是搞不好的，业绩也不会好，因为这种上市公司，大机构通常是不会重点关注它的。

(5) 公司高层管理者要尽可能地有管理水平，要尽可能地遵纪守法，要尽可能地没有丑闻和是非。

(6) 公司股票的十大股东中要尽可能地有七八家是大机构。最好是有社保资金、保险资金、国有资金、操作能力非常出名的大机构在里面的这种公司，同时在最近一两期的报表中，流通股东的人数要尽可能地是在减少的。

(7) 产生大牛股的股票的长中短期时间周期的均线系统，一定是要经过走平、汇聚并且上升，股价要尽可能是刚刚向上突破的，它的MACD指标的长中短期时间周期的两条曲线一定要尽可能地都是在0轴线上的；它的长中短期MACD指标的柱状体要多头向上，它的CCI指标的长中短期时间周期的数值都是大于100以上的；它的RSI指标的长中短期时间周期的两条曲线一定是多头向上的；成交量和其两条均量线曲线一定是跟着它向上运动，有序向上放大多头向上的。

图1-109显示的是002716金贵银业买卖时机全部满足上文所有要求的周线走势示意图，大家也可按照其启动时间查看其日线启动时这些指标数值和位置的特征，以及其月线启动时这些指标数值和位置的特征，加深、加快理解。

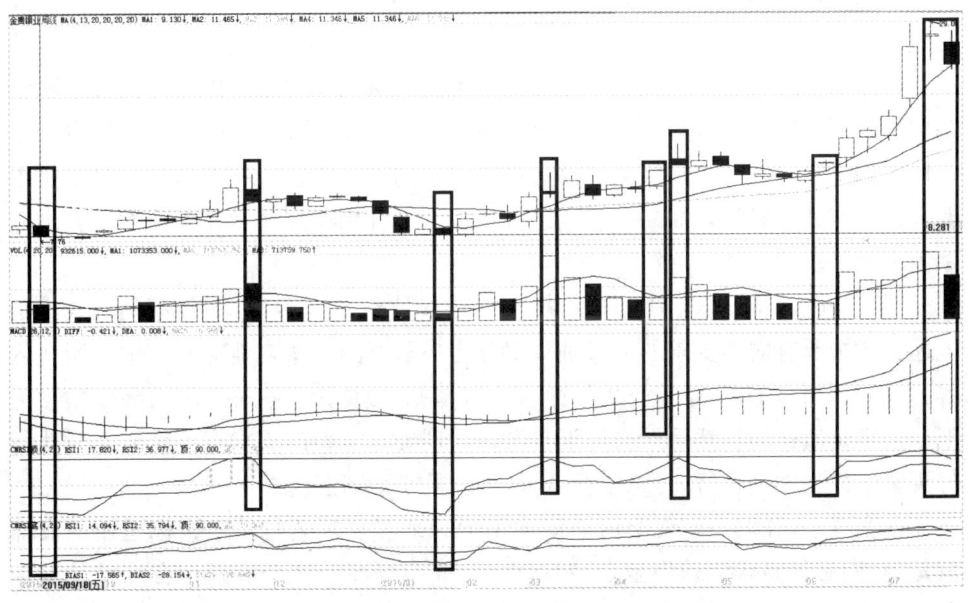

图1-109

股民朋友炒股,一定要掌握这些炒作大牛股的充分必要条件!记住它!把握它!做到心中有数,胸有成竹,才能在大牛股启动的初期买进它。买进之后只要密切观察大盘和它的形势就可以了。只要大盘形势不变坏,管理层不出台利空政策,这种牛股一定会有较大的涨幅。炒牛股的心态非常重要,要不怕涨!涨不怕!

不管你是短线炒作的股民朋友,还是喜欢做长线的股民朋友,都可以选择那些公司质地可以的、有大机构新入主或者刚刚增仓的、有政策支持配合的、月线MACD指标的红柱在往上走的,然后周线 MACD 指标的红柱也在往上走的,要根据日线或者 60 分钟的 MACD 指标的走势进行操作就可以了。每当日线或者 60 分钟的 MACD 红柱第一次缩短就起码卖出一半或者全部,每当日线或者 60 分钟的 MACD 在高位产生死叉,就暂时全部卖出,每当日线或者 60 分钟的 MACD 柱状体第一次放量上升就先买回来一些,每当日线或者 60 分钟的 MACD 在 RSI 指标底位产生金叉,就买进做多。

对于喜欢做大牛股、大波段的投资者,我的建议是:选择在月线级别的 MACD 指标中,发生在指标复合周期低位刚刚柱状体放量向上,或者刚刚放量金叉的股票,利用日线或者周线的 RSI 指标相对低点买入,然后一直拿着等到在周线级别的 MACD 指标系统中,发生 MACD 死叉时全部卖出。周线级别的 MACD 指标系统中,发生 MACD 指标中的柱状体开始缩短了,月线级别的 MACD 指标中,也已经发生红柱缩短了,就尽量不要再拿着啦!其他做中短线的投资者也可以此类推,缩短一个周期去进行这样的操作。但是前提是你一定要在买入的时候,充分判断清楚你买的这个股票,是不是正在走各级别时间周期短期均线大角度向上的主升浪行情。如果它只是一个在横盘震荡行情中混迹的,那你就凶多吉少啦,还是尽量不要去选择与其共舞吧。如果一直到这些指标的复合周期都显示在大顶部了就彻底抛出不做了。

图 1-110 为 600233 圆通速递从 2014 年 6 月到 2016 年 11 月期间的月线满足上述文章中所有内容要求的大级别买卖点走势示意图。认真地对照书中的所有内容,对照其周线、日线、甚至 60 分钟四位一体指标体系走势图去仔细揣摩顿悟去吧。一定是值得的!然后严格要求自己在出现确定无疑的买卖点预警时及时执行好买卖纪律。做到言行一致、知行合一、静若处子动若脱兔。

在实战中,我们一定要明白如何运用指标来客观判断行情。指标运用的真谛就是:我们必须要认清趋势至上,顺势而为,向市场屈服这个真理!在涨跌趋势未改变之前,不要试图以一个时间周期的指标的超买、超卖、钝化等来盲目断定该反

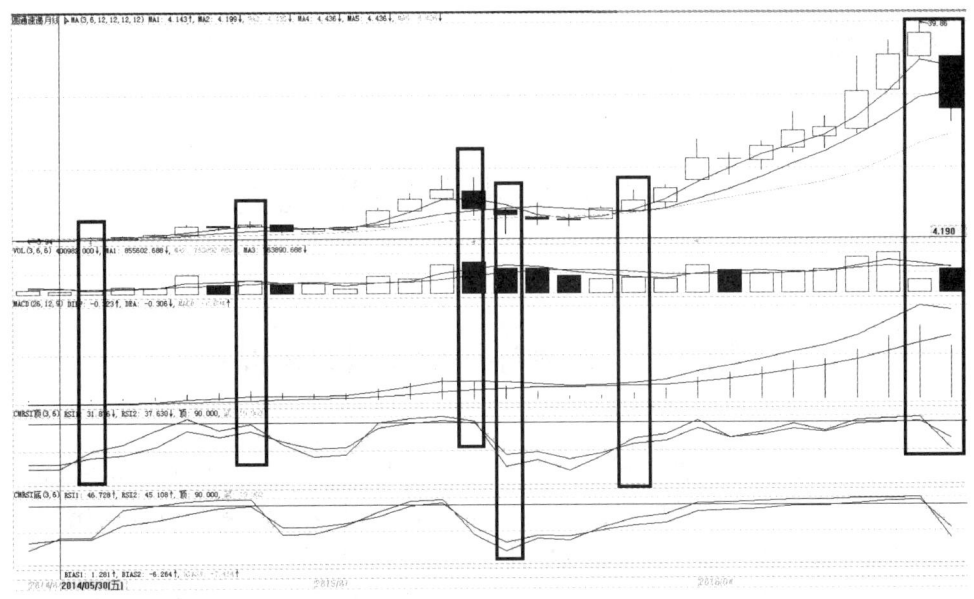

图 1-110

弹、该回调了。要向市场屈服、向趋势屈服,一切以市场实际走势为第一!任何时候都要尊重市场的力量和市场的实际选择和结果!

第二章

炒大牛股离不开的几道关

第一节 炒大牛股离不开基本面

我国股市的绝大多数个股的主升浪属于短期主升浪,很少出现长期主升浪。个股中的主升浪一般持续时间也都不长,大多在几个月内就结束了,牛市行情超过一两年的个股不多。而短期暴涨式主升浪持续时间则更短。

主升浪为什么不容易产生呢?这是因为主升浪的产生、发展,需要内在条件、资金条件、庄家条件和市场条件这四个条件的相互配合。股票的复杂之处在于很多因素相互交织在一起共同发挥作用,是多种因素作用的结果。对于催生主升浪的这四个条件来说,它们既可以单独存在,单独发挥作用,又可以相互影响,共同发挥作用。当共同发挥作用时,就会形成力量的叠加效应,而使主升浪的力度更大。所以,在分析和抓住主升浪时,必须了解主升浪的成因。

一、内在条件——股票价值增长

股票价值包括两个方面:投资价值和投机价值。投资价值是指股票的净资产与未来收益的折现值,它包括净利润和净资产值,所以当股票净利润增加、净资产值增加或者两者同时增加时,投资价值也就增加了。

净利润增加是催生长期主升浪最主要的因素,也是投资者挖掘成长股最重要的指标。但通过净利润挖掘大牛股非常困难,特别是对具有多元化的公司来说,难度更大,因为其净利润增长与多种因素相关。在我国股市,虽然预测股票的长期净利润趋势很难,但预测短中期净利润变化还是相对容易的,特别是对于单一性的公司来说,其净利润与主营收入高度相关,通过跟踪产品价格的变化,就可以大致推算出公司的净利润变化情况。

在大多数情况下,股票的净资产值与净利润是密切相关的,净利润增加可直接导致净资产值增加,但有时候两者毫无关系。例如,当公司拥有的隐蔽资产大幅增值时,其净资产值也大幅增加,但其净利润并没有变化。在我国股市,依靠隐蔽资产大幅增值(哪怕是预期)而催生主升浪的个股很多,比如一个地区扶持规划或者一个产业规划的推出,就可能带动了一些当地的个股或同个产业规划受益群体个股股价的大幅走高,确实也会不同程度地使公司的净资产值升值。

投机价值是指投资价值的"溢价"区间,是对投资价值合理高估的那部分价值。为什么会存在投资价值的"溢价",或者说为什么会存在投机价值呢?这是由于投资者对投资价值的升值以及股价上涨的预期造成的,投资者的预期主要体现在以下两个方面:

首先,对于股票净利润增长率的预期,这是长期投资者最重要的预期目标。当一只股票过去至现在业绩持续增长,那么投资者会预期该股的业绩还会具有持续增长的惯性,往往会将其净利润增长率调高,从而将其估值调高,这部分调高的估值就属于投机价值区间。

其次,对于股价上涨的预期,这是短线投机者最重要的预期目标。对于股价上涨的预期的大小,与股市的流动性大小密切相关。股市的流动性决定了股价的"溢价率"——流动性越高的市场,溢价率越高;流动性越低的市场,溢价率越低。衡量流动性的一个指标就是换手率,包括整个市场的换手率和个股换手率。我国股市是一个高流动性的市场,其平均换手率远远高于欧美股市和我国香港股市。高流动性市场具有这样几个典型的市场特征:一是投机性强,股价易于暴涨暴跌;二是对于信息非常敏感,特别是对于利好信息,不但反应快,而且力度很大;三是热衷于概念炒作;四是热衷于低价股和次新股炒作。

在我国股市中,能够成为投资价值增长因素的有以下两类:一是业绩增长:爆发性增长、由大亏转大盈、持续高增长;二是资产增值:隐蔽资产增值、股权增值等。

同样,能够成为投机价值增长因素的也有以下两类:一是利好题材:包括高送配、产品价格大幅上涨、资产重组、收购或者注入热门资产、重大行业性利好等;二是比价效应:同板块或者同概念股票价格暴涨,有时大盘的大涨,也会带动个股转牛或形成中级上涨行情。

什么样的公司可以成为未来市场疯狂拉升的上市公司呢?历史会重复,是证券市场的一个基本原理。在分析基本面的因素之后,就是如何去寻找财务方面的优质上市公司了。财务分析是一门专门的学科,一般投资者无法做到全面深入的分析,因此只要抓住其中一些主要指标就可以了,在此列举几个比较简单的适合于做基本面突破的指标。

1. 每股收益

每股收益是指税后利润与股本总数的比率,因此又称为税后利润、每股盈余。

它是测定股票投资价值的重要指标之一,是分析每股价值的一个基础性指标,是综合反映公司获利能力的重要指标,它是公司某一时期净收益与股份数的比率。该比率反映了每股创造的税后利润,比率越高,表明所创造的利润越多。每股收益÷利润÷股数,这样一个选股的基本条件是市场普通投资者最愿意看,也是相对综合性的一个指标。其增长性也是最值得关注的,可以看出企业的发展情况。但由于我国的上市公司总股本经常发生变化,因此每股收益作为判断标准也有不准确的情况。

2. 主营毛利率

第一,主营收入:指企业主营业务形成的收入,它是企业收入的主要来源,用来核算企业销售商品和提供劳务等发生的收入。第二,主营成本:指企业主营业务所发生的成本,它用来核算企业销售商品、自制半成品以及提供劳务等发生的成本。第三,主营毛利率,是指公司主营业务的毛利率。主营毛利率＝主营收入÷主营成本。主营收入规模是企业抗击市场风险的基础。公司主营收入规模太小,往往受市场波动影响较大。

主营业务毛利率是公司盈利的基础,公司提高利润一般有两个途径:一是扩大产品的销售规模,二是提高产品的毛利率。这就是上市公司经常提到的做大做强,但是两者之间经常有矛盾。主营毛利率高的公司相对质地较好,较有市场竞争力。

3. 净利润增长率

净利润增长率即本年净利润减去上年净利润之差再除以上期净利润的比值,净利润增长率是公司经营业绩的最终结果。净利润的增长是公司成长性的基本特征,净利润增幅较大,表明公司经营业绩突出,市场竞争能力强;反之,净利润增长率增幅小甚至出现负增长也就谈不上具有成长性净利润年增长率,因为我们寻找的是成长性最好的个股,因此操作的预期周期应该以1年以上的时间为宜。这样可以很好地排除掉一些周期性行业的季度净利润变化幅度较大的问题。因此,用净利润年增长率来进行纵向或者行业横向比较才有意义。以此来抓到行业的起涨点,有利于抓到大牛股。使用净利润季增长率一般会在以下两种情况下比较合适:

一是公司刚上市,可能没有连续3年的财务报表可供参考,用环比净利润季增长率判断公司是否具有高成长性。

二是上市公司扭亏为盈时,还没有出现连续3年的净利润正增长时,使用净利润季增长的同比和环比来判断该公司是否将具备高成长性特征。

此外,如果净利润增长率慢于主营业务收入,则公司的净利润率会下降,说明公司盈利能力在下降;相反,如果净利润增长率快于主营业务收入,则净利润增长率会提升,说明公司盈利能力在增强。所以,选择优秀的企业是操作大牛股的一个前提条件。

当市盈率还处在合理范围之内,而技术面开始走坏时,投资者还是应该暂时先退避三舍、持币观望为宜。可以等待其股价要么回调到中期均线之上获得量能和强有力的买盘支撑时再次买进,要么看股价能否再度形成四位一体指标体系的放量全多头形态后再度进场。如果没有股价稳定向好的表现出现,就不能提前买入并持有。

有时候在市场中常会遇到每股收益低、市盈率又非常高的这类股票。按照它们自身的价值,这类股票是不具备翻倍条件的,但由于这类股票背后可能有一定的题材概念,并且存在重组的可能,股价上涨也比较好。对于这类股票,应该选择均线系统提示的卖出信号进行操作。一般重组转型类和周期性类股票,容易具有这样的特点。

经常碰到投资者问:如何正确使用市盈率找到一只好股票呢?我习惯性推荐使用 PEG 作为衡量股价是否合适的标准,即用市盈率除以利润增长率再乘以 100,PEG 小于 1,通常表明该股票的基本面风险小,股价相对较便宜,有相对更安全的能够获得公司基本面支撑的上行空间。

4. 净资产

每股净资产指的是公司总资产减去总负债之后剩下的资产除以发行股票的数量,净资产也是股东自己的资产。当公司出现清偿的时候,每股净资产也是股东可以按照所持股票能够拿到手的资产。一个公司其只要净资产是不断增加的,尤其是每股净资产是不断提升的,则表明公司正处在不断成长之中;相反,如果公司每股净资产不断下降,则公司前景就不妙。因此,每股净资产数值越高越好。一般而言,每股净资产高于 2 元,可视为正常水平或相对较好的水平。

从概念上大家就能明白,只要公司继续存在,当市场股价低于或者接近每股净资产的时候,预示着后期只要公司业绩稍微转好,未来就能够获得盈利的机会,即使一时难以有所改变,选择这样的时机进场,也不至于出现很大的亏损。

一旦市场大面积出现股价跌破每股净资产,就预示着整个市场即将调整到位了。市场进入熊市的尾端,后期股价上涨的概率要大于下跌的概率,中期投资第一次建仓的机会已经出现。在股价下跌到一定程度之后,股价开始稳定下来,不再下跌,此时建仓成功的概率会更高。但在建仓之前,投资者需要进一步甄别买入的股票是否具有超级翻倍的机会。

先看一看在股价大幅度下跌前,该股前 3 年利润是否有较快增长。如果这次下跌只是由于经济基本面突然出现变化,或者公司出现了一些意想不到的利空消息,而公司前 3 年利润增长都在 30% 以上,并且毛利率到目前为止依然保持在 30% 以上,公司所在行业是国家政策支持的行业,那么这类股票应该是选择的重点。

在熊市中可借用市净率指标。市净率指的是每股股价与每股净资产的比率,也是股票投资分析中重要指标之一。对于投资者来说,按照市净率选股标准,市净率越低的股票,其风险系数就相对来说越小。而在熊市中,市净率更容易成为投资者们较为青睐的选股指标之一,究其根本原因就在于市净率更能够相对体现股价的安全边际。

我一般都是建议投资者相对更重点关注那些股价相对较低,最好是 20 元以下的中小盘低价类股票。相对而言,低价股在市场中的流动性更大,更容易受到投资者的追捧,相对更高的股价,翻倍相对更容易一些。股价是资金追逐的结果,选择流动性大的股票,即使未来出现流动性风险的时候,投资者也可以相对更容易和更好地获得一定的保护。总的来说,一只股票从 2 元涨到 4 元,要比一只股票从 20 元涨到 40 元容易得多。这是显而易见、容易理解的道理。翻倍股的第一个特征就是股价低,但股价低是相对的,而不是绝对的。当发现一只股票长期下跌之后,完全脱离了其应有的价值,甚至低于或者接近每股净资产的时候,投资者就要重点关注。

5. 每股未分配利润

每股未分配利润是指公司历年经营积累下来的未分配利润或亏损。它是公司未来可扩大再生产或是可分配的重要物质基础。与每股净资产一样,它也是一个存量指标。由于每股未分配利润反映的是公司历年盈余或亏损的总积累,因此它更能真实地反映公司历年滚存的账面盈利。

6. 现金流指标

股票投资中参考较多的现金流指标主要是自由现金流和经营现金流。自由现金流表示的是公司可以自由支配的现金,经营现金流则反映了主营业务的现金收支状况。经济不景气时,现金流充裕的公司进行并购扩张等能力较强,抗风险系数也较高。

一般而言,快速增长型股票和重组转型以及周期型股票,是在大盘背景还可以的基础上,选择来做翻倍股的重点。相对来说,那些大型的业绩缓慢增长型和大型的业绩稳健增长型的公司的股价,很难在中短期内出现翻倍的机会,因此更适合一些稳健的、风险厌恶型的投资者。

另外，如果通过公开信息发现公司在这次股价大幅度下跌之前发布过公告，提示未来存在大股东整合、资产注入、资产置换、新项目上马等题材，但到目前为止还没有正式实施，这也是选择超级翻倍股的一个重要参考指标。一般情况下，在公司处于危难的时候，大股东为了提振股民的信心，会加快原来的重组计划。在股市中有些连续两年亏损，即将面临退市的股票，经常会出现最后"乌鸡变凤凰"的戏剧性变化。在重组消息正式公布前，股价会大幅度上涨。

投资者完全可以利用公开消息以及股价的变化，从中发现亏损公司在未来是否有潜在的利好消息出来。如果该公司大股东实力雄厚，公司又是地方政府的经济支柱，当股价连续两年亏损后，为了避免连续3年亏损和退市给地方政府带来的损失，地方政府和大股东必然会从维护自身利益出发，采取政策支持和资产重组的手段，将公司带回到重新盈利的轨道上来。

从亏损转变为盈利，利润同比增长就是100%，股价一般也会出现100%的上涨空间。投资者完全可以在第三年股价出现上涨，并重新站上中期均线，股价和中期均线稳定向上发展的时候加仓买进。当股价逐步向上抬升突破重要关口，随后回调到中期均线站稳的时候，可以不断加仓，直到股价出现大幅度飙升并远离中期均线时停止买进，转而关注可能出现的股价调整风险。

同时，我也建议应该尽量选择毛利率在30%以上的股票。这类股票在利润出现下滑或者经济不景气的时候，企业更容易调整生产策略，通过压缩成本达到继续赢利的目的。当经济转好的时候，利润发展空间更大，成长性也更强。

当然公司的产品或服务一定要符合国家产业政策发展方向，一定要属于国家长期战略性产业，并且在发展过程中受到地方政府的大力支持。这类股票就更容易吸引主力和机构积极来布局，就相对容易使后期股价上涨空间比较大。由于热点相对集中在这类公司，所以此类股票受到市场追捧的程度更高。

我们国家这种严重的投机市，个股炒作绝对离不开题材概念的跟风操作。公司具有一定的题材，并且这类题材能够得到市场的认可，在股价出现强势变化的时候，能够得到媒体的关注和渲染。

翻开历史上的所有著名庄股，起始阶段十有八九都是小盘、小市值股，究其原因无外乎：一是小盘股流通市值小，对操纵资金的要求不高。坐庄时间相对较短，风险可控程度高。二是小盘股对大盘指数影响小，不易引起监管层的注意。三是国资大公司相对婆婆妈妈多，利益体错综复杂，要打点各路神仙的成本和难度更大，不太容易获得事半功倍的效果和结果。而小公司或民营企业相对搞定难度较低，容易成功和容易获得配合支持。四是改变一个小公司的面貌实在是容易太多了。

公司的市值是什么？简单来讲，市值就是某个时点，个股在证券市场上的总价值，也就是其每股价格乘以总股本。随着价格的变化，公司的市值始终是变化的。当然，股本随着送转股等也会出现波动。研究市值的意义还是非常大的。研究市值的大小，可以相对比较有效地衡量出其是被低估还是被高估，甚至还能据此粗略估算出一轮行情高低点的区域范围。

对一个业绩和未来想象力都平平的小公司来说，过高的市值意味着什么？回答肯定是高估，或者至少说股价已经不可能再涨多少了。如果某小盘股未来的想象力充分，但市值到了几百亿了，自然也难以继续上涨了，至少股价将有一个长期的震荡调整。因为它已经过分透支了行情了。

因此，通俗点说，市值就是实际价值外面泡泡的大小。泡泡小了可能会有机会，泡泡大了则可能会马上破掉。投机资金在牛市中往往会把一个价值成长股吹出很大很大的泡泡，以至于价值成长股会在相当长的时间内处于修整状态。理解了这一点也就想明白为什么一个公司的业绩蛮好的、成长前景也蛮好的、但股价就是不涨了。如果价值投资者不注重市值大小和其正常的规律的话，同样面临着钱不好赚的尴尬境地。为什么大熊市中所有个股的股价都一再被腰斩再腰斩？因为它们的泡泡在一波疯狂的牛市中被吹得太大了。

研究市值除了理解这个道理之外，还有一个重要的道理就是估值，如果知道股票未来的价格区域，再看看现在的股价，后面该买进还是卖出不就显而易见了？

一般而言，正常情况下研究市值要根据其在上一波熊市的末期的最低市值，以及其所属的同行业的其他代表性的个股在上一波熊市的末期的最低市值，以及根据其在上一波牛市的末期的最高市值，以及其所属的同行业的其他代表性的个股在上一波牛市的末期的最高市值来做推算。一般来说，其个股和行业没有具备很好想象力与成长性的话，其最大市值和最低市值是没有多大的实战参考意义和推算价值的。它的变化幅度一般会和前一波牛熊市的峰值和谷值相差不是太大的。若能够实现股本和业绩同时高速扩张的话，最大市值就可能会高一些，但最大的可能也超不过同行业的平均值多少。如果其超过了同行业的平均值很多，甚至接近或超过其行业的代表性公司市值，那其离开大幅回落的时间还远吗？还正常吗？

最大市值除了想象力之外，还需要有真实的业绩和科学的、真实的、有效的增长预期的。所以经常按照经济学、政治学、社会学原理和逻辑，结合行业基本面信息和知识以及统计数据的收集和研究，结合最低市值、最高市值以及现在的市值，就能够大体知道该股的空间。如对基本面研究再深入、再准确一些的话,那么对该股的估值亦会更加精确,何时买卖基本上就可以做到胸有成竹了。

经常碰到有人问如何找到10倍股?我觉得如果一个在非常有业绩爆发式增长的行业中非常有竞争力的公司,其现在市值只有二三十亿以内,而该股基本面技术面又有很多潜力,那么其经过主力、庄家、公司一起共同的努力配合下,在一波甚至两波轰轰烈烈的牛市发育过程中其市值达到10倍增长就可能值得期待了。

当然,在我们目前这种环境严峻的投机市场中,只要每逢有一波指数的大牛市出现,就一定不缺乏几个相对小市值的公司的市值翻10倍。之前的每一波指数的牛市中,没有出现几个股价翻10倍的公司,那么此波牛市行情是不可能到头的。

10倍股本质上讲,是靠公司的蜕变,是靠公司的超级成长或公司很优秀,再加上整个市场的牛市氛围配合,以及其中的庄家、主力和公司一起协同作战造成的。这类公司股价早晚10倍涨。有些个股凭借着出色的题材,在天时地利人和的条件下,还是比较容易完成10倍涨幅的。在绝对市值低估以及未来巨大行情下,也很容易出现股价翻10倍的股。但若想抓住股价翻10倍的股,必须具有前瞻性、远见和韬略,抓住低市值时的确定性的技术面买入机会,然后利用到高市值时的疯狂卖点出现时及时卖出,或者精心研究广泛交流沟通来提前获取基本面会持续向好或者题材面会有重大利好出现的目前还算小市值的公司。对于像中国石油这种如今已经是巨大市值的公司,即使以后它业绩还是很好,还有什么市场氛围和能力来让它再涨10倍?

所以说需要结合市场趋势氛围、结合经济周期以及炒作周期,才能在确立新趋势的起始点附近、在熊市的底部区域附近、加上提前把握和了解其将有出色的基本面和行业以及为了迎合炒作即将出台的夺人眼球的重大题材,才能催生出10倍的大牛股。

不过10倍以上的大牛股在已经严重高估和透支后,真正开始跌起来也是非常惨烈的。绝大多数个股经过若干年的逐级下跌,真的会从哪里来到哪里去的。所以会有"被疯狂炒作过的10倍牛股,一旦走熊几年之内不能再去碰它"的说法。这是需要切记的。

图2-1为300359全通教育从曾经的无限风光到如今拔了毛的凤凰不如鸡的全景走势示意图。类似的个股在A股市场上是不胜枚举、数不胜数的。这是我总结的股市规律之一,即"生死轮回"规律。

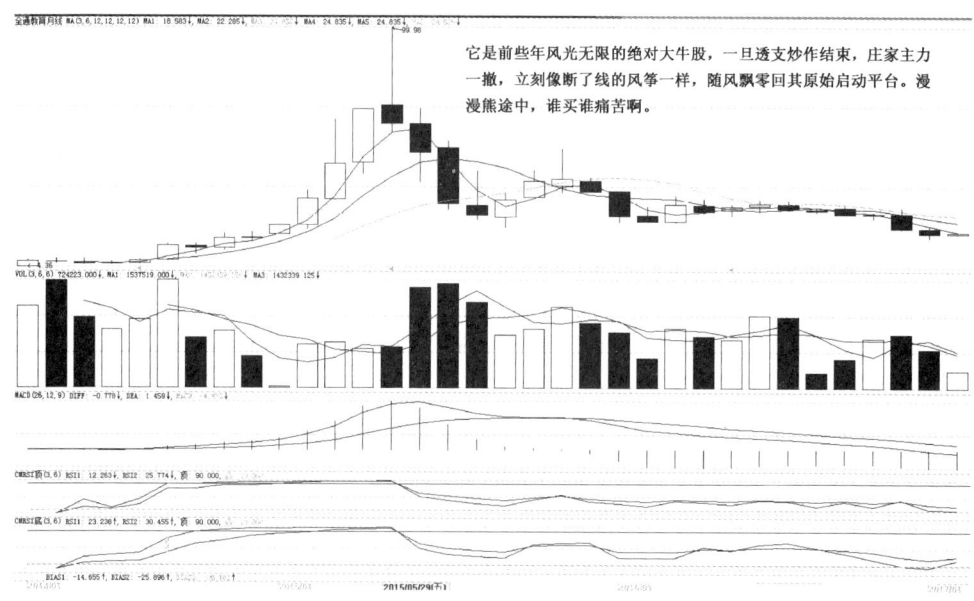

图 2-1

所谓"生死轮回"规律是指一只股票被恶炒后产生价格回归之时一定会逐波下行回落至其原始启动平台。天下没有一直绝对好的股票,也没有一直绝对差的股票。我们经常可看到前几天是连续涨停的股票忽然又连着几个跌停,或是前几日连续跌停,后几日又连着涨了,难道这些股票在这短短的几天内基本面就发生了质的改变吗?业绩或价值就突然改变了吗?不是的!只是股票的价格和形态位置产生了变化,导致了投机的资金流向上发生了改变。在投机市中股价的上下跟业绩无必然正相关关系,能赚钱的个股应该是有大量的资金堆积其中,与当时所营造的题材概念和政策导向等有密切相关的强势股,流行之时它是"香饽饽"人见人爱,一旦资金撤退,它立马变成人见人厌的"烂股票"或"鸡肋股"。

二、资金条件——股涨靠钱堆

大牛股主升浪的产生在具备股票价值增长时,还要有资金的持续推动,才能使大牛股的主升浪更为强劲。其实,股价上涨的最根本原因,在我看来其实就是资金持续推动的结果。

从长期来看,股价的上涨可以看成是内在价值增长造成的,但事实是股价的上涨还是资金推动的结果。股票内在价值的增长,是吸引资金推动的一个条件,在吸引到了长期的、持续不断的买盘介入后,这些价值成长股的价格才会长期上涨。若没有长期的、持续不断的、远超卖盘数量的买盘介入,即使股票真有价值,股票也很可能就是不涨或涨幅不大。

股价的上涨过程就是一个买盘不断向上统吃卖盘的过程。当买盘远大于卖盘的这一过程，就是股价上一个高度的过程。在盘口只要看到买盘报出的价格在不断上涨，而卖盘挂出的价位也因当时买盘高涨的因素而向上高挂。只要买盘量持续大于卖盘量，那么股价就会持续上涨，直至买卖力道趋势方向发生逆转为止。这在整个指数的相对稳定期或指数牛市主升段或热门概念股的疯狂炒作期之中经常出现的。

造成股价上涨的因素可能有很多，但其上涨的根本动力还是靠资金不断推动的。在同样的条件下，买入资金的大小和持续度，直接决定着股价上涨的力度和高度。所以我们可以经常发现即使在股价上涨过程中没有明显理由，仅靠资金推动也能够制造主升浪。资金推动主升浪主要出现在两种情况之中：一是由主力长期控盘而造成的庄股形的主升浪；二是仅仅因为极度超跌而引起的报复性猛烈大反弹主升浪。

在个股并没有明显利好的情况下，也经常会出现主升浪，这类主升浪的产生绝大多数纯属于是资金推动造成的。这种类型除了庄家控盘式主升浪外，就是超跌股的大反弹主升浪。而且这种超跌股的大反弹主升浪通常都是实力游资最喜欢干的，而且还属于那种拉得快、跌得猛的"过山车"行情。没有认真系统学习、体会过"四位一体操盘术"的，反应慢、执行力差的股友不要轻易参与。

从实盘中观察，极度超跌股特别是极度超跌的低价股的大反弹主升浪的形成，与大盘的走势有密切的关系。在绝大多数情况下，极度超跌股特别是极度超跌低价股的大反弹主升浪与大盘的走势有同向的关系，即当大盘在一轮大跌后出现大反弹时，一些极度超跌股特别是极度超跌的低价股也往往容易出现大反弹主升浪。当然，也有在大盘处于震荡或者只是小反弹行情时，一些极度超跌股特别是极度超跌的低价股也会出现大反弹主升浪的情况，在超跌低价的次新股中，这种情况也比较容易发生。有时这种极度超跌股特别是极度超跌的低价股在大反弹时，可能与基本面的朦胧利好挂钩，也可能与基本面没有太大的关系，或根本就没有任何关系。

图2-2为在市场中经常发生的这种快速由暴跌变成暴涨的图形走势示意图。

从总体上看，这种极度超跌股特别是极度超跌的低价股的反弹力度主要还是要看股价的投机性，投机性越强的股票，反弹的速度越快，力度越大，幅度也越大。

通常，小盘低价超跌股的投机性较强，而小盘低价超跌次新股的投机性更强。因此，小盘低价超跌次新股往往是大反弹的主流品种，也是抢反弹的重要目标。

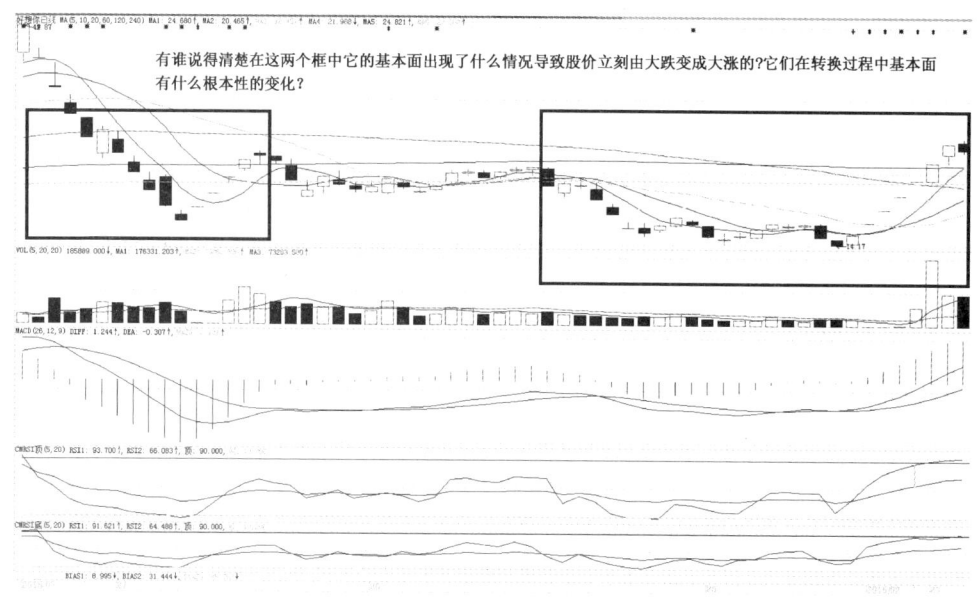

图 2-2

游资特别喜欢在超跌低价次新股中利用有关政策性或者行业性的朦胧利好，快速发动一轮纯粹的资金推动式的大反弹主升浪。在每年的年报和半年报公布前或公布期间应该特别注意，一旦若游资所选的超跌低价次新股含有高送股题材开始启动拉升，那么通过抢权和填权的短短几周、最多4个月里，其主升浪行情的涨幅就很有可能会很大。所以我习惯在每年的年报和半年报即将公布或正在公布时，将那些含有高送转股可能的超跌低价次新股全部选出来，发现其中的股票拥有政策性或者行业性利好的放在一个自选股栏目里进行预警，当其股价有强势启动的预警弹出来，那么这些股票就极有可能会走出一轮气势恢宏的主升浪行情，及时介入当然就可获取短期暴利。

所以很多时候股价涨不涨，就看庄家有没有强烈的拉高计划和欲望，只要恰逢庄家正在猛烈的拉高炒作期，"鸡毛飞上天、乌鸡变凤凰"的神奇表现就会让所有人瞠目结舌。

在证券市场中，我们每一个参与者必须清醒地认识和接受这么一个道理："市场永远是对的，市场永远是正确的，市场指挥一切，市场主宰一切，市场最终还是靠钱说话的。你不尊重市场，就必定被市场惩罚"。在这种严重投机市场中，经常是没办法讲理的，从来不可能简单的一加一等于二的。在这种严重投机的市场中，"不听市场的话"行吗？"不跟市场走"，你能在股市中赚到钱吗？必须尽快了解市场规律和市场节奏，同时要坚决做到"寸步不离"！必须拜市场为师，坚决做到"不折不扣、无怨无悔地听市场的话"！

所以在如今这个庄家盛行的时代，散户要想与狼为伍，在这个充满风险和充满机会的市场中趋利避害、获得收益，就必须掌握好相关基本原理知识和"四位一体操盘术"这套防身制胜术。然后通过认真仔细地观察各个阶段的盘面走势特点，及时洞悉庄家意图，适时识破庄家陷阱，在主力庄家们将要发动主升行情的时候，你就可以很轻松、很容易的第一时间判断得出此波主升浪的潜力有多大。就可以很轻松、很容易在第一时间判断出，现在的走势是真正的主升浪还是庄家的诱多行为？就可以很轻松、很容易在第一时间判断出，现在的走势是反弹还是反转？当你融会贯通这些知识并且执行好买卖纪律，才能轻松获得笑傲股林的资格和结果。

我在市场中提倡"以投资的眼光，去做适当的投机"！有能力在适当的时机，做适当的投机操作，并且一如既往地重复这种有效的行为，才是在这种严重的投机市场中最佳的投资行为。

我认为炒股一定要务实。"务实"就是指要研究技术指标和技术图形。具体就是研究"趋势"、研究"规律"、研究相对的顶和相对的底、研究所谓的高抛低吸、研究牛熊的分界、研究箱体、研究波段等有关技术指标及技术图形，从中找到让投资者"一目了然、一看就懂、一学就会"的实实在在可以用来循规蹈矩进行判断和操作的参照物或标的物。我根据股市理论、客观规律、技术指标经典图形已经研究出来了"四位一体操盘术"。它就是我们用来"务实"的好武器。你只要认真学习过，再从实战中加以深刻体会和验证，并且尽快及时跟随着市场决定的节奏去执行，便能做到有章可循地"轻松买对卖对大牛股"。

同时，炒股还绝对不能不务虚。必须把精力、时间放在研究国家的宏观政策导向、个股的基本面、板块属性研究上，配合各种渠道来的消息针对股票的走势或大盘的趋势进行研究消化、进行取舍。这些都是"务虚"的具体表现。

大家一定要理解"股市就是故事"这句话的内涵。所有虚的这些东西都是主力庄家用来制造并讲述一个神奇诱人故事的内容。主力庄家为了能够在低位进、高位出，为了让所有人在其想出的时候出得了，为了让所有人在其想出的时候心甘情愿地去接他抛出来的他赚得盆满钵满的筹码，一定是竭尽全力的。在他想买入的时候他负责演悲情剧，在他想抛出的时候他负责演梦幻剧。我们这些掌握了股市理论、客观规律的"四位一体操盘术"的投机客们，则根据庄家主力在盘面上的各个阶段的实实在在资金与筹码变换特征进行适时的投机，来达到分庄家主力一杯羹的目的。

我们明白"王侯将相宁有种乎"的道理,知道F10资料里所有的内容,都是庄家主力写给他要欺骗的人看的,理解了为什么在跌得最难看的时候,主力庄家会突然连续投入大量主动性的买盘去逆转颓势,明白在重要的平台位置只能靠主力庄家来发力改变黏黏糊糊的平衡状态,也能够顺应主力庄家们在拉到全市场都疯狂抢筹的尖峰时,愿意与其一起果断地抛出获利丰厚的筹码,也深刻体会到所有的题材概念炒作在其疯狂过后,都是最后接棒者一地鸡毛的悲惨结局。

三、政策面因素——谁都拗不过的关键

中国股市到目前为止,还是个严重的政策市,市场参与各方都把政策作为是指导自己操作的最重要的影响因素之一。所以我们需要重点关注管理层对股市的政策导向的变化,关注国家政策面、市场资金面收放的变化,需要浏览各类财经消息,包括紧盯国家发改委、央行及各大部委的网站。例如,产业振兴、区域经济振兴及经济结构调整等政策事件,都在二级市场上形成过不同级别的热点。因此,学会根据各方面的信息捕捉、判断热点,是操作的重要依据之一。应关注每天消息面的变化,区分出哪些消息有可能在市场引起热点效应。尤其应关注具有前瞻性的消息,因为只有市场的热点板块,才能引起主流资金的注意、介入,而只有跟着主力资金操作,才能真正在股市中获利。

在完成了信息获取的工作后,就要着手从热点题材、资金明显流入的板块中筛选出若干只个股,作为自己当日即将要买入的目标股。在选股的过程中,首先要在基本面上做足工夫,尽量寻找具有想象空间的题材、流通股本相对较小的个股。其次要从技术面上对个股进行筛选。例如,相关个股近期的交投情况是否活跃、其股性是否因被凶悍庄家操作过而充分激活、股价在K线图上是否有庄家主力强势运作的技术形态等。二级市场上强者恒强的效应绝大多数时间内都是表现得非常明显的,在市场热点炒作过程中表现出龙头气质的个股,其走势就是比其他个股强很多。

一个受到政策保护、支持、扶持的产业,它的蓬勃发展有时会让人无法想象的,更会成就很多受到政策呵护的产业链中的公司,也就顺理成章地成了市场投机炒作的借口。所以,从投机角度来看,我们完全应该先从政策导向上着手,然后再在行业的机会上着手。尽量根据主力资金正在奋力运作的目标,去顺势而为参与主力们营造的个股明星进行短线操作。

每个时期有不同的题材概念炒作。这种题材概念一般是指突发事件,行业政策等。题材概念股的炒作一般会隶属于行业的炒作,因为题材概念股的时效性、宽泛性相对于行业来说会弱一些。极少有个股会仅仅因为题材概念的炒作而长线持

续走牛的。投机氛围在题材股的上涨中占了绝大多数,通常它们的走势往往会比较快速有力,且伴随着巨大的成交量,短的两周内完成一波主升浪,长的也一般不超过4个月。从长期涨幅来看,还是远没有行业前景很好的、有实际业绩大幅提升的、有行业前景很好做保证的标志性大公司类型的个股的涨幅大。

中国资本市场,以社保基金为第一梯队,保险资金为第二梯队,第一梯队与第二梯队可统称为国家队。然后以公募基金、机构资金、游资为第三梯队。最后是以散户资金为主的第四梯队。

由于国家队资金的性质和目前中国特殊的体制,享有全方位信息、资源优势的国家队几乎是每一轮熊市的抄底者、每一轮牛市的逃顶者,甚至会踏准每一大波A股波段起伏的节奏,实现无与伦比的精准操盘。

所以我们必须要及时深刻理解国家队每次大规模进出场对于市场的影响力的重要性。我们在做大行情、大波段时,必须紧盯国家队的动向,国家队进场我们就进场,国家队离场我们就离场,紧跟这种市场上绝对掌握各方面优势的超级主力,可以相对省却很多判断上的烦恼。所以,结合四位一体指标体系的判断和对国家队操作信息的判断识别,可以助我们更精准地把握市场牛熊转换的节奏。

资本市场每一轮牛市进行过程中,我们都会看到:每一次回调都是黄金买点;每一次的利好出台都是高开高走、加速上扬;每一次的利空出台都被市场解读为利空出尽是利好,低开高走。市场在不断猜顶中新高不断,绝大多数的投资者都在不断地上车与下车过程中乐此不疲。同时,加息的过程也是牛市的过程。

相反,资本市场每一轮熊市进行中,我们都会看到:每一次反弹都是逃命机会;每一次的利空出台都是低开低走、放量暴跌;每一次的利好出台都被市场解读为利好出尽是利空,高开低走。市场在不断抄底中新低不断,绝大多数的投资者都在不断的抄底与止损过程中痛苦不堪。同时,减息的过程也是熊市的过程。

四、市场条件——市场环境的好坏左右股价的方向与力度

市场除具备上述几个条件外,还需要一定的市场环境才能使主升浪行情更加完美。庄家在拉升或出货时,绝大多数都是选择在市场行情相对安全或比较火爆或特别火爆的时候,以便吸引场外跟风盘在高位接他要抛的获利丰厚的筹码。庄家也都特别喜欢选择大势比较利于多方之时,做他的拉升时间点的。因为在这种时候,可使他比较轻松顺利地达到事半功倍的拉升效果,不至于造成不能成功地在高位套现或造成坐庄失败。

实际上,基本面很好的股票经常走势并不令人满意。所以对于我来说或者对于绝大多数股民来说,基本面无论再怎么优秀的股票,你去实战操作时还是离不开技术面分析的。离开了有效的技术面分析后得出的合理精准的买卖点布局，基本面再好也会黯然失色。同样技术面也要有基本面的支持，没有基本面支持的股票，它也很难走出持久的向好行情。它们两者是相辅相成，缺一不可的。在当前还没有"公开、公平、公正"的可能性的市场中，散户不可能及时、准确地获得基本面的正确、准确、有效的信息，所以散户只能更多地依靠技术面的分析，来寻找到庄家主力正在或即将要进行怎样的操作趋势，来为自己的实时进出场提供依据和底气。

市场中70%左右的股票走势是跟大盘表现同步的。大盘表现好时，70%左右的股票走势都差不多是不错的。大盘表现差时，70%左右的股票走势都差不多是下跌的。真正中长期逆市而为的股票不会轻易超过15%的。

现在有越来越多的人理解了主升浪的涨速与涨幅和以下四个因素相关：一是与利好题材力度大小相关，利好题材力度越大，主升浪的涨速越快，涨幅越大；二是与市场强弱相关，市场越强，主升浪的涨速越快，涨幅越大；三是与庄家实力强弱相关，庄家实力越强，主升浪的涨速越快，涨幅越大；四是与股价高低及前期涨幅相关，股价越低、前期涨幅越小的，主升浪的涨速越快，涨幅越大的道理。我也希望大家能尽快了解和理解上述的道理。这对理解行情的演变有非常重要的实战价值和意义。

还有一点必须非常清楚，就是并非任何时期都适合进行短线操作。在实战中，我们要判定行情的状态、趋势的方向。大盘的走势是我们在短线买卖中的前提条件，因为大盘的好坏直接影响着短线操作的成功率。

大盘指的是沪市的上证综合指数和深市的深证成份股指数，以及中小板指数和创业板指数。它们代表着全部股票涨跌的一个平均值。我们在短线操作中，首先需要对大盘走势格外关注。做短线之前，必须对大盘进行判断，如果大盘走势不理想，那么主力资金是不会轻易拉升股价的。大盘和个股是相关的，呈现出互为因果的关系。当股票集体启动上涨时，大盘也会上涨。当大盘大跌时，多数个股也会下跌。

最起码你要基本学会在上午开盘一小时内就应理解判断清楚全天走势！只有这样才能让投资者对全日操作成竹在胸。根据多年的实战经验，开盘时首先要看是高开还是低开，然后它们接下来是朝哪个方向运行的。它表示的是市场主力的意愿，是当天股指上涨还是下跌的一种具体表现形式。其次在开市一小时内看股指和分时图均价线变动的方向和力度以及节奏。一般说来，如果股指开得太高，半小时内撑不住就可能会回落，如果股价开得太低，半小时内放量以后不再创新低就可能会回升。还要看成交量的大小，如果高开又不回落，并且成交量还有所放大，分时图均价线还一如既往地顺滑向上推升的话，股指很可能要上涨。

开盘是一个交易日的开始，也是大盘一天"走势"的基调，除非"特大利多或特大利空"消息刺激，否则，当日走势一般不会轻易偏离开盘价为中枢位发生过分的"大涨和大跌"。

在开盘时，要看"集合竞价"的"股价和成交额"，看是高开还是低开。就是说，和昨天的收盘价相比，价格是高了还是低了。它表示市场的意愿，期待今天的股价是"上涨还是下跌"。成交量的大小则表示参与"买""卖"的人的多少，它往往对一天之内"成交"的活跃程度有很大的影响。然后，在"30 分钟到一小时内"看股指"变动趋势和节奏力度"的方向。

不仅看现在的股指，而且要看昨天的收盘价、当日开盘价、当前最高价和最低价、涨跌的幅度等，这样才能看清楚现在的股指是处在一个什么位置，是否有买入和持有的价值。看它是在上升还是在下降之中。一般来说，"下降"之中的股票不要"急于"买，而要等它"止跌"以后放量拐头向上之时再买。

具体来说，要关注以下几项内容：开盘后，必须立即查询"委托买进"笔数和"委托卖出"笔数的多少、大小来研判大盘行情将会走多或走空。一般而言，如果一开盘买单大于卖单 2 倍以上（如买单 20 万张，卖单 10 万张），则显示"买气"十分旺盛；反之，如卖单大于买单 2 倍以上，则代表"空方"卖盘十分强大。

若开盘后一小时内指数或股价基本上都在开盘价下方运动，且股价的高点基本都呈现一波比一波低，低点也基本都呈现一波比一波低，同时量能也基本都呈现为高点一波比一波低，低点也基本都呈现一波比一波低，均价线基本上呈现始终向下移动的，每波的最低价与均价线的距离越拉越大的，为大盘或股价跌势的盘面。

图 2-3 为开盘后利用一小时内的即时成交价线与分时图均价线的走势特征来基本确定当日涨跌可能和力度的方法示意图。

若开盘后一小时内股价或指数基本上都在开盘价上方运动，且股价的高点基本都呈现一波比一波高，低点也基本都呈现一波比一波高，同时量能也基本都呈现为高点一波比一波高，低点也基本都呈现一波比一波高，均价线基本上呈现始终平和向上移动的，为大盘或股价涨势的盘面。

图 2-4 为开盘后利用一小时内的即时成交价线与分时图均价线的走势特征来基本确定当日涨跌可能和力度的方法示意图。

若开盘后一小时内股价围绕着分时图均价线在一定范围之内上下震荡，分时

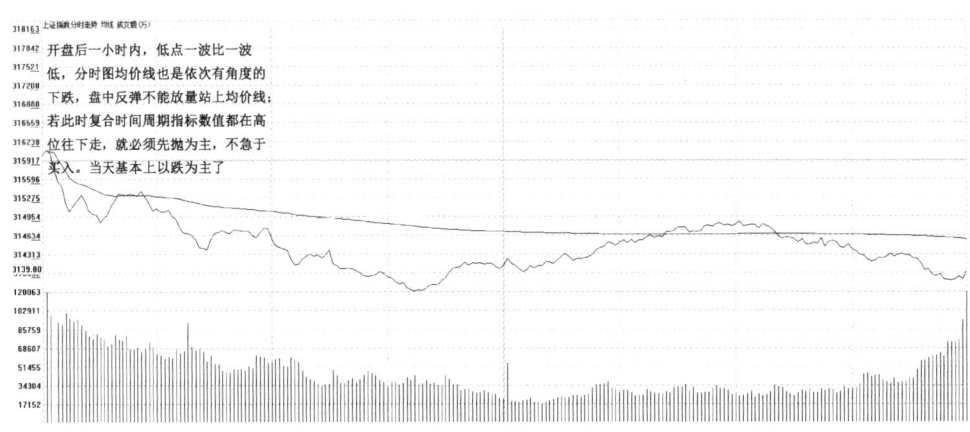

图 2-3

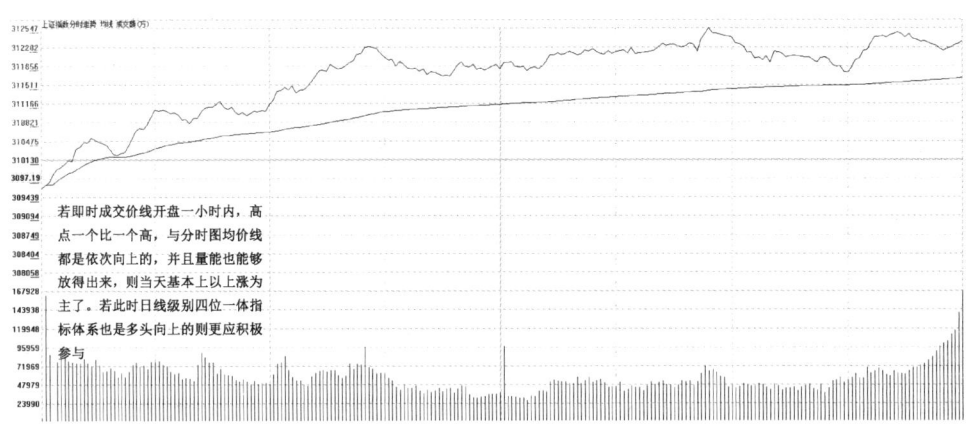

图 2-4

图均价线到 10:30 分时的位置和开盘时的均价线位置差不多接近在一个水平面附近。通常此时的日线级别走势图上显示的是一根缩量的十字星模样的 K 线。如果之前的行情是上涨趋势的,出现这种分时图走势的时候,要注意配合复合时间周期指标数值位置高低,来尽量及时减仓。因为其可能已经见顶,也可能即将见顶。如果之前的行情是下跌趋势的,出现这种分时图走势的时候,要注意配合复合时间周期指标数值位置高低,来尽量准备分仓买入首笔。因为其可能已经见底,也可能即将见底。

图 2-5 为上述文字所阐述的这种现象的分时走势图。均价线先上后下的形态,多出现在接近见顶区域。均价线先下后上的形态,多出现在接近见底区域。

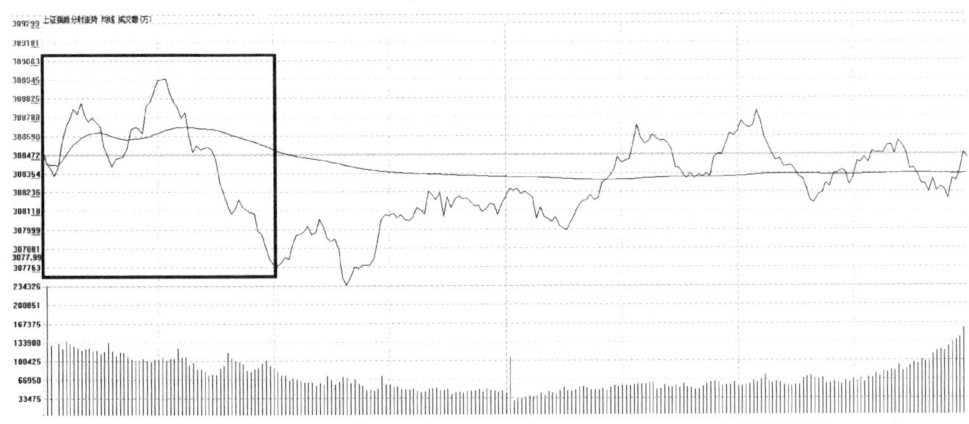

图 2-5

每日盯指数大盘或个股的分时图时,非常关键的就是要看分时图的 3 个点。这 3 个点均在开盘的第一个小时内:

第一个点是开盘点。开盘价是否低于或高于前一交易日收盘价,是判断该股强弱的一个指标。选择买入的指标是,当天的开盘价略高于前一交易日的收盘价即可。

第二个点是回调点。第一波上涨后会有所回调,第一波回调的最低点与当日均线的关系很重要,若位于大角度多头向上的 5 日均线上和量价配合非常强势且完美的多头向上的分时图均价线上方且在开盘价上方的,就属强势,就可以考虑买入。

第三个点是 10:30。这个点也一定要在位于大角度多头向上的 5 日均线上和量价配合非常强势且完美的多头向上的分时图均价线上方且在开盘价上方的,并且高于前两个点位,再配合强势表现的主动性买盘成交量,那当天肯定强势。前一个小时的走势大致能看出当天的强弱势,大盘和个股都是如此,准确率 80% 以上。若该股这 3 个点都处于均线之上,表明该股当日走势较强。

还有一种相对另类一些的方法,也可以参考参考。就是利用开盘后的 3 个 15 分钟走势来定当天是涨还是跌的方法。

即用早盘 9:30 开盘后到 10:15 这三刻钟时的走势来定当天是涨还是跌的方法。即如果 9:30 开盘后 3 个 15 分钟的 K 线形成阳阳阳,或阳阴阳,或阴阳阳形态,且此 3 个 15 分钟 K 线发生的过程中,其 15 分钟走势图上的 MACD 指标的柱状体和两条曲线数值一定要都是依次向上的。同时,其 5 日线一定是要多头向上的,则当天收阳甚至涨停的概率都比较大;反之,如果 9:30 开盘后 3 个 15 分钟的 K 线形态形成阴阴阴、阴阳阴或阳阴阴,且此 3 个 15 分钟 K 线发生的过程中,其

15分钟走势图上的MACD指标的柱状体和两条曲线数值是依次向下的。同时其分时图均价线是大角度空头向下的。则当天收阴甚至大跌的概率都比较大。

图2-6为603028赛福天2016年11月18日到11月22日期间发生的两次其开盘后前3个15分钟走势图上的MACD指标的柱状体和两条曲线数值都是依次向上的时候的大涨行情走势图。以及11月22日开盘后前3个15分钟走势图上的MACD指标的柱状体和两条曲线数值都是依次向下的时候的开跌行情走势图。

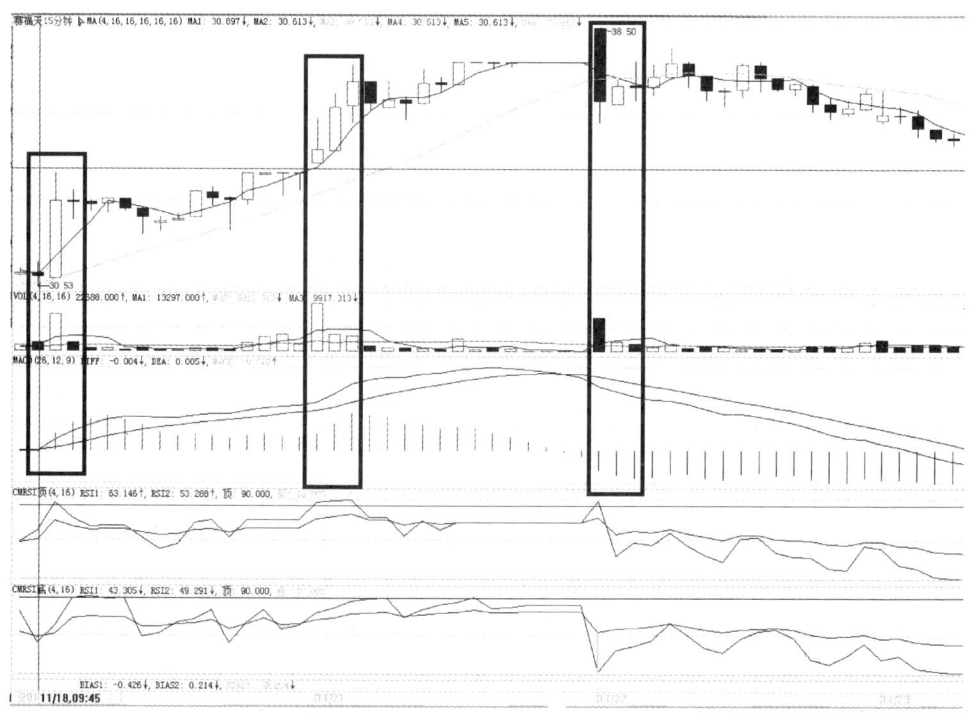

图2-6

若开盘后前3个15分钟走势图上的MACD指标的柱状体和两条曲线数值都是依次向上的,其当时股价的四位一体指标体系走势图上也基本都是多头向上现象的话,则需要在其当天的交易重心附近分仓买入。若开盘后前3个15分钟走势图上的MACD指标的柱状体和两条曲线数值都是依次向下的,其当时60分钟的四位一体指标体系走势图上也基本都是呈现空头向下现象的话,则需要利用盘中任何缩量冲高的机会抛出筹码,退出观望。

当然,利用这种判断方式也必须结合指数和股价目前的四位一体指标体系的方向、力度和形态位置来进行综合判断的。

第二章 炒大牛股离不开的几道关

买股票前一定要研判大势。同时,不要和大盘背道而驰,而要顺应其走势。行情好的时候要大胆买进,不好的时候要学会清仓休息。只有把大盘分析好了,才便于你采取相应的策略。一般是大盘强时、追涨买;大盘粘时、潜伏买;大盘弱时、回调买;大盘急跌期时、只卖不买。

一般而言,大盘处于上涨走势是短线交易的最佳时期。低点不断上移,高点也逐步抬高,K线和均线等四位一体指标体系的各要素都处于朝上的趋势。只要板块指数涨幅榜的第一版上,有3个以上板块涨幅超过2%以上和平均涨幅最起码超过1%以上;只要更多的板块刚刚或仍然满足60分钟四位一体指标体系放量全多头的现象,日线和周线级别的主动性买盘成交量能够不断地持续向上推动,那向上的行情就还有的玩。此时可相对积极买进并持有,继续做中短线的操作。因为此时整个市场处于乐观向上阶段,个股普遍出现普涨向上攻击状态。此时价涨量增,阳线多阴线少,阳线大阴线小,此时趁势而为可达事半功倍效果。

但是如果后市看到如下的这种我称之为逃指数波段的顶的"压力山大见顶法"条件满足时,还是要一定尽量警惕和及时止盈止损来观望一下的。即当牛市持续了一段时间,指数屡创新高,这时你就要紧紧盯住均量线的变化,谨防大盘指数波段顶部的到来。在大牛市上涨趋势当中第二次出现5日均量线与20日均量线刚形成死叉的时候,或更有甚者在极端情况下,第三次出现5日均量线与20日均量线刚形成死叉的时候,同时其中短期CMRSI顶指标当中的RSI1数值都到过了高位之后,出现特别经典的见顶K线之时;跌破了其上升过程当中的5日线,或跌破了最靠近其目前K线前一根有量有实体的中大阳线的交易重心,或其小一个时间周期的四位一体指标体系当中基本上已经形成全空头排列之时,再加之在此前不久的两三天日子里出过一根巨大的、远超过5日均量线与20日均量线的阴量之时,就是主力正在做大量拼命抛筹出逃的行动。它就是大盘指数阶段将到顶的信号。

有时在牛市极端疯狂、人声鼎沸情况下,确实还会有两天左右的上涨,甚至还可能使大盘指数缩量再创新高。但一定要清醒,这种现象只是庄家主力留给市场最后的清仓机会。在这两天你要毫不犹豫地卖出手中所有的股票,然后冷静地看着大盘向下跌,不能轻易动短线抄底的念头。一定要充分耐心地等待很久后,才可能出的再一次确定无疑的中短线抄底买入机会。以上的这种逃指数波段顶的方法就叫"压力山大见顶法"。

图2-7为2015年10月到12月期间上证指数从相对底部到相对顶部的利用上文中阐述的"压力山大见顶法"判断方法,去研判顶部转折点的全过程示意图。

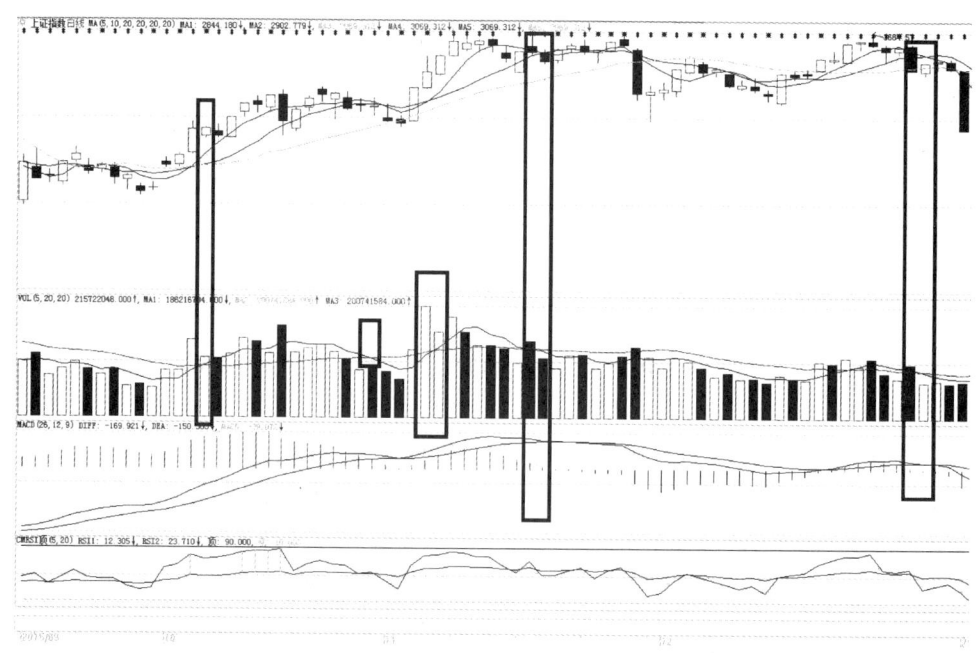

图 2-7

在图 2-7 中,我们看见 20 日线由原来的依次下跌转而开始拐头向上,在拐头向上的过程中,在第一个长框中出现了 5 日均量线上穿了 20 日均量线,在第二个小框中,出现了 5 日均量线第一次下穿 20 日均量线。在第三个长框中,出现了 5 日均量线再次向上上穿了 20 日均量线。在第四个长框中,出现了第二次的 5 日均量线死叉 20 日均量线。此时,应该有 70% 的股票见了它这一波行情的顶了。其后,20 日均量线、MACD 指标当中的 DEA 曲线等相对偏长线的比较稳定的那些要素条件线也都逐步开始了其拐头向下的方向趋势。应该说此时就是一个非常重要的顶部区域卖出点。几乎 70% 左右的股票是在一波上涨行情或反弹行情当中,在这种位置出现了它的最高价。然后可能有些指标曲线还在往上走的过程当中,也可能市场还有亢奋情绪。所以有些个股还会有再来一波顶背离高点的反扑行情,或者有些个股还会有产生轮涨、补涨的这种走势出现,会使得指数的顶再延长一段时间,才真正形成后期确立顶背离的最终顶。所以有些个股,有些指数还会再来一次顶背离后短线反扑行情。在第五个框处,已经明确地形成了 5 日均量线第三次死叉 20 日均量线,日线级别 MACD 指标形成顶背离死叉,其他的各项指标、各个时间周期都产生了依次走弱的完全弱势形成的态势,则后期的跌幅、跌速就已经可以完全确定的了。所以每一次看到"压力山大见顶法"条件满足的时候,大家一定先要考虑落袋为安、止盈止损。跟趋势斗没有人斗得赢的。上涨趋势过程中,你若还没赚到钱的话,下跌趋势你想赚钱是不可能的。上涨趋势过程中,赚到钱你不锁定的话,那在下跌趋势中输起来是很快的。

大盘横盘震荡时期也可算是短线交易的黄金阶段。这个阶段个股涨跌互现,也可算是庄家趁机洗盘与拉升的比较良好的操作时机。有些个股还会在此期间逆市大涨,此时投资者们若能够踏准节拍的话,还是能够捕捉到一些黑马牛股的上涨利润空间的。

在大盘四位一体指标体系呈空头排列时,最好的操作方式是空仓。持币观望为最佳操作行为。因为此时个股行情以跌为主,即使有超短线、短线反弹或上涨,其持续性也特别差,此时进场操作意义几乎已经丧失,可视任何反弹都是出货的机会而不是入场的理由。当出现向下趋势时,宁可看错少赚钱,也不要去做一定会亏大钱的事。

在大盘明确弱势时,虽然也有可能有个别股票会暴涨,但这种极小概率的所谓机会情愿奢侈地放弃。熊市中能够持续地盈利的人是没有的。此时最好是持币以待,等候确定性的做多时机的再度出现。确定性的做多时机的再度出现时往往会先有政策面和基本面不断公布有实质利好消息出台,然后有某一板块或几个板块同时集体放量强势启动,出现龙头板块的联动,龙头股持续两天以上放量,强悍地表现涨停板攻击结果,这是大资金涌入的结果,这才往往表示将会有短线暴涨行情产生,此时投资者才可审时度势,根据市场上的量价配合情形和四位一体指标体系的表现特征,来及时调整操作战术。友情提醒投资者:千万不要轻易买下降通道的股票。在下跌趋势中去猜测下降通道股票的底部是危险的,下跌的股票一定有下跌的理由,千万不要觉得这股已经下跌到一定程度了,应该在哪里有支撑,这绝不是买入的理由,因为你不知道它是否已触底,也不知道后市庄家主力是不是真的会在你认为的所谓支撑位去做扭转乾坤的事,相反在下跌态势中,更加加速下跌的可能性更大。

一般而言,如果后市看到如下的这种被我称之为抄指数波段的底的"二次双重底部买入法"条件满足时,倒是可以考虑及时在中短线参与一把的。

即当大盘指数在 20 日线连续空头排列的情形下,下跌了很久时间和很大下跌空间后,开始了一波放量反弹,这时 5 日和 20 日均量线也共同向上运行,成交量第一次连续 3 天甚至 3 天以上突破了 5 日和 20 日均量线,说明主力开始回补筹码了,或有新资金入市了。此时你可以分仓及时买入。但此时还很可能不是你确定无疑可以全仓入市的时候。你要等到成交量再度缩到5日和20日均量线之下,然后在成交量又再次突破5日均量线的时候,并且5日均线又一次形成向上拐头,MACD柱状体和两条曲线又都拐头向上之时,才可以及时重仓买入。因为此时等于是宣告大盘指数又将开始一轮新上涨行情的时候,这时是你可以相对更加安全有效地进场操作的时候。这种方法就是底部的"二次双重底部买入法"。

图2-8为上证指数2016年1月到4月期间,见底反弹期间的几个符合上文中阐述的,利用"二次双重底部买入法"条件满足时的买点示意图。

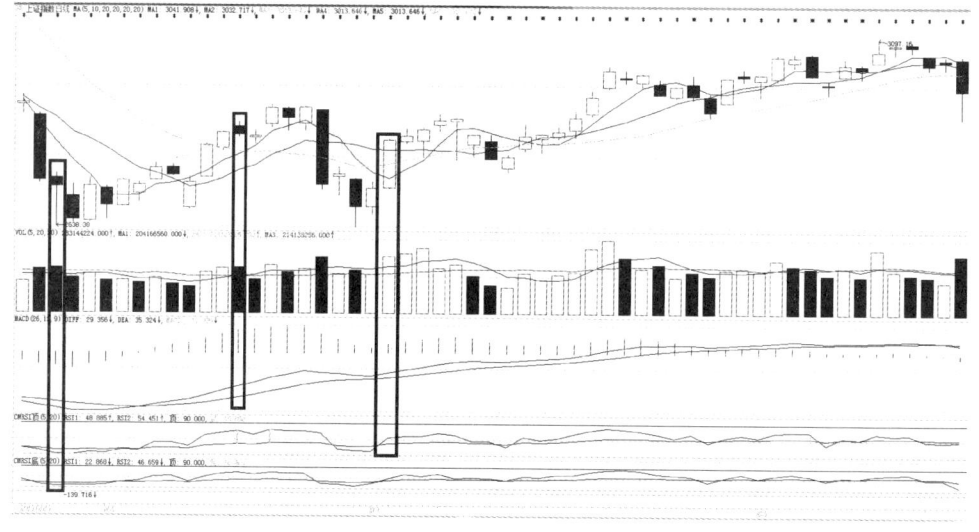

图2-8

图2-8中第一个长框中显示的是极度超跌以后的一个最低点买入法的买点。在第二个长框中,显示的是5日均量线金叉了20日均量线的一个启动信号点。其第一波反弹就能够很顺利地放量站上20日股价移动平均线。这说明其反弹有效,也说明其后期回调的低点不会在短期内跌破之前的低点了。第三个长框处显示的是已经满足了所有的"二次双重底部买入法"条件的一个重要买点。当然在这个买点下方附近,只要出现60分钟四位一体指标体系放量全多头迹象,也可以及时在其交易重心附近买入了。然后按照之前说的"压力山大见顶法"条件满足时,再及时地做止盈止损,结束一波反弹行情的操作。

现在市场上较为流行的常见的判断顶底方法是:利用K线、指标等技术形态上的第二高点和第二低点来判断顶部与底部。

通常来说,第二高点是指在经受了连续的空方打压下,多方的力量受到严重削弱,出现的第二个高点不能突破第一高点的情况时才能判断顶部到了。

通常来说,第二低点是指在下跌创出第一低点后,多方开始组织有力的反击。若第二低点不再比之前低点低的情况出现时,它的向上转折点也就容易产生了。

这个方法也确实有其实战价值。如果和我的"二次双重底部突破法"结合起来,并且在满足上述这种系列条件的进攻形态基本可以确定的收盘前,在其小一个时间周期的四位一体指标体系形成全多头排列之时,需要及时在其当时分时图的交易重心附近分仓买入。这是一个其正式恢复强势运行态势的有效买入并持有的信号了。特别是其所隶属的板块如果也正好强势启动在板块指数量比涨幅榜前列的话,则更是绝佳的中短线炒作品种。在此时买入,可能买的不是最近这个下跌时段内的最低价,但却很可能是日后上涨的启动价,还往往是个绝对安全、且有相对确定性的价位。经过这样的双管齐下、互相验证,可以使得我们的买入持有操作更加可靠。

此后,股价只要能够持续地放量、MACD指标当中的柱状体能够持续地向上拓展空间,其5日线能够持续地向上并且使得股价收盘价一直能够站在5日线上方拓展空间,那么不能轻易地乱抛股票,也不能轻易地说个股的阶段性顶在哪里。

在没有确定满足必须、有效的条件下,跌势中去一往情深地抢反弹被套是个大概率事件,因为只要庄家主力没有在你臆测的所谓支撑位来做扭转乾坤的事,那么低点底下还有更低点,会不断创新低。此时买进的风险绝对远远大于收益。所以说,做短线不能仅仅将目光聚焦在某个个股上,而要将目光放长远,立足整个大盘走势和行情趋势上,大盘操作大环境的影响力绝对不可小觑。

第二节 抄对底、逃好顶很重要

一、哪些股属于好股票

什么是好股票?我认为天下没有一直在涨的好股票,也没有一直在跌的坏股票。王侯将相宁有种乎?我认为那些刚刚止跌开始涨的股票,或者能够即将或正在大涨、暴涨、狂涨、连续拉涨停的股票就是好股票。只要是买了以后会迅速赚到钱的股票就是好股票。

另外,那种你看它的K线形态、指标体系走势都能够让你安心的、题材概念符合国家产业扶持政策的、市场主力现在正在积极做多向上运作的,其盘内外所有因素都能够让你安心的,无论超短线和短线价格怎么震荡都能够让你看着没有出现影响到其中长线坚挺向上走势的、没有出现触犯你中长线止损纪律底线恶劣走势趋向的，运行方向变化始终让你放心的股票，就是好股票。

好股票就是政策面上是受到强烈支持的、符合技术面强势支持的、对于其短线波动心态上是可以接受的，在你止盈止损纪律底线之上运行的，各方面都表现得比较或者特别强势的个股。这种股票就是好股票。

好股票按照位置来说，有到了大底部开始反弹、反转的极低位的好股票，也有刚刚开始多头向上运行的好股票，也有刚刚洗盘结束再度开涨的好股票，也有正在进行疯狂拉升主升浪等运行在各个不同阶段的好股票。表现位置各不相同、表现要求各不相同、表现力度各不相同、表现结果各不相同。下面先跟大家交流的是怎样精准有效地抄各种各样级别的底，以求买到好股票的各类方法和相关重点。

二、怎样抄大底买好股

底不是可以去抄的，市场上有太多人被消灭在抄底抢反弹的一次又一次的过程中。在不值得、不确切的时机点出现前，盲目地去抄底，往往是奉献多、收获少、痛苦多、欢笑少。

抄极弱势股回调的长线底的要诀如下：

当你看见有一大批个股其60分钟（参数4）、日线（参数5）、周线（参数4）、月线（参数3）CMRSI底指标或RSI数值都到20以内、有很多极度超跌的个股此时会在分时图上出现下豁口大于3%的现象，这些条件全部同时出现后，就可以分仓买入第一笔。不管它今后是缩量震荡一下以后再反弹还是立马出现反弹，总之，其反弹必然会出现。刚才说的针对抄极弱势股回调的长线底的最低点买入法买点出现后，还有一次反弹启动的加仓点：当其最低点条件满足后开始放量启动时，会首先形成5分钟四位一体指标体系放量全多头现象。此时是你抢反弹起涨点的第一次加仓点。也有可能不久就会形成60分钟四位一体指标体系放量全多头现象。此时是你抢反弹正式起涨点的最佳加仓点。你可以在其当时的分时图交易重心附近分仓买入。

图2-9为300311任子行在2017年1月17日作为极弱势股的超跌形态见底时的60分钟走势图。左边小框内是其见底时的CMRSI底指标当中的RSI1数值。右边长框内显示的是其反弹到CMRSI顶指标当中的RSI1数值已经满足了弱势股最高点卖出法"走为上"模型条件时的高位数值。

图2-10为300311任子行在2017年1月17日作为极弱势股的超跌形态见底时的日线级别走势图。左边小框内是其见底时的CMRSI底指标当中的RSI1数

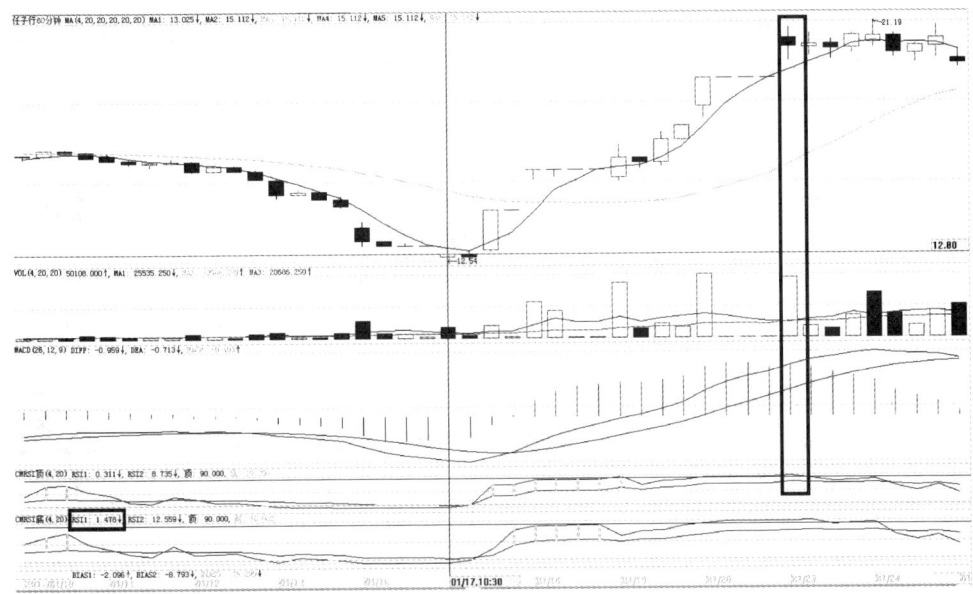

图 2-9

值。右边长框内显示的是其反弹到 CMRSI 顶指标当中的 RSI1 数值已经满足了弱势股最高点卖出法"走为上"模型条件时的高位数值。

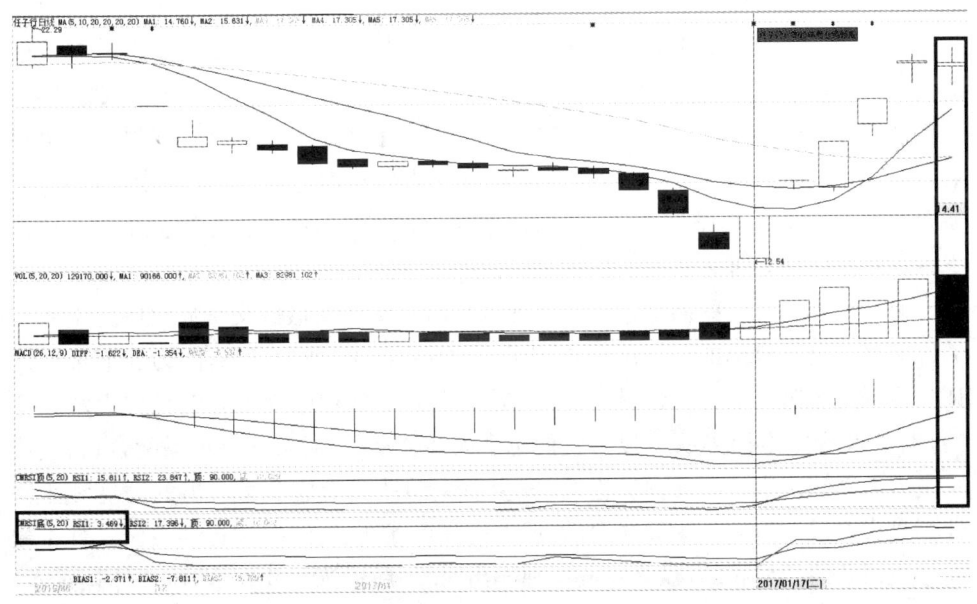

图 2-10

图2-11为300311任子行在2017年1月17日作为极弱势股的超跌形态见底时的周线级别走势图。左边小框内是其见底时的CMRSI底指标当中的RSI1数值。

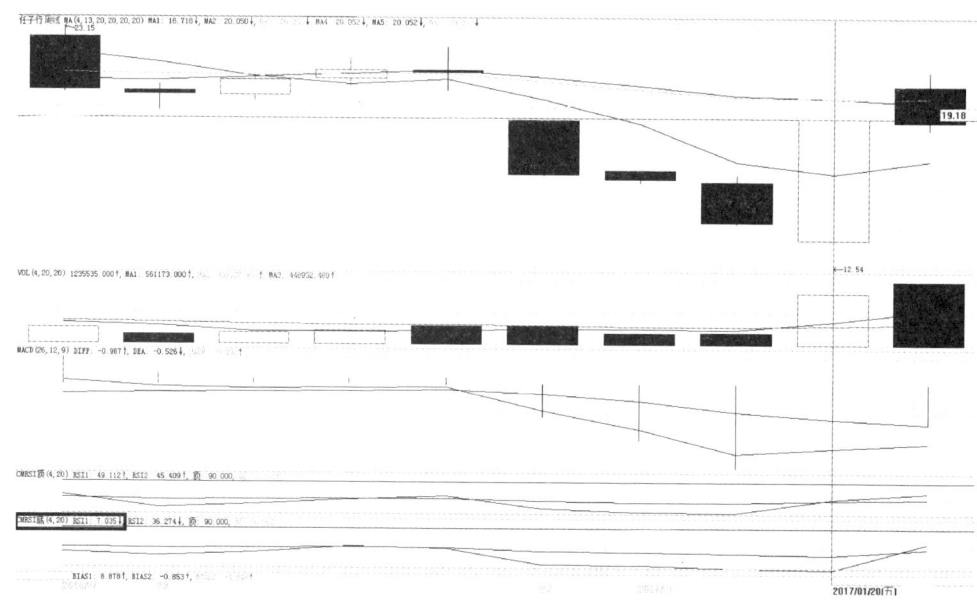

图 2-11

图2-12为300311任子行在2017年1月17日作为极弱势股的超跌形态见底时的月线级别走势图。左边小框内是其见底时的CMRSI底指标当中的RSI1数值。

图2-13为300311任子行在2017年1月17日作为极弱势股的超跌形态见底后,出现的5分钟四位一体指标体系走势图中呈现放量全多头的买点走势示意图。所有的小框内是其见底后刚刚开始形成放量全多头之时所有指标数值由原来依次下跌逐步扭转成全部多头向上排列的情况。

后续反弹或反转的高度取决于反弹发生时主动性买盘成交量放出的力度和主动性买盘成交量放出的持续度来决定的。之前你不必去先臆测,因为我们都知道证券市场当中臆测的可靠性是不高的,后期走势受各种因素的影响是你无法预知的,也是你无法阻止的,买入以后我们每个人是被动的,后市就靠市场配合、将靠庄家主力表现来决定了。反弹发生时、发生后主动性买盘成交量放出的力度和主动性买盘成交量放出的持续度强的话,反弹的高度才高、持续时间也会更长。抄了极弱势股回调的长线底的,做第一波反弹卖出时,一般以满足我在《四位一体操盘术》一书中写的"走为上"这种弱势股的最高点卖出法条件出现时卖出为宜。

第二章 炒大牛股离不开的几道关

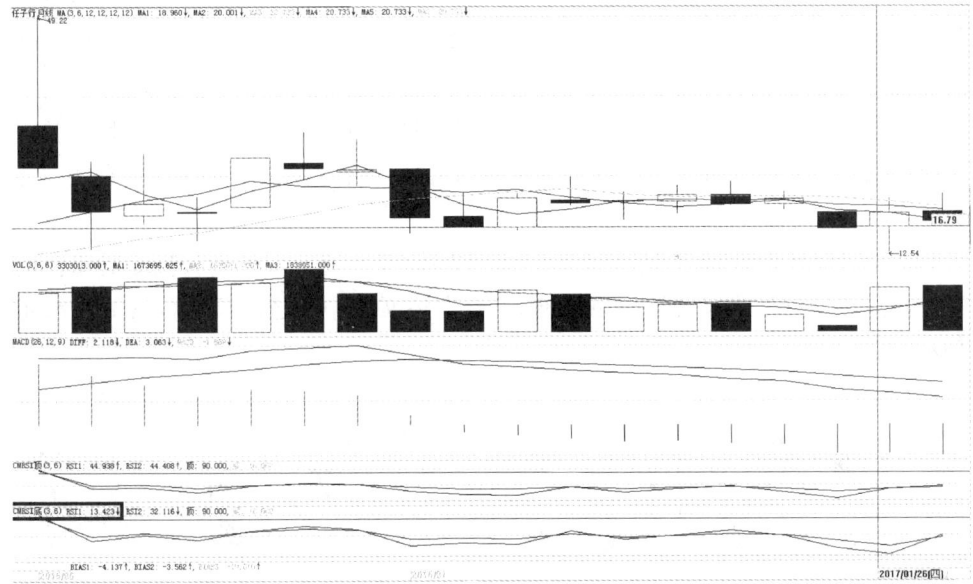

图 2-12

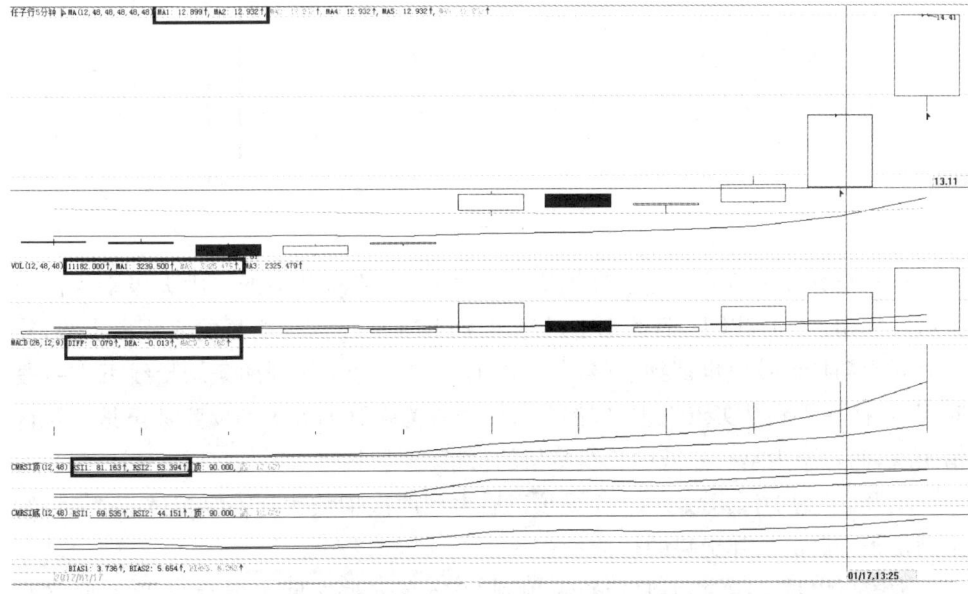

图 2-13

一般而言，抄底时遵循"地量地价抢反弹"原则，地量的一般衡量标准可以选择最近一个大顶附近的天量的五分之一，也可以选择最近一个阶段顶的天量的大约三分之一左右。地量一定是在其两条均量线下方以后，才可以称之为地量。

当然抄个股底时，若其个股复合时间周期指标数值都在低位了，其板块指数或大盘指数也差不多正处于要反弹或在涨的这种条件时，抢反弹的准确性、有效性才会得到更进一步的提升。

图 2-14 为 600449 宁夏建材 2016 年 12 月 16 日这个最靠近长框处的重要的有量高点到长框处最符合抄底条件的，符合上述文字中阐述的所有内容时日线走势示意图。

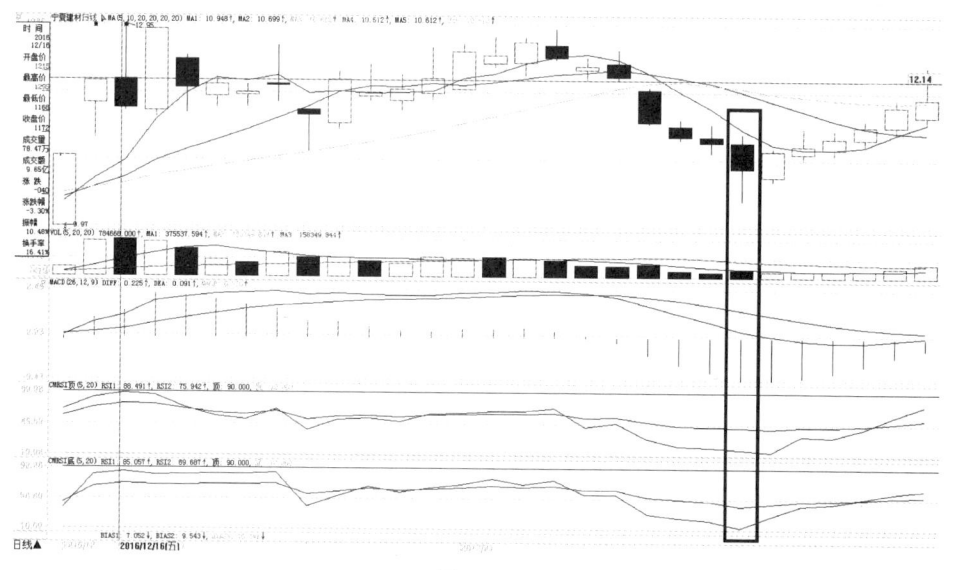

图 2-14

针对指数和个股的历史走势规律总结来看，个股从其最近一次大级别牛市结束后跌幅超过 70% 以上，日线图上已经出现过 MACD 指标明显的底背离走势，复合时间周期指标数值也都到了极低位，同时成交量也萎缩到两条均量线下方一段时间后，往往等到其买点出现时，都会有一个较为强劲的大级别反弹甚至是反转行情出现，而且至少是有一波中长线翻倍的行情。

图 2-15 为上证指数 2015 年见顶以后再到两次指数达到跌幅超过 70% 时，发生满足条件后的反弹走势的行情示意图。

大家可以从 2015 年 6 月指数见顶到 2015 年年底之间去看看 002280 联络互动、300081 恒信移动、300085 银之杰、300226 上海钢联、300295 三六五网、300356

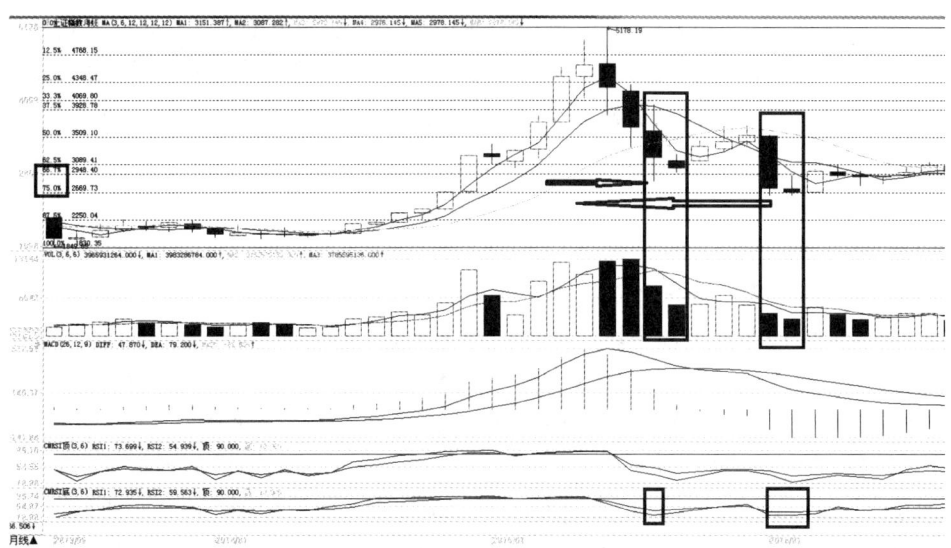

图 2-15

光一科技、300377 赢时胜等一大批股票,是不是都在满足了上述条件后有一波翻倍的大反弹。

图 2-16 为 300081 恒信移动 2015 年 7 月在跌幅到位、指标走势到位以后买入抄底到反弹到位的走势示意图。

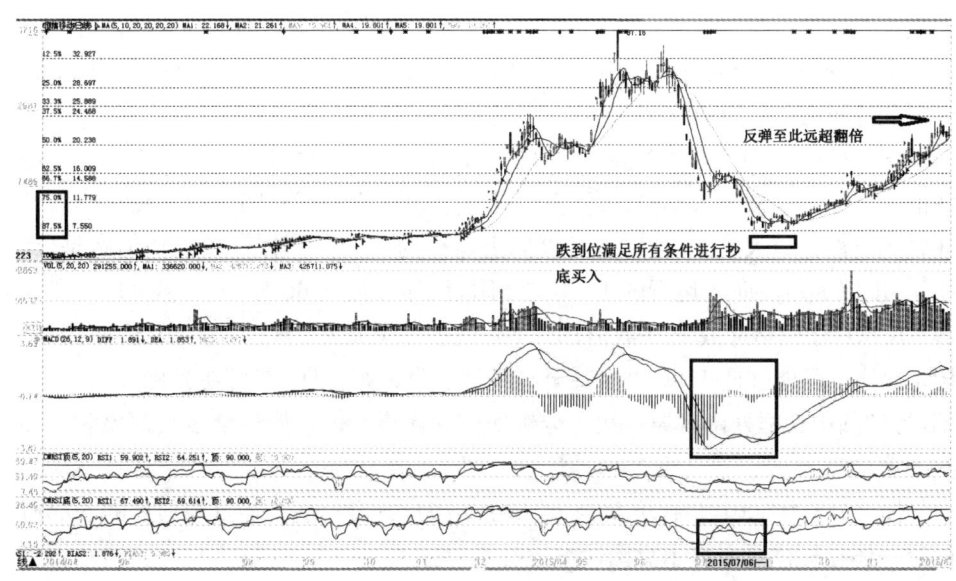

图 2-16

懂了规律,有了方法和底气,抢反弹时就不会茫然不知选哪个,逃顶时也不会盲目乱抛。如果你有了我的公式和模型,然后让它在软件的预警框里去实时运算,等到条件满足之时自然它就跳出来了,使得你轻轻松松就能骑上个反弹大黑马。这种机会不管牛熊市,每年都有,数不胜数。

抄底的时候需要克服人性弱点,不要犹犹豫豫,需要在条件全部满足之时立刻下单买入。

三、怎样抄中期底买好股

抄极强势股和强势股回调的中线底的要诀如下。

这种股是之前刚刚一波猛烈上涨行情的龙头股,当它见顶回落以后,在60日线仍然是以大于45度以上角度向上运行的情况下,股价已经跌到60日线附近;在跌到仍然是以大于45度以上角度向上运行的13周均线附近,你看见其60分钟(参数4)、日线(参数5)CMRSI底指标或RSI数值都到30以内[若其周线(参数4)CMRSI底指标或RSI数值也都能够低于40以内甚至已经到了附近则更佳],同时如果分时图上出现下豁口大于3‰的现象则更好。若这些条件全部同时出现后,就可以分仓买入第一笔。不管它今后是缩量震荡一下以后再反弹还是立马出反弹,总之其反弹必然会出现。刚才说的针对抄极强势股和强势股回调的中线底的最低点买入法买点出现后,还有一次反弹启动的加仓点:当其最低点条件满足后开始放量启动时,会形成5分钟四位一体指标体系放量全多头现象。此时是你抢反弹起涨点的第一次加仓点。也有可能不久就会形成60分钟四位一体指标体系放量全多头现象,此时是你抢反弹正式起涨点的最佳加仓点。你可以在其当时的分时图交易重心附近分仓买入。

图2-17为600149廊坊发展2016年10月10日见底开始反弹的走势示意图。在前一波作为领头羊大幅拉升后,其经历了一波连续的长时间震荡下跌整理行情,在跌到仍然是以大于45度以上角度向上运行的60日线附近,在跌到仍然是以大于45度以上角度向上运行的13周均线附近,你看见其60分钟(参数4)、日线(参数5)CMRSI底指标或RSI数值都到30以内[若其周线(参数4)CMRSI底指标或RSI数值也都能够低于40以内甚至已经到了附近则更佳]就可在光标处买入第一笔,待到图中长框处出现第一次5分钟四位一体指标体系放量全多头现象时,及时买入第二笔。

图2-18为600149廊坊发展2016年10月10日见底开始反弹前后的60分钟四位一体指标体系走势示意图。

大家看见图2-18前面两次长框中出现了60分钟的四位一体指标体系的放量

>> 第二章 炒大牛股离不开的几道关

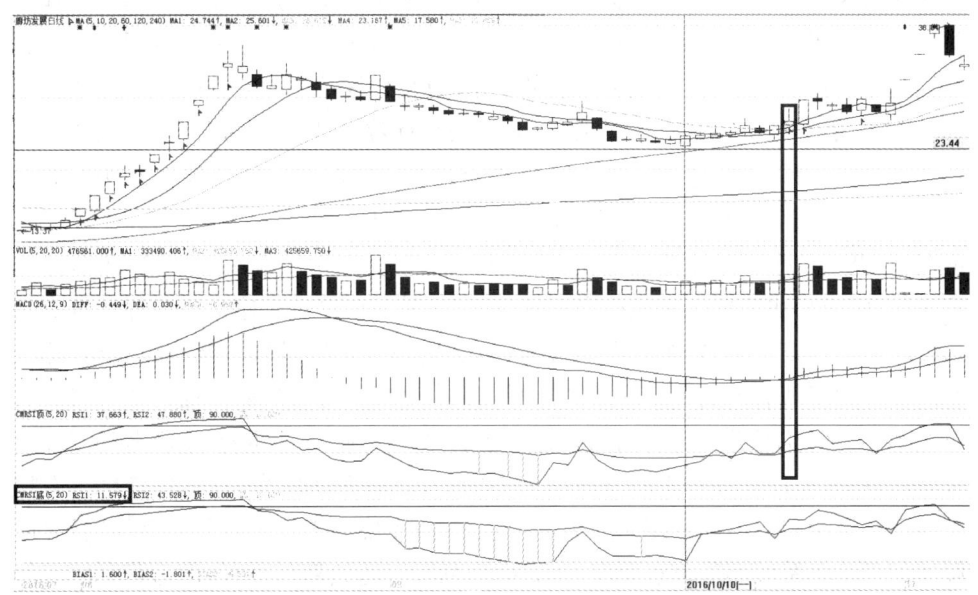

图 2-17

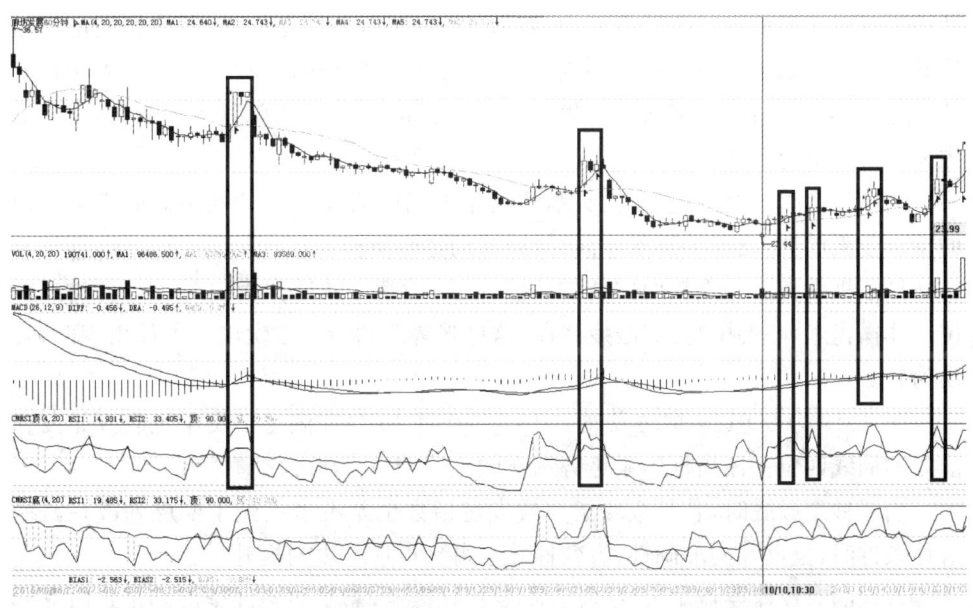

图 2-18

全多头现象，但是这两次行情都仍然是下跌的，都是失败的 60 分钟的四位一体指标体系的放量全多头现象。为什么会失败呢？这两次为什么不能去买呢？是因为在第一个长框出现时，其日线和周线的 MACD 指标柱状体都是刚刚开始同步向下移动初期，各分时级别和日线级别 CMRSI 底指标数值都没有调整到位。所以不具备短线买入条件，不能急于买入。在第二个长框出现时，其 20 日线已经刚刚拐头向下，则第一次反抽到 20 日线附近时，本身就应该是一个卖出的时机，而不是买入的时机，此时的金叉基本都是陷阱，而不是机会。所以也不能买入，只要还有这个股票的话，要尽快高抛。在光标出现的位置时，是一个符合上述文中条件的低点买入法买点。在第三、第四个长框出现时，由于后期成交量迟迟不能持续放出，那么它的反弹力度就会得到一定的遏制。所以它会呈现一种低位震荡反复的态势。只有当其已经对相对低位的震荡平台进行了有效的突破，成交量也开始出现持续放大，量价配合上没有显示出假突破的形态特征，其后期才较容易产生比较大的、比较猛的上涨态势。所以任何一个买点产生之时，不要急于介入，还是需要综合之前阐述的理论体系的那些重点要求点，去综合判断以达到趋利避害、迅速获利的一种良好效果和结果。全部条件没有满足之前，不要轻举妄动。同时，在满足了全部条件以后进行买入，也不是说它就一蹴而就拼命往上涨了。

后续反弹或反转的高度取决于反弹发生时主动性买盘成交量放出的力度和主动性买盘成交量放出的持续度来决定的。之前你不必去先臆测，因为我们都知道证券市场当中臆测的可靠性是不高的，后期走势受各种因素的影响是你无法预知的，也是你无法阻止的，买入以后我们每个人是被动的，后市就靠市场配合，靠庄家主力表现来决定了。

反弹发生时、发生后主动性买盘成交量放出的力度和主动性买盘成交量放出的持续度强的话，反弹的高度才高、持续时间也会更长。

抄了极强势股和强势股回调的中线底的，做第一波反弹卖出时，满足我在《四位一体操盘术》一书中写的"敌疲我撤"这种强势股的最高点卖出法条件出现时，卖出为宜。

图 2-19 为 600149 廊坊发展 2016 年 10 月 10 日在满足上文中见底开始反弹前后的周线四位一体指标体系走势示意图。

当然抄个股底时，若其板块指数或大盘指数也差不多正处于要反弹或在涨的这种条件时，抢反弹的准确性、有效性才会得到更进一步的提升。

抄底的时候需要克服人性弱点，不要犹犹豫豫，需要在条件全部满足之时立刻下单买入。

>> 第二章 炒大牛股离不开的几道关

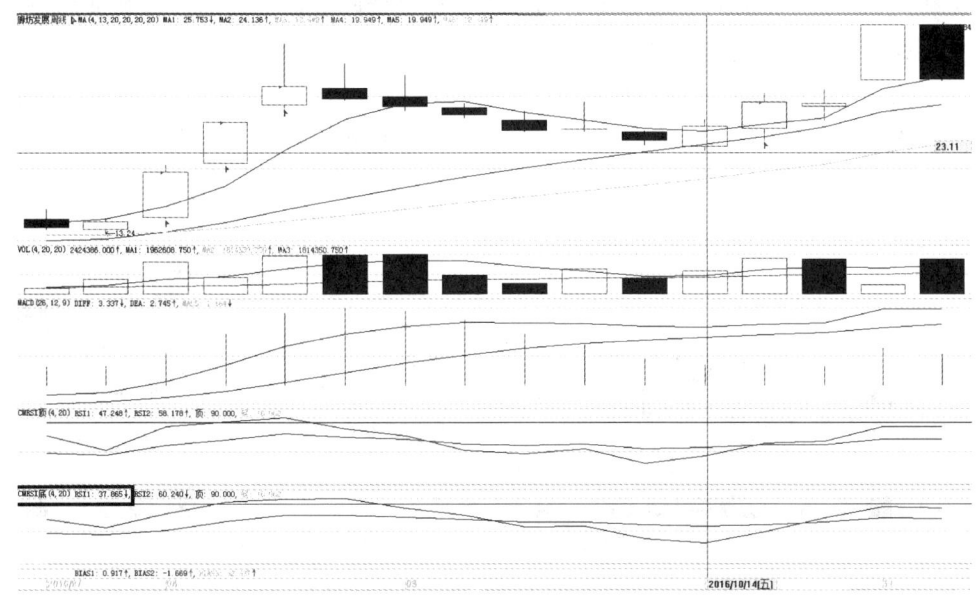

图 2-19

四、怎样抄极强势股回调的短线底买好股

(一) 抄极强势股回调的短线底的要诀

这种股是之前刚刚猛烈上涨的一波行情的龙头股,当它见顶回落连续大跌3日以上后,在20日线仍然是以大于45度以上角度向上运行的情况下,你看见其5分钟(参数12)、15分钟(参数4)、30分钟(参数8)、60分钟(参数4)CMRSI底指标或RSI数值都到30以内,并且其周线级别MACD指标走势图上的柱状体数值一定是要多头向上的,这些全部同时出现后,才可以分仓买入第一笔。当然如果此时分时图上出现下豁口大于3‰的现象则更好。不管它今后是缩量震荡一下以后再反弹还是立马出反弹,总之其反弹必然会出现。刚才说的针对抄极强势股回调的短线底的最低点买入法买点出现后,还有一次反弹启动的加仓点:当其最低点条件满足后开始放量启动时,会形成5分钟四位一体指标体系放量全多头现象。此时是你抢反弹起涨点的第一次加仓点。也有可能不久就会形成60分钟四位一体指标体系放量全多头现象。此时是你抢反弹正式起涨点的最佳加仓点。你可以在其当时的分时图交易重心附近分仓买入。但是此时能不能加仓要先看其5日线上涨角度是不是又再度大于60度了,同时还需要确认其当时的分时图均价线是不是属于那种极强势多头向上态势的,并且其60分钟级别MACD指标走势图上的柱状

体数值是不是已经超过之前顶部数值来定。如果这些条件全部都得到满足,那此次加仓就是值得和必要的了。

图 2-20 为 600679 上海凤凰在 2016 年 11 月 18 日至 2016 年 12 月 22 日期间多次出现这种"龙回头"模型抄极强势股回调的短线底的买入信号的走势示意图。

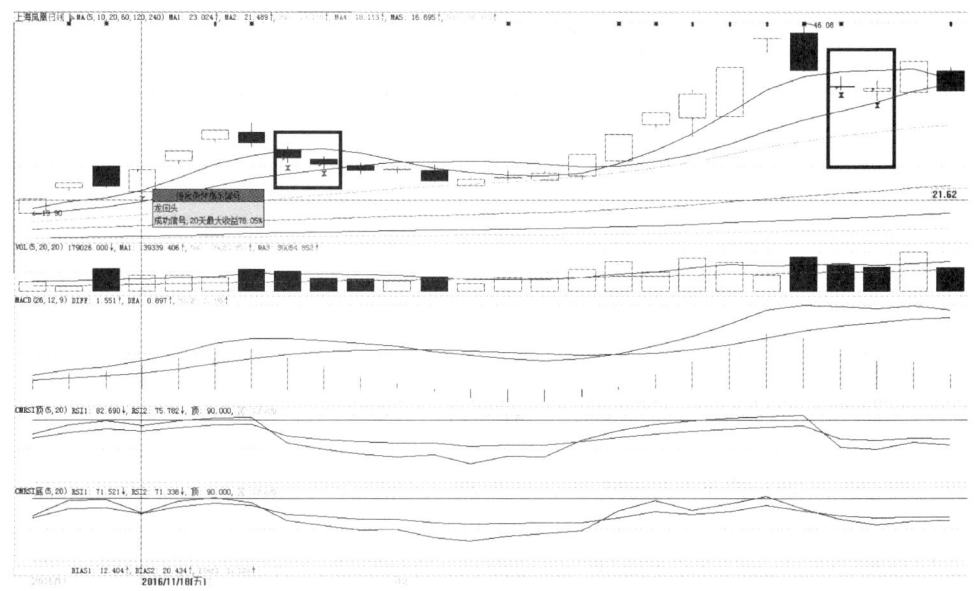

图 2-20

在图 2-20 中,大家可清晰地看见,有的在出现信号以后,立刻就放量大涨;有的在出现信号以后还继续下跌,最后在形成放量支撑以后才形成大涨;也有的是形成了买入信号以后立刻就有一次上涨,但只要不及时止盈止损,后期又将步入漫漫长路的下跌行情中。原因可能纷繁复杂、多种多样,但是我们只要抓住一个重点:在出现"龙回头"模型抄极强势股回调的短线底的买入信号以后,尽量在它接下来的 5 分钟级别的四位一体指标体系走势图上出现放量全多头的时候,才去进行买入是最靠谱的。同时,出现这种信号的时候,其周线 MACD 指标当中的柱状体绝对不能是以下跌的形态出现的。最好的买入信号一定是日线、周线的柱状体都是在向上的情况下出现的。这种逢低介入的买点和逢低介入以后,很快就出现 5 分钟级别的四位一体指标体系走势图上的放量全多头买入信号的,紧接着立马出现 60 分钟级别的四位一体指标体系走势图上的放量全多头买入信号的,并且得到日线、周线柱状体都是向上运行的配合的就是可以进行即时买入的。

图 2-21 为 600679 上海凤凰在 2016 年 11 月 18 日至 2016 年 12 月 22 日期间第一次出现这种"龙回头"模型抄极强势股回调的短线底的买入信号的 5 分钟级别四位一体指标体系走势示意图。

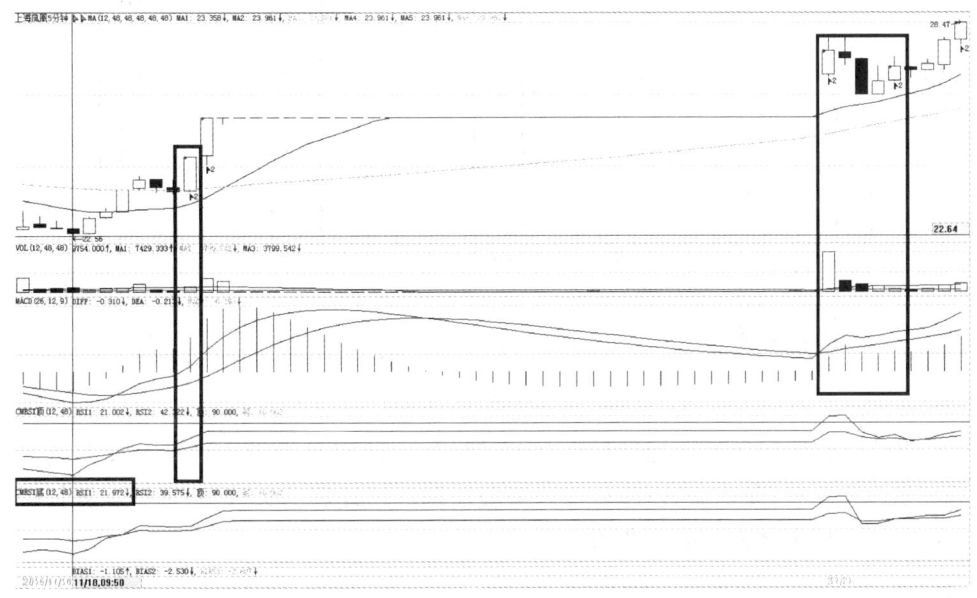

图 2-21

在图 2-21 中,光标处是满足最低点买入法的位置,因为此时其所有时间周期的最短均线都是大于 60 度角度向上运行的,是属于极强势股范畴阶段,所以可用 5 分钟放量全多头买入法去进行后期买入。

图 2-22 为 600679 上海凤凰在 2016 年 11 月 18 日至 2016 年 12 月 22 日期间第二次出现这种"龙回头"模型抄极强势股回调的短线底的买入信号的 15 分钟级别四位一体指标体系走势示意图。

在图 2-22 中,第一个长框处是满足最低点买入法的位置,因为此时其 5 日均线已经拐头向下运行了,日线和周线柱状体也已经拐头向下运行了,此时就不能激进地用 5 分钟放量全多头买入法去进行后期的买入动作了。需要等到日线级别的柱状体刚刚开始拐头向上;5 日线刚刚走平上翘之时,再刚刚出现 60 分钟或 5 分钟四位一体指标体系放量全多头的时候赶紧买入。所以后两个长框处买入信号是失败的,是不能急于买入的位置,只有最后一个长框处才是最佳买入点。

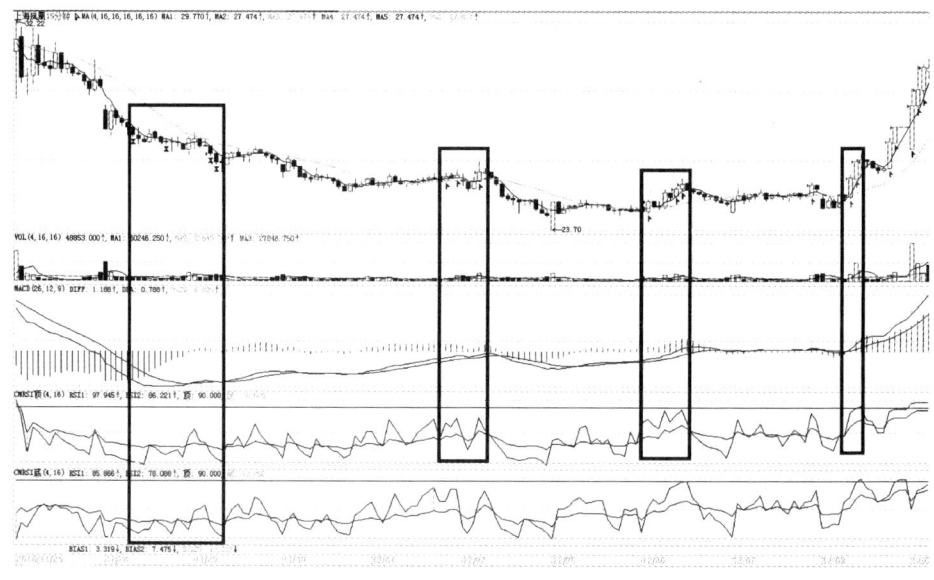

图 2-22

图 2-23 为 600679 上海凤凰在 2016 年 11 月 18 日至 2016 年 12 月 22 日期间第三次出现这种"龙回头"模型抄极强势股回调的短线底的买入信号的 30 分钟级别四位一体指标体系走势示意图。

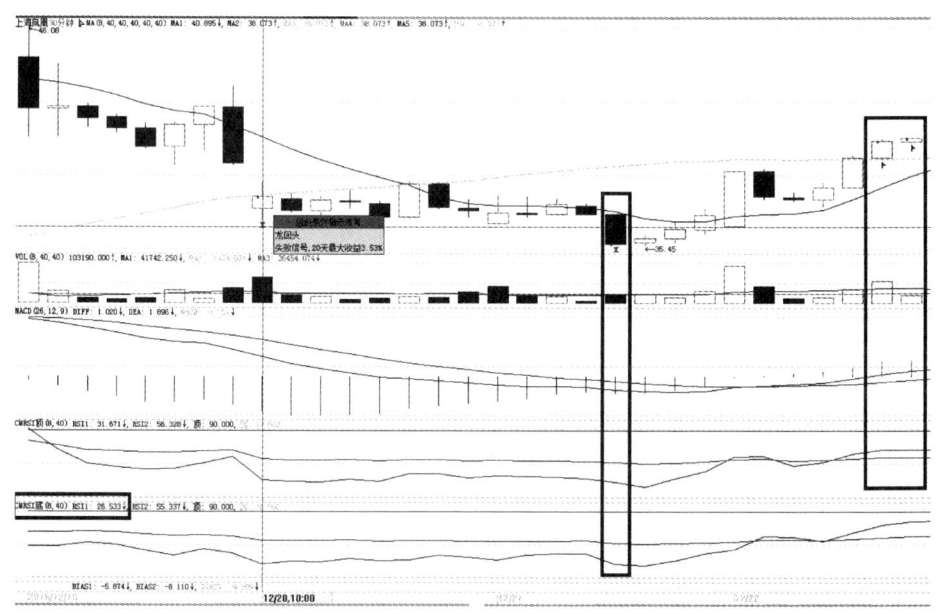

图 2-23

在图 2-23 中,光标处是满足最低点买入法的位置,但是此时其日线和周线柱状体已经共同拐头向下运行了,复合时间周期指标数值刚刚到了极高位开始共同拐头向下了,此时就需要尽量放弃对其的激进型操作了,可以准备"奢侈"地浪费一些看似是机会,实质很可能是陷阱的机会。即使想激进地用 5 分钟放量全多头买入法去进行后期的买入动作,也必须快进快出、及时落袋为安、止盈止损了。一旦跌破第一个长框处的这种满足最低点买入法的位置。其 5 日均线也已经拐头向下运行了,日线和周线柱状体也已经拐头向下运行了,就必须及时止损。

图 2-24 为 600679 上海凤凰在 2016 年 11 月 18 日至 2016 年 12 月 22 日期间多次出现这种"龙回头"模型抄极强势股回调的短线底的买入信号的 60 分钟级别四位一体指标体系走势示意图。

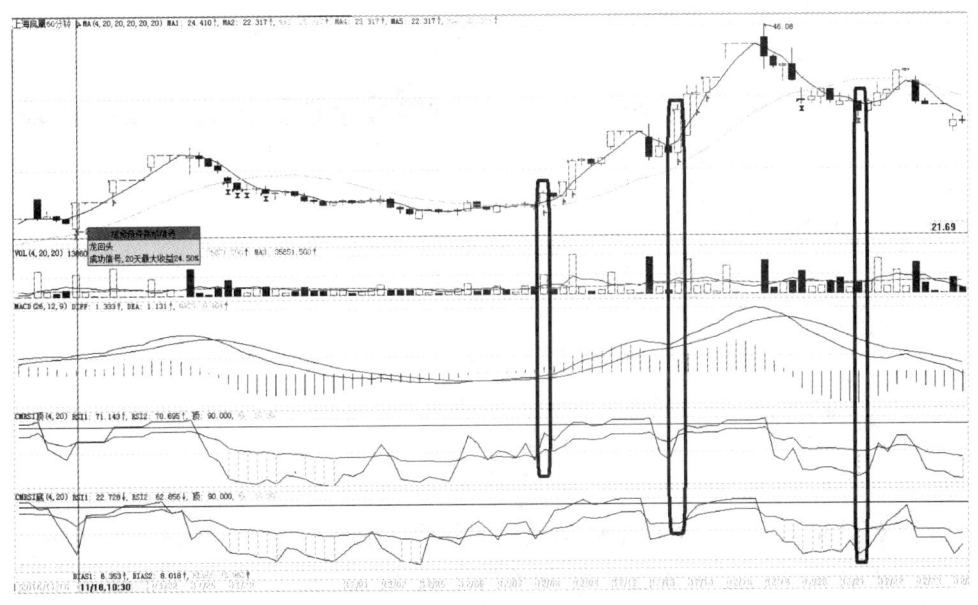

图 2-24

在图 2-24 中,光标处是第一次满足最低点也是一次起涨点买入法的位置,此时其 60 分钟和日线以及周线柱状体共同拐头向上运行了,因此就是一个比较明确的买入点。第一个和第二个长框处,其 60 分钟和日线以及周线柱状体也共同拐头向上运行了,此时就是一个比较明确的买入点,可以放弃对其的激进型操作。第三个长框处其 60 分钟和日线以及周线柱状体已经共同拐头向下运行,那就应该"奢侈"地浪费一些看似是机会,实质很可能是陷阱的机会了。即使想激进地用 5

分钟放量全多头买入法去进行后期的买入动作,也必须快进快出、及时落袋为安、止盈止损。一旦跌破第一个长框处的这种满足最低点买入法的位置,其5日均线也已经拐头向下运行了,就必须及时止损。

图2-25为600679上海凤凰在2016年11月18日至2016年12月22日期间多次出现这种"龙回头"模型抄极强势股回调的短线底的买入信号的周线级别四位一体指标体系走势示意图。

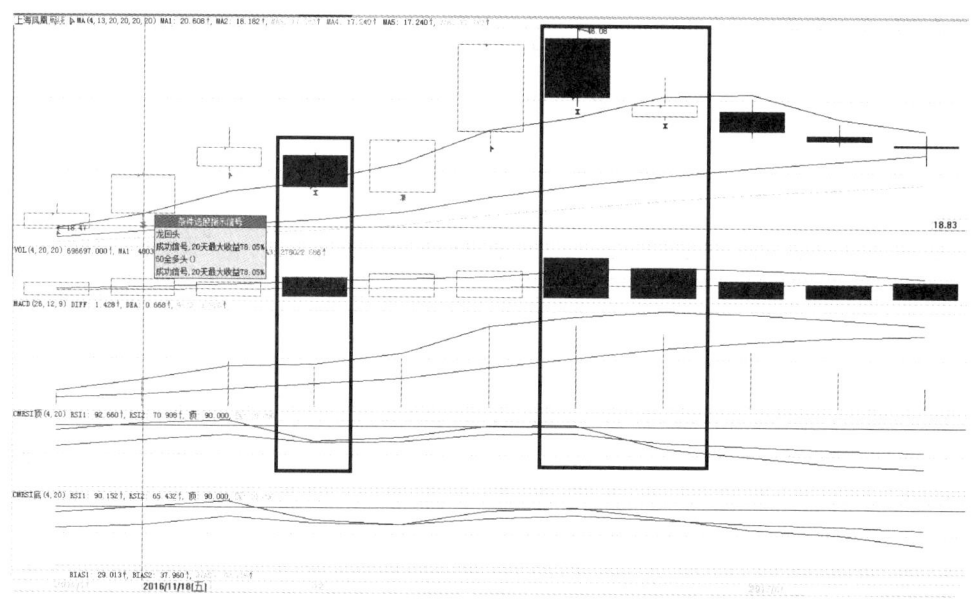

图 2-25

光标处是第一次抄底的时候,其周线的柱状体依然是强劲上升,4周线依然是强劲上升,5日线依旧是强劲上升,那么这个时候去抄底是对的,是有利可图的。在每一次60分钟、日线和周线的柱状体向下的时候,去抄底就带有危险性,一定要等到它出现60分钟四位一体指标体系放量全多头之时,并且60分钟、日线、周线这三个时间周期的MACD指标柱状体又刚刚恢复成多头向上的时候,再去及时进行买入。图2-25中最后一个方框处,复合时间周期指标数值都已经在极高位开始拐头向下了,那么这个时候就停止一切激进型操作,及时进入止盈止损的阶段,回避系统性风险。

后续反弹或反转的高度取决于反弹发生时主动性买盘成交量放出的力度和主动性买盘成交量放出的持续度。之前你不必去先臆测,因为我们都知道证券市场中臆测的可靠性是不高的,后期走势受各种因素的影响是你无法预知的,也是你无法阻止的,买入以后我们每个人是被动的,后市就靠市场配合,靠庄家主力表现来决定了。反弹发生时、发生后主动性买盘成交量放出的力度和主动性买盘成交量放出的持续度强的话,反弹的高度才高、持续时间也会更长。抄了极强势股的短线底的,做第一波反弹卖出时,以满足我在《四位一体操盘术》一书中写的"敌疲我撤"这种强势股的最高点卖出法条件出现时卖出为宜。

当然抄个股底时,若其板块指数或大盘指数也差不多正处于要反弹或在涨的这种条件时,抢反弹的准确性、有效性会得到更进一步的提升。

抄底的时候需要克服人性弱点,不要犹犹豫豫,需要在条件全部满足之时立刻下单买入。

抢反弹时有些基本的规律性的知识,一定要了解和深刻体会好,并且要严格执行好。

(1) 股市下跌如皮球下落一般,跌得越快,反弹越快;跌得越深,反弹越高;小角度缓缓阴跌的个股,其反弹时也往往呈现有气无力的状态。通常来说,这种类型的个股,以及之前的一个重要启跌平台和现在开始反弹的位置,离得很近的。反弹幅度基本上都不会很大的,参与的价值就比较小,后期的可操作性不强,除非反弹时,立刻持续地放出比较大的成交量,有角度、有力度地向上持续猛烈攻击,在很短的时间内,迅速地形成日线、周线,甚至连带月线级别的四位一体指标体系放量全多头形态,才可能造成一波比较好的反弹、反转行情。通常是那些经过极度的、连续性的、大角度暴跌后,再产生的报复性反弹,才具有一定的反弹获利空间,因而具有比较好的参与价值和可操作性。

(2) 抢反弹一定要同时抢到买点和热点这两个点,此两者缺一不可。因为一般反弹的持续时间不长,涨升空间有限。通常在3月线、4周线都是在中高位向下并且其柱状体都是向下的这种弱势行情中,产生的没有连续性放量强势攻击形态的这种相对较弱的反弹,连续上涨4天左右的见顶很多,不太可能延续12天以上震荡上涨的。如果没有把握到合适的买点、没有同时抢到热点的话,就尽量不要再去贸然追高了,以免陷入被套的困境。每次值得参与的反弹行情中必然有明显的热点,这种热点板块容易激发市场的人气,引发较大幅度的反弹,主力资金往往以这类板块作为启动反弹的支点。通常热点个股的涨升力度强,在反弹行情中,投资者只有把握住这类热点,才能真正抓住反弹的短线获利机会。

而这种个股其反弹时普遍都有一个特点:在日线上,柱状体一拐头向上时就立刻能够在两天内放量超过两条均量线的数值,然后持续放量强势上攻,迅速使得日线和周线立刻出现四位一体指标体系的放量全多头态势。

图 2-26 为 000672 上峰水泥在 2016 年 11 月 25 日的日线级别四位一体指标体系走势示意图。光标处柱状体一拐头向上时,就立刻能够在两天内放量超过两条均量线的数值,然后持续地放量强势上攻,迅速使得日线和周线都立刻同时出现四位一体指标体系的放量全多头态势,形成了一波轰轰烈烈的牛市走势。学了这个模型后,在预警跳出来的时候及时在其交易重心附近买入,立马赚大钱的概率超过 90%。

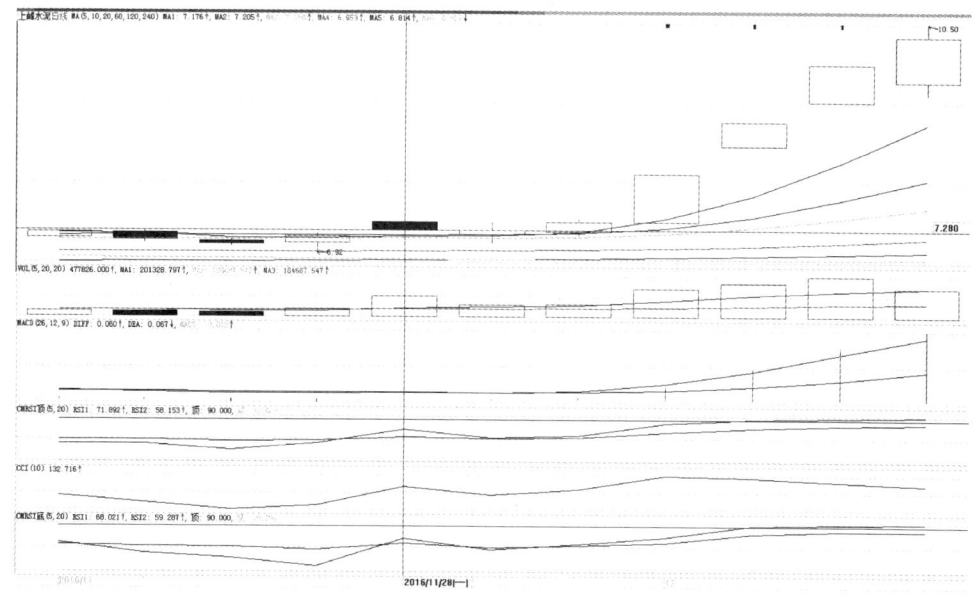

图 2-26

(3) 买进时机是靠耐心等来的、卖出时机则不宜犹豫不决。抢反弹的操作和上涨行情中的操作不同,上涨行情中一般是等待涨势满足我的相对应走势特征的最高点卖出法条件满足时再抛出,或股价已经停止上涨并回落时才卖出。但是在反弹行情中的卖出中,就尽量不宜等到涨势将尽的时候再抛。我自己喜欢以及我建议大家也尽量都在反弹的红盘攻击上涨的指标相对高位就逢高派发。抢反弹操作中要强调及早卖出,一般在有所盈利以后就要准备果断获利了结。如果因为某种原因暂时还没有获利,而大盘的反弹即将到达其理论空间的位置时,也要果断卖出。因为反弹行情的持续时间和涨升空间都是有限的,如果等到确认阶段性顶部后再卖出,就可能为时已晚或没有什么利润了。反而要为怎样止损而烦心了。

反弹行情往往稍纵即逝,一旦错过最高点卖出机会,或反弹半途而废的时候,止损更是刻不容缓的。一般反弹过程中,不能让个股收盘跌破 5 日线,跌破 5 日线就必须尽量先及时抛出,更加不能出现 5 日线已经拐头向下了还不抛。一般反弹行情的最低止损位设在反弹开始时的那根有量有标志性意义的阳线的交易重心处比较合适和靠谱。一旦股价跌破该位置,投资者必须要快速止损。因为这种下跌趋势已经成型后的逃命反弹结束之后,股价会继续沿着下跌的方向发展,并会延续一段时间和空间的。当股价再次跌破第一次反弹起点的时候,预示着整个下跌通道彻底形成,熊市正式开始了。此时投资者应该清仓离场,要懂得舍得的道理:有大舍才能有大得。熊市中,尽可以奢侈的浪费很多看似机会的机会。一定要以《四位一体操盘术》一书中阐述清楚的抄底条件去执行,或干脆等到确定无疑的极强势股买入点信号出现后,再及时参考一下当时指数环境是不是获得一定程度的改善后再谨慎行事更加靠谱。

图 2-27 为 300471 厚普股份在 2016 年 10 月 31 日至 2016 年 12 月 12 日期间出现上文中阐述的这些情况的日线级别四位一体指标体系走势示意图。

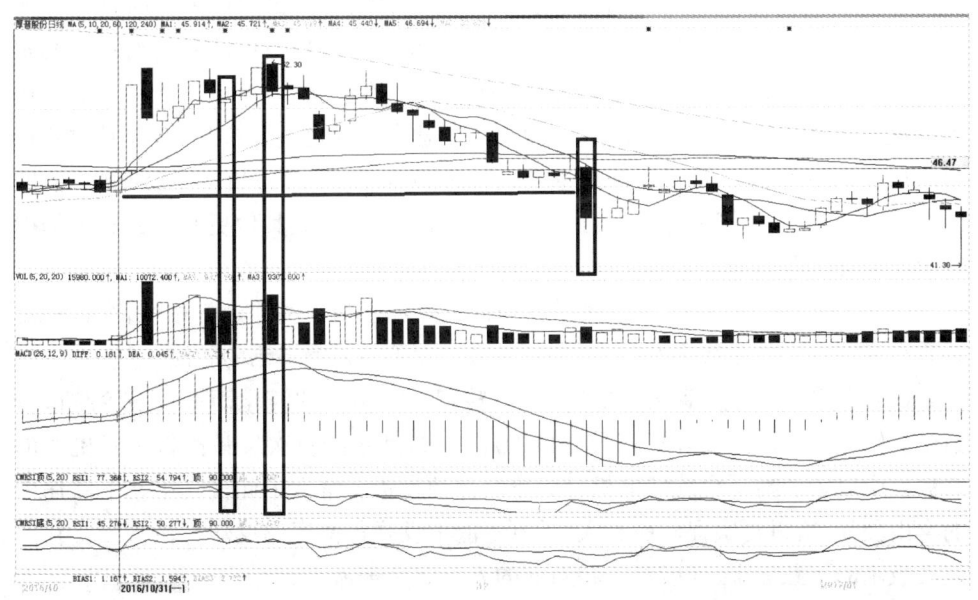

图 2-27

在光标处是一次完美抢反弹的时候,当时其放倍量阳包阴并且形成放量老鸭头形态。其 60 分钟、日线、周线的柱状体也是强劲上升,其 4 小时线、5 日线、4 周线也是强劲上升的,此时参与其反弹是对的,是有利可图的。但是当时其周线四位一体指标体系走势图中的 20 周线还是空头向下的过程中,还不具备中线强势上涨的大级别行情走势特征,充其量只能按照强势股操作模式去做这波反弹。所以应该在满足强势股的最高点卖出法模型"敌疲我撤"条件时在涨停板的第二天高抛。若此时错失良机那等到第一个长框出现时应该抛了,因为此时收盘价已经跌破 5 日线,当时的 5 日线已经拐头向下了(你现在在走势图上看见其 5 日线是向上的,是因为后两天庄家主力生拉硬拽拉上去的)。一般来说,跌破 5 日线之时就需要及时利用盘中的任何反抽机会抛掉。特别是当时的指数环境也比较恶劣,其 60 分钟四位一体指标体系走势图上已有明确的顶背离或顶部三宝现象;周线的柱状体在拐头向下或中高位依次向下阶段时,更需要及时抛出。哪怕可能明天会反弹,今天也必须先抛再说!市场面前不要心存侥幸,不能靠主观臆测面对这么凶残的市场。唯有在 5 日线仍然是大角度向上运行时,其 60 分钟四位一体指标体系走势图上也没有明确的顶背离或顶部三宝现象;周线的柱状体仍然在依次向上阶段时,可以适当再守一天看看第二天能不能在开盘后半小时内持续强势地站上 5 日线向上继续运作。如果第二天开盘半小时内没有出现这种强势表现,仍然需要及时抛出。图 2-27 中第三个长框和这根长横线,表示的是其反弹结束后再度跌破此次反弹起始点倍量阳包阴 K 线的低点。这个低点是此波反弹行情最后、最低的止损点了。这个点跌破了就不要再奢望什么了,即使第二天就有反弹也不要参与,必须及时止损出局!因为 80% 以上的概率是后期要继续震荡向下了。有跟它继续纠缠不清的精力和时间,还是赶紧利用软件强大的选股和预警功能,做其他更有把握和更加确定无疑会涨的股票去。

(4)反弹行情的演绎过程中变数较大,当投资预测与实际走势相违背时,一定要尊重客观现实的走势去及时作出买卖决定,而不能依赖自己的臆测。

(5)反弹不一定能演化为反转,但反转却一定由反弹演化而来。一轮跌市行情中能转化为反转的反弹只有最低位的那一次,其余的每次反弹都将引发更大的跌势。所以为了搏一次反转的机会而抢反弹的投资者常常因此被套牢在下跌途中的半山腰间,所以再次提醒所有人:千万不能把反弹行情当作反转行情来做。在一波大级别的下跌势中,与股票长相厮守的人一定是苦命人。

(二)抄底的最佳时间

在股市操作过程中,许多人都喜欢抄底,认为底部股价便宜。于是,看到某一股票在技术指标低位了,或者 K 线有点不再续跌的时候就买进。但是等到你刚一买入股价就又开始新一轮的下跌了,迅速地将期望会产生止跌反弹的人套住,使得新进的人也不得不落入不赚反亏的境遇。那么这种抄底的人到底错在哪里呢?

其一,不看大盘指数当时的复合时间周期指标数值的位置高低和趋势方向,而去盲目抄个股的底,往往事倍功半,抄不到底、抄不准底。通常只能在大盘指数真正触底放量转而向上运作阶段,才可抄某些也符合要向上运作条件的个股的底。只是超短线、短线时间周期级别到位的底,只能浅尝即止式的以"小、快、灵"的节奏快进快出短炒一把就走。超短线、短线、中线时间周期级别都到位的底,才适合以短线波段方式去抢一把。超短线、短线、中线、长线时间周期级别都到位的底,才最值得花大力气恶狠狠地重仓做一把大级别的波段行情。

在进场前一定要充分考虑大盘的各时间周期的高低位置,及其各时间周期之间是不是存在不同步态势的抵触问题。只有在大盘的趋势方向会明确配合你想操作的方向之后,去进行个股的操作才会更稳妥,更能达到事半功倍的效果,才不至于出现事与愿违、节外生枝、半途而废的结果。这其实也是我一直推崇的"先大盘、再板块、后个股"的看盘、选股、操作有效理念当中的重要一环。

其二,针对指数和个股的历史走势规律总结来看,个股从其最近一次大级别牛市结束后跌幅超过70%以上,同时成交量也萎缩到均量线下方一段时间后,特别是日线级别当中已经形成了MACD指标的明显底背离形态时,往往会有一个较为强劲的大级别反弹甚至是反转行情出现,而且至少是有一波中长线翻倍的行情。

其三,股价到了低位或在看似低位之时,并不等于就是在底部了。低位既可以说是底又不是底,需要市场主力以实际向上的攻击行动来确认,不是由我们任何个人来猜测认定的。真正的底部都是靠市场主力以连续不断地放量向上攻击以后脱离了底部以后回过头来才予以确认的。没把股价拉起来之前的底只是技术分析范畴意义上的"底"而不是被市场主力认同确认的有效的、事实的"底"。

所以说抄底的最佳时间应该是指标体系到过了底以后、K线形态出现了经典的底部信号后,经过主力庄家们放量发力向上开始攻击的那个瞬间!这个底才是我们要抄的底,只有抄这样的底才是安全的、有效的。

从这个底确立开始后持续放量震荡向上才有可能狙击到涨停板,才有可能会享受到有一波连续上涨的主升浪行情出现的乐趣。抓这种瞬间的最好武器就是在比其小一个时间周期的四位一体指标体系走势图上刚刚形成放量全多头之时。在此信号出现的当时,迅速地分仓在其当时的分时图交易重心附近买入就是你立刻要做的正确操作。

通常主力在建仓阶段都是小心翼翼悄然进行的,而在洗盘、突破拉升和出货阶段时则常常是个性化十足,奇招迭出,逆向思维盛行,翻云覆雨地来回折腾。在这些快速诡异的变化过程中,若看一个时间周期的常态化的技术指标或K线图,你可能会被忽悠得云里雾里不知所以然,踏不准节奏。主力刻意修饰出许多假信号,使得许多技术指标出现了该涨不涨、该跌不跌的尴尬局面。因此我建议大家还是要多结合各时间周期的"四位一体指标体系"走势图来综合判断其到底是处于长线、中线、短线高低的什么位置,以及其各周期的互为因果的高低位置的递进关系。因为,不管是主力编造骗线也罢、修饰指标也罢,每一笔交易都要通过真金白银和时间来实现的,这都会反映在不同时间周期K线形态和指标趋势上。

(三) 用什么手段看清K线图背后的意图

通常来说,K线要比许多技术指标领先一步,会更快、更真实地反映多空力量的对比和交锋的结果。K线从某种程度上就是其背后的主力庄家与广大投资者金钱筹码和心理博弈行为的一种外在表现形式,对K线的分析就是在将投资者的心理行为对未来趋势的影响做一个预期的判断。因此,可以说K线是最原始、最超前,也是最重要的分析工具,投资者不可舍本逐末。

股价异动的背后一定是持有这个股票筹码最多的主力正在运作,股价异动的背后一定隐藏着上市公司的重大利好或重大利空。普通的投资者不可能提前知道真实的第一手讯息,也不一定能搞清楚此讯息的真假,以及此讯息对股价走势到底产生多大的利空、利多,后市一定会涨还是一定会跌。其实我们广大散户不用去瞎操心分析判断,只需在盘口观察其股价的四位一体指标体系的走势强弱就可以了。无数事实证明,所有的利空和利多只是配合主力庄家运作股价趋势的工具而已。有主力才会有异动,有异动才会有涨停,有涨停才容易会有主升浪。看到了K线的异动,再加上上市公司的提示公告,再看见了四位一体指标体系的放量全多头现象同步刚刚出现,那就等于直接清晰地告诉你主力在向上行动了。此时广大散户就应该第一时间选择介入其股票,参与其中短线上涨趋势操作当中去。广大散户一定要把精力重点放在股价发生异动后形成"四位一体指标体系的放量全多头"现象的股票上,才可能多快好省地趋利避害,赚快钱、赚稳钱、赚大钱。

单看传统的一根K线或一个K线组合就去判断后市会如何运行,我认为是有失偏颇的,也是准确率不高的,而且容易掉入主力庄家刻意制造的陷阱。我们必须结合当时指数的大环境到底是属于偏强势的还是偏弱势的?指数、板块、个股的多周期指标数值到底是在高位还是在低位？它们现在即将或正在运行在什么级别的趋势行情中？它现在这个时间周期的运行方向和力度是不是得到了比它小一时间周期的四位一体指标体系没有反作用力的强力支撑？它现在这个时间周期的运行方向和力度是不是得到了比它大一时间周期的四位一体指标体系的没有反作用力的有效支持？理性地分析一下当时的风险收益比孰轻孰重？

K线是价格运行轨迹的综合体现，无论是开盘价还是收盘价，甚至是上下影线都代表着深刻含义，但是运用K线绝对不能机械地使用，趋势运行的不同阶段出现的K线或者K线组合代表的含义不尽相同。经过了这么多年的实战检验和体会，我奉劝所有股友在研究K线时，必须要重视如下三个要素：

（1）同样的K线组合，月线的可信度最大，周线次之，然后是日线，当然60分钟级别的K线也可配合其他几个时间周期的四位一体指标体系来加以综合判断。月线出现"看涨"组合上涨的概率最大，周线上涨的组合可信度和可操作性也很高，而60分钟和日线级别发生骗线的概率较大，但是配合了四位一体指标体系和多周期四位一体指标体系来使用，效果会非常好。

（2）股价运行的不同阶段，出现同样的"K线组合"代表的含义不相同。比如，同样是十字星线，在下跌阶段尾声出现就比震荡阶段出现的见底信号更可信。所以，我们不能一见到类似的见底K线就认为是底部到来，必须结合整个四位一体指标体系趋势走势图来综合判断。

（3）K线组合必须配合成交量和四位一体指标体系趋势走势图来一起看。成交量代表的是多空力量的此消彼长，成交量是因，K线形态是果。只看K线组合，不看成交量，其效果要减半。不结合四位一体指标体系趋势走势图和多周期四位一体指标体系来一起看，你就无法正确理解这根K线的真实意义和价值，你就容易上当受骗或错失良机。

以上这三个要素是研究"K线"的前提，只有结合这三点去研究K线、应用K线才能用K线分析帮你赚钱。这才是我们研究K线的宗旨和根本，才会使其具有较高的实际操作指导价值。应用K线图可以帮助我们判断股价突破的短线时机。我们要多注意结合60分钟、日线与周线的K线图以及利用60分钟、日线、周线的四位一体指标体系走势图来对个股突破前、突破时的走势来加以考察判断。

对这么多年涌现的大牛股的统计表明，个股在突破平台整理前，近两周K线常常出现二阳夹一阴、大阳线、早晨之星等形态，出现的频率之高，出现的形态之集中,与变化莫测的日线图形成巨大反差。这也从一个侧面使我们把K线图简单化,只要掌握这几种常用K线,就可以提高投资成功的概率,使我们可以在较短的时间内获得较大的收益。

现在的市场容量已经足够大了,机会可以说几乎天天有,我们完全可以奢侈地主动放弃一些似是而非的可能的机会,一定要有"不符合自己的赢利模式不买的原则"。任何一个真正会炒股的投资人,都必须要有、会有一个符合自己个性的赢利模式。并且这个赢利模式都是自己在实战当中总结出来、固定下来、坚定执行的赢利模式。至于是抄底型的还是强势追涨型的都不重要。重要的是这个模式能够让自己能够自信地、稳定地、轻松地执行着就能够安心赚钱,回避、化解掉顶部下跌风险就可以了。

当你建立了自己的赢利模式,看到哪只股票的走势符合你自己的赢利模式时,你会自然的、轻松地、自信地买入,并且在没有出现让你感觉不踏实的现象出现前持有得住,才会由小赢到大赢,才会由偶然到必然。

若股票走势不符合你自己的赢利模式,千万别勉强自己介入,哪怕它涨跌得再厉害,你都别冲动。也有可能你对某类走势还没有绝对的把握。在没有把握的情况下,贸然进出相对容易出错。我们没有必要非得亲自经历那些不必要经历的操作错误,没必要去经历一次又一次的股市陷阱。我们完全可以只赚自己看得懂、有把握的、比较可以确定赚得到的钱。只在股价走势出现了自己熟悉的、可以比较有把握赢利的模式出现时再买进。这是买股之前必须坚持的最重要原则之一。

只抓住绝对有把握的时间段出现的确定无误的机会进行及时的操作。只有进行了相对通盘考虑和衡量以后可能才会最大限度地去化解被市场主力玩弄于股掌之间的风险,才可能趋利避害赚到应得的合适利润,才能坚定地竖立起有效的操作体系,保护好、维持好良好的投机心态,才能永久的、持续的、滋润的、如鱼得水般的在这个极其凶险的市场中生存下去。

下面就一些经典的底部K线,再结合四位一体指标体系的综合运用来提高识别K线转势的成功率。以期让大家建立一个有效的、准确的、高成功率的、尽量完美的买卖体系,以便在凶险的市场中趋利避害、轻松赚钱。

1. 低位吊颈线的辨别和使用法则

1) 形态示意图

图2-28框内显示的K线即为典型的低位吊颈线形态示意图,以及符合下文阐述的形态买卖操作要求的走势示意图。

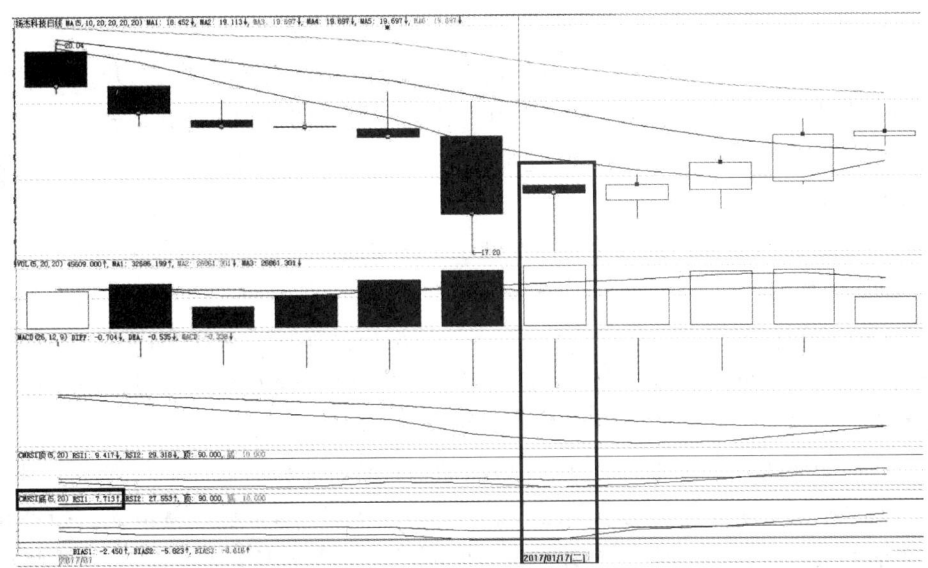

图 2-28

图 2-29 第一个长框内显示的 K 线即为典型的高位吊颈线形态,右边长框内显示的 K 线虽然指标位置以及价格位置比前期低了很多,但其属于下跌破位期间的复合时间周期指标数值"半山腰"位置,也仍然属于高位吊颈线形态范畴的示意图,以及符合下文阐述的形态买卖操作要求的走势示意图。

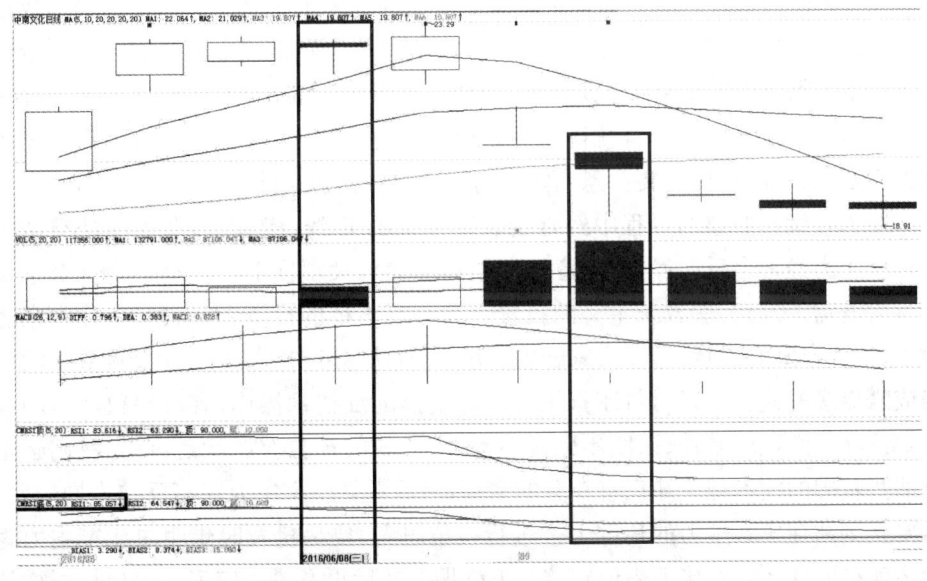

图 2-29

2）形态特征

（1）吊颈线通常表现为当日股价盘中曾大幅下挫,但最后拉回到开盘价附近的一根有比较小的实体但有大两倍于其实体的下影线的 K 线,多数是表明空头开始往下试探着打压股价,虽然多头还能反击,但空头已经初步展露实力,后市可能很快反转下跌的信号。

若出此 K 线前期已经大幅震荡上涨了一段空间后,其周线、日线 CMRSI 顶指标的 RSI1 数值都在 80～90 以上的话,那它就可能想进行一次相对有点级别和有点时间的中短线回撤了。见此信号后,多数情况应该抓住机会逢高出逃。特别是若该股次日跳空低开继续低走则更是明确宣告其上升趋势已经结束的意思。但是庄家主力也确实经常在类似吊颈线等 K 线形态上制造陷阱的。

我们如何区分真假呢？我们要关注其股价运行的整体位置和运行的多周期位置高低水平。如果股价前期涨幅已大,吊颈线成为头部的可能性就极大。如果股价涨幅不是很大,四位一体指标体系又是刚刚发出放量全多头买入信号,吊颈线出现当天其所对应的时间周期的 MACD 指标当中的柱状体仍然是多头向上的,比其所对应的时间周期小一个时间周期的四位一体指标体系仍然显示的是强势不改的攻击态势的话,就应该可以认为是其盘中的强势洗盘行为,若次日其放量高开高走越过低位吊颈线的高点了,则更需在其当天分时图交易重心附近加码买进,因为它的洗盘行为结束了,一轮新一波的中短线上涨更猛烈地开始了。

（2）低位吊颈线对应的成交量也是很重要的判断依据之一。若吊颈线形成过程当中的下跌阶段,成交量是迅速萎缩的,一到盘中下跌低位立刻能够持续放量快速上涨的,就说明主动性的承接力度是有的、是大的,此时的下跌很有可能是洗盘性质。若当天总成交量本身就比之前企稳上涨过程当中的成交量小,则在上述条件都满足的情况下,更加要注意庄家主力是不是在做诱空陷阱。

主力在运作股票的过程中经常会做反传统的 K 线、指标、形态等的诱空诱多动作。主力经常会反向操作,刻意地让市场和股价大幅度上下波动、震荡,对市场进行大洗盘,洗出一些教条主义的投资者和心态不稳的投资者。它只有让大家恐慌了、让大家麻痹大意了,让大家云里雾里了,让大家不知所措了,才会赚更多的筹码或赚更多的钱。所以对付庄家主力经常会搞的反技术操作,有一句很经典的股谚:"该涨不涨理应看跌、该跌不跌理应看涨"。我的经验教训就是:首先我们必须对那些基础的技术理论知识有充分的掌握,然后看见庄家主力在搞反技术操作后,需要立刻站在庄家主力的角度上去进行换位思考,要尽量及时想明白庄家主力为什么现在要这么做？接下来他应该会怎样做？然后再及时跟庄家主力保持同样的方向进行中短线的操作。

2. 跳空长阳的辨别和使用法则

1）形态示意图

图2-30框内显示的K线即为典型的跳空长阳K线形态示意图，以及符合下文阐述的形态买卖操作要求的走势示意图。

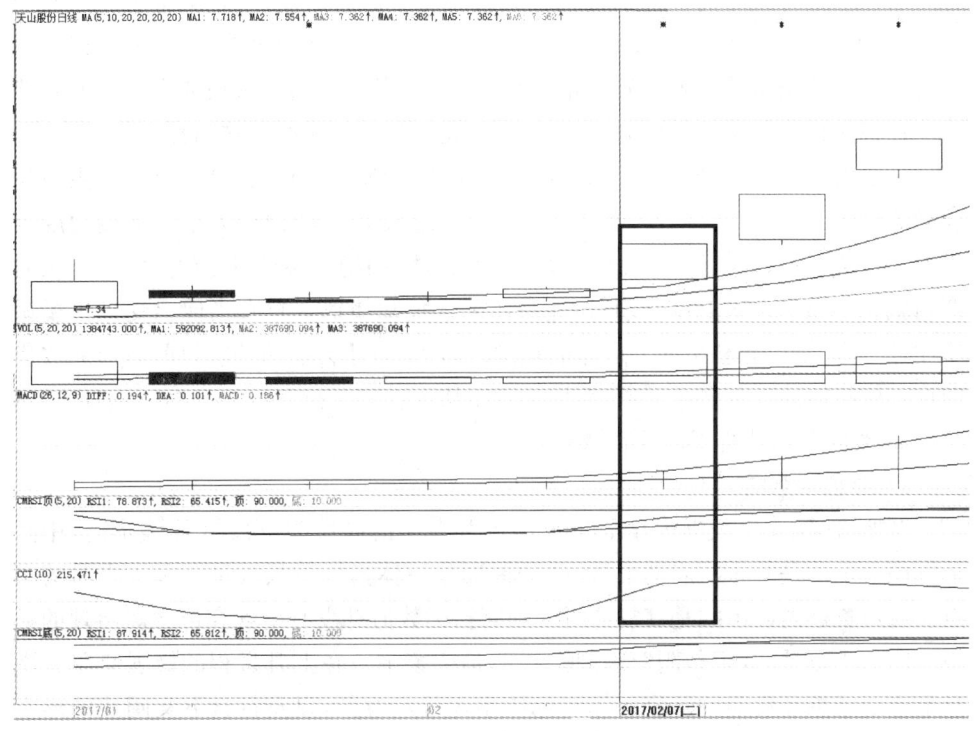

图 2-30

2）形态特征

（1）股价在阶段性底部反转上涨时，某日放量跳空开盘，且量价配合高开高走，股价接近或突破了前期高点，收出一根几乎是光头光脚或就是光头光脚的跳空放量长阳线，似乎有离开底部或冲破原先的整理区间继续上涨之势。四位一体指标体系走势图上刚刚正好或已经形成放量全多头配合态势。

（2）跳空长阳对应的成交量必须要相应放大，最好是要比前日成交量大2~3倍，形成一根顶天立柱的长阳大量，且最好超过了前期震荡区间内的最大量。

（3）在跳空长阳后，有的主力选择的是继续高举高打持续向上拓展空间，而有的庄家会在较短的上涨一段空间和时间后,让股价连跌4～8天,又差不多刚刚回补了跳空长阳的向上跳空缺口,但下跌期间成交量却明显迅速减少,这通常是上涨过程当中的洗盘行为,只要其四位一体指标体系走势图上没有出现根本性的疲软态势,还是可以相对容忍的,若在洗盘结束点附近迅速再出现明确的放量金叉或放量老鸭头之时再迅速介入或加仓。

（4）这种K线形态在各个时间周期走势图上都会出现,凡是满足上述这些要求的,都值得重视。然后在其形成放量四位一体指标体系全多头之际,就可以在其当时的分时图交易重心附近分仓介入了。特别是其所隶属的板块如果也正好强势启动在板块指数量比涨幅榜前列的话,则更是绝佳的中短线炒作品种。

一般来说,从底部反转向上跳空长阳,加上急剧放大的成交量,通常是主力建仓后的试盘动作或拉升动作,是庄家主力用来感受市场的抛压大小和承接力度大小的。若他感觉到市场抛压比较大时,或者当时的市场不利于其拉升之时,其短时期内就会不愿意再向上拉升,而让他自己陷入危险境遇。只有当他感受到市场抛压比较小,市场也有利于向上运作的氛围之时,主力才会在回补缺口前后形成放量四位一体指标体系全多头现象,然后再度很快反转向上拉升。

3. 跳空长阴的辨别和使用法则

1）形态示意图

图2-31第一个长框内显示的K线即为典型的高位跳空长阴K线形态,中间长框内显示的是其止跌启动形成60分钟四位一体指标体系放量全多头之时的买点。右边长框内显示的是其复合时间周期指标数值都没有全到高位之前出现的跳空长阴后立刻被"双阳包阴"覆盖掉,说明是庄家主力在上升过程的极强势单日洗盘形态的结果和后期的四位一体指标体系走势示意图,以及符合下文阐述的形态买卖操作要求的走势示意图。

2）形态特征

（1）股价在连续上涨创出新高点后,某日以涨停板价或跳空高开很多开盘,随后一路快速震荡下跌,最终以接近当天最低价收盘,收出一根大阴线。

（2）大阴线之下的成交量也相应地放大,放出超过10％甚至更大的换手率,大阴量当天的成交量比前期最大量还大。

（3）在跳空长阴后,股价通常会继续下跌,但是下跌期间成交量必须要明显依次迅速减少,同时其各分时级别的CMRSI底指标的RSI1数值要迅速在短短的几天内都同步调整到20以内,在此期间其中短期均线不能改变其原本的大角度向上运行格局。

>> 第二章 炒大牛股离不开的几道关

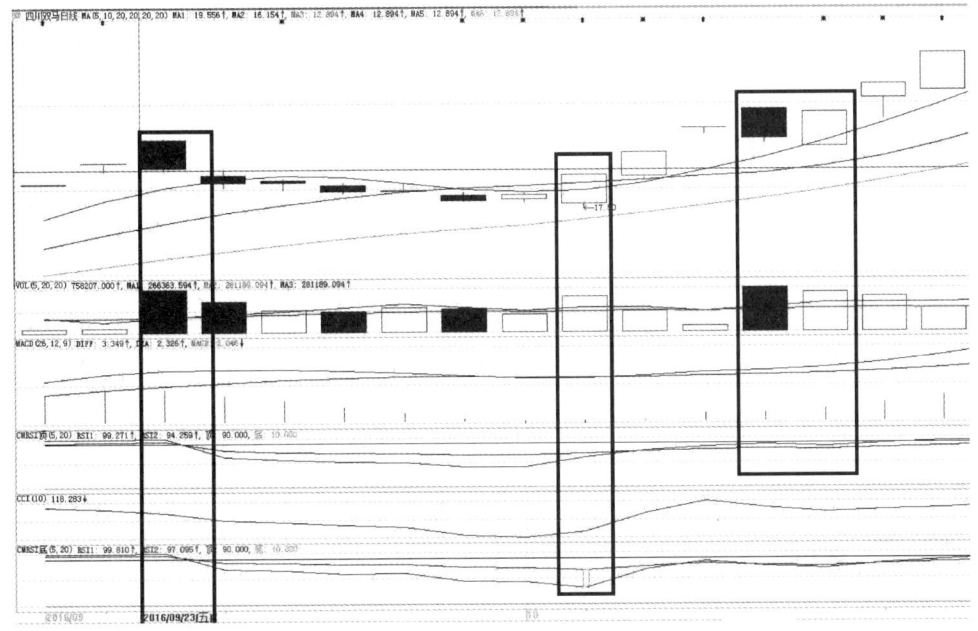

图 2-31

（4）这种大阴线不能是在月线、周线、日线 CMRSI 顶指标的 RSI1 数值都在 80～90 以上产生的。因为这些时间周期的 CMRSI 顶指标的 RSI1 数值若都在极高位的话，那它就可能不是简单的上升过程当中习以为常的洗盘行为了，很可能是其真正在想出货了，或者想进行一次相对大级别和大时间周期的中长线的回撤了。

股价在刚刚创底部平台新高后、在刚刚创上涨过程当中平台新高后、在刚刚创历史新高后，在还没有大幅上涨拉出一定空间前，却出现了特别恐怖的天量跳空长阴，在指数环境处于牛市氛围中、在其个股处于各时间周期四位一体指标体系数值都显示的还没处于极其高位之前，通常都是主力拉升中途的震仓洗盘行为，第一次发生放巨量收长阴的话，通常不久后还有更高点可期。发生这种放巨量收长阴只是主力庄家想把获利的散户清洗出去些，把市场持有成本抬升得高一些。以利于今后的拉升和出货。

面对出现这种天量跳空长阴之时，如果已经有此股票的，需要先利用盘中任何反抽机会先出来再说，没有此股票的不能急于买入，必须耐心等待其各分时级别的 CMRSI 底指标的 RSI1 数值迅速地都同步调整到 20 以内后，再试探性地在其分时图上也同步产生下豁口大于 3％之时买入首笔。等到其再度形成 60 分钟四位一体指标体系放量全多头之时或者止跌反弹出现放量阳包阴 K 线形态之时再赶快及时在其当日交易重心附近分仓买入。以享受股价再度反转向上快速上涨，出现一波暴利机会结果的乐趣。

4. 假阴线的辨别和使用法则

1）形态示意图

图2-32长框内显示的K线即为典型的假阴线形态和前后期的四位一体指标体系走势示意图，以及符合下文阐述的形态买卖操作要求的走势示意图。

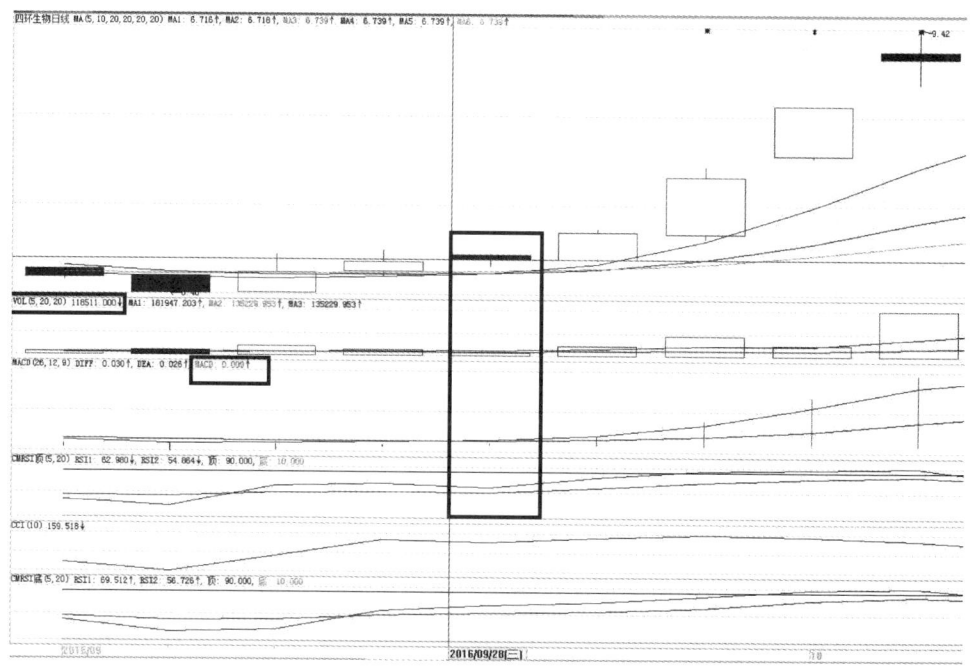

图 2-32

2）形态特征

（1）假阴线洗盘常常在股价异动上涨后出现，它的当天开盘价相对于其当天的收盘价要高，当天的K线形式是一根阴线，但它的收盘价仍高于前一根K线的收盘价，故称其为假阴线。

（2）假阴线当天的成交量要比较小，要小于在它之前下跌阴线或在它之前上涨阳线时的成交量。

（3）假阴线当天的MACD指标当中的柱状体一定要是向上延伸的。假阴线次日的K线要立刻形成止跌上涨并创出新高的K线。

传统的K线理论一般认为高开低走的阴线显示的是多空分歧比较大，且空方还略占上风,短期之内上升机会比较小,主力正是利用这种高开低走、股价在盘中大幅震荡的形态来吓唬跟风盘中的那些不明就里、意志不坚定的浮筹,希望让他们尽量快速交出筹码。其实满足上述条件的假阴线的出现,正说明主力其实是不舍得让股价下跌的,只是要洗出心态不稳的跟风者而已,才特意做出这种相对难看的阴线以达到快速洗盘的目的。

当投资者今后碰上或发现了满足上述这种条件的假阴线后,千万别被它所蒙骗而轻易交出筹码。如果满足上述这种条件的假阴线后的次日,股价上涨迅速放量突破了假阴线的开盘价,而且比其小一个时间周期的四位一体指标体系已经形成全多头排列之时,就意味着该股新一轮的上涨开始了,短线快速的洗盘结束了。

5. 跳空二阴线的辨别和使用法则

1) 形态示意图

图2-33长框内显示的K线即为典型的跳空二阴线形态和前后期的四位一体指标体系走势示意图,以及符合下文阐述的形态买卖操作要求的走势示意图。

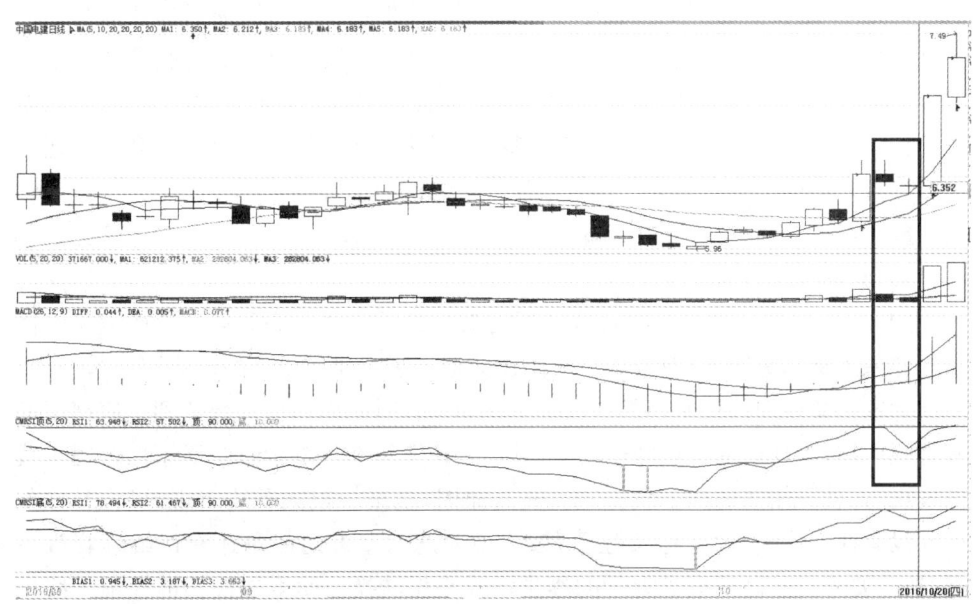

图2-33

2) 形态特征

(1) 股价经过一波连续的震荡上涨后,在接近前期头部或近期的新高点附近时收出一根阴线,第二天又接着来一根跳空缺口低开的阴线,形成了有跳空缺口的连续两阴线形态。两根阴线最好都有不同程度的较长的上下影线,特别是第二根有跳空缺口的阴线非得有下影线不可。

(2) 两根阴线所对应的成交量一定要依次缩量的,并且明显地要小于上涨结束前阳 K 线时的成交量。

(3) 若第三天股价放量上涨后,一举把第二根有向下跳空缺口的阴线全部爽快地回补清楚,比其小一时间周期的四位一体指标体系已经发出放量全多头买入信号的话,那就是主力清楚地告诉市场他将要进行快速的短线拉升行情了。更有甚者的是,若第三天直接轻松跳空高开一下子就越过了跳空二阴线组合的最高实体点的话,股价还很有可能将会出现连续涨停的凌厉攻势。

所以针对这种跳空二阴线的主力反向操作的凶狠而快速的洗盘方式,我们要多留个心眼,一旦在第三天发现快速放量形成小一时间周期的四位一体指标体系已经发出放量全多头买入信号的时候,要迅速在其当天的交易重心附近及时分仓介入。

但是必须告诫大家的是:在上涨过程中如果在复合时间周期指标数值都已到了极高位后出现了这种跳空双阴形态之后,在第三天没有出现满足股价放量上涨后,一举把第二根有向下跳空缺口的阴线全部爽快地回补清楚,比其小一时间周期的四位一体指标体系没有发出放量全多头买入信号前,千万不得盲目介入!还是需要谨防之前的上涨行情真的出现崩溃式下跌的可能性的。

6. 锤子线的辨别和使用法则

1) 形态示意图

图 2-34 两个长框内显示的 K 线即为典型的锤子线形态和前后期的四位一体指标体系走势示意图,以及符合下文阐述的形态买卖操作要求的走势示意图。

大家不禁要问同样两根都是股价下跌到复合时间周期指标数值到达底部了的底部锤子线,为什么前一根锤子线出现以后,还继续在下方运行?而第二根锤子线出现以后,就开始震荡向上攻击呢?究其原因,是第一根锤子线出现以后,其柱状体并没有往上收缩,而是继续往下移动,说明此时空方的能量还有待继续释放一下,还需要等待主动性买盘力量的逐步增强来做转换。而第二根长框处锤子线出现以后,空方力量迅速衰减、多方力量迅速集聚,逐步地梯级放量,成功站上并站稳 5 日线,使得 5 日线也拐头向上,四位一体指标体系同步依次开始向上移动并进行有效发散,则后期震荡走高就成为大概率事件了。其也从一个弱势股蜕变为一个强势股,甚至逐步演变成一个极强势股。

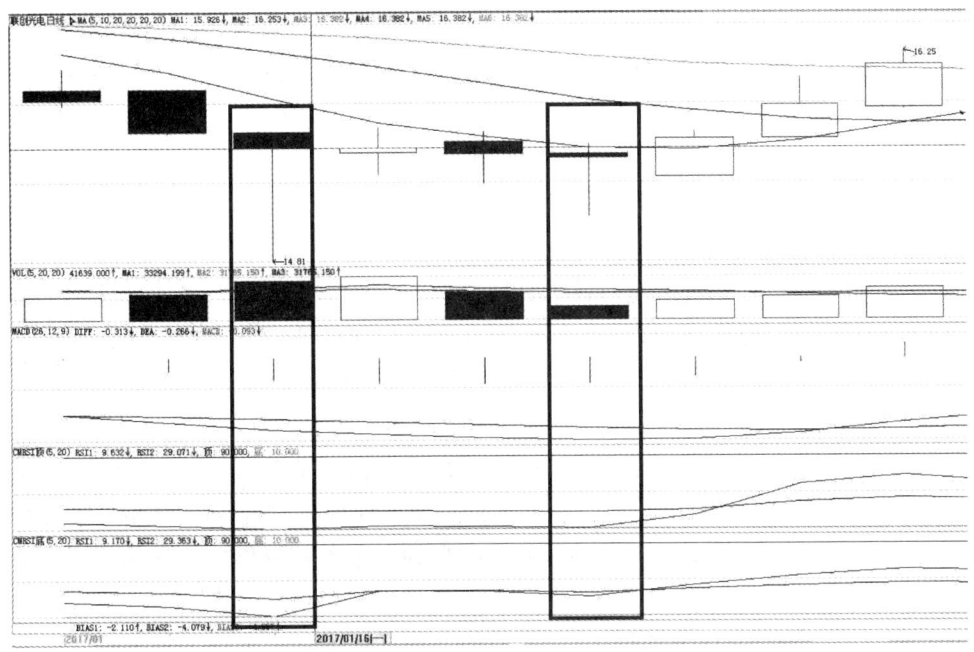

图 2-34

2) 形态特征

(1) 锤子线实体小,且位于震荡向下趋势 K 线形态的底部附近位置,没有什么上影线或仅有很短的上影线。下影线倒是很长,应大于实体 3 倍以上。

(2) 通常在洗盘即将结束之日,股价盘中曾一度会产生急剧下跌,但随着恐慌性抛盘的减少,多方会有积极买入的动作,以使得股价又节节上涨。若此锤子线收盘是收于当天开盘价之下的,则形成阴锤子线;若此锤子线收盘是收于当天开盘价之上,则形成阳锤子线。阴锤子线所对应的成交量必须要小,阳锤子线所对应的成交量必须要较大。

(3) 同时,比其小的时间周期的各分时级别的 CMRSI 底指标的 RSI1 数值要同步调整到 30 以内,此时出的锤子线多为止跌的信号,次日很可能反转上涨,需在次日开盘后看见持续放量,又形成小一个时间周期的四位一体指标体系形成全多头排列之时,及时在其当时分时图的交易重心附近分仓买入。

还有一种锤子线的变异 K 线,我们叫它为"底部 T 字线",是指股价连续下跌后某天出现一根开盘价、收盘价、最高价都是一样的,但因为最低价曾经在盘中远低于其开盘价、收盘价和最高价,在 K 线上留下一根有很长的下影线的 K 线,其形状像英文字母 T,故称为底部 T 字线。

底部 T 字线是主力在盘中快速打压股价之后,又将股价拉回开盘位置,这种操作手法反映了主力在制造恐慌情绪以便于低位吸取更多的廉价筹码,但此时主力并无意做空,所以又将股价拉回,以此安抚投资者的投资信心。底部 T 字线止跌信号的确定性力度大小与其下影线长度呈正比,下影线越长,则止跌的作用就越明显,参与价值就越高。

选股时,我们要选择股价有较大跌幅之后的 T 字线,这种 T 字线在技术上显示的是一种见底信号。底部见 T 字线,此时其小一时间周期的四位一体指标体系走势图上若也同步出现放量全多头形态之时,对短线炒作者来说,是抢先介入的好时机。T 字线不论是阳线还是阴线,实战意义基本上都是相同的。

不管针对的是 K 线还是 K 线组合,还是其他的什么判断高低点分形,我都建议利用技术形态上的第二高点和第二低点来加强确认判断顶部分形与底部分形的有效性。其实,它确实是能比较轻松简单地判断顶底分形的一种非常好用的方法。

第二高点是指在空方的打压下,之前的上涨过程中已经出现了复合时间周期指标数值都到过高位以后的经典见顶 K 线了,多方的上攻力量和趋势动能已经出现了被削弱的现象,在其当时周期的 K 线图上 MACD 指标当中的柱状体由原来的依次向上转而已经开始出现柱状体首次缩短或依次缩短了。同时,成交量也开始出现逐步萎缩的迹象,分时图上的均价线出现了非常典型的疲软态势的图形。此时在其当时周期的 K 线图上出现的第二个高点不能突破前一高点的情况下,其小一个时间周期的四位一体指标体系已经形成柱状体或曲线顶背离或全空头排列或经典的头部 K 线组合形态的话,基本上已经可以确定一个相对短时期的顶部到了。

反之,若在空方的打压下,之前的下跌过程中已经出现了复合时间周期指标数值,都到过低位以后出过了经典见底 K 线了,空方的下杀力量和趋势动能已经出现了被削弱的现象,在其当时周期的 K 线图上 MACD 指标当中的柱状体由原来的依次向下转而已经开始出现柱状体首次向上或依次向上了。同时,成交量也开始出现逐步向上放大的迹象,分时图上的均价线出现了非常典型的强势上攻态势的图形。此时在其当时周期的 K 线图上出现的第二个低点已经比前一低点高的情况下,其小一个时间周期的四位一体指标体系已经形成柱状体或曲线底背离或全多头排列或经典的底部 K 线组合形态的话,基本上已经可以确定一个相对短时期的底部到了。

道氏理论也说过这样的话：经验表明，当平均指数形成一个双重顶点或双重低点时，我们可以很有把握地认为这次的短期上升结构或下降结构运动结束了。

我把此种判断方法形象地称之为"手掌判断法"。即顶部判断之时犹如手向上立起来时的样子，底部判断之时犹如手向下放起来时的样子。简单、直观、好用且有效。

7. 长腿十字和十字星的辨别和使用法则

1）形态示意图

图2-35中三个长框内显示的K线即为典型的长腿十字和十字星形态和前后期的四位一体指标体系走势示意图，以及符合下文阐述的形态买卖操作要求的走势示意图。

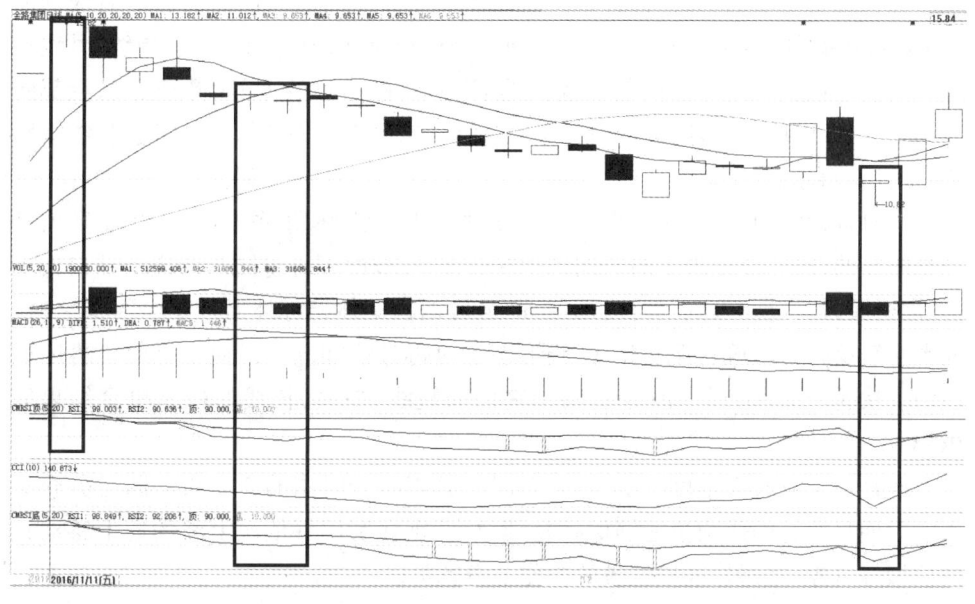

图 2-35

大家不禁要问同样都是长腿十字和十字星而后期股价表现竟然如此大相径庭？究其原因，还是需要配合复合时间周期指标数值究竟是在高位还是在低位？目前行情趋势方向属于牛市巅峰？还是熊市初中期？还是熊市末期？还是牛市初中期？长腿十字和十字星形态出现以后，MACD指标柱状体不配合向上强势做多或放量强势做多，则还不是完全可以确定买入的。任何的K线形态出现时，必须最起码得到其小一级别的时间周期四位一体指标体系同步依次开始向上移动，并在当期级别的时间周期四位一体指标体系走势图上,得到做多要素体现时,才可以确认进行及时的做多。

2) 形态特征

(1) 它的开盘价与收盘价几乎相同,几乎没有实体,即便有也很小。上影线比较短,下影线特别长,其下影线的长度通常是实体加上影线高度的3~5倍。

(2) 长腿十字线出现的时候,若比其小的时间周期的各分时级别的 CMRSI 底指标的 RSI1 数值已经都同步调整到 30 以内了,可在分时图上也同步产生下豁口大于 3% 之时买入首笔。等到其再度形成 60 分钟四位一体指标体系放量全多头之时,或者止跌反弹出现放量阳包阴 K 线形态之时再赶快加仓。以便享受股价再度反转向上快速上涨,出现一波暴利机会结果的乐趣。

若长腿十字线出现的时候,其体现出不光比其小的时间周期的各分时级别的 CMRSI 底指标的 RSI1 数值也已经都同步调整到 30 以内了,其日线、周线、月线这些分别属于短线、中线、长线的各级别的 CMRSI 底指标的 RSI1 数值也已经都同步调整到 20 以内的话,则更增添了大家去抄分别属于它们的短线、中线、长线级别的底的信心和成功率。

此时,可在比其小的时间周期的各分时级别的 CMRSI 底指标的 RSI1 数值已经都同步调整到 30 以内了的共同作用配合下,在分时图上也同步产生下豁口大于 3% 之时买入首笔。等到其再度形成 60 分钟四位一体指标体系放量全多头之时,或者止跌反弹出现放量阳包阴 K 线形态之时再赶快加仓。以便享受股价再度反转向上快速上涨,出现一波分别属于它们的短线、中线、长线的暴利机会结果的乐趣。

次日通常有较大幅度的上涨,需及时在其当时分时图的交易重心附近分仓买入。后期只要它的成交量能够保持持续放大,则在利用好依次上涨的向上移动止损位做好风控,把握好高抛低吸的操作节奏就可以了。

(3) 虽然说下跌到低位的长腿十字线是买入点,但是长腿十字线也常出现在强势股上涨到高位区后。在强势股上涨到高位区后出现长腿十字即显示多空分歧很大,且实际上多方的买力至长腿十字发生时已枯竭,主力已经在股价宽幅震荡中拼命在进行出货而形成的。传统的 K 线理论说,在十字星的次日,如果市场以较低价格开盘,才可确认形势开始反转。实际上,没必要非等到次日,长腿十字 K 线出现时,一旦在比其小的时间周期的各分时级别的 CMRSI 顶指标的 RSI1 数值已经都同步上到过很高的位置后,第一次出现这种长腿十字线,需要尽量在第一时间利用盘中反抽冲高之际抛了再说。当比其小一时间周期的四位一体指标体系形成全空头排列或顶背离死叉之时,更应顺势而为,及时离场观望,等到盘中出现阳包阴过长腿十字线 K 线高点后,或在 5 日线、4 周线、3 月线仍然是以大于 60 度角度向上运行的时候,以 5 分钟四位一体指标体系形成全多头排列之时,或再次出现 60 分钟级别的四位一体指标体系形成全多头排列之时,再进场不迟。

股市下跌并不是一件十分可怕的事,通常倒是越跌越有机会呢。在某种程度上来说,机会是跌出来的。但并不是某一只股票一下跌就会给你提供机会。机会只在其主力庄家在下跌结束后,再度放量拉起之时才出现。K 线没反转向上之前不可以轻易抄底。主力庄家不快速持续放量拉离看似底部的那个底就不是真底。

"十字星线"出现在不同的地方有不同的作用,这里简单归纳如下:

第一,复合时间周期指标数值低位区域出现"星线"是股价探底 K 线形态。

第二,股价刚刚进入快速拉升时,或者说刚刚启动时就出现"星线",有可能是主力抬高震仓,需要从当日的量能以及次日的走势进行判断。

第三,股价经过连续上扬之后,出现的"星线"多数属于股价探顶 K 线。股价在快速上攻的时候出现的"高档星线",不管它是收阴还是收阳,也不管它是有量还是无量,往往是股价将要沉落的地方,除非第二天能形成"双阳过顶",即量和价都强势放出,股价超过了前一根 K 线的最高价,不然就属于探顶 K 线。若该股出现"星线"的时候刚好是触及前期技术压力位的地方,绝大多数情况下就表明股价完成了一波拉升,即将开始洗盘调整或震荡下跌了。

有时在大幅下跌行情中会出现一种类似长十字星 K 线或类似低位吊颈线或低位 T 字线的变异 K 线,我们叫这种 K 线为"螺旋桨"K 线。

"螺旋桨"K 线运用法则的判断条件是:它出现在下跌的行情中,通常是在下跌行情的中、晚期,且累计下跌幅度比较大。另外要缩量在两条均量线下方。

从形态来看,螺旋桨的基本形态是具有一根非常长的下影线的一种 K 线,但也有一种特殊形态:股价跳空低开(甚至以跌停开盘)后再大幅拉起(甚至于从跌停拉至接近涨停或涨停),是一根跳空低开的大阳线,这种情况下,法则的操作同等有效。需要说明的一点是:这里的 K 线对阴阳无要求。

螺旋桨也需要遵循 3 天法则:先确定出"二分位",找出中轴线(即最高价与最低价的中点——中间价)。螺旋桨重心在中轴线之上运行,则向上旋;在中轴线之下运行,则向下旋。连续 3 天股价均在二分位之上,则后市股价上涨;3 天后当股价突破螺旋桨的最高价,同时放量超过两条均量线的数值,则涨势确立。

若股价在3天内跌至二分位以下,补掉了螺旋桨的下影线,则可判定此K线并非螺旋桨。

设螺旋桨出现时当日最高价为A,最低价为B,未来目标价位为N,其未来股票的价格可用下列公式计算:

$$(A-B)\times 4.5+B=N$$

这里需要友情提醒的是,虽然这个理论上的目标位还是比较普遍和很有实战价值的,但是对这个理论上的目标位也不要太当真。一切还是以尊重后面的客观现实走势,来决定自己今后的止盈止损卖出点为好。

螺旋桨的操作要点是:螺旋桨的出现是在下跌走势中,下跌的幅度一定要大,且是股票下跌的中晚期。跌幅越大,其报复性的反弹力度就越大,操作的成功概率也会越高。螺旋桨出现时,量能一定要萎缩,其缩量的标准是一定要低于两条均量线数值下方。与股票拉升中出现立桩量时半仓介入的原则不同的是,一旦螺旋桨法则确定生效,则应重仓或全仓杀入。因投资者在熊途中多以空仓相待,而螺旋桨出现的报复性行情爆发力强,时间短,稍纵即逝,只有重仓,才能获得丰厚利润。遵循"三天法则"要灵活,若不到3天股价就突破高点,要立即果断介入,不可贻误战机。通常,在螺旋桨法则中,未来股票的涨幅都在30%~45%。因此,若涨幅不到30%,坚决不出。

这里定的3天之内突破显示的是短线的强庄行为,要是3天内还没什么动静,则说明没有主力活动,后市可能继续下跌。另外,我们往往忽略的一个就是螺旋桨后股价的重心要在螺旋桨的中轴之上,因为只有这样才能看出实际上多头占据一定的优势。

图2-36为600650锦江投资在2015年7月9日买入到8月14日抛出的走势示意图。图2-36左边长框内显示的K线即为典型的螺旋桨形态的最强表现形式,"从跌停板到涨停板的止跌启动一气呵成的形态"表现图,前后期的四位一体指标体系走势示意图,以及符合上文阐述的形态买卖操作要求的走势示意图。

当时是股灾发生之时,所有个股都跌得昏天黑地、稀里哗啦。只是因为知道它是迪士尼概念股,这种股票后期是一定会涨的,因为后期有一个迪士尼要开园的这样一个国家和上海市政府都非常重视的大事件。所以我对这种极度超跌的个股是情有独钟的。那个时候大家都知道中方是投资方之一,所以懂得它一定会有行情的。所以在它复合时间周期指标数值都到极低位以后,在指数开始报复性放量反弹的当天,我就及时买入了。然后它果然走出了极其凶悍的大幅上涨,不光满足了

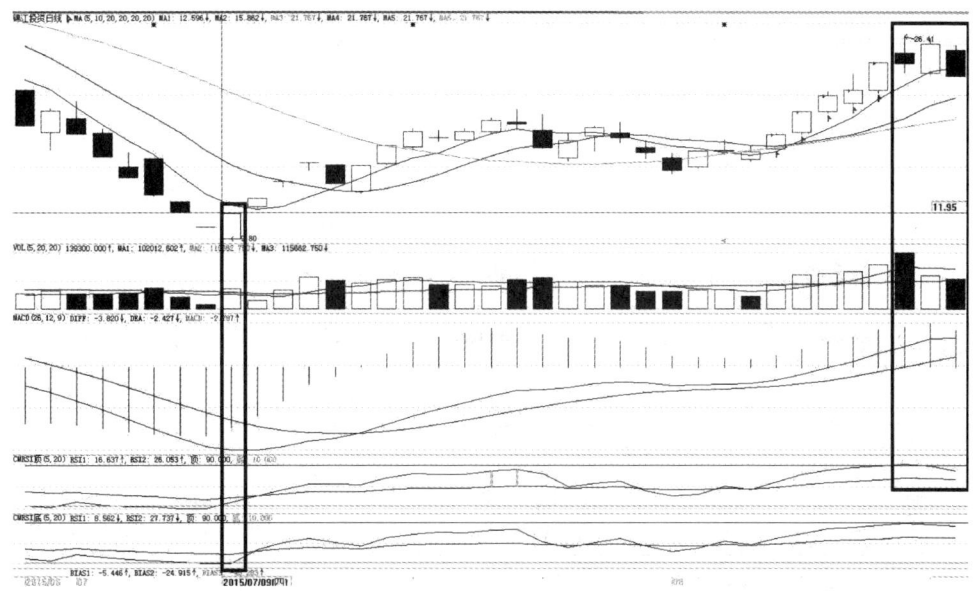

图 2-36

其量度升幅,还远远地超过其他绝大多数的个股涨幅,成了当时市场中极度耀眼的明星股。

这个方法属于抢反弹性质,因此必须做好止损,因为即便是大跌之后也可能还有下跌动能,或者有二次探底的风险,我们需要提高警惕。但是螺旋桨能不能成立还需先看后市四位一体指标体系走势的变化情况来定。

对于各种各样的十字星线K线形态,结合之前所说的规则性的配套验证方式都是非常有效的。这里还想友情提醒一下,不光是60分钟或日线走势图上可以这样去判断,周线图上或月线走势图上都可以按照以上所说的配套验证方式去快速研判、及时反应的。

月线无疑是最能简明判断长期走势的图形。股价若在低位连续收出月线十字星,且换手率较高,这是主力建仓的表现,自然值得关注。此后出现阳包阴现象之时就是介入的良机,这一点很重要。阳包阴无疑是比较强的启动信号。月线上出现阳包阴一般是可靠的信号,因为主力无论如何都不会在月线上作假,这太费工夫了。

图 2-37 光标处为 000935 四川双马在 2016 年 8 月突破月线级别底部平台颈线位高点时的四位一体指标体系走势图。之前月线上出现了 6 个月的小阴小阳十字星走势,以及符合上文阐述的形态买卖操作要求的走势示意图。以后需要多关

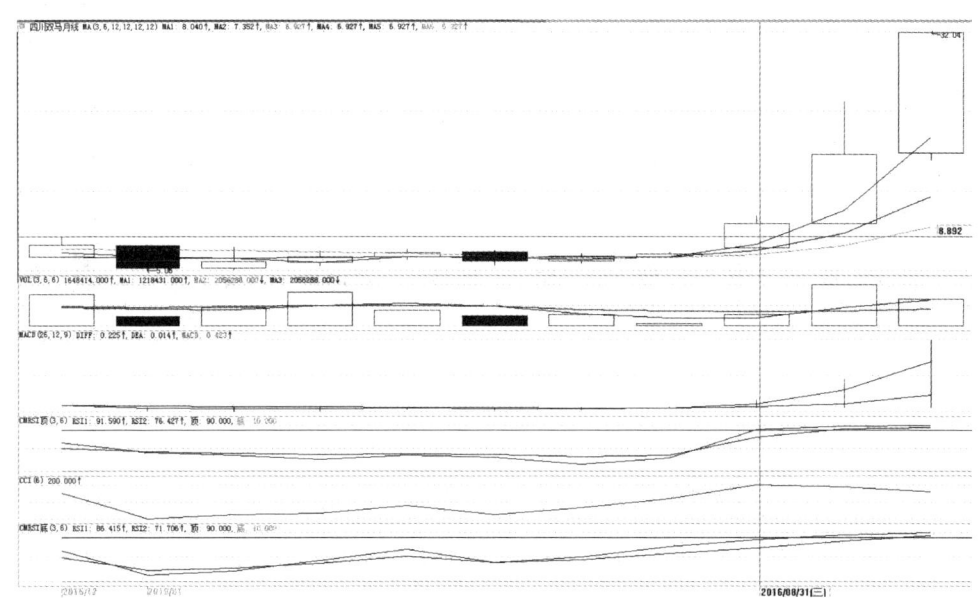

图 2-37

心这种类似的月线走势,在有足够的时间研究透其基本面信息以后,结合月线、周线和日线的四位一体指标体系共振放量全多头启动特点,就可以做一个百发百中、弹无虚发的股市牛股狙击手了。

另外,还有一点也很重要,就是出现类似的经典低位 K 线时,股价一定要处于复合时间周期指标数值的相对低位。如果股价已经高高在上了,连续的十字星反而是见顶的信号。当然这种走势形态也不一定完全需要十字星,只要横盘震荡就好,因为这是主力建仓的表现。收出大阳线,一举吞没前面几根十字星或低位小阴小阳线,则是再度启动的标志,投资者可以伺机介入。因为月线代表的是长期走势,能在月线上走强,说明行情比较稳妥,也是中长线投资者进场的可靠机会。当然这一切一定是建立在股价整体涨幅不是很大的基础之上的。

8. 孕线的辨别和使用法则

1) 形态示意图

图 2-38 为 002340 格林美在 2017 年 1 月 16~17 日组成的孕线走势示意图和前后期的四位一体指标体系走势示意图,以及符合下文阐述的形态买卖操作要求的走势示意图。

第二章 炒大牛股离不开的几道关

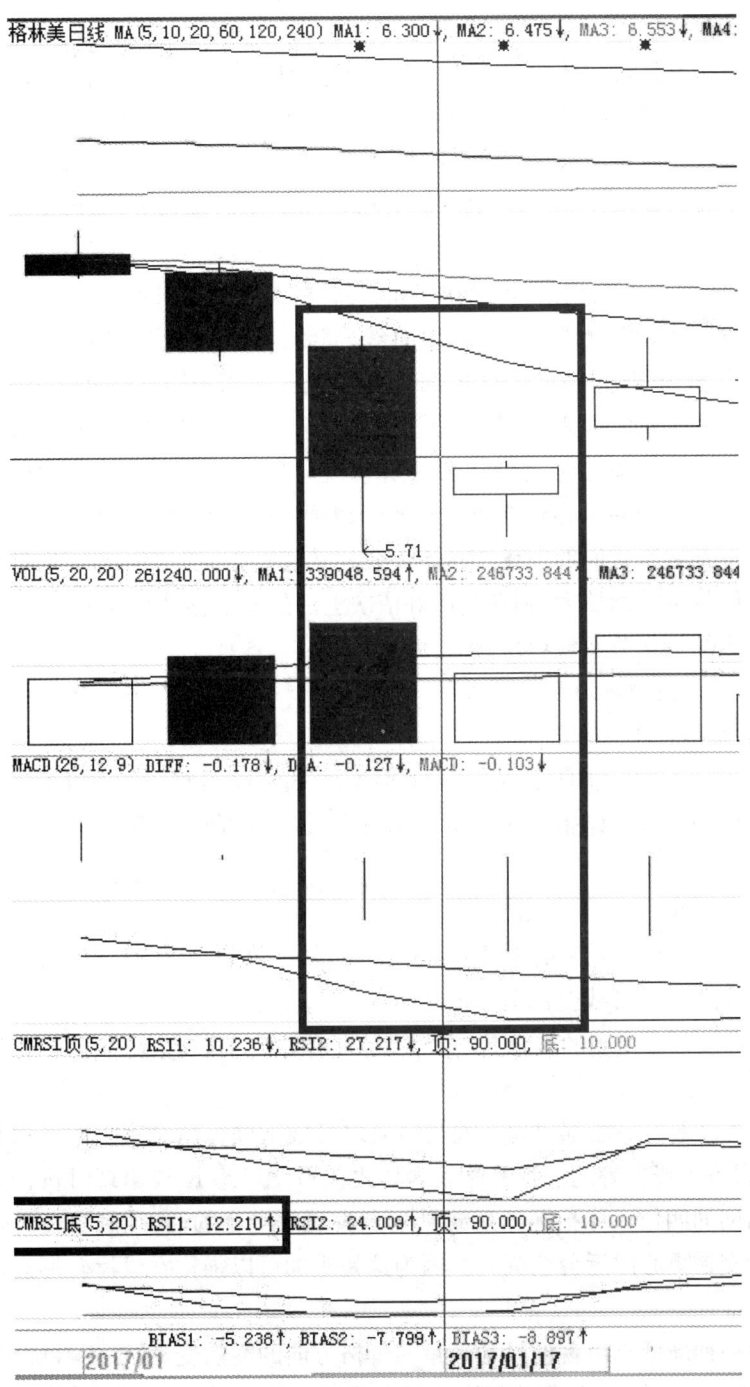

图 2-38

2) 形态特征

（1）前一根K线实体比较长，后一根K线实体比较小，且其整根K线的高低点均包含在前一根K线实体或下影线之内。后一根K线若是十字星，则成十字孕线形态。

（2）孕线之日抛压减少，所对应的成交量也比前几天下跌时的成交量小。

（3）孕线形态出现的次日，若股价能够放量向上震荡盘升，突破了孕线之日的最高价，则容易形成反转向上的形态，终结之前的下跌趋势。孕线形态形成的过程中，若其体现出不光比其小的时间周期的各分时级别的CMRSI底指标的RSI1数值也已经都同步调整到30以内了，其日线、周线、月线这些分别属于短线、中线、长线的各级别的CMRSI底指标的RSI1数值也已经同步调整到20以内的话，则更容易引起抄底买盘的涌入，在其形成过程中，若看见其再度形成60分钟四位一体指标体系放量全多头之时，或者止跌反弹出现放量阳包阴K线形态之时须赶快在其当时分时图的交易重心附近分仓买入。以便享受股价再度反转向上快速上涨，出现一波分别属于它们的短线、中线、长线的暴利机会结果的乐趣。后期只要它的成交量能够保持持续放大，则在利用好依次上涨的向上移动止损位做好风控，把握好高抛低吸的操作节奏就容易做对、做顺。

9. 吞没形态的辨别和使用法则

1) 形态示意图

图2-39为300311任子行在2017年1月16～17日组成的吞没形态走势示意图和前后期的四位一体指标体系走势示意图，以及符合下文阐述的形态买卖操作要求的走势示意图。

2) 形态特征

（1）它的开盘价低于前1日的最低价，而收盘价却高于前1日的最高价，将前1日K线实体和上影线全部覆盖掉。

（2）吞没形态出现的这根K线所对应的成交量尽量要大于其前1日K线的成交量。

（3）吞没形态一般都出现在洗盘结束之日或下跌行情结束之时。这是抛盘衰竭、买盘强势入场抢筹的一种具体表现形式。吞没形态K线出现时再得到比其小一时间周期的四位一体指标体系放量全多头现象配合的话，须赶快及时在其当时分时图的交易重心附近分仓买入。因为这是更加可以强化吞没反转形态已经确立的完美佐证。

任何一种新低点出现的异动天量和价格方向的突然变动，都要有敏锐的反应。股价在20日线连续空头排列下跌过程中连续下跌，且创出近期新低，对应的成交

>> 第二章 炒大牛股离不开的几道关

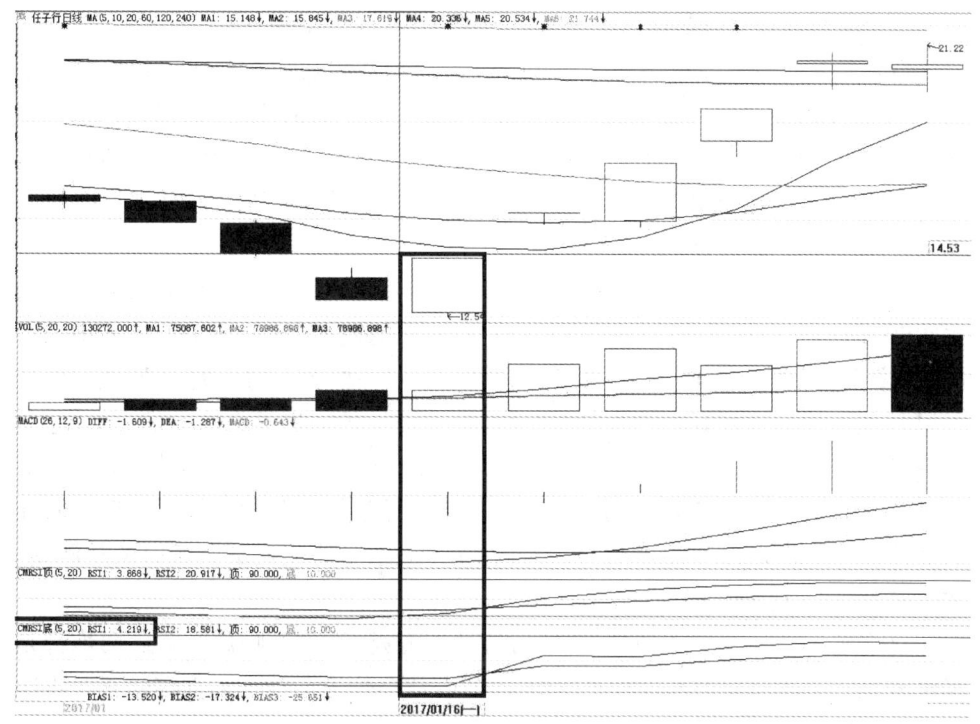

图 2-39

量也逐步缩量,且较长一段时间成交量低于 5 日和 20 日均量线下方。在其各级别的时间周期的 CMRSI 底指标当中的 RSI1 指标数值都到了 30 以内后,当某日或次日股价出现经典的止跌 K 线之时,其反转日 K 线所对应的成交量一举突破了 5 日和 20 日均量线,出现了形成下跌趋势以来的最大的成交量,且最好超过了之前顶部区域的最大量,成为新低点下的异动天量。

那么基本上可以表明这个新低点是主力的刻意所为。其在之前高点抛出手中的股票,引发完一轮股价的下跌趋势后,现在趁市场恐慌之时,正在大量、快速回补筹码了。

此后的股价只要能够持续地放量、MACD 指标当中的柱状体能够持续地向上拓展空间、其 5 日线能够持续地向上,并且使得股价收盘价一直能够站在 5 日线上方拓展空间,那么就不能轻易地乱抛股票,也不能轻易地说个股的阶段性顶在哪里。而应该在满足这种系列条件的新低点下的 K 线反转形态基本可以确定前的收盘前,在其小一个时间周期的四位一体指标体系形成全多头排列之时,需要及时再在其当时分时图的交易重心附近分仓买回来。因为此时就是抄底的最好时机。

这是一个其再度恢复强势运行态势的有效买入并持有的信号。

特别是其所隶属的板块如果也正好强势启动在板块指数量比涨幅榜前列的话,则更是绝佳的中短线炒作品种。在此时买入,可能买的不是当天的最低价,但却很可能是日后上涨的启动价,还往往是个绝对安全,且有相对确定性的价位。这才符合"不见兔子不撒鹰"的所谓"K线不出拐点信号不抄底"的短线作战原则。

10. 双响炮的辨别和使用法则

"双响炮"形态指的是股价在上涨过程中,突然出现了由第一根放量的中阳为主的K线、第二根却是中阴形式的K线,且当日的成交量明显小于前一天中阳时的量,接下来的第三根K线又为放量的、覆盖了前一根阴线的中大阳K线。由这三根K线组成的这种K线形态就叫"双响炮"形态,也有叫"两阳夹一阴"的。它是一种强势启动又迅速经历洗盘然后再持续上涨的极其强悍的上涨连续形态。一般当此形态确立时,投资者可在第三日股价放量覆盖过第二日的阴线头部后及时在其交易重心附近买入。"双响炮"形态往往出现在股价走出底部区域时的初涨期,或突破盘局即将快速拉升的初始段。

双响炮K线组合有几种类型,最厉害的首先是"涨停双响炮",前后两炮都是涨停K线。其次是前炮涨停板+后炮大阳线,或前炮大阳线+后炮涨停板。再次是前炮大阳线+后炮大阳线。

图2-40为600984建设机械在2017年2月16日到2月20日组成的"双响炮"形态走势示意图和前后期的四位一体指标体系走势示意图,以及符合本文阐述的形态买卖操作要求的走势示意图。

双响炮的实盘操作要领是:

(1) 股价运行在多头向上的20日线之上,且日线甚至周线四位一体指标体系都为放量全多头状态中。

(2) 位于两根涨停K线或大阳K线之间的小K线的实体位于前根涨停或大阳K线之内的为最优形态。

(3) 位于两根涨停K线或大阳K线之间的小K线越多,股价后市爆发力就越强。

(4) 位于两根涨停K线或大阳K线之间的小K线实体越小,量能越萎缩,后市爆发力越强。

(5) 第二根涨停K线或大阳K线的分时图走势极其强势和轻松的,则后市爆发力更强,可能走出连续大幅拉升走势。

(6) 形成双响炮形态的股票,若属于当时市场热点领涨板块的优先考虑。

(7) 形成双响炮形态时大盘处于牛市或平衡市时的为最佳操作环境。

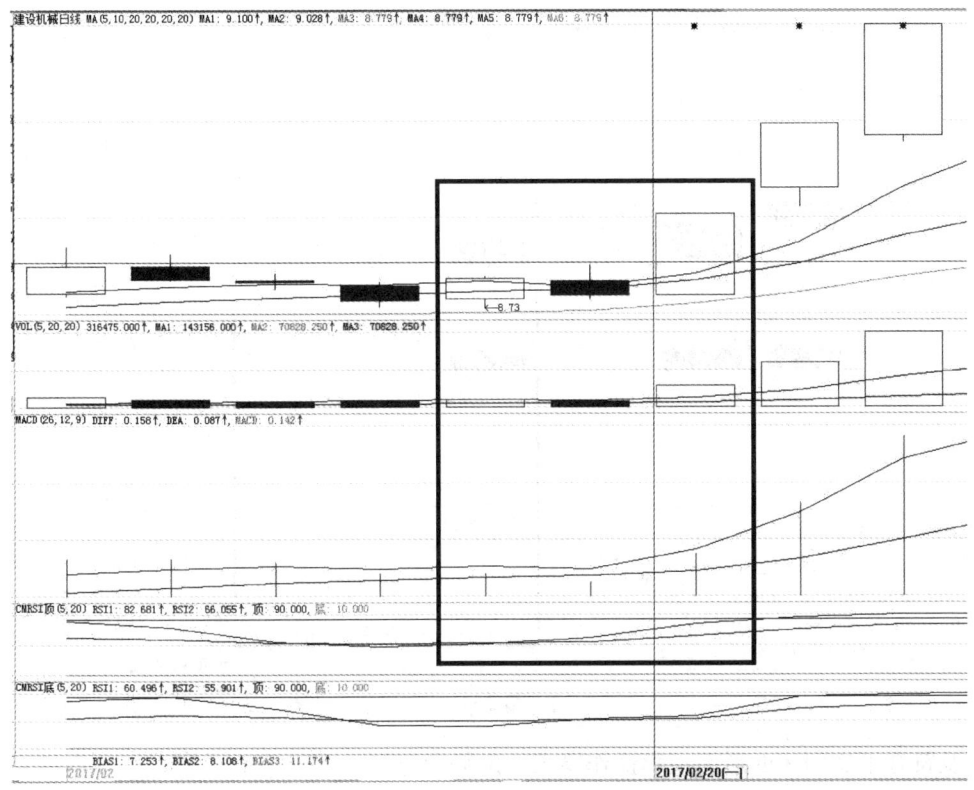

图 2-40

（8）第二根涨停 K 线或大阳 K 线缩量就能轻松强势地向上攻击的话最佳。

（9）形成双响炮形态时，若上述条件都能够得到满足，可在当天交易重心附近分仓追涨买入。

（10）根据后续市场环境不同，可 T+0 操作，也可在没有明显弱势态势出现前中短线持有。后期的力度和可持续度，主要还是靠今后是不是能够得到持续放量上攻的主动性买盘成交量的配合与否来确定的。

这种"双响炮"的 K 线形态，广泛存在于各时间级别的行情中。在使用中，一定要同四位一体指标体系全多头操作体系有机、同步结合在一起使用。只有这样才能够提高和保证运用这种 K 线形态的准确率。

11. 早晨之星的辨别和使用法则

图 2-41 为 002265 西仪股份在 2016 年 12 月 30 日到 2017 年 1 月 4 日期间组成早晨之星 K 线形态的走势示意图和前后期的四位一体指标体系走势示意图，以

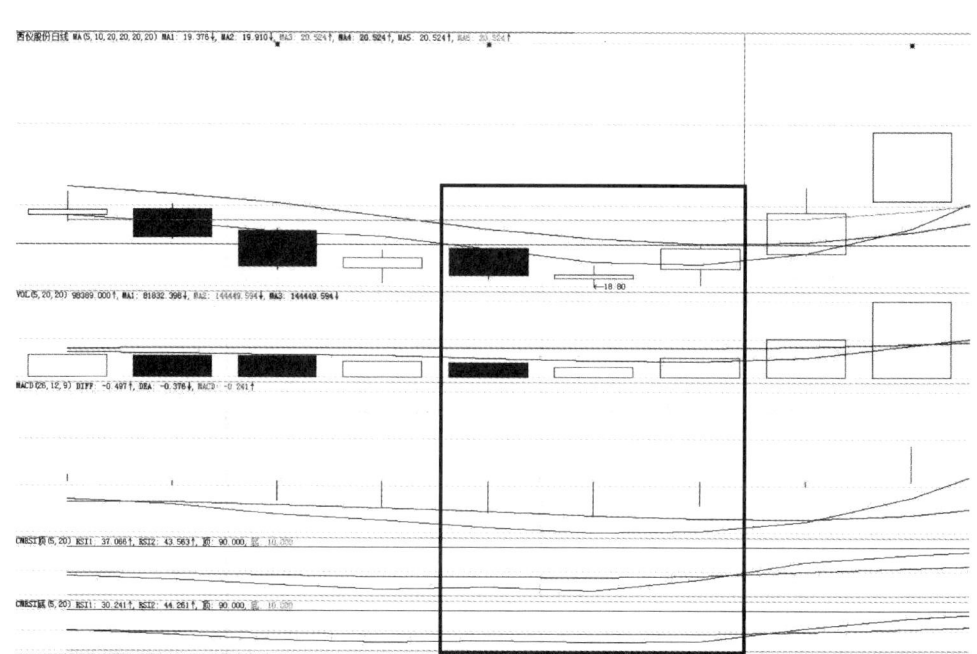

图 2-41

及符合下文阐述的形态买卖操作要求的走势示意图。

早晨之星K线形态是一种强烈的底部反转或加速上涨信号。

其形成过程:第一,在调整过程中收出一根实体较长的阴线;第二,次日股价跳空低开,收出实体较小的星线;第三,第三天股价强势上涨收出一根实体较大的上涨阳线,其实体部分或全部吞食第一根阴线的实体,显示出多头已经开始了初步的反攻。其技术分析要点如下:

(1) 理想的早晨之星形态,第二根星线与第一根大阴线实体之间有一个小小的向下跳空缺口,第三根阳线应小幅高开,可加强形态成形的正确率。

(2) 第三根阳线要求插入第一根阴线以内的二分之一以上,通常插入越深看涨意义越大,如果全部吞没第一根大阴线,则看涨意义更强烈。

(3) 若第一根阴线的成交量较小,而第三根阳线的成交量较大,表明原先跌势力量衰竭和新趋势力量的增长。或者,第三根阳线的成交量明显放大,超过第一根和第二根K线的成交量的三成以上,代表买盘积极,更有利于后市上涨。

(4) 比其小一个时间周期的四位一体指标体系走势图上在最后一根K线处,应该已经形成了放量全多头的态势了。早晨之星成形之时,其5日线一定是要多头向上的。当然若其20日线也能够多头向上则更佳。

(5) 周K线上的判断方法和确认方法同上。

12. 红三兵的辨别和使用法则

图2-42为600425青松建化在2017年2月3日到2017年2月7日期间组成红三兵K线形态的走势示意图和前后期的四位一体指标体系走势示意图,以及符合下文阐述的形态买卖操作要求的走势示意图。

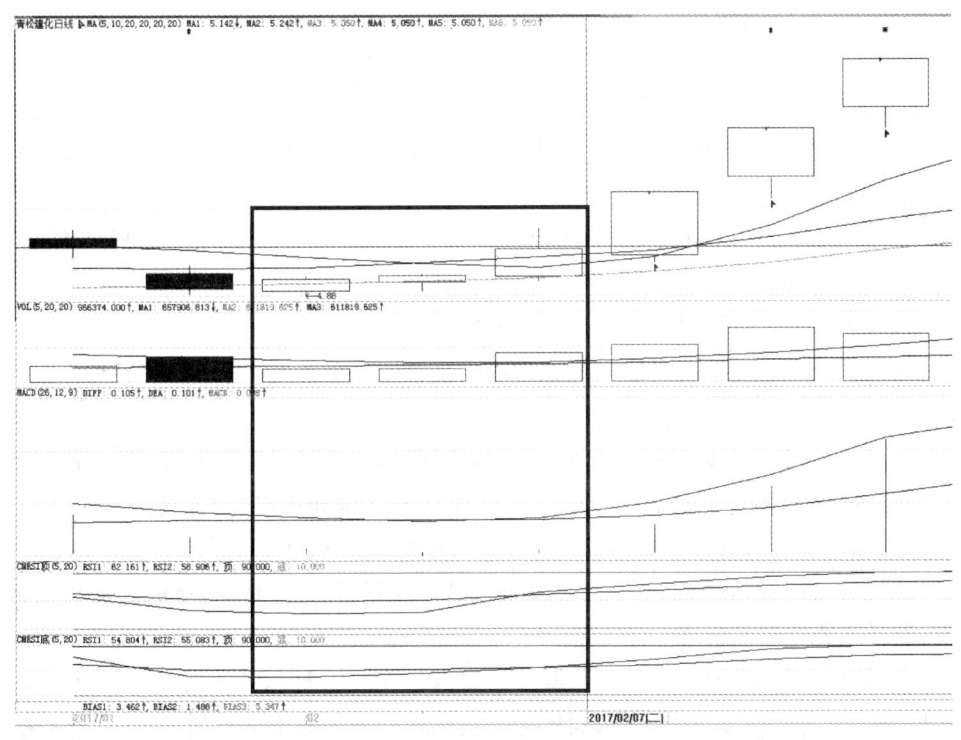

图 2-42

红三兵形态为强烈的底部反转或加速上涨信号,由三根上涨阳线组成,每根K线较上1日价格上涨,稳步成梯状向上攀升的大阳线所形成,三根实体阳线长度相近,其势如同三个昂首挺胸的士兵,是一个普遍看涨的转势信号。

红三兵是重要的K线技术形态之一,一根上涨阳线之后,再连续出现两根大体相当的阳线,后一根阳线的开盘价处于前一根阳线的实体之内或收盘价附近,当日收于最高价或次高价,呈梯形上升,其上下影线均比较短。其技术分析要点如下。

(1) 红三兵形态一般出现在市场见底回升的初期或上涨途中,所以其走势相当稳健。

（2）三根阳线的成交量比较平均，显示买盘力量持续，进一步确认走势，在随后的突破飙升阶段，成交量会成倍放大，这样产生"井喷"式上升的机会较大。

（3）经过充分盘整后向上突破形成的红三兵形态，比超跌反弹出现的红三兵形态要可靠得多。

（4）确认红三兵形态的强弱法则：第一，如果此三根K线的高低点整体振幅在20%以上，最后一根K线实体涨幅在5%以上，说明股价极强；第二，如果此三根K线的高低点整体振幅在15%左右，最后一根K线实体涨幅在3%左右，说明股价涨势呈中性；第三，如果此三根K线的高低点整体振幅在10%以内，最后一根K线实体涨幅仅在1%左右，说明股价涨势偏弱。

（5）如果红三兵形态的阳线实体过长，长度过大，短期技术指标显示有超买迹象，谨防短线技术回调。

（6）比其小一个时间周期的四位一体指标体系走势图上在最后一根K线处，应该基本形成或已经形成了放量全多头的态势了。

（7）周K线上的判断方法和确认方法同上。

在实盘操作中，投资者遇到上涨途中出现红三兵形态时，应注意以下几方面的市场因素：

一是在出现红三兵形态之前，股价涨幅不能过大，从底部起涨的同一波上涨波段的上涨幅度最好不能超过50%，而且在上涨过程中不能频繁出现大幅度的波动。

二是在洗盘回落过程中，成交量必须出现依次缩小状态，而且股价回落到20日均线附近时，必须受到强大的支撑而回升。在回升过程中，成交量必须再次放大，这样才能推动股价进一步上涨。

三是在出现红三兵形态之前，股价一直保持稳健的向上攀升趋势，只要在红三兵形态中成交量持续放大，后市股价必将会出现一波加速上涨行情。

四是在出现红三兵形态之后，股价出现了一段时间的震荡整理，但在这个过程中股价波动幅度不能太大，而且在整理时成交量相应萎缩，当股价再次持续放量上涨时，意味后市将会继续上涨。

红三兵形态历来受到市场的广泛关注，在长期下跌的底部出现时，意味着股价见底回升或反转；在上涨途中出现时，意味着股价将出现加速上涨行情。在实盘中，如果红三兵形态向上突破某一个重要的技术位置时，意味着股价将步入新的上涨格局之中，后市行情坚定看好。进行盘整走势时，股价须保持在20日均线上方运行。在实盘操作中遇到这种盘面时，激进的投资者可以在红三兵形态出现时积极做多，稳健的投资者应等待股价回落确认突破有效时介入。

13. 不破单阳的辨别和使用法则

不破单阳形态指的是在股价的低位区或股价相对高位区的横盘震荡整理结束时期K线图中,一只股票在出现了一根刚刚满足四位一体指标体系放量全多头现象的涨幅超过5%以上的长阳线后,在其后数根K线的震荡整理过程中,股价几乎是以连续缩量横向盘整整理的方式出现,并且期间所有的向下震荡都没有向下击穿这根标志性的启动阳线的最低价。这表明在这根标志性的启动阳线出现后,主力庄家已经不愿意再看到低于这根阳线的价格了。因此,这种启涨形态出现后,往往在持续缩量的3~5天后,立刻再出一根再度强势表现的放量中长阳线一举突破,股价从此开始一波中短线的大涨行情。

图2-43为000877天山股份在2017年1月24日到2017年2月7日期间组成不破单阳K线形态的走势示意图和前后期的四位一体指标体系走势示意图,以及符合上文阐述的形态买卖操作要求的走势示意图。

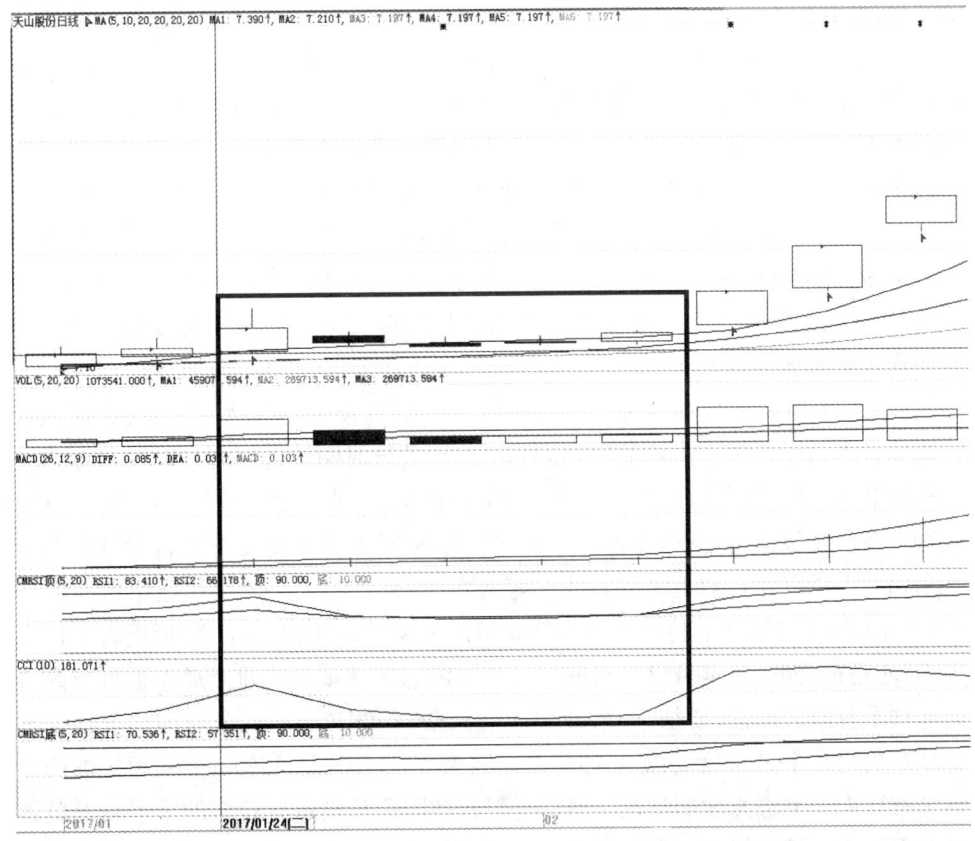

图2-43

这种情况大多发生在高成长的小盘股身上,或是次新股身上。请多加留心的是不破单阳形态出现后的调整往往时间不太长,通常为3~5天,因为时间如果过长,可能会增加变数,形成"久涨不成反会跌"的不良局面。

14. 超跌后的报复性V形反转的辨别和使用法则

资金推动的反弹主升浪容易在大级别的反弹行情中出现在极度超跌的小盘个股身上。极度超跌的个股的大级别反弹行情的形成,与大盘的走势是密切相关的,是与大盘的走势同向的。这种情况尤其在极度超跌的小盘低价次新股中更为多见。

这类个股其实就是跌出来的机会,反弹过程往往呈现的是V形反转形态的特征。由于V形反转是一种剧烈的底部反转形态,多在毫无征兆的情况下突然发生,这种走势变数非常之大,不太容易把控。只能在实盘操作中尽量多注意以下几点:

(1) 在极度弱势的暴跌势中,指数和个股呈60度左右的角度下跌,下降速度越来越快,长阴不断,股价长线、中线、短线的下跌幅度都特别大,不管是指数还是此目标个股的各时间周期CMRSI底指标当中的RSI1数值都在极低位。其V形反转发生前的股价最低点离开其最近的下跌平台低点位置也起码有30%左右的价格落差。最低点附近成交量已经出现了衰竭到极致的表现。此时盘面突然峰回路转出现主动性买盘,成交量急剧向上放大,分时图上出现久违了的极其强悍的量价配合的向上攻击态势。5分钟四位一体指标体系走势图上率先形成放量全多头买入信号,此时要尽快改变熊市思维,立刻分仓买入进去再说。接下来很快又形成了60分钟四位一体指标体系走势图上的放量全多头买入信号。此时是第二次立刻分仓买入的机会。

(2) V形反转起来的成功与否与反转向上的过程中,主动性买盘成交量能否持续放大密切正相关。只要其反弹向上时每天的分时图均价线与主动性买盘成交量都能够保持同步强势向上运行,其V形反转的这一口气就不会泄掉。V形反转时有个参照物很值得重视,那就是一般标准的V形下跌的角度与反转上升的角度基本相等。所以反转向上时5日线一定要大于60度向上!股价一定只能在大于60度向上的5日线之上持续放量强势震荡向上运行,才能够符合V形反转的形态要求,才是正常的、才是可以参与的。一般一波急速冲刺到其前面最靠近低点附近的起跌平台附近的话,要结合"敌疲我撤"模型的条件和当时的分时图均价线走势特征来决定是不是超短线、短线抛一次。因为V形反转形态有一个利用先前的跌幅来推算未来上涨高度的特点。所以一般在此阻力位附近有很多的个股就此就返身向下再度去相对低位大幅折腾去了。有的个股在此位置附近超短线、短线窄幅震荡一下以后,为后续再度的上攻做准备,所以若此股票再次放量突破了此洗盘平台时,又是一次介入的绝佳时机。若在此处放量突破洗盘平台时,其5日线仍然处于大于60度的上涨角度时,再度形成5分钟四位一体指标体系走势图上的放量全多头进攻态势的话,那么他的再一次中短线上涨机会和空间就再度打开了。需要再度及时分仓买入,享受V形反转带来的更大利润。

图2-44为300311任子行在2017年1月17日开始形成V形反转形态的走势示意图和前后期的四位一体指标体系走势示意图,以及符合上文阐述的形态买卖操作要求的走势示意图。

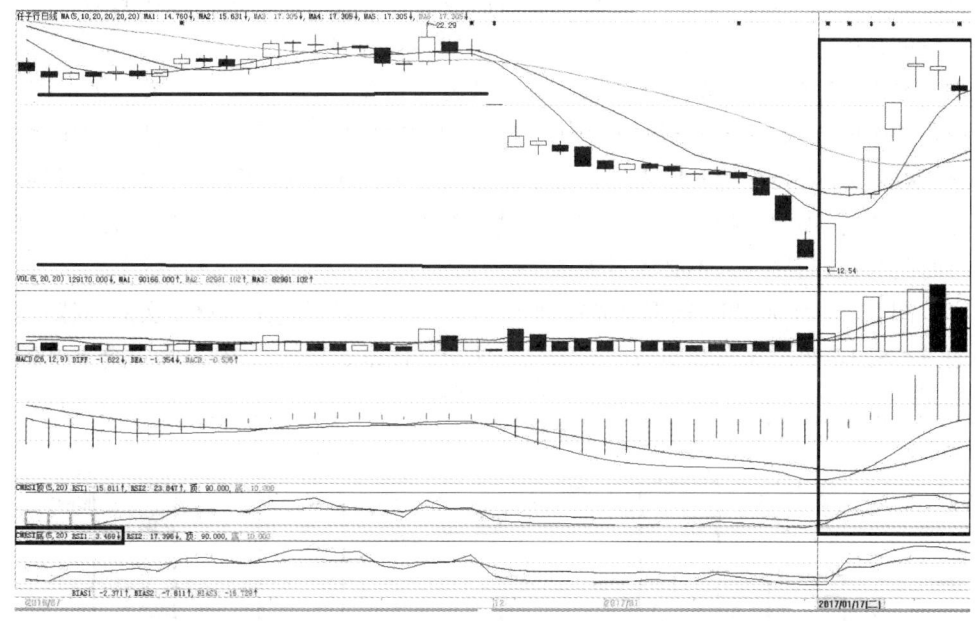

图2-44

15. 双阳包阴模型

用"双阳包阴"方法去抄底是一种特别有效的抄底方式。在实战中,我们不用去预测哪一天会有"双阳包阴"发生,而是等什么时候市场主力选择何时出"双阳包阴"这种有效的见底反攻K线。正如我们在上涨过程中不用去预测哪天会是顶,而是让市场主力选择何时出高量逃顶这种有效行为一样,这才是真正意义上的顺势而为的最佳跟随主力操作完美波段的方法,是让我们成功逃顶和成功抄底的精妙大法。既省时、省力、省心,准确率、有效性又高,何乐而不为呢。

"双阳包阴"模型一定要满足以下几个条件:一是今天的阳柱成交量一定要高

过昨天的阴柱成交量;二是今天的阳K线收盘价一定要超过昨天阴K线的最高价;三是昨天的阴线跟前天的K线之间有一种跳空的关系的话,那么今天的收盘价必须还要高于前天那根K线的收盘价。这就是符合我所定义的"双阳包阴"模型的条件。

这里还有一个很重要的原则,就是"双阳包阴"出现时,同时得到四位一体指标体系放量全多头现象有力配合的当天临近收盘前的交易重心附近进场,而不是等到第二天才进场。

"双阳包阴"形态出现的当天进场,是为了让自己握有主动权,如果第二天才进场,当天不能出场,若第二天整个大盘情况不是特别好或不是特别稳定的情况下,有可能会生出一定的变数,搞不好会让自己被套。一般这种时机把握住的话,多数是能够达到一买就有得赚的效果的。

绝大多数情况下,股票上涨确实需要成交量的配合,但也有的庄家控盘很高、很强的个股,其突破形态或这种"双阳包阴"形态之时,已经无需成交量放大的配合,就能够非常轻松地开始直接拉升了。所以对于这种情况,可以在"双阳包阴"形态形成之时,不用死扣成交量一定要高过昨天的阴柱成交量的这个条件,临盘之时有时是"因股而异"的,不必太过教条。

图2-45为002110三钢闽光在2016年11月21日开始出现过多次的"双阳包阴"形态的走势示意图和前后期的四位一体指标体系走势示意图,以及符合上文阐

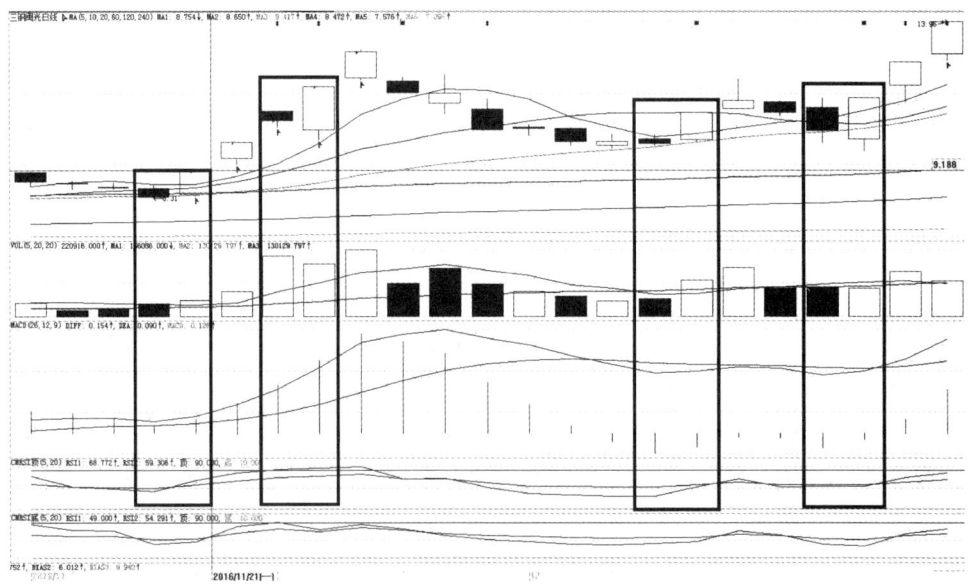

图 2-45

述的形态买卖操作要求的走势示意图。

2016年11月21日,其产生了一次放量超过了前1日阴线的最高点,同时形成了60分钟级别的四位一体指标体系放量全多头的良好形态,形成了一波持续放量的强势上涨行情。11月24日,其又一次上攻过前1日阴线的最高点。但此次它没有放量,间接表明前1日的阴线只是一根强悍的日内结束的洗盘阴线,后期立马能够再度快速上涨,就说明庄家已经对这个股票完全控盘了,可以不用放很大的量也能够轻松实现阳包阴的强势走势。因为这样的表现说明高量阴线(包括假阴)当天的K线,不是出货而是洗盘。只有第二天股价收盘又强势回到前阴的最高点,才可充分肯定前1日的高量阴线打压是洗盘行为。因为如果是出货,主力绝不可能让股价很快就又站上前阴的最高点。

此时为什么又要特别要求是缩量呢?是因为前1日放了很大的量打压,第二天却用很少的量就能强势地把价格推高过前1日放量阴线的最高价,说明抛盘减少了,说明此股的筹码大部分已集中在庄家手里,散户没有多少筹码卖了,庄家控盘度好。

其对后市行情演变已经可以达到随心所欲的地步了。其在12月7日的盘中又形成过一次放量阳包阴。但此次的连续上攻时间很短,幅度也并不是很大。不如12月13日形成的阳包阴后的走势。这些现象给我们一个启示,即在四位一体指标体系多头向上的情况下,其阳包阴的有效性和幅度以及持续度会比较大、比较好,在四位一体指标体系没有形成全多头排列的形态前,再加上后期的成交量持续推升力度不够强悍,同时其板块指数、大盘指数也不是很理想的情况下,其上攻的力度、持续度就会受到一定的影响。其实这就是问题的关键:因为所有的庄家主力,在拉升的时候一定是要看当时指数环境和当时其板块群体效应的力度来决定它的拉升幅度的。所以我们在判断任何一个个股的走势时,一定是要按照先指数、后板块、再个股的顺序去做通盘考虑,避免失之偏颇,谬以千里的结果。

对于那些日线、周线走势良好、复合时间周期指标数值并没有都在高位区的个股,若前一天冲高回落或大幅下跌、次日却出现放量高开并且持续了15分钟以上的高开高走态势、分时图均价线也是强势向上表现的股票,投资者应重点进行关注。一般来说,前一天有较大回调的个股,次日往往会惯性低开。若是出现上述高开高走态势,则说明主力对该股有较强的短线做多意愿。因此,只要次日超越前一天的最高价,就是较佳的短期追涨买入时机。

但是不管发生什么类型的"双阳包阴"之时,也不管你参与的是日线级别的行情还是周线级别的行情,都必须最起码在其小一时间周期四位一体指标体系走势图或当期时间周期四位一体指标体系走势图上,看见四位一体指标体系的放量全多头现象,才能够放心确认。

此时,适当关注一下突破时的分时图均价线是不是能够表现出非常的强势态势,以及其各小时间周期的四位一体指标体系的走势是不是有能够支持强势进攻的现象同步出现。这些个股、板块、指数的有效性因素能够得到确认的话,就需要当机立断在其当天的交易重心附近分仓买入了。否则往往容易错失追涨买入的良机。

16. 一买就涨之抓波段起涨点秘诀

这个"一买就涨之抓波段起涨点"战法的核心就是:出现一根有突破之前盘局的强势高量柱K线,然后持续缩量震荡下跌,但是在持续缩量震荡下跌过程中,始终不跌破此根高量柱的风险线(最低价),然后某一天出现一根正好刚刚形成四位一体指标体系的放量全多头的一根中阳线,一举轻松强势冲过安全线(最高价)的强势K线。那此时就是这个股票的最佳起涨点。

高量柱是主力行为,持续缩量震荡洗盘也是主力行为,向上试盘后回落的过程中坚决不再跌破其高量柱当天阳线的最低价,说明主力不光控盘能力强,并且还确定了调整的底线就是此根K线的最低价。试盘完成后,抛压少了,主力再以四位一体指标体系刚刚再度形成放量全多头的中阳以上的强势态势一举轻松过高量柱当天的最高价,就表示主力决定要正式开始拉升一波行情了。此时及时在其当天的交易重心附近分仓买入的话,是正逢其事的最佳时机。

之前若出了高量柱后股价没有立刻大涨,在横盘震荡期间,它也没跌破此根K线的最高价的话,表示主力不想让更多散户再在安全线下价格买到相对便宜的筹码,也说明主力已在下面拿足了筹码,此时若再来一根配合着四位一体指标体系刚刚再度形成放量全多头的中阳以上的强势态势一举轻松过高量柱后缩量横盘阶段的最高价,就表示主力决定要正式开始拉升一波行情了。此时,在其当天的交易重心附近分仓买入的话,也是正逢其时的最佳时机。

图2-46为000877天山股份在2017年1月24日至2月7日期间形成"一买就涨之抓波段起涨点"形态的走势示意图和前后期的四位一体指标体系走势示意图,以及符合上文阐述的形态买卖操作要求的走势示意图。

图2-47为601390中国中铁在2016年8月19日这周至10月14日这周期间形成"一买就涨之抓波段起涨点"形态的走势示意图和前后期的四位一体指标体系走势示意图,以及符合上文阐述的形态买卖操作要求的走势示意图。

第二章 炒大牛股离不开的几道关

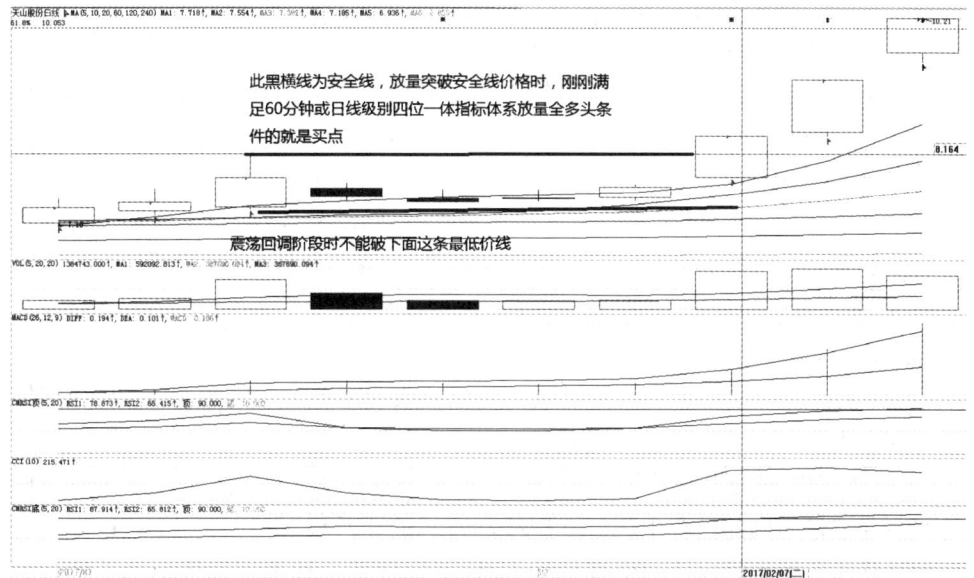

图 2-46

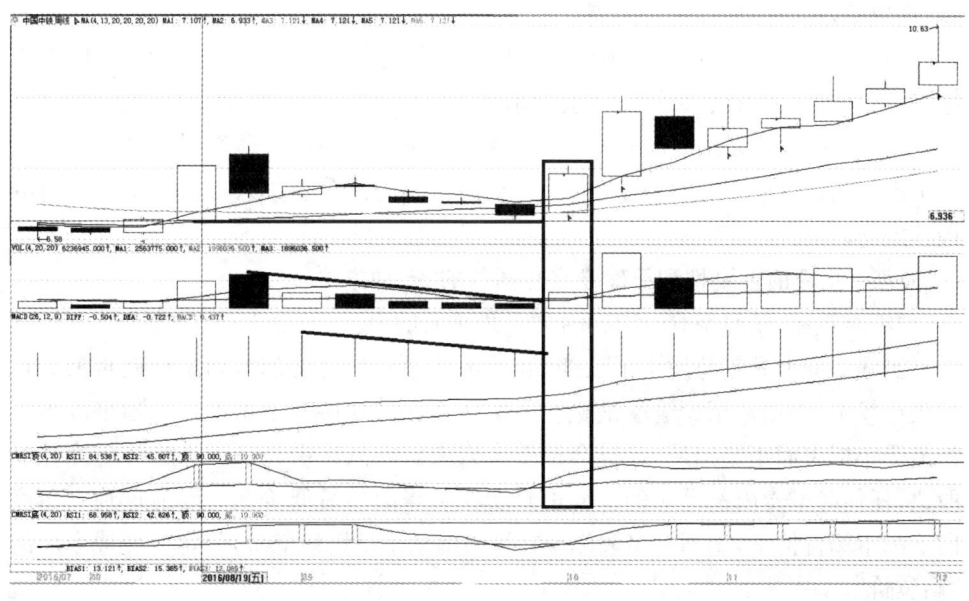

图 2-47

17. 周线高量柱抄底模型

下面讲的这一种方法更适合上班的、忙于生意的、没有时间看盘的投资者,用这个方法安全、简单,且也能抄到底部。这个方法就是将"高量柱买卖法"在周线中进行应用。如果说日线波动太大,不太稳定,那么周线将更稳定,不像日线那样波动太大。如果说一根放量的大阳有时是主力对倒或一个消息面引起的,那么周线将更加准确,大大地降低了各种一日炒作的随意性、欺骗性,用周线高量柱抄底法去实施抄底,能让自己获得更安全、更容易上涨、不容易被套的理想效果。

"周线高量柱抄底法"是在日线的高量柱基础上演变而来的,需要注意以下几个要点:

(1) 前面有一根标志性的周阳线。此根周线的阳线至少涨幅10%以上,实体越大支撑力度越强,也就是说,涨幅越大支撑力度越强。

(2) 后面缩量回调4周或4周以上,量缩得越快、越小越好,持续缩量越规则越好。在缩量回调的过程中,其20周线和月线的3月线和月线的MACD指标当中的柱状体都要始终保持向上延伸的态势,必须确保长线上涨趋势不能受到任何影响和改变!

(3) 回调踩在大阳底,但不破大阳底,5分钟开始到日线的各时间周期的CMRSI指标数值,越接近低位区越好,此时再加上分时图上也出现满足条件的"下豁口"现象,那就是最佳低位买点。

(4) 回调的过程、回调的幅度和斜度越大越好,斜度决定上涨力度,下跌斜度越大,后面上涨的力度就越强,更会暴涨。

(5) 一止跌立刻再度形成60分钟和日线级别的四位一体指标体系的放量全多头态势的话,此时须立马在其当天的交易重心附近分仓买入。这是不可多得的最佳加仓时机。

(四) 止损的重要性和正确设立止损位的35种方法

"涨时重势、跌时空仓、不忘止损"是最重要的事。

当强势的上升趋势发生了改变,开始走软,当遭受损失时,切忌加码再搏。在空头市场中,不输甚至少输就是赢。多做多错,少做少错,不做不错。如果因为害怕遭受小损失而拒绝出局,迟早会遭受大损失。一只在中长期下降趋势里挣扎的股票,任何时候卖出都是对的。哪怕是卖在了当前的最低价上。因为这种大角度向下的市场行情下,用不了多久你现在抛掉的这个所谓最低价,一定会变成今后的"高位价"。

在明确的下跌态势途中,小资金哪有"战略建仓"的必要,不需要为来年未知行情提前做准备,不需要和主力患难到底。看不懂、看不准、没把握时可以不进场买股或持有的。没人可以逼你买卖股票和必须持有股票。广大散户在面对市场走势时,因为信息的严重缺失,和诸多不对称性,所以必须坚持"技术第一,策略第二,心态只能排第三"的排序方式,看清当下、做好当下。尽量做到"涨时重势,跌时空仓。"会买的是徒弟,会卖的是师傅,会休息的是师爷。老手会等待,新手多无奈。

止损是个天大的问题,因为股市处处有风险,我们可能时时犯错误,所以我们不得不经常要拿起止损的武器。特别是在每波上升趋势的末端,以及每波下跌趋势之中,更是必须"早做早好、晚做晚好、不做找死"的最紧迫要干的事。止损绝不单纯是散户和初级股民的问题,也是机构、大师和股神们的问题。全球资本市场上再牛的风云人物,他们也常常因为疏忽、侥幸、漠视止损,就遭受失败,甚至是破产和自杀。所以会不会止损、重视不重视止损,是决定投资命运和最终结局的大事。可以这样说,在没有学会止损之前,你只不过是在博傻。

从某种程度上说,止损是股市第一重要的问题,它甚至比会买更重要,因为止损本质上是对股市的敬畏、是对不确定性的主动退避、是对市场和趋势的尊重。会不会买只会导致我们能赚多少,而会不会止损却决定着我们能不能活在这个市场中。赚多少取决于市场,亏多少几乎全部取决于自己。很多人不愿意止损,其核心就是不敢直面自己的错误,希望后面可能出现的"奇迹"来掩盖已经发生的错误。

一旦有风险来临,止损永远是应该和必须要去做的第一件事,一旦有风吹草动,止损永远都是正确的,哪怕事后看是错误的。虽然看起来这个观点有点极端,但是随着时间的推移,你一定会慢慢悟通这个深刻的道理,这句话切切实实是参透了股市玄机之后的肺腑之言,是大彻大悟后的觉悟之语。因为只有如此才能本能地、条件反射般地去接受和执行止损,才能保证让我们在面对止损这个决定上摆脱瞻前顾后和犹豫不决,才能把所有不切实际的侥幸心理和各种痴心妄想从潜意识里赶尽杀绝,才能及时执行好止损纪律。

很多人不能及时执行止损纪律,主要是他的灵魂深处有几个关过不了:

第一关是侥幸。也许再等等就反弹了,也许奇迹会出现,这几乎是阻碍止损最大的心理障碍。很多人不愿意止损,或者在止损问题上举棋不定,就是有这个心魔在作祟。

第二关是好面子。万一止损后大涨,该多么没面子啊。绝大多数不愿意止损的人都有这种心理障碍。这种无端的要承担重大心理折磨的想法具有很大的屈辱感,仿佛自己是笨蛋、智商低人一等。为了扭转这个心理误区,我们应该换种角度或方式想一下:止损是我们对自己过去的错误负责,即使它明天万一真的大涨了,有钱在手我就有主动权的呀,可以买回来也可以玩不起咱躲得起的呀。再说绝大多数情况下,此时止损后确实是有很多今后大跌的例子。其实,我们用不着在止损决定上去纠结,即使偶然止损失误那顶多让我们少赚,而一旦我们不止损则有可能会走上不归路的。

第三个关是误解。有几个典型的说辞:"利润是被频繁止损止完的""止损说明不会买,会买就不用止损""止损是没有本事"。其实这几问题都不值得一驳,试问:谁见过止损能把利润止完的?我见过绝大多数人因为不止损而破产,从来没有见过因为敢于、善于止损而破产的。我倒是见过很多会买而不会止损的人,最后落得"竹篮打水一场空"的地步,从来没有见过善于止损的人最后赚不到钱的。市场中,只要能够解决、化解了风险问题,利润就一定会被放大。会止损就是来解决风险问题的。真正善于止损的高手,他的利润是不请自来的。在我看来,止损不是没本事,而是有大本事。哪个常胜将军不是先保护自己不被击败然后再去击败敌人的?看不起止损的人、做不到止损的人、爆仓破产的、被市场消灭掉的倒确确实实不计其数。

第四个关是死扛。"我已经亏这么多了,再止损还有什么意义?"其实这种人是被套麻木掉、被套傻掉、破罐子破摔的人,是最容易被市场淘汰掉的人。一只股票一旦结束了其一波牛市行情,衰落起来会很漫长,往往会回到其前一波牛市的最低的起始平台的。从牛市顶点的最高价一直震荡下跌超过70%以上的个股,在现实的牛熊转换过程中实在是太正常的事了,基本已经成为绝大多数个股演变的规律了。

第五个关是自我安慰型。"才亏一点点不在乎。"其实表面上看小亏一点在牛市上升过程中的话确实有时是不要紧的,但是很多顶部下来的大亏却都是从小亏累积出来的。很多人不止损就是因为一开始是小亏,不屑于止损,后来变成大亏,又麻木了死扛下去不去止损,结果就是:"问君能有几多愁,恰似满仓中石油。"

以上五个关口都是阻碍止损的拦路虎,其核心就是不敢直面自己的错误,希望以今后可能的奇迹来掩盖已经发生的错误。这是股市实战中最可怕的事情。任何事情都有成本,止损也有成本,止损的成本就是万一止损错了怎么办。很多人不愿意止损就是不愿意为止损付出哪怕一丁点的成本。很多人不去止损其实是害怕止损错误,而荒唐的是对已经发生的错误可以不管不顾。止损是用来终止错误的最好手段。善用止损、敢用止损是可以永远避免破产和身败名裂的最终法宝,是在股市中安身立命之根本。

对于高手而言,止损是刚性的,到了止损位置就执行,不管它第二天会不会反弹,不管当时行情是否变暖,先把止损做了再说。至于止损错了,股票又反弹了怎么办?再买回来就是了。止损是一回事,再买入又是另外一回事,它们是两个独立的逻辑,是两笔独立的操作,它们之间不能做互相抵消的勾兑。这样做的目的就是贯彻止损永远正确的思想,把止损变成一种本能,把止损变成一种应对风险的条件反射。

设立止损位的方法有下列几种。

(1) 按前1日K线中心点设立止损位。以前1日K线的最高价与最低价的二分之一位置作为中心点来做止损点位,这个中心点可以看成是多空力量激战平衡的分界线。在此中心点上方为多方略胜,那么还可以暂时持有。当日股价击穿了前1日K线的中心点,半小时后还不能放量站稳回中心点上方去,则说明做空力量大,看空的人多,股价有继续下跌的可能。那么就要利用盘中任何缩量冲高机会暂时先止盈止损出局再说。一般利用这种方法已经可以在一波明确的上涨波段当中获益匪浅了。这种方法偏于在激进型的极强势股正在走波段主升浪行情中运用,一般的强势股中或震荡行情股中尽量不要使用。有时候在震荡很剧烈的个股上,可能会在行情末期被庄家提早洗出局,一旦发觉盘中或第二天立刻在极强势的运行态势下,再度很快出现5分钟四位一体指标体系放量全多头现象时,还可以及时介入一次。但是往往其最后的疯狂冲顶阶段离你被洗出局的位置也差不了多少幅度和天数的。特别是极强势股在大幅飙升的主升浪波段当中第二次出现当日股价击穿了前1日K线的中心点,半小时后还不能放量站稳回中心点上方去的话,那离开见顶日最多两天或百分之几的幅度了。全世界没有那一种方法是百分百完美的。太追求极致的人往往得不到快乐和满意。何必自己跟自己过不去呢?

图2-48为000877天山股份在2017年2月6日至22日期间形成两次"以前1日K线的最高价与最低价的二分之一位置作为中心点来做止损点位"方法的走势示意图和前后期的四位一体指标体系走势示意图,以及符合上文阐述的形态买卖操作要求的走势示意图。第一个框内出现的是其以极强势股上涨形态方式向上运行过程当中,第一次出现跌破前1日K线的最高价与最低价的二分之一的中心点位置,并且半小时后还不能放量站稳回中心点上方去,应该利用盘中缩量冲高机会卖出的示意图。结果它立马又以很快出现5分钟四位一体指标体系放量全多头现象继续大幅拉升,那表明止盈止损错了,需要再及时追涨买入。后一个框内是其以极强势股上涨形态方式向上运行过程当中,第二次出现跌破前1日K线的最高价与最低价的二分之一的中心点位置,并且半小时后还不能放量站稳回中心点上方去,应该利用盘中缩量冲高机会卖出的示意图。此次卖出后不管短期它怎么上蹿

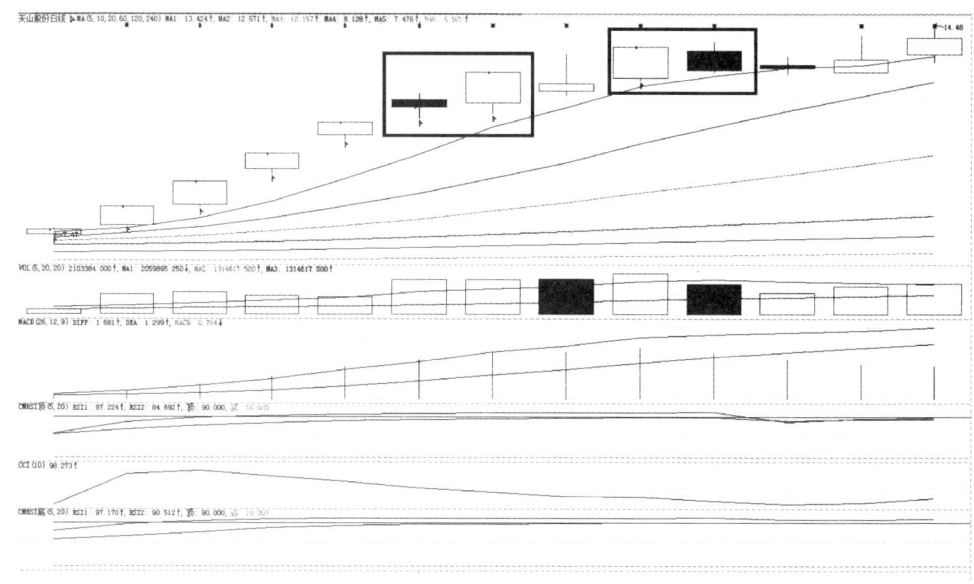

图 2-48

下跳都坚决不要再买入了。因为其已经泄过第二次气了。这次泄气通常是真的了。后期凶多吉少,上涨可能小了,震荡或者下跌的可能性越来越大了,再去参与得不偿失,风险收益比要开始倒挂了。而且通常此时的 60 分钟走势图上容易出现顶背离等偏向于弱势态势的表现,更加提醒我们要多多注意防范即将来临的风险。

(2) 以跌破 5 日线来设置止损位。对于绝大多数行情下的大部分个股,如果盘中跌破上升过程当中的 5 日线半小时后,还不能放量站回 5 日线上方去的、临近收盘时基本上可以确认收盘价会跌破 5 日线的,同时其 60 分钟四位一体指标体系走势图上,已经基本上都走下跌态势了、其日线 MACD 指标的柱状体也开始向下缩短的话,则说明原先的做多力量开始明显撤退了,做空力量越来越大,短线看空的人越来越多了,股价有终止短线上涨,开始起码的短线下跌的可能性越来越大了。至于调整的幅度大小、时间长短只能视大势而定,但调整的可能性是非常大的。我认为没有必要参与其今后的调整,应该暂时先利用盘中任何缩量反抽的机会先止损出局再说。这种止损设置的方法其成功率确实是比较高的,在这种时刻去做一次止损动作通常都是不错的。这种使用方法是最常用,最方便有效的,图例就不再单列了。

(3) 对于连续大幅拉升或连续涨停的极强势股,收盘前确认了跌破 5 日线的,即无条件卖出或止损。

(4)股价跌破买入价亏损超过5％时无条件卖出。这个标准是个硬性标准,此标准决定于你自己的风险承受度,实际上这个止损标准要求买点既可以是趋势线的最佳买点,也可以是均线金叉的最佳买点,还可以是突破某一平台、某一形态等阻力位后的买点,只有这样精准的买点,才配得上设立止损点。养成这样的好习惯有另外的好处是,强化自己每一次谨慎下买单!买对才会容易赚,经常买对才会少止损,才会习惯成自然地达到炉火纯青的"买对卖对大牛股"的境界。

(5)短线操作要重视任何可能的阻力位(股价上方出现的向下移动的股价移动平均线、股价上方的前期高点、箱体上沿、前期成交平台等)。当股价上升接近所谓的临界点时(股价前期高点、箱体上沿、W形态颈线位),应该防范"挑顶卖货",而不应该持股等待"突破临界点"。此时先做卖出或止损往往都是对的。股价第一次接近或突破较长时间以来形成的前期重要高点平台,或遇到某一重要阻力位,或跌破某一重要支撑位时,都是不错的短线先做止损的位置。这一小节内容在后面专门章节有详细阐述。

(6)60分钟走势图上刚刚出现顶背离死叉现象时,卖出或止损。之前已经有过详细阐述,此处就不再赘述了。

(7)60分钟四位一体指标体系走势图上,刚刚出现全空头排列之时,卖出或止损。之前也已经有过详细阐述,此处就不再赘述了。

(8)在短期大幅上涨后,公司突发重大利空时,当天收出放量大阴线时,卖出或止损。基本面服从技术面,股票再好,形态坏了也下跌;股票再不好,形态好了也能上涨。基本面再好也必须要结合大盘和该股的形态等综合分析,不是说基本面好,买进去就会涨,形态好坏、资金究竟是在持续进还是主要在出是根本。基本面突然出现变化,在确认不好的情况下,应该考虑出货。如果其基本面出问题了,那么该股的估值必然也会随之下移。

(9)当短期大幅上涨,市场期待已久的政策出台,但相关个股却不涨反跌,或高开低走,收出一根几乎光头光脚的大阴线,跌幅或振幅在4％以上时,说明庄家主力已经迫不及待地在大量抛货离场了。此时宜卖出或止损。短期大幅上涨后,当天是一根明显的高量柱而在当天的顶部最高价出现后开始放量下跌,跌幅与最高价之间差达4％以上的价格时,就是其起码的短线见顶日。此时赶快抛,你还可以抛在最高点形成当天的最高区域内。

(10)个股受一些朦胧题材传闻影响,股价短期大涨,但公司突然澄清传闻,股价当天大跌4％以上时,卖出或止损。

(11)个股突遇长期停牌,大盘在此期间大幅下跌,除非公司出台实质性重大利好,且之前没有出现过大的涨幅外,一般在其复盘第一天及时果断卖出,以防补跌。

(12) 个股当天以中大阴线的方式或以向下跳空的方式,向下突破近期的整理小平台时,必须先卖出或止损。

图 2-49 为 300516 久之洋在 2016 年 12 月 2 日形成个股当天以中大阴线的方式,向下突破之前形成的整理小平台时的走势示意图。此时往往已经刚刚出现过顶背离死叉或四位一体指标体系全空头或倒挂老鸭头等弱势加速下跌走势。此时就应该及时止损出局或利用盘中缩量冲高机会卖出。

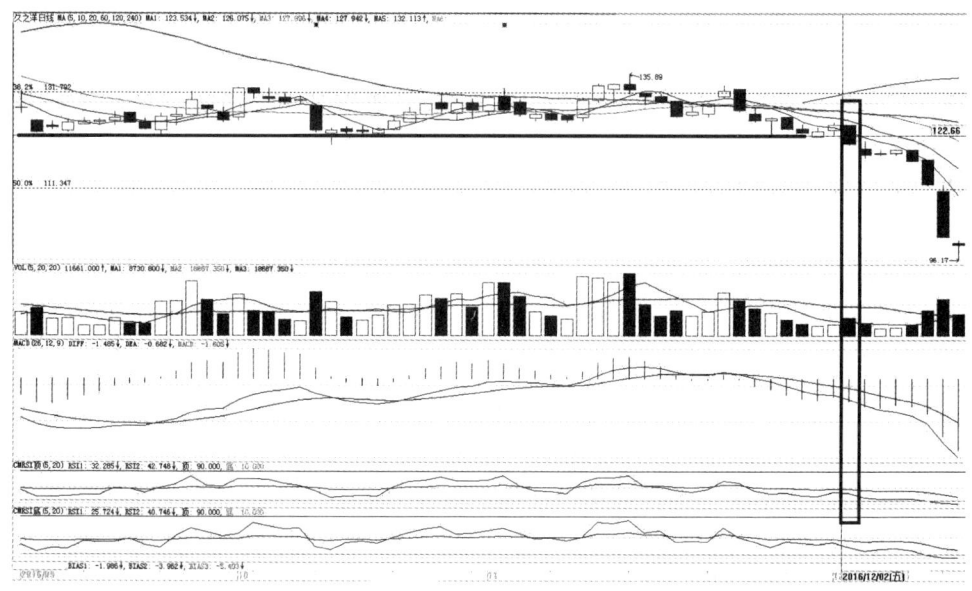

图 2-49

(13) 短期大幅飙升,连拉 3 个涨停以上,次日又大跌 4%以上,出现此种情况一般起码要调整 3～10 天才有可能再起一波升势。当然更多的股票在熊市或震荡市中偃旗息鼓再起不来也是司空见惯的。所以可以在其首日下跌之时,先卖出或止损。一般而言,一波快速上涨花了多少天数,则其回落或横盘震荡所需花的时间就是它快速上涨所花的天数的 2～3 倍。

图 2-50 为 600425 青松建化在 2017 年 2 月 13 日此日在经历了前 3 天连涨 3 个涨停板后,形成大跌 4%以上,其从此一蹶不振,随之而来的是股价和指标体系一路逐步震荡走低的过程示意图。其完全符合上文所阐述的思路和结果。此时就应该及时止损出局或利用盘中缩量冲高机会卖出。

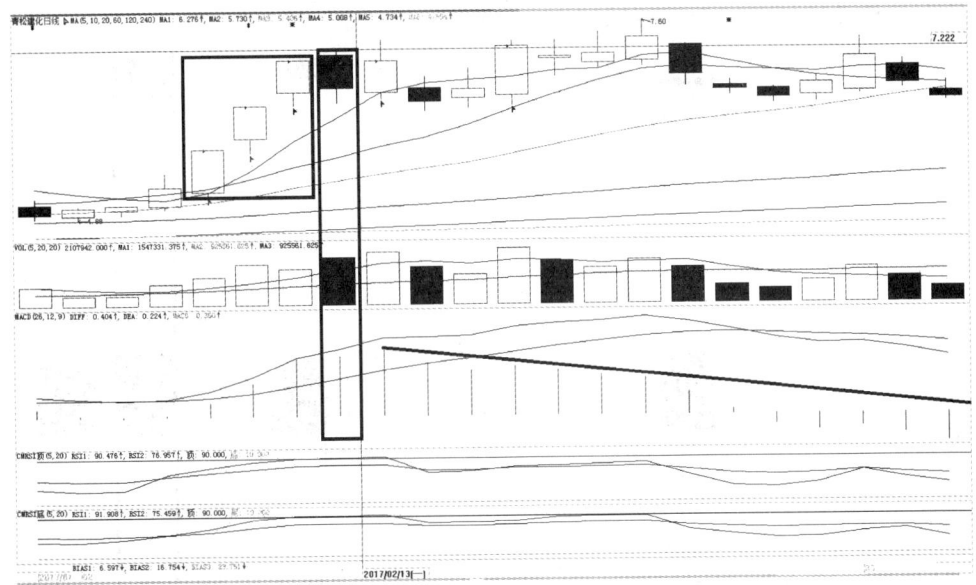

图 2-50

（14）亏损额度达到总资金的5%时，无论任何理由和借口，都先无条件地止损出来冷静一下。自己账户上的总市值持续下跌超过5%以上时，须及时总结一下问题出在哪里，一般有必要先止盈止损出来冷静一下。单一个股亏损额超过10%，无论任何理由和借口，都先无条件地止损出来冷静一下。

（15）指数整体行情走势明显走弱之时，自己手中的强势个股，一旦有发生日线级别的柱状体首次拐头向下迹象时，应先立即止损。

图2-51为2016年12月2日上证指数和深证成指出现一根中阴线跌破5日线，并且使得5日线开始拐头向下；MACD指标也发生全空头拐头向下现象，意味着一波短线上涨行情已经结束，理所当然就会随之而来一波下跌行情。那么此时要相信覆巢之下安有完卵的道理，尽量在下跌势中降低仓位，甚至没有仓位最好。

图2-52为2016年12月2日在上证指数和深证成指出现一根中阴线跌破5日线，并且使得5日线开始拐头向下；MACD指标也发生全空头拐头向下，意味着一波短线上涨行情已经结束的日子时，000651格力电器作为一个当时的强势股也于当日出现日线级别的柱状体首次拐头向下迹象，股价出现跌破二分之一交易中心位，产生阴包阳的明确疲软见顶态势现象的走势示意图。以后碰到类似现象的时候，一定应先考虑立即止盈止损出来观望一下再说。不能一味按照自己主观愿望和臆测而错失这种尽量高抛的良机。

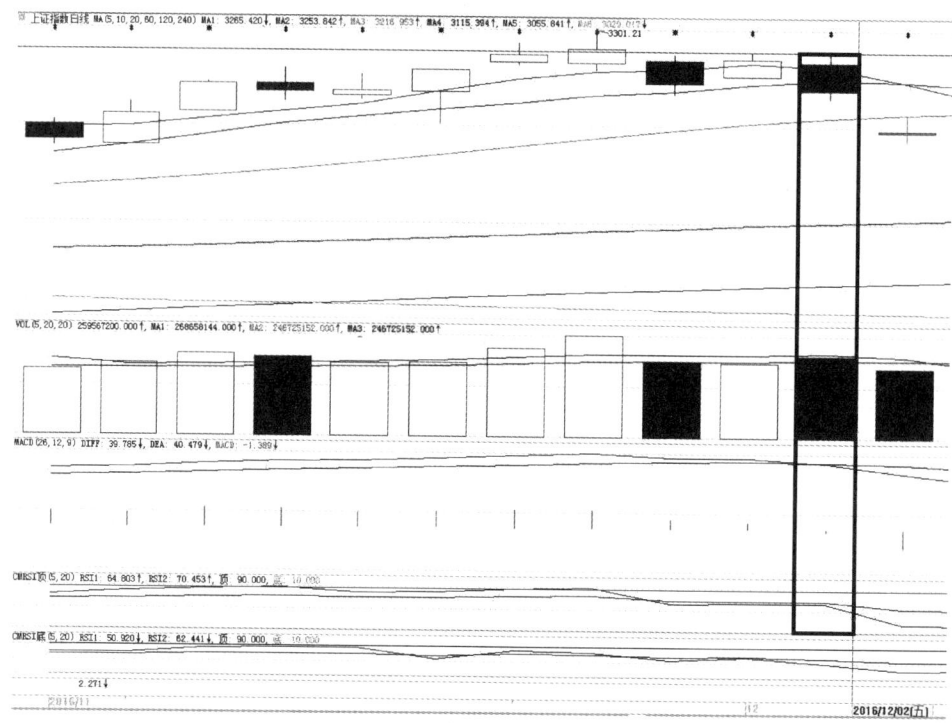

图 2-51

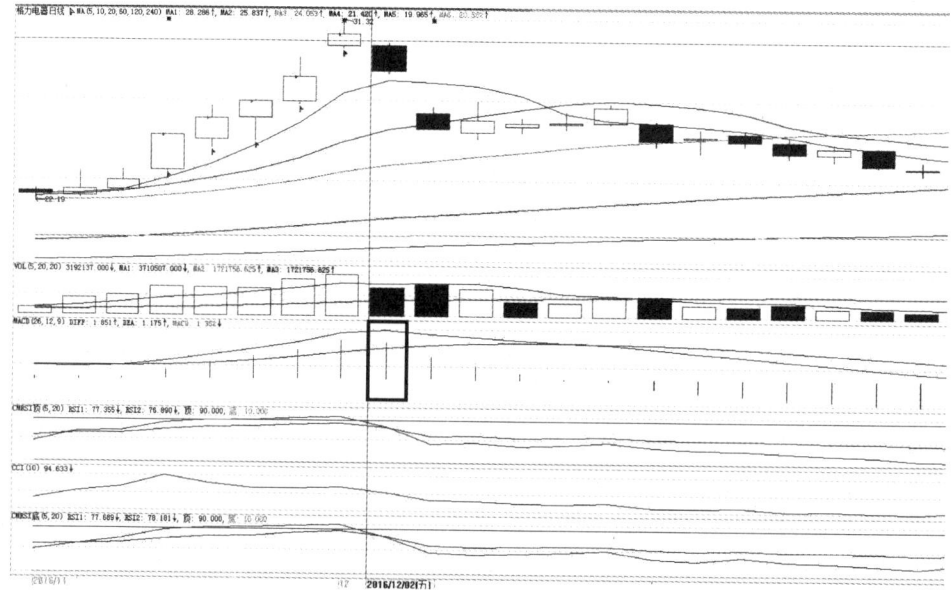

图 2-52

(16)原先看好其买股并且持有的理由不存在了、发生了变化,同时走势也有疲软态势在演绎中了,应先立即止损。一般而言,当你发现这只股票连续3天都没有达到前几天的那个股价顶峰和指标顶峰的时候,就基本可以判定这只股票处于目前的顶部回落过程中了。如果后期股价要再上涨的话,就需要放比之前更大的量和迸发出更大的角度和气势来再度打破目前的疲软态势。在股价顶峰和指标顶峰出现后的回落过程中,首要考虑的动作是怎么卖而不是怎么买。

图2-53为600165新日恒力2017年2月15日开始的作为一个当时的强势股,出现柱状体依次疲软向下;股价跌破5日线,并且使得5日线开始拐头向下;股价出现跌破二分之一交易中心位,产生阴包阳的明确疲软见顶态势现象的走势示意图。以后碰到类似现象的时候,一定先考虑立即止盈止损出来观望一下再说。不能一味按照自己主观愿望和臆测而错失这种尽量高抛的良机。必须要等到60分钟和日线以及周线级别的柱状体和量能都同步放量向上时,才可以考虑及时在其当时的交易重心附近分仓买入。

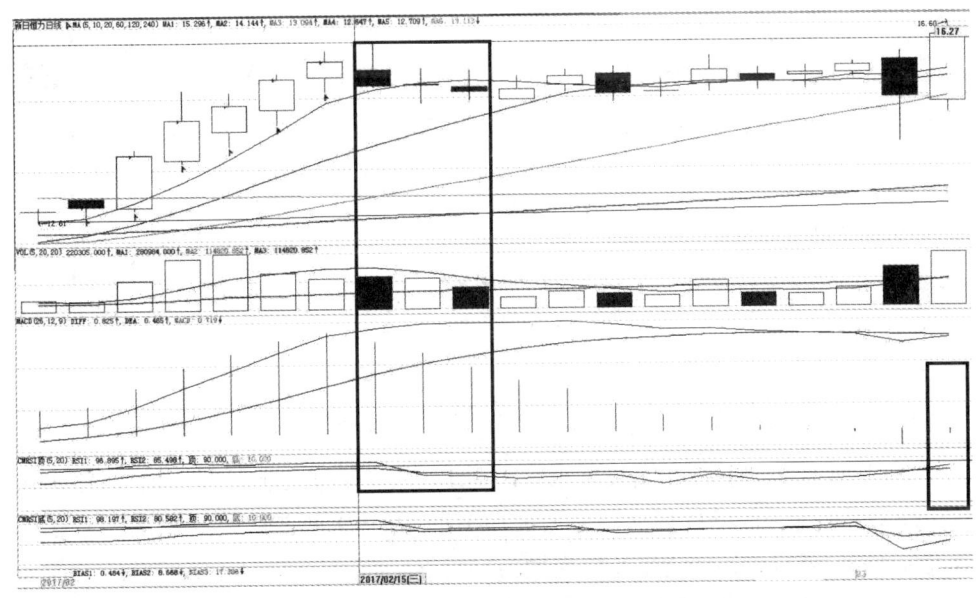

图 2-53

(17)不管什么情况下,只要一旦该股出现了日线、周线CMRSI顶指标当中的RSI1数值都到了高位之后出现特别经典的见顶K线之时,则先不管三七二十一,立刻利用盘中反抽机会抛清该股再说!此是当务之急、重中之重的第一反应。

图 2-54 为 600165 新日恒力 2017 年 2 月 15 日在日线和周线 CMRSI 顶指标当中的 RSI1 数值都到过了高位之后,出现特别经典的见顶 K 线之时,开始作为一个当时的强势股,出现 MACD 指标当中的柱状体和两条曲线依次疲软向下;股价跌破 5 日线,并且使得 5 日线开始拐头向下;股价出现跌破二分之一交易中心位,产生阴包阳的明确疲软见顶态势现象的走势示意图。以后碰到类似现象的时候,一定先考虑立即止赢止损出来观望一下再说。不能一味按照自己主观愿望和臆测来错失这种尽量高抛的良机。必须要等到 60 分钟和日线以及周线级别的柱状体和量能都同步放量向上时,才可以考虑及时在其当时的交易重心附近分仓买入。

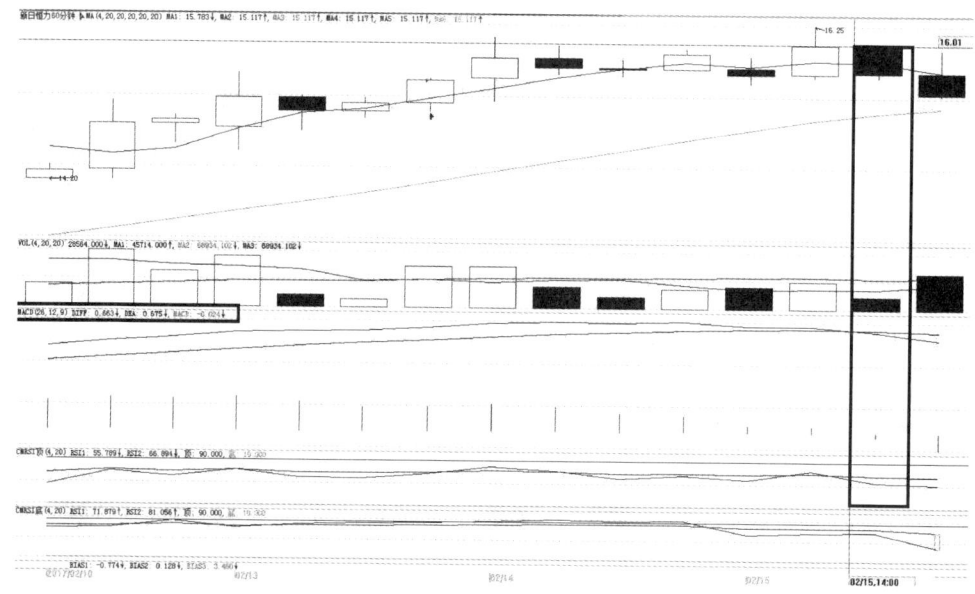

图 2-54

(18) MACD 指标图中若发生第一次 DIFF 从 0 轴线之上下穿 0 轴线、每次在 0 轴线下形成绿柱收缩以后又马上放大向下的"倒挂老鸭头"现象、每次在 0 轴线下形成死叉,就应该短线立即止损先抛为好。

图 2-55 为 002808 苏州恒久 2016 年 12 月 2 日开始在日线 MACD 指标图中发生第一次 DIFF 从 0 轴线之上下穿 0 轴线、每次在 0 轴线下形成绿柱收缩以后又马上放大向下的"倒挂老鸭头"现象、每次在 0 轴线下形成死叉时都产生的一波快速向下急跌的走势示意图。以后碰到类似现象的时候,一定应先考虑立即止盈止损出来观望一下再说。不能一味按照自己主观愿望和臆测来错失这种尽量高抛的

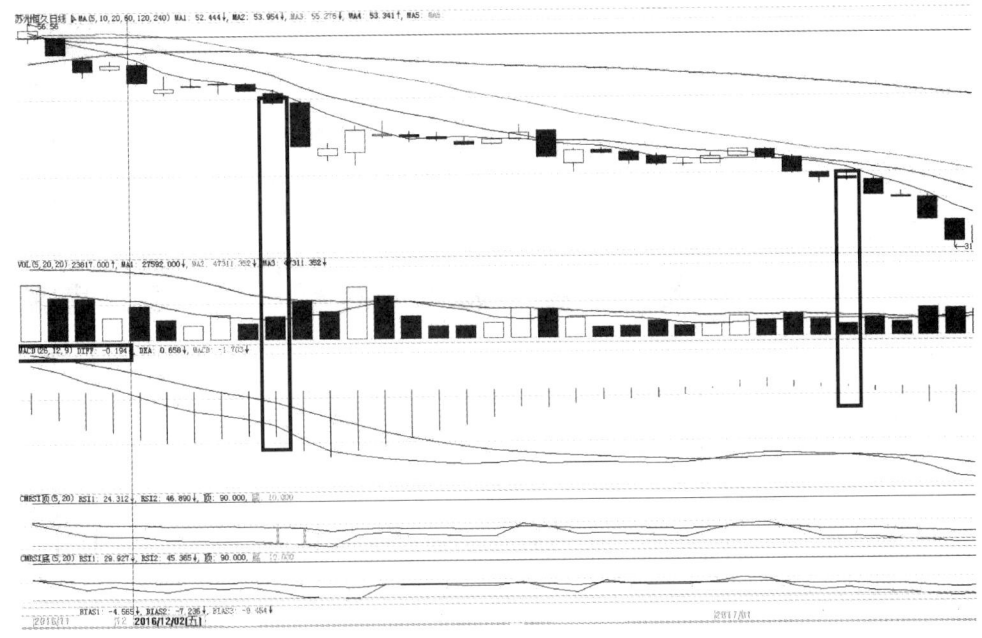

图 2-55

良机。必须要等到 60 分钟和日线以及周线级别的柱状体和量能都同步放量向上时,才可以考虑及时在其当时的交易重心附近分仓买入。

(19)个股拉升后远离日线级别的 20 日均线乖离超过 10%,一般配合 MACD 的红柱子首次缩短,或者 RSI 指标的死叉,或者小一个时间周期的 MACD 指标当中出现我在《四位一体操盘术》一书中阐述的"顶部三宝"的现象时,就可以确定要进行止盈止损的操作了。而且这个方法的成功率和准确率是相当高的,可以反复利用这样的高抛低吸方法在一个主升浪的股票中反复做,常做常对。

图 2-56 为 002110 三钢闽光 2016 年 11 月 28 日和 12 月 20 日两次个股拉升后远离日线级别的 20 日均线乖离超过 10%;配合 MACD 的红柱子首次缩短,CMRSI 顶指标的死叉,以及小一个时间周期的 60 分钟四位一体指标体系走势图中出现我在《四位一体操盘术》一书中阐述的"顶部三宝"的现象时,而进行的止盈止损的操作走势示意图。这种方法已经比我教的"最高点卖出法"的抛点低了好多,但仍然属于高位区域。以后碰到类似现象的时候,一定应先考虑立即止盈止损出来观望一下再说。不能一味按照自己主观愿望和臆测来错失这种尽量高抛的良机。必须要等到 60 分钟和日线以及周线级别的柱状体和量能都同步放量向上时,

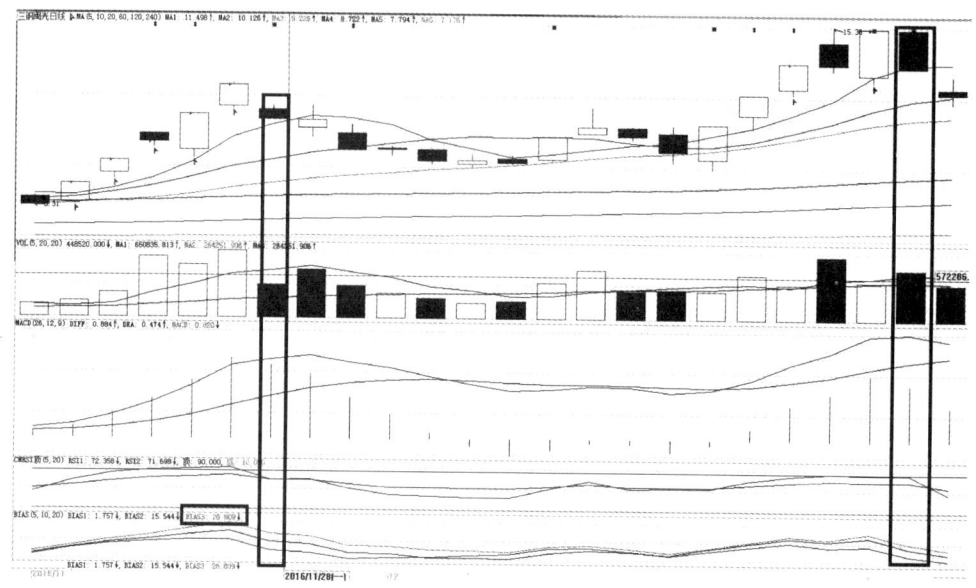

图 2-56

才可以考虑及时在其当时的交易重心附近分仓买入。

图 2-57 为 002110 三钢闽光 2016 年 11 月 28 日和 12 月 20 日两次个股拉升后远离日线级别的 20 日均线乖离超过 10%；配合 MACD 的红柱子首次缩短，CMRSI 顶指标的死叉，以及小一个时间周期的 60 分钟四位一体指标体系走势图当中出现我在《四位一体操盘术》一书中阐述的"顶部三宝"的现象时，而进行的止盈止损操作的 60 分钟走势示意图。此两个框内其 4 小时线拐头向下了，4 小时均量线拐头向下了，MACD 指标当中的 DIFF 线和柱状体拐头向下了，CMRSI 顶指标的两条曲线拐头向下了，满足了"顶部三宝"现象所需要的条件了。此时结合日线级别有疲软的迹象，就可以确定最起码超短线、短线的头部到了。此时先抛没商量。

（20）个股拉升后远离周线级别的 20 周均线乖离超过 20%，一般配合 MACD 的红柱子首次缩短，或者 RSI 指标的死叉，或者小一个时间周期的 MACD 指标当中出现我在《四位一体操盘术》一书中阐述的"顶部三宝"的现象时，就可以确定要进行止盈止损的操作了。

图 2-58 为 002110 三钢闽光 2016 年 11 月 28 日和 12 月 20 日两次个股拉升后远离周线级别的 20 周均线乖离超过 20%；配合 MACD 的红柱子首次缩短，CMRSI 顶指标的死叉，以及小一个时间周期的日线级别四位一体指标体系走势图

第二章 炒大牛股离不开的几道关

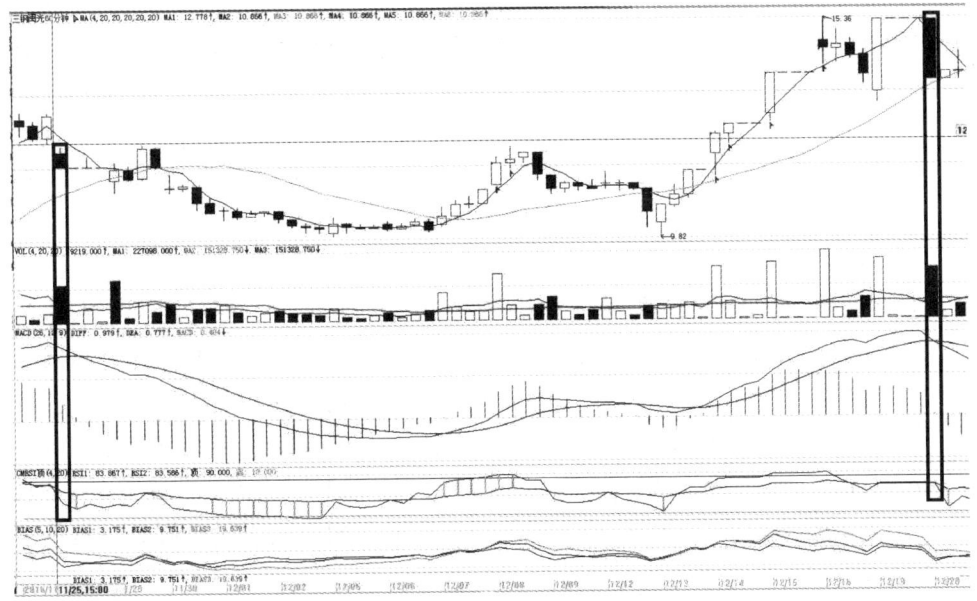

图 2-57

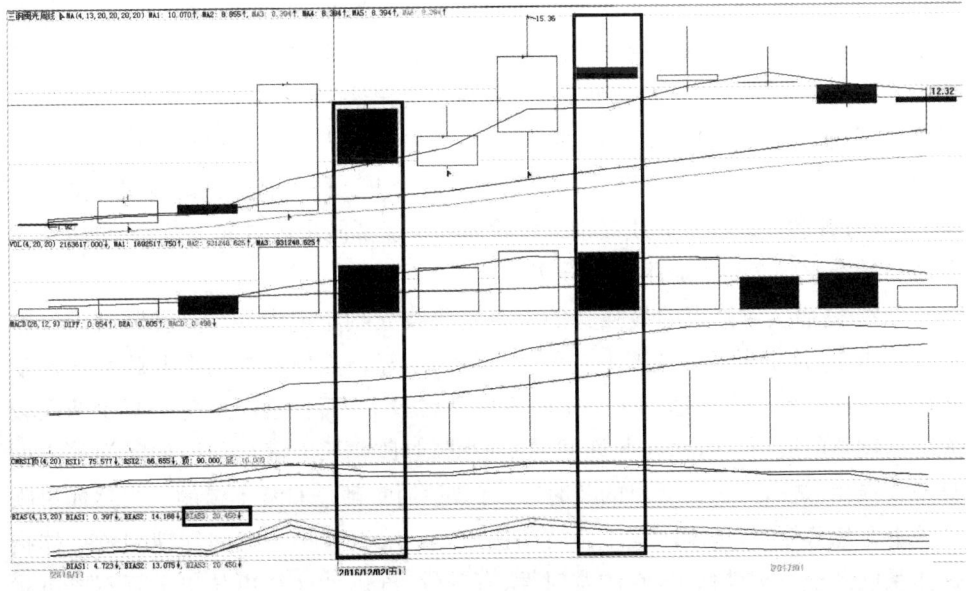

图 2-58

中出现我在《四位一体操盘术》一书中阐述的"顶部三宝"的现象时,而进行的止盈止损的操作走势示意图。这种方法已经比我教的"最高点卖出法"的抛点低了好多,但仍然属于高位区域。以后碰到类似现象的时候,一定应先考虑立即止盈止损出来观望一下再说。不能一味按照自己主观愿望和臆测来错失这种尽量高抛的良机。必须要等到60分钟和日线以及周线级别的柱状体和量能都同步放量向上时,才可以考虑及时在其当时的交易重心附近分仓买入。

(21) 在复合时间周期指标数值都在高位后,如果再出现"高开低走阴线"或"长上影线"等经典见顶K线,并且跌破了前一根K线的二分之一中心位的话,绝大多数都是卖出的极佳时机,都应该短线立即止损先抛为好。只要复合时间周期指标数值的高位出了高量,后期只要小一时间周期走势图上出现"顶部三宝"现象,就基本已经可以确定短线下跌风险降临了;如果后期很快再跌破此根高量柱的最低价的话,那短线下跌风险已经正式开始了。此时不用再犹犹豫豫的了,赶快利用盘中任何缩量反抽机会或干脆快刀斩乱麻立刻止盈止损出局观望是重中之重。

图2-59为000935四川双马2016年9月23日和10月20日以及11月3日三次个股拉升后出现上文阐述现象的走势示意图。此时结合MACD的红柱子首次缩短,CMRSI顶指标的死叉,股价出现跌破二分之一交易中心位,产生阴包阳的明确疲软见顶态势现象,以及小一个时间周期的日线级别四位一体指标体系走势图中出现我在《四位一体操盘术》一书中阐述的"顶部三宝"的现象时,要进行的止盈止损的操作。这种方法已经比我教的"最高点卖出法"的抛点低了好多,但仍然属于高位区域。以后碰到类似现象的时候,一定应先考虑立即止盈止损出来观望一下再说。不能一味按照自己主观愿望和臆测而错失这种尽量高抛的良机。必须要等到60分钟和日线以及周线级别的柱状体和量能都同步放量向上时,才可以考虑及时在其当时的交易重心附近分仓买入。

(22) 跌破实时修正的最强势的上升趋势线立刻止损出局。这种跌破上升趋势线卖出法,是指当股价跌破由之前两个较为明显低点所构成的上升趋势线时就卖出的方法。此种方法适用于一定时期内涨幅较大,而且已经出现了至少两次较大幅度调整的股票。若是在此期间的阶段涨幅(跌幅)、上涨(下跌)的时间等方面具备较强相似性,那么其卖出的及时性、有效性通常都是非常不错的。当然如果跌破该上升趋势线时,是刚刚发生顶背离迹象,或死叉,或小一时间周期四位一体指标体系已经全空头排列了,它的及时性、有效性、准确性往往更佳。千万不要再犹豫不决不肯抛股票了。

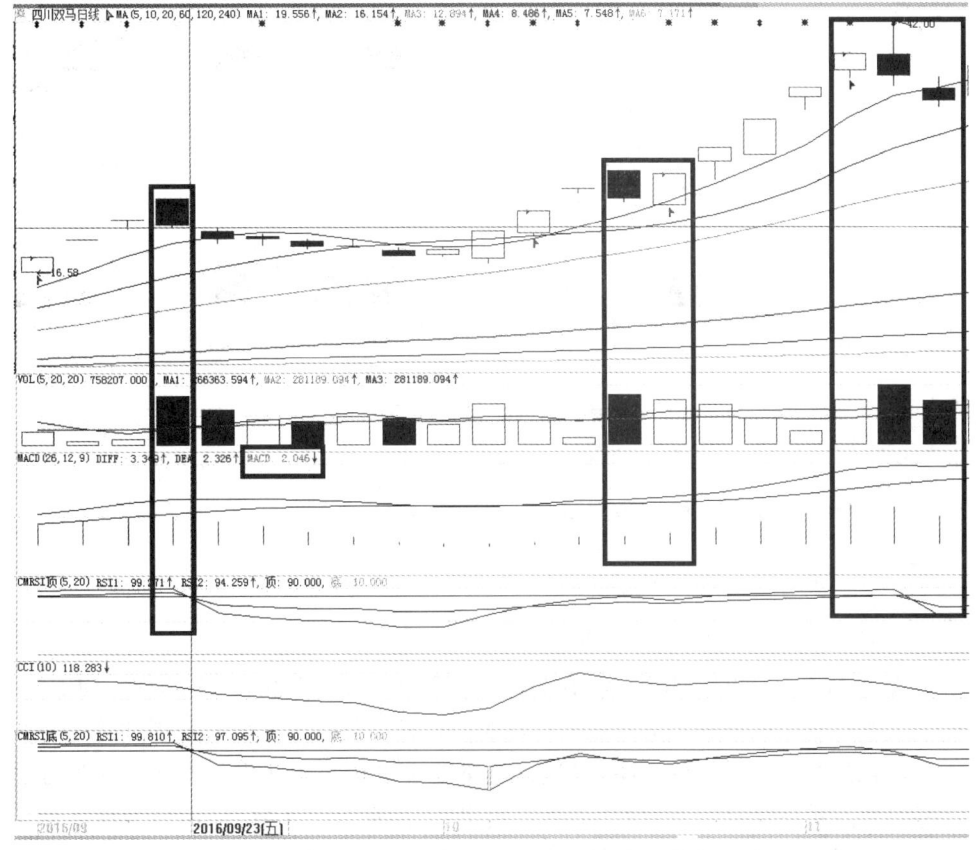

图 2-59

图 2-60 为 000935 四川双马 2016 年 10 月 17 日和 10 月 21 日这两个重要低点连成的经过实时修正的最强势的上升趋势线，以及 11 月 11 日确定跌破此最强势的上升趋势线时，符合上文阐述现象的走势示意图。此时结合小一个时间周期的"顶部三宝"现象时，要进行止盈止损的操作。这种方法已经比我教的"最高点卖出法"的抛点低了好多，但仍然属于高位区域。以后碰到类似现象的时候，一定应先考虑立即止盈止损出来观望一下再说。不能一味按照自己主观愿望和臆测而错失这种尽量高抛的良机。必须要等到 60 分钟和日线以及周线级别的柱状体和量能都同步放量向上时，才可以考虑及时在其当时的交易重心附近分仓买入。

（23）见高点回落下跌 5% 以后，如果半小时以内再不能逐波强势震荡走高，同时其分时图均价线半小时以内也再不能逐波强势震荡走高，就立刻要利用盘中的任何冲高机会止盈止损了。

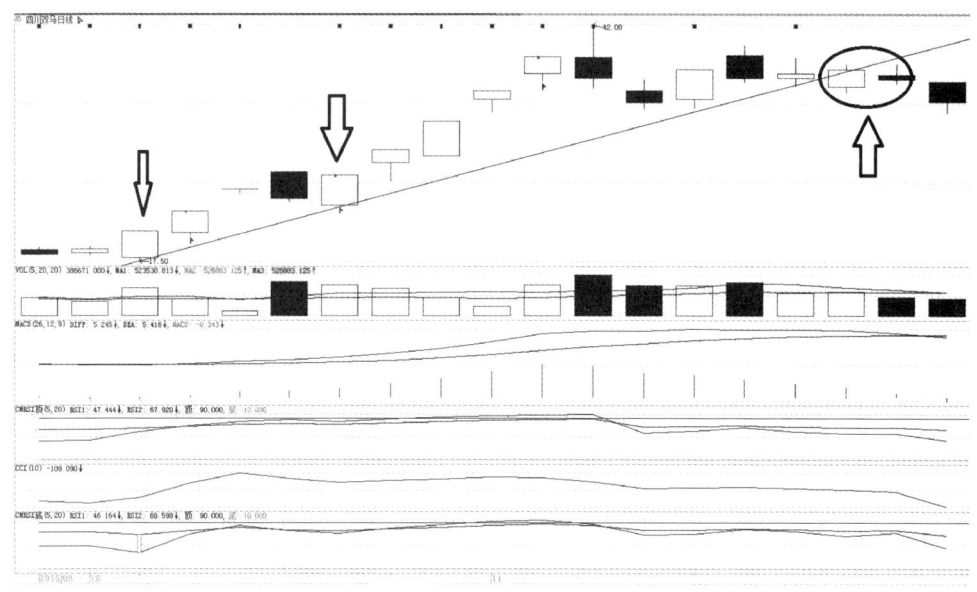

图 2-60

图 2-61 为 000935 四川双马在 2016 年 11 月 3 日从上涨 8% 开始拐头向下，符合上文阐述现象的分时走势示意图。此时结合是不是在小一个时间周期的走势图上已经出现"顶部三宝"的现象，来确认要不要去进行止盈止损的操作。这种方法比较激进。虽然已经比我教的"最高点卖出法"的抛点低了好多，但仍然属于高位区域。以后碰到类似现象的时候，一定应先考虑立即止盈止损出来观望一下再说。因为这种现象的出现说明主力去意已决，那就需要及时跟随主力思维，利用盘中任何反抽机会，止盈止损出局观望为宜了。不能一味按照自己主观愿望和臆测而错失这种尽量高抛的良机。必须要等到 60 分钟和日线以及周线级别的柱状体和量能都同步放量向上时，才可以考虑及时在其当时的交易重心附近分仓买入。

(24) 复合时间周期指标数值都在高位区附近时，如果指数当天有越来越弱的走势在发生时；如果个股的分时图上出现书中阐述的这些经典的疲软态势时，也必须尽量要利用盘中的任何冲高机会止盈止损了。

关于这一点，其实就是涉及指数对板块、对个股的影响度的问题了。如果指数在 60 分钟、日线、周线复合时间周期指标数值的高位，或者出现高位顶部向下分型时，出现了阴包阳 K 线，或者跌破 5 日线，或者 5 日线拐头，或者分时图均价线出现一再走低的"一江春水向东流"走势；有不少的个股还出现了放量跌停，盘面上跌多涨少；板块指数涨幅排行榜第一版上都没有超过 1% 的；前期指数上涨过程中的那

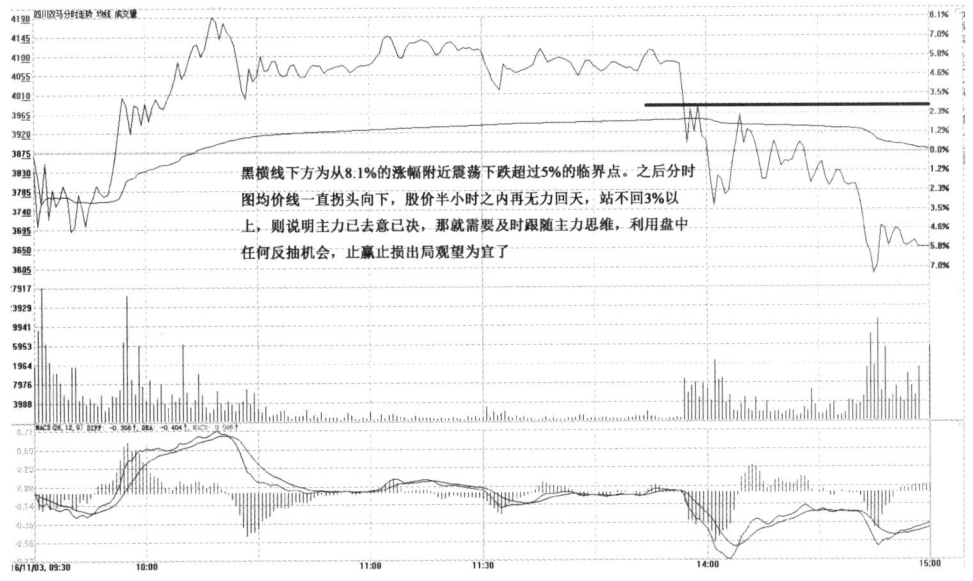

图 2-61

些相对主流的板块,却都在板块指数跌幅榜第一版的前列等极其不良的行情态势的话,那么就说明整个指数环境走弱了。那此时所有的股票,其实都面临着一个"五十步笑一百步"式的下跌风险,不光弱势股要尽快抛,强势股只要也有点疲软的迹象,也要尽快抛。一波下跌趋势中只有早跌晚跌、大跌小跌之分,没有几个股票能够扛住不跌的。

(25) 股价出现"量价背离"的技术图形(即个股在一波上涨后股价仍在抬高,但成交量连续两个交易日未能保持在前期量能的 70％以上)后,当出现经典见顶 K 线时就该考虑执行止盈止损纪律了。

图 2-62 为 000885 同力水泥在 2017 年 2 月 7 日以后连续出现多日的量价背离,最终在 2 月 13 日开始出现跌破前一日股价的二分之一中心位;柱状体首日向下缩短;收盘价跌破 5 日线;CMRSI 顶指标曲线出现顶背离死叉;分时图均价线大角度向下运行;60 分钟内不光连续形成 MACD 指标的柱状体顶背离和死叉现象,还形成了 60 分钟四位一体指标体系的全空头排列,符合上文阐述现象的走势示意图。此时应该进行止盈止损的操作,难道还要犹豫的吗?虽然已经比我教的"最高点卖出法"的抛点低了好多,但仍然属于高位区域。以后碰到类似现象的时候,一定应先考虑立即止盈止损出来观望一下再说。因为这种现象的出现说明主力去意已决,那就需要及时跟随主力思维,利用盘中任何反抽机会,止盈止损出局观望为

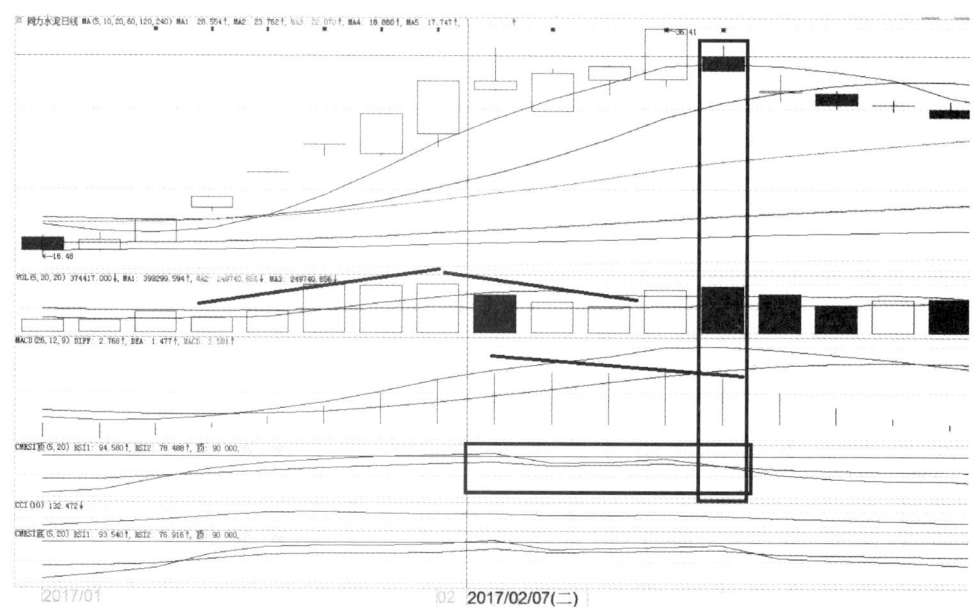

图 2-62

宜了。不能一味按照自己主观愿望和臆测而错失这种尽量高抛的良机。必须要等到 60 分钟和日线以及周线级别的柱状体和量能都同步放量向上时,才可以考虑及时在其当时的交易重心附近分仓买入。

(26) 对于那些区间震荡以后,有放量上攻行为的个股,一旦其股价后市没有流畅的上行,反在短期震荡后再度跌破它带量上攻的那一天的开盘价,就应该止损出场。因为一旦股价跌破它带量上攻的那一天的开盘价,就说明这根放量阳线是庄家利用对倒成交量设置的一个诱多的对倒陷阱。庄家可能只是在试盘,也可能正在迫切脱身了。所以一旦股价跌破它带量上攻的那一天的开盘价,后期通常容易有继续下跌的弱势行情继续折磨大家的神经。尽量先退出观望不失为一种比较好的方式。必须要等到 60 分钟和日线以及周线级别的柱状体和量能都同步放量向上时,才可以考虑及时在其当时的交易重心附近分仓买入。

图 2-63 为 000672 上峰水泥 2016 年 8 月 18 日在经历了一段时间的区间震荡以后,出了根放量上攻的大阳线,但是立刻就偃旗息鼓了,之后马上持续缩量出现跌破前一日股价的二分之一中心位;柱状体首日向下缩短;收盘价跌破 5 日线;分时图均价线大角度向下运行;形成了 60 分钟四位一体指标体系的全空头排列,不久就跌破了它带量上攻的那一天的开盘价,符合上文阐述现象的走势示意图。此

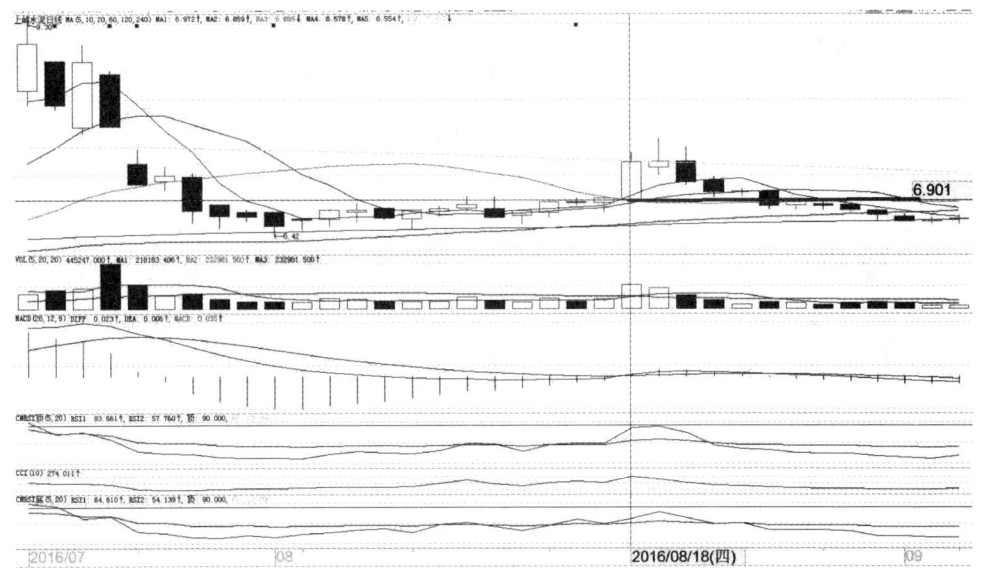

图 2-63

时须先进行止盈止损的操作。哪怕后期可能会立刻转空为多,也必须先抛再说。必须要等到其后市哪天 60 分钟和日线以及周线级别的柱状体和量能都同步放量向上时,才可以考虑及时在其当时的交易重心附近分仓买入。

(27) 如果一个股票跌破前一天阳线的开盘价或最低价,同时伴随着 MACD 指标当中的柱状体和成交量双双向下萎缩。那就必须及时止损,否则会使投资者被深度套牢。

图 2-64 为 000672 上峰水泥在 2016 年 12 月 30 日跌破前一天阳线的开盘价和最低价,同时伴随着 MACD 指标当中的柱状体和成交量双双向下萎缩;收盘价跌破 5 日线;分时图均价线大角度向下运行;形成了 60 分钟四位一体指标体系的全空头排列,符合上文阐述现象的走势示意图。此时须先进行止盈止损的操作。必须要等到其后市哪天 60 分钟和日线以及周线级别的柱状体和量能都同步放量向上时,才可以考虑及时在其当时的交易重心附近分仓买入。在图 2-64 中,前一个框内显示的是比 12 月 30 日发生的现象更严重、更弱势的放量暴跌表现方式,当然更加需要及时抛出。

(28) 涨停后的调整一旦吞掉该涨停 K 线的交易重心位,甚至吞掉该涨停 K 线的最低价,同时伴随着 MACD 指标当中的柱状体和成交量双双向下萎缩,通常

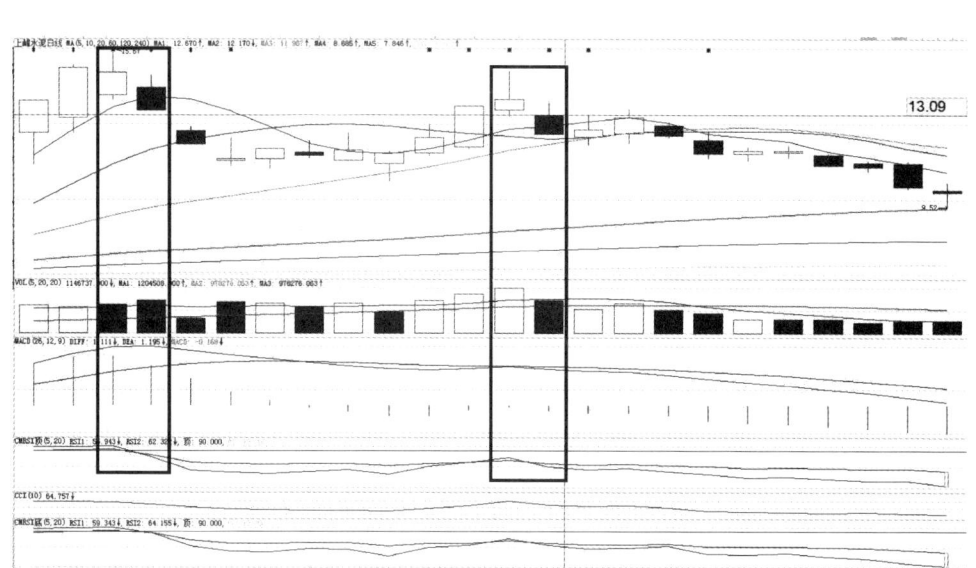

图 2-64

前期的涨停板价格,往往会构成一个重要的技术位。前期某一个涨停板价格,如果后市被跌破,则往往成为阻力位。股价再对这一位置进行反抽,如果无法有效通过,则这一位置附近就成为做空的价位区。相反,如果某一涨停板价格后市经受了考验,有效支撑住了,则证明这一位置成为短线的支撑位,股价再对这一位置进行考验,如无法有效跌破,则这一位置附近就成为逢低买进的价位区。所以涨停后进行的调整,若股价调整下跌吞掉该涨停 K 线,就必须卖出股票,及时止损。

图 2-65 为 002302 西部建设在 2017 年 1 月 11 日到 3 月月初符合上文阐述现象的走势示意图。在图 2-65 中,第一个方框中显示 1 月 13 日股价跌破了 1 月 11 日的涨停板的二分之一交易中心位,同时柱状体和成交量均依次向下萎缩。此时当然是应该要抛一下的。一直要等到它第一根长框内显示的放量老鸭头现象出现时,才可以进行及时的分仓买入。到第二个方框时,阴线把前一根涨停板的二分之一交易中心位跌穿,这又是一个短线应该抛的抛点。等到第二个长框出现时,其又出现了放量老鸭头现象,此时又可以短线及时分仓介入。图 2-65 的横框中,显示的最低价处跌破了之前涨停板的二分之一交易中心位置,同时成交量和柱状体又都依次向下萎缩,那当然又是一个短线要抛的位置。必须要等到其后市哪天 60 分钟和日线以及周线级别的柱状体和量能都同步放量向上时,才可以考虑及时在其当时的交易重心附近分仓买入。

>> 第二章 炒大牛股离不开的几道关

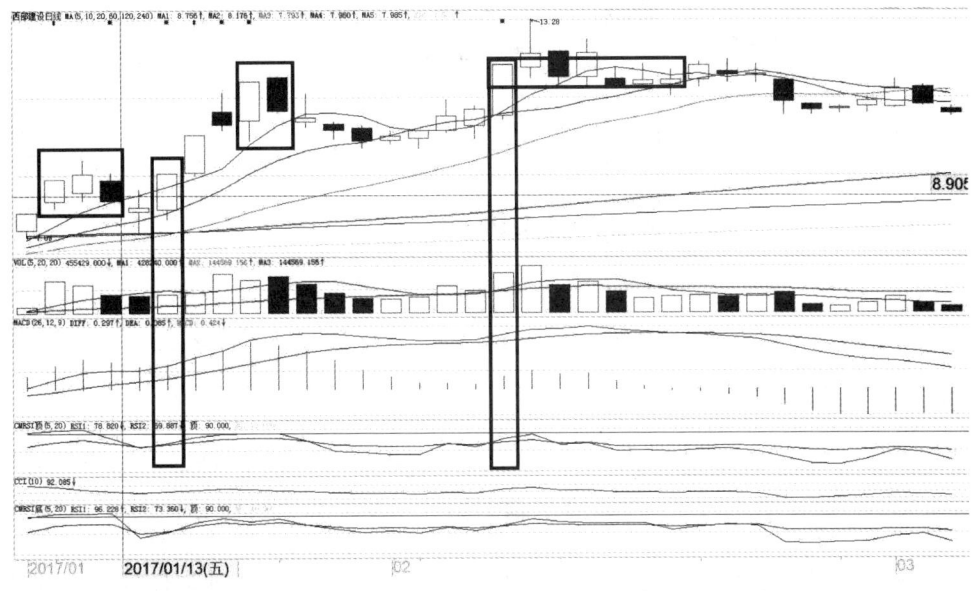

图 2-65

(29) 出现乌云盖顶 K 线时,要尽快考虑止损。在上涨了一段时间空间后,某天股价跳空高开,然后即时成交价线和分时图均价线逐步向下刺破前一日 K 线中心点,最后在前一日 K 线中心点之下收盘,即形成乌云盖顶形态。

图 2-66 为 002302 西部建设在 2017 年 1 月 23 日符合上文阐述现象的走势示意图。

从盘中分时图上可看到股价很多次发生的盘中反弹都过不了其下跌过程中的均价线。即使盘中有缩量反抽也始终改变不了分时图均价线向下的命运。这是主力特别经典和特别坚决的出货形态,持股者在当天必须尽可能地在其盘中二次发生盘中反弹都过不了其下跌过程中的均价线后,尽可能在其当天分时图上再有缩量回抽的时候逢高出局。特别是在最低价刺破前一日 K 线的中心点以后,在股价逢高反抽时要立即全部卖出,不要存有任何的幻想和犹豫。事实证明,在发生"乌云盖顶"这种经典的见顶信号,或类似的这种经典的见顶 K 线信号之日当天盘中抛出股票的 80% 以上都是对的、都算是抛得高的。后面几乎都是跌的,今后即使还想买回来,也基本上都可从容地在比它们的收盘价下方更低的价位买得到的。

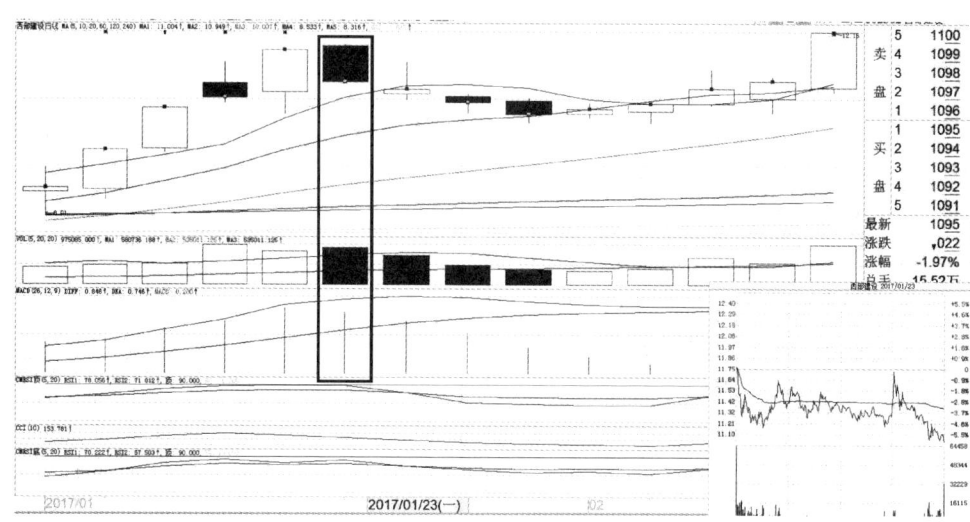

图 2-66

当然后期严格的买入点,还是必须要等到其后市哪天 60 分钟和日线以及周线级别的柱状体和量能都同步放量向上时,才可以考虑及时在其当时的交易重心附近分仓买入。这样更加靠谱和有效些。

(30)出现阴包阳 K 线时,要尽快考虑止损。阴包阳 K 线表示的是只要哪天股价跳空高开或平开甚至低开,然后迅速回落,分时图均价线下跌的速度和角度非常大和陡峭,并且在回落时抛盘不断涌出,成交量也可能不断放大,最后收于前一日的开盘价之下,形成阴包阳形式的 K 线。通常出现这种 K 线形态是主力在拼命出货,使得其他持股人也清晰地明白主力在拼命出货,并且纷纷加入抛售的队伍,而造成兵败如山倒的极其弱势无支撑的崩溃式走势。所以有时会造成越跌成交量越大,成交量越大跌速越快的现象。第二天开始常伴有连续向下跳空式的大幅下跌。

出现这种 K 线形态时,是市场中看涨情绪已经受到致命打击,买入持有信心已经崩溃的具体表现,是上升趋势已经彻底发生反转才会有的结果。此时在吞没阴线收盘前无论如何都要尽量抛清股票。不能抱有任何幻想!绝对不能有任何第二天抢反弹的念头!不到其 5 分钟至日线的各级别时间周期的 CMRSI 底指标当中的 RSI1 数值都到 30 以内,千万不要去动任何抢反弹的念头。有时甚至还要等到周线级别的 CMRSI 底指标当中的 RSI1 数值也都到 30 以内后,才可以稍微花点时间精力,去看看有没有超短线、短线止跌的可能,再去择机抢反弹。

图 2-67 为 000672 上峰水泥在 2016 年 12 月 16 日出现符合上文阐述现象的走势示意图。

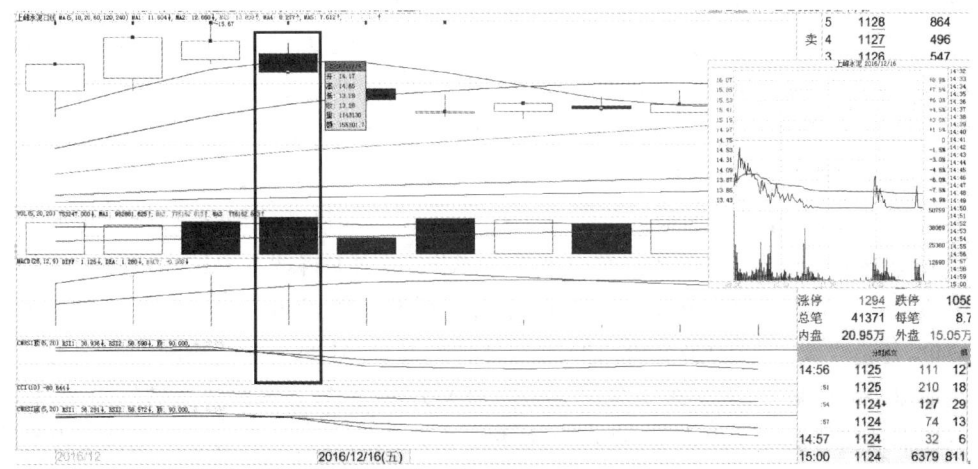

图 2-67

一般而言,在看盘过程中一旦看见分时图均价线下跌的速度和角度非常大和陡峭时,切记必须养成先利用盘中任何的缩量反抽均价线下方一点的位置,先把手中的股票抛清再说的习惯和条件反射。我们在养成操作纪律的过程中,绝对不能因为有失误的可能而动摇执行的坚定。不能因为特例而抛弃惯例!如果经常因为 10% 的可能而不去执行那 90% 的一定,那是你学习、总结、执行的悲哀。那么你在股市当中将永远树立不起来有效的操作体系,你将永远被市场所欺负,你的投资或投机结果将永远无法得到满意的结果。你应该尽快明智地退出这个市场,以免获得更多、更大的伤害。

(31) 出现岛形反转现象时,要尽快考虑止损。股价从底部连续上涨,上涨途中有跳空缺口,若连续出现跳空缺口,要特别注意衰竭跳空缺口的出现,此时若属于复合时间周期指标数值都在高位的股价上升末期,即使仍然在产生向上跳空的上涨行情,在空方的抛压下,上涨阻力已经很大了,很容易出现那些经典的见顶 K 线和经典的见顶 K 线组合,然后在这些经典的见顶 K 线和经典的见顶 K 线组合出现后的某天,再出现向下跳空缺口的话,那么就形成了岛形反转的模式了。这种岛形反转的模式一出现,就彻底宣告原先的上升趋势结束了。后面最强的调整态势是在向下跳空缺口的下沿下宽幅震荡几天后再大幅震荡下跌,或者干脆直接连续性的开始震荡下跌趋势行情。

所以最好是在股价击穿前一个交易日的中心价后，立刻在其分时图上缩量反抽之时逢高卖出。若此后发生向下跳空，在顶部完成岛形反转形态的这一天的开盘后半小时内尽快利用盘中的第一次反抽冲高之际认输出局立即卖出为最好。绝对不要再犹犹豫豫、患得患失，千万不要再纠结要在什么自己理想和瞎想的价位去抛了。此时虽然价格已经比前期的最高价低了很多，但是跟以后一段时间内的价格来比的话，现在抛的价位今后再回头看，你会觉得抛得是如何的高的啊！

在前一日上涨过程的分时图上发出即将疲软的警告信号或K线图上发出见顶信号的次日，若当日的最低价击穿了前一日K线的最低价，即是股价一定要开始大跌的确定信号。持股者必须迅速清仓卖出，否则你将替主力站在股价形成的山顶上拿着套牢的筹码站岗。在这里，不管是今天K线的最低价击穿前一日的中心价，还是今天K线的最低价击穿前一日的最低价，其意义都是相同的。主力正在加速拼命出货了，并且越来越肆无忌惮地大力出货了，上升趋势行情结束了，接下来下跌趋势就成了庄家主力的必然选择。所不同的只是分时级别的震荡下跌还是连续快速直跌而已。

如果主力庄家选择的是用下影线的方式来击穿前一日的最低价，那有时次日股价还有一次冲高的机会，给你最后一次相对高一点的价位出逃的机会。如果主力庄家选择的是用K线的实体去击穿前一日的最低价的，那次日则通常就会直接跳空低开低走大幅下跌了。

图2-68框内为000935四川双马在2016年9月26日出现符合上文阐述现象的走势示意图。对于出现这种走势的个股，必须当时就及时止损出局再说。一旦这种股票止损出局后，后期严格的买入点，还是必须要等到其后市哪天60分钟和日线以及周线级别的柱状体和量能都同步放量向上时，才可以考虑及时在其当时的交易重心附近分仓买入。这样更加靠谱和有效些。

（32）出现双重顶现象时，要尽快考虑止损。双重顶是形态理论中最常见、最实用的形态之一，在股票技术分析中，形态理论是一个重要组成部分，它通过对股票运动时形成的各种价格形态进行分析，研究股价所走过的轨迹，在研判任何一种形态变化的过程中，一定要结合当期的四位一体指标体系走势图的多空变化情况，以及比其小一时间周期和比其大一时间周期的四位一体指标体系走势图的多空变化情况，来客观理性地推断出股票背后庄家主力的后期可能走向趋势，进而决定采取什么样的同方向买卖行动。

双重顶是一种看跌形态，股价连续两次上攻均在同一水平附近遇阻回落，说明股价在此区域上涨乏力，此时空方容易发动反击，促使多方节节败退。

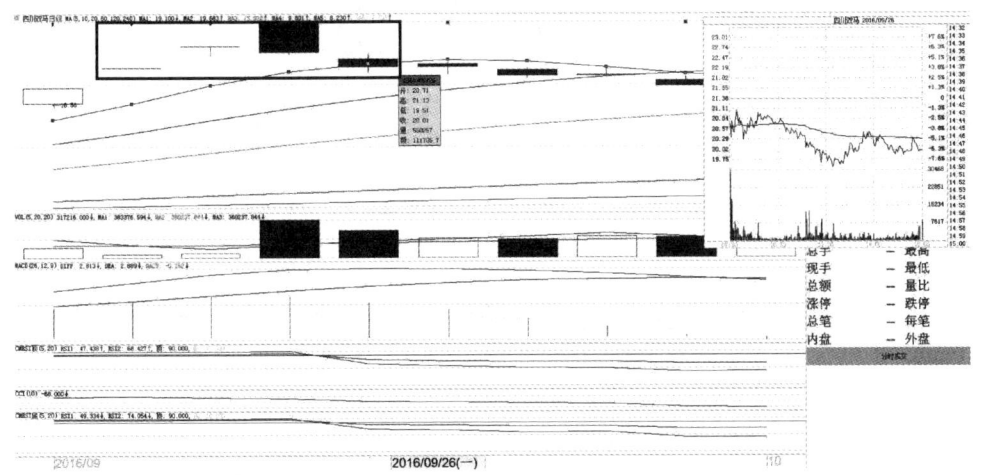

图 2-68

双重顶也称 M 头,是 K 线图中较为常见的反转形态之一,该形态由两个较为相近的高点构成,其形状类似于英文字母"M"而得名。股价在第一次上涨遇阻回落后出现一个回调低点,在此低点画出一条水平线,就是双重顶的颈线。

股价在连续上涨的过程中,当上涨至某一价格水平时,股价开始掉头回落,下跌至某一位置时,股价再度反弹上行,至前高左顶附近之后第二次下跌,并跌破第一次回落的低点,也就是跌破图中的颈线,意味着双重顶形成。

一般来说,当股价第二次上涨到前期高点附近时,需要重点观察其复合时间周期指标数值是不是已经符合那些强势股或极强势股的最高点卖出法条件,若满足了可以先进行主动性的高抛。若错过最高点卖出机会了,当股价第二次上涨到前期高点附近遇阻已经回落时,可以根据比其小一时间周期的四位一体指标体系走势图上,是不是已经形成了空头排列或死叉现象,来决定是不是需要立刻利用盘中的任何缩量反抽机会,先抛股离场观望一下。当然若当期的四位一体指标体系走势图上也已经出现 MACD 指标当中的柱状体开始向下缩短现象的话,则更应立刻利用盘中的任何缩量反抽机会先抛股离场观望一下。

当股价向下跌破双重顶的颈线时,说明股价将要持续进入下跌走势,此时还没卖出的交易者只能尽快清仓了。

图 2-69 为双重顶形态的示意图。双重顶形态广泛且普遍地存在于各个时间周期的走势图里。只要运用上文阐述的判断原理和方法,就能够做得到提前警惕、及时应对。

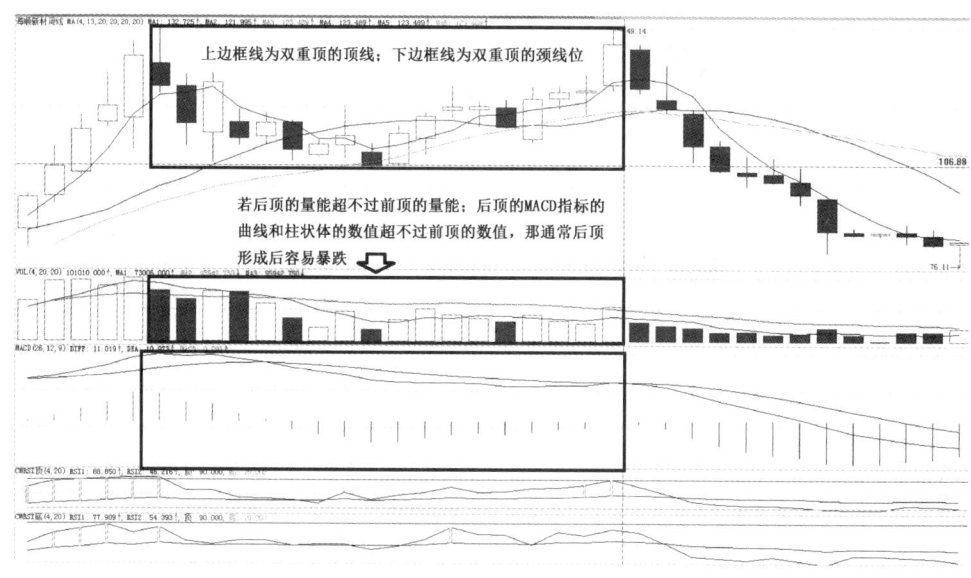

图 2-69

（33）任何时候都要尽量拒绝中阴线。无论大盘还是个股，如果发现跌破了公认的强支撑，比如说跌破了 5 日线，或跌破了 20 日线，或跌破了前期重要低点的支撑，或跌破了形态的颈线位，或跌破了上升趋势线等通常有很多人会在乎的技术关键点位，当天有收中阴线的趋势时，都必须加以警惕。通常及时利用当天盘中缩量反抽之际，先出来都没什么错。

（34）如果本来指数是大幅向上或横盘震荡的相对比较良好态势正常运行的，突然某天指数早盘或当天出现没有抵抗式的放量下跌，跌幅大于 1% 的现象时，都不能掉以轻心！很有可能是庄家主力们提前知道了什么重大利空，或发生了什么重大的利空事件。通常最合适的第一反应是及时利用当天盘中缩量反抽之际，先止盈止损清仓出来，都不会有什么大错。反正君子不立危墙之下，墙倒众人推在证券市场是非常正常的。你"坚持原则"不抛，市场上其他人在抛，那你就变成在高岗上的少数人了。平白无故吃这种亏何必呢？即使万一抛错了，或者市场过不了多久又返身向上了，再买回来也特别方便。

（35）一旦日线、周线、月线这些复合时间周期指标数值都到过高位以后开始大阴线、大力度的下跌、周线的柱状体也开始向下缩短后，不可能只跌一波就到位的。下跌途中若经历过短暂的几天放量连收小阳，但是迟迟不能形成最起码的 60 分钟四位一体指标体系的放量全多头形态特征，周线的 MACD 柱状体也没有明显的停止向下延伸而向上延伸的态势出现的话,则需谨防主力进行的只是下跌途中的构筑假底部平台阶段,一旦主力选择跌穿假底之后往往是新一轮跌势的开始。所以对于这种假底部平台的被跌破,是一定要及时第一时间抛股止损离场观望的。

图 2-70 为 300543 朗科智能在 2017 年 1 月 6 日前后出现符合上文所阐述条件现象的走势示意图。这种现象广泛且普遍地存在于各个股票和指数在大周期见顶回落的走势图里。只要运用上文阐述的判断原理和方法,就能够做到提前警惕、及时应对。

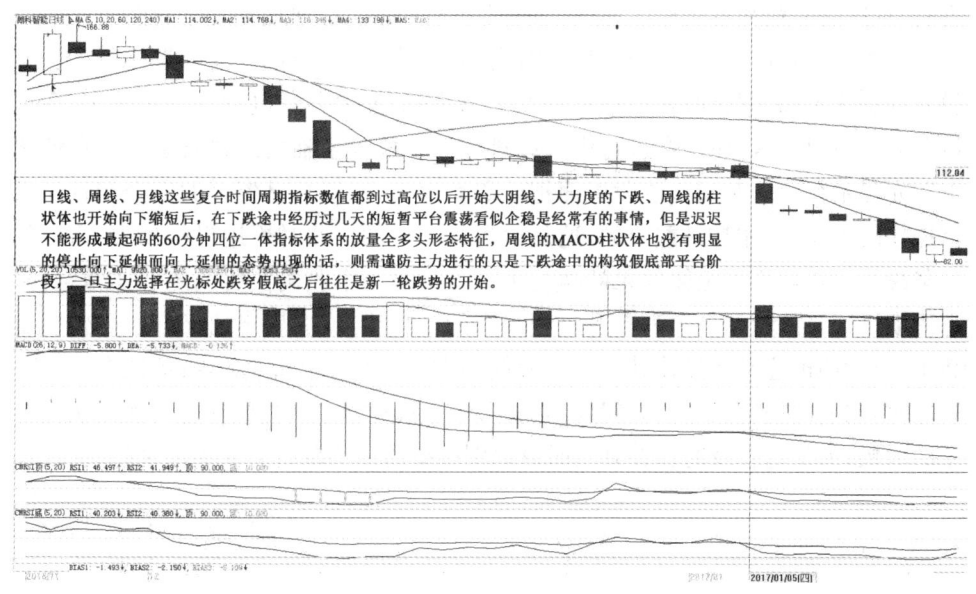

图 2-70

在出现以上情况时,从短线操作策略上来说,不管是否盈利,都应迅速止损出局,而不宜采取任其套牢或下跌的鸵鸟策略。确认风险到来,知道风险来了,你先逃掉,后面只要没出"双阳包阴"的那种类似的最起码符合 60 分钟级别的四位一体指标体系放量全多头的转折点买入信号前,你别再买入持有它,管它后面能跌多少,跌得再多都和你没有关系。一旦养成苛刻的"精确买入、错了就止"的习惯,终身受用!

"凡事预则立,不预则废"。所以我经常挂在嘴边的是:"散户面对市场唯一正确的做法就是建立好有效率的正确买卖体系,执行好操作纪律,随时随地跟紧市场节奏做",始终秉承"不做预测、多做观测、想好对策、看到现象、快下决策"的客观态度和客观冷静的操作。坚决不做死多头、也坚决不做死空头、坚定不移地跟紧市场方向做好小滑头。永远顺着盘中主力定下的方向力度去顺势而为、同向操作。在诡谲多变的股市里,你要想使自己少受一点损失,那么就必须要严格执行制定好的止损原则和纪律。

要想等到短期出现初步企稳向上迹象时再介入,可以等到股价前一日没有再创新低,而且形成最起码的 60 分钟四位一体指标体系放量全多头现象时再及时地介入。一般而言,在一波明确的熊市过程中,我是建议大家能够不参与,最好别参与。在长线、中线都没有结束熊市调整趋势的股票里,去捕捉短线机会是非常有难度的,存在的变数和复杂程度,远远超过牛市当中的操作难度和复杂程度。

因为此时我们没有办法确定,后期该股是不是只跌一天,还是会跌多少天?也没有办法确定,后期该股是不是只跌 5%,还是会跌 50%?也没有办法确定,后期该股只是浅幅洗盘,还是在进行中长线逃庄?在危险来临之际,"君子不立危墙之下",先尽量在第一时间从该股里面把筹码撤出来,保证自己资金的安全和针对后市操作的主动权,才是最重要的,这是永远第一位的!此时不用患得患失,需要的是坚决执行止盈止损纪律的果断执行力。万一这个个股确实后期走势非常强悍,它后期迅速又放量站上了其上升过程当中的 5 日线,或后期迅速又产生阳包阴走势了,或后期迅速又放量让其小一个时间周期的四位一体指标体系形成全多头排列之时,比它此周期大一个时间周期的 MACD 指标当中的柱状体也再次拐头向上了的时候,那是需要及时再在其当时分时图的交易重心附近分仓买回来的。

第三章

穿越牛熊的完整方法

第一节　股票池的设立

利用软件的预警功能,将高准确率的买卖模型对全市场所有个股以及自选股持续进行动态管理跟踪,建立自己的自选股股票池,在精准的买卖时机到来时,自动从预警框中弹出来,以便自己及时买卖,或再根据当时盘面节奏情况,以及板块热点的轮回节奏特点,从这些股票当中再去精挑细选几只股票,组成符合自己的特点、条件、习惯的投资组合。

第二节　资金仓位管理计划体系

一套可行性的交易系统,资金仓位管理计划体系的重要性应该占50%以上,其余的才是买卖点的判断。这里说的资金仓位管理计划体系笼统地包含了仓位的管理、止损位的设定。

在股票组合中设立止损计划,把总体资金的风险止损位设置在总资金下跌10%为限比较好。考虑到A股市场股价波动率较激烈,单个股票的止损位设立在10%也未尝不可,但是在一般行情的情况下,执行上还是把单个股票的止损位设立在5%左右为好。尽量不要让单个股票的损失太大,避免造成整个资金仓位管理计划体系的风险底线经常被触及或击穿。

股票组合中股票数量不要太少,板块不要太少,同质化不能太严重,即使后市行情再好、再有把握,每天的仓位也永远不能超过八成,每次买入一个股票,不能一下子在一个价位上买满份额。

这样的资金仓位管理计划体系的设定,好处在于:组合中单个股票的仓位合理,单个股票对总资金的风险系数在可控的范围内。组合的仓位合理,永远不会陷入满仓套牢的窘境,留一部分资金作为机动资金,可在单个股票出现非常牢靠的绝佳买点出现时或做T+0交易,或把握住机会、控制、化解掉风险。

第三节　买卖点的设定

股票池的建立主要是采取基本面和技术面相结合的选股模式,但是在交易操作上该交易系统主要是依据技术分析来进行的。

现在的市场容量已经足够大了,机会可以说几乎天天有,我们完全可以主动放弃一些似是而非的可能的机会,一定要有"不符合自己的赢利模式不买的原则"。任何一个真正会炒股的投资人,都必须要有、会有一个符合自己个性的赢利模式。并且这个赢利模式都是自己在实战当中总结出来、固定下来、坚定执行的赢利模式。至于是抄底型的还是强势追涨型的都不重要。重要的是这个模式能够让自己能够自信地、稳定地、轻松地执行着就能够安心赚钱,回避、化解掉顶部下跌风险就可以了。

当你建立了自己的赢利模式,看到哪只股票的走势符合自己的赢利模式时,你会自然地、轻松地、自信地买入并且在没有出现让你感觉不踏实的现象出现前持有得住,才会由小赢到大赢,才会由偶然到必然。

若股票走势不符合你自己的赢利模式,千万别激动、千万别勉强自己介入,哪怕它涨跌得再厉害,你都别冲动。也有可能你对某类走势还没有绝对的把握。在没有把握的情况下,贸然进出相对容易出错。我们没有必要非得亲自经历那些不必要经历的操作错误,没必要去经历一次又一次的股市陷阱。我们完全可以只赚自己看得懂、有把握机会的比较可以确定赚得到的钱。只在股价走势出现了自己熟悉的、可以比较有把握赢利的模式出现时才买进。这是买股之前必须坚持的最重要的原则之一。

只抓住绝对有把握的时间段出现的确定无误的机会进行及时的操作。只有进行了相对通盘考虑和衡量以后可能才会最大限度地去化解被市场主力玩弄于股掌之间风险,才可能趋利避害赚到应得的合理利润,才能坚定地竖立起有效的操作体系,保护好、维持好良好的投机心态,才能永久地、持续地、滋润地、如鱼得水般地在这个极其凶险的市场中生存下去。

在技术指标的选定方面:我的交易系统中选择的是四位一体指标体系作为根本依据,以多周期四位一体指标体系来化解庄家主力经常性会演绎的骗线风险。

在复合时间周期指标数值共同都在极低位时,可以开始准备买入股票,等到其在极低位刚刚形成 5 分钟四位一体指标体系放量全多头之际及时大力买入。等到其复合时间周期指标数值共同都在极低位刚刚形成 60 分钟四位一体指标体系放量全多头之际及时在其当时的交易重心附近再加一次仓位买入。当如期开始反弹或反转之后,若满足弱势股最高点卖出法"走为上"模型条件时,可以短期考虑全仓卖出一次。然后再度出现 60 分钟四位一体指标体系放量全多头之际可及时在其当时的交易重心附近再买入。如果此次买入后它和大盘都进入日线级别的多头趋势行情中的话,可以持股待涨到满足强势股最高点卖出法"敌疲我撤"模型条件时,短期全仓卖出一次。如果行情经过缩量震荡以后出现 5 日线、4 周线、3 月线都大于 60 度角度向上攻击的话,通常就是其主升浪阶段,那就需要中线持有了。一般而言,只要没满足极强势股最高点卖出法"乐极生悲"模型条件前,不可以轻易考虑全仓卖出。

一般而言,月线、周线 CMRSI 底指标数值在极低位时,若日线 MACD 指标当中的柱状体首次放量向上回升时都有不错幅度的中线波段上涨行情的,此时值得重仓参与。此波波段行情不到日线级别 MACD 指标当中的两条曲线都双双拐头向下之前,不太会轻易结束。此阶段过程当中完全可以利用《四位一体操盘术》一书中教的高抛低吸方法,放心大胆地去赚足无风险的超短线、短线利润。

一般而言,月线、周线、日线 CMRSI 底指标数值都在极低位后,若利用好日线级别 MACD 指标当中的柱状体首次放量向上回升时的买入机会再结合《四位一体操盘术》一书中教的三种最高点卖出法的高抛方式去反复高抛低吸,一直到月线、周线、日线这三个时间周期级别的 MACD 指标当中的柱状体和其 3 月线、4 周线、5 日线都共同拐头向下时彻底止盈止损出局不再做买卖操作的话,你自己对照着所有的历史上的大牛股的股票走势图看看还有什么可遗憾的。

每次中线波段上涨行情出现时,都必然伴随着日线级别 MACD 指标当中的两条曲线都双双放量拐头向上之时的。所以此时通常都是值得重仓参与的。然后耐心等待到此波波段行情当中的日线级别 MACD 指标当中的柱状体首次拐头向下、同时股价收盘确定跌破 5 日线的时候再及时抛清股票应该是比较理想的大波段操作法了。MACD 指标的两条曲线在双双拐头向下之前,趋势不太会轻易结束的。此阶段过程当中完全可以利用《四位一体操盘术》一书中教的高抛低吸方法,放心大胆地去赚足无风险的超短线、短线利润。

总之,每次周线、日线 CMRSI 底指标数值都在极低位时可以主动性把仓位加上去积极参与,每次周线、日线 CMRSI 顶指标数值都在高位以后应该主动性把仓位降下来,特别是此时若60分钟四位一体指标体系走势图上已经呈现我在《四位一体操盘术》一书中说的"顶部三宝"态势时,更加需要尽量、尽快主动地把仓位降到清仓最好。

一般来说,5日线拐头向上、股价放量站上5日线、此时60分钟四位一体指标体系已经出现放量全多头态势的话,再加上周线MACD指标当中的柱状体也是多头向上的,那是应该把仓位加上去买入的。

一般来说,股价跌破5日线、5日线拐头向下、此时60分钟四位一体指标体系已经基本出现全空头态势的话,那是应该尽量、尽快利用任何盘中缩量反抽之际先止盈止损出局的。

每个人可根据各自的特点来设置不同级别的操作仓位。一般我建议:短线仓位设置在50%左右,中线仓位设置在30%,长线仓位设置在20%为宜。当然每个人可以根据自己的情况适当增减比例。

如果月线、周线的柱状体都是向下运行的话,我就认定它是处在熊市阶段,那最好没有仓位,在此期间应该管住冲动买入的心和手,尽量不要去提前买入股票。在熊市中浪费那些转瞬即逝的"机会",可以充分保证你不会轻易掉进庄家主力刻意而为的"陷阱"。熊市中全身而退,能够毫发未损地活下来是非常不容易的!下跌趋势中一定要牢记不到复合时间周期指标数值都到极低位前别轻易下买单!即使在复合时间周期指标数值都到极低位后买了低位筹码,也不能放松警惕,也不能梦想"一口吃成胖子",别做"一夜暴富"的美梦,还是要随时随地根据当时盘面情况及时落袋为安、见好就收,保住胜利成果。熊市中天天想买股票的人、熊市中天天持有股票的人怎么可能成为赢家呢?在系统性风险来临时,能够及时做出减仓甚至清仓动作,能够防止进一步扩大损失的人,才是值得我们尊敬的人,才是真正成熟的投机客。

第四节 严格执行

再完美的交易系统,还是需要人去操作的。炒股炒的就是人性,一套设定好的股票交易系统,需要我们增强对自身操作偏好的认知,增强对市场的认知,增强对价格运行背后规律的认知,增强对自我弱点的认知,严格执行设定好的交易系统,要求我们随时随地做到"知行合一"。

只有知行合一,才能做到游刃有余。世界上从来没有一套完美的、100%胜算的交易系统，比较良好的盈利稳定性以及风险来临时的执行力才是一套交易系统存在的根本价值。

如何搞好风控？主动放弃尾端行情是最重要的搞好风控的手段之一。

根据对各大指数、各主流板块指数、自己操作的个股复合时间周期指标数值提前预判到接近顶部或已经在顶部了的，需要主动回避，放弃小利润，才会躲过大风险。

同样地，有时候大的机会这一波错过了并不可惜也不必眼红，下一次一定要努力抓住。尽量减少早盘赌博的次数，做盘中最确定的那个，这是下跌趋势中做好风控的一个有效手段。

行情尾端这个阶段，有时候是立马就跌，有时候是逼空后再跌。从两波股灾中，我学会的是：放弃尾端，这一段的风险和利润交给别人吧，有本事的人自己去把握。我只做好自己看得懂把握得住的那一波段行情交易就应该心满意足了。

第五节 如何交易才能长期赢利

最简单的规则就是，怎么买，买多少，分几次买，怎么卖，分几次卖，你能在操作之前，把这些都安排好了，每一种情况的出现，你都有相应的对策，让走势自己去触发你设定的条件，那么，可以说你是一个有规则的操作者。交易的一个特点就是，一旦你介入仓位，你之前所有的分析、判断都对走势起不到一点作用。走势是市场说了算而不是你说了算。你唯一能做的，就是决定什么时候离开。对于技术，我更看重的是资金管理、风险防御。什么时候明白了股市是善于认输人的游戏，才有可能摆脱输钱的噩运。投机者不需要做分析家，交易来来去去只面对三种情况：买了以后涨了怎么处理，不涨怎么处理，跌了怎么处理。而这三种情况怎么发生的，无须预测，也无法预测，走势发展到什么情况，你一一根据预设的条件应对就是了。具体思路如下：建立仓位的同时，就已经设定止损位、成本线、安全线、目标位四个位置。那么，建仓后的价格运动，必然只会在三种状态之内，止损线和成本线之间，成本线和安全线之间，安全线和目标线之间运行。对每份仓位的价格波动进行监控，触发哪一条边界就跳出相应的操作提示。

所有的操作，都要不折不扣地在规则的框架里一步一步稳扎稳打进退有序地进行。

"资金管理是战略、买卖股票是战役、具体价位是战术"。是非常有道理和非常精辟的话。只要你方法对、执行纪律严，即使在最复杂的行情中，在十次交易中即使有六次交易失败了，但只要把这六次交易的亏损，控制在整个交易本金20%的损失内，剩下的四次成功交易，哪怕用三次小赚，去填补整个交易本金20%的亏损，剩下一次大赚，也会令你的收益不低。

你无法控制市场的走向，所以不需要在自己控制不了的形势中浪费精力和情绪。不要担心市场将出现怎样的变化，要担心的是你将采取怎样的对策回应市场的变化。判断对错并不重要，重要的是当你正确时，你获得了多大的利润，当你错误的时候，你能够承受多少亏损。

入场之前，静下心来多想想，想想自己有多少专业技能支撑自己在市场中拼杀，想想自己的心态是否可以禁得住大风大浪的起伏跌宕，想想自己口袋中有限的资金，是否应付得了无限的机会和损失。

投资是严肃的工作，不要追求暴利，因为暴利是不稳定的，我们追求的是稳定的交易。做交易的本质不是考虑怎么赚钱的，而是有效地控制风险，风险管理好，利润自然来。交易不是勤劳致富，而是风险管理致富！

当多头市场接近巅峰时，卖掉涨得最多的，因为涨得越高，跌得越深，卖掉涨得最慢的，因为涨不上去的，势必有涨不上去的内在道理，在多头市场接近巅峰时，它还不想涨、不能涨，那一旦市场开始正式下跌，这种股当然会跌得更惨。

我们在炒股票做短线时，不仅仅要将目光聚焦在个股上，还必须要将目光放长远些、将视野放宽泛些，一定要"高大全"地看明白整个大盘走势和政策意图以及行情变化的各时间周期级别的四位一体指标体系细枝末节的强弱度和有没有反作用力来影响力度的发挥，从而才能更好地判断清楚个股走势的优劣。个股离不开整个大盘的操作环境，大环境的影响不容小觑。交易者务必重视中短线操作的环境要求。

在凶险的市场中做中短线操作，一定要记住"稳""准""狠"三个字。如果操作不当的话，容易让自己被套牢，因此避险第一，赚钱第二。尽量把下跌的股票、震荡调整没有明确上涨趋势强度的股票、缩量震荡涨得很慢的股票、股性不活的股票、没有拉升动能和成交量推动的股票、历史上曾经大幅炒过现在3月线、4周线刚刚或仍然在拐头向下走下坡路的股票、基本面有问题的股票、有退市风险的股票、得不到政策扶持的、被产业政策摒弃的股票、产业前景暗淡的股票一概剔除、过滤掉，一概不参与。尽可能地只以中短线思维和方法参与那些能涨而且正处在持续放量快速拉升阶段的股票。

中短线为主的交易者，要在不确定的行情中寻找确定性。即在涨跌不定的股票中,寻找到大概率上涨,涨得既多又快的个股,进行小波段操作。个股没有形成必涨的态势之前,绝不提前入场。要能够在众多不确定因素中,寻找到比较确定的上涨因素和上涨条件,使自己的操作始终处于大概率上涨的行情之中,这样就降低了风险,即使遇到特殊情况,也能果断平仓出局。

在股市中,相对于主力或者庄家,散户是弱势群体。对于散户来说,做股票最好是用游击战,行情好的、机会多的时候就多做做,赚了钱就要想着在满足不同程度的最高点卖出法条件时及时跑,如果事与愿违先出了卖出信号之时更加要跑。我总结、运用的股市游击战的精髓是"敌进我进,敌退我退,敌疲我撤,敌在我战"。遵循只做在上涨趋势里的股票、只做确定无疑机会的股票、只做政策扶持的股票、只做主流资金积极参与的强势板块里的股票、只做中长线没有反作用力的股票的五项基本原则。本着一个"四位一体指标体系放量全多头站上5日线买、跌破5日线后一小时内利用缩量反抽抛"的根本点做。事实证明,能够严格按照纪律做,严格按照纪律控制好风险的人往往能笑到最后。

散户千万不可以在股市中打消耗战,一味地硬打死扛。一定要采取游击战的打法,打得赢就打,打不赢就跑。该买的时候一定要买,该卖的时候一定要卖。行情好的时候、赚钱概率大的时候,我们要牢牢抓住。当行情走坏、赚钱概率很小的时候,一定要选择空仓休息。股谚说得好,会买的是徒弟,会卖的是师傅,会空仓的才是祖师爷。保存自己的有生力量,股市中赚钱的机会是很多的。

之所以有时候更倾向于采取超短线的操作,除了提高资金的运行效率外,更多是出于对本金安全性的考虑。"一个投资者走向优秀的第一步,应该是具备较强的风险控制能力,降低每一笔投资所面临的风险系数,在此基础上进一步提高每一笔投资的准确性和收益率。"作为一个普通的交易者,最大的权力和优势就是我们自己所拥有资金的买卖权力。很多时候,这个市场只是一个赌局,我认为该把操作的主动权牢牢地掌握在自己的手上,参与市场的时间越短,所承担的风险也就越低。比起持仓待涨,我更愿意将资金牢牢地掌握在自己的手上,以极快的速度冲进市场,带回利润。

股民对股市的希望和股市的现实往往会有差距。股市有自身的运作规律,是不以人的意志为转移的。股市永远是对的,对股市运行规律的无知和狂妄自大,是很多人炒股失败的最主要原因。永远要尊重市场,自己的判断应是建立在对基本面和股市内外环境的深刻理解之上的,也是建立在顺应市场运行规律的基础上的。你的操作结果发生事与愿违的时候,不要怨天尤人,一定要在自己身上找原因,一定要改变自己去跟上市场的节奏。不能做阿Q,不能自己安慰自己,不能自己放纵自己。自己心态上不能十分浮躁,一定要练好内功及时看清和回避掉主力设置的各种诱空或诱多陷阱,建立起良好的、高效的操作体系,尽快建立和维护好健康稳定的自信心态,提高快速反应的应变能力。

短线交易者要按照自己交易系统发出的信号进行买卖。面对盘面交易时,要相信你的眼睛不要相信你的耳朵。一定要客观相信你看到的实际走势图上的量价表现特征,而不要相信道听途说的各种忽悠。"在别人贪婪的时候要恐惧一点,在别人恐惧的时候要贪婪一些。"在复合时间周期指标数值都到了极低位以后刚刚放量拐头向上之时和复合时间周期指标数值都刚刚出现放量全多头之际一定要贪婪。此时一定要敢于买入甚至重仓买入。在复合时间周期指标数值都到了高位以后刚刚拐头向下之时一定要恐惧。此时一定要敢于抛出甚至空仓。这是决定投资组合胜负的非常重要的关键因素。

我们需要克服人性自身的弱点。以平常心看待操作中的若干次小亏损的事实损失,"胜败乃兵家常事",再好的高胜算体系也有敌不过偶然性变化的时候。到了止损位的时候就立马止损,到了止盈位的时候就立马止盈。这是你必须要遵守和接受的客观规律。

第六节 短线选股时必须要遵循的四大标准

投资都是要建立在辛勤而充满智慧的操作上的。投资者在掌握了规律,并利用一定的操作技巧来根据实际情况及时审时度势,做出最接近客观的有效正确的决策。在短线选股时必须要遵循以下标准。

一、选时重于选股

选股操作的时候,一定要懂得"顺势而为,顺势者昌、逆市者亡"的道理。5日线、4周线、3月线都同时获得持续地放量支持着多头向上的时候,早买早赚、晚买晚赚、不买不赚。5日线、4周线、3月线都同时空头向下的时候,早买多亏、晚买少亏、不买不亏。处于下跌走势,低点不断下移,高点也逐步下移时属于弱势格局,此时最好停止做短线买卖。这个时候,大多数股票受到大盘的拖累,是会跟着下跌的。大盘不好时,即使手中持有的是业绩良好的潜力股也概不例外。抛开大盘做个股的思维是做短线交易的大忌。若其5日线、4周线、3月线都同时多头向上并且其日、周、月线的MACD指标当中的柱状体也都是依次向上的时候,就一定是其牛市上涨的主升浪阶段。若其5日线、4周线、3月线都同时空头向下并且其日、周、月线的 MACD 指标当中的柱状体也都是依次向下的时候,就一定是其熊市的主跌段。

选股一定要结合大盘的环境,一定要研判清楚目前大盘处于何种局面。上涨势时大家普遍都能够不同程度地赚钱。震荡势时不少人不赚钱甚至亏钱。下跌势时绝大多数人输钱,不可能赚钱。所以在上涨势时,可以相对激进些的投入更多的时间精力和金钱狠狠地去赚足钱。在震荡势时,可以相对谨慎些以小波段、快节奏地高抛低吸,不要急功近利想一口吃成胖子。一旦小一时间周期出现顶背离死叉或跌破 5 日线必须要尽快止损离场观望。在下跌势时,必须绝对保守,一定要本着"宁可错过、不可做错"的谨慎心态持币观望为好。不到复合时间周期指标数值都到极低位之前绝对不要轻易买股票。即使参与一些平时确定无疑的买入信号出现了的个股,也要本着快节奏地高抛低吸的原则,浅尝即止。一旦满足最高点卖出法条件,要及时止盈。一旦事与愿违出现买入后跌破 5 日线必须要尽快止损离场观望。

二、尽可能选有潜力的低位小流通市值股

这类股票收益大风险小,只要整体大盘情况尚可,它的上涨机会就容易有,并且还可能比较大。股票价格低本身容易成为一个优势。股价相对低并且形态位置低,同时指标位置低的小流通市值股,往往意味着股价刚刚经历过挤泡沫的洗礼,市场已经让其风险降低到很低的水平。该股票的种种不利因素已被市场所化解,然后这种股票再度形成四位一体指标体系的放量全多头向上攻击态势的来临时间就越来越近、越来越快、越来越容易了。

同时,低价低位小流通市值股的炒作成本会很低,在熊市的反弹阶段以及牛市的上涨阶段,因为低位小流通市值股的股票历来受到机构的普遍青睐而股性活跃,所以孕育着较多的短线机会,很容易形成主力和散户共同的炒作兴趣,连一般的小主力都容易控制筹码、容易造成获利的空间与想象的空间就更大。所以常常会使低价低位小流通市值股成为事先无法相信的大黑马。

三、选择强势产业中的领头股

根据国家产业政策和经济形势来分析判断哪个行业的股票是最有前途的股票。受到国家产业政策和经济形势良好促进配合的强势产业的股票,往往是一波气势恢宏的大行情的引领者。尤其是这种强势行业中的领头羊更容易变成一波牛市中的龙头股。所以选股时往往必须先观察强势产业中的领头羊在行情演绎过程当中的盘口四位一体指标体系的表现形态,一旦市场主力资金也确实选择其做一波行情的领头股时,更加需要在其复合时间周期指标数值都形成放量全多头之时

及时在其当时的交易重心附近进行买入。这样往往能做到在市场止跌的时候领先大势获利、在市场开涨的时候获利更多、在大市震荡下跌时，成为相对抗跌一点的好股票。

投资者应该对整个国家的经济形势与产业政策，以及哪些是夕阳产业，哪些是强势产业事先都要心里有数、相当敏感，对产业发展趋势要充分地了解和理解。投资者要对前景看好的尖端产业、高科技产业、高附加值产业，以及一些非常有竞争力的优势产业，要有充分的信心和保持高度的激情。一旦发现四位一体指标体系的表现形态呈强劲趋势的确定性爆发迹象之时，就必须及时将自己的资金也随着主力发力进攻的脚步，投入此类个股的中短线炒作当中去。

四、选择主业清晰的公司

找到细分行业里头占有份额最高的公司和行业龙头、行业垄断公司。这些公司往往会成为板块中的龙头股，它们不仅是行情演绎的风向标，而且同比涨幅较为可观。在某一热点板块走强的过程中，往往上涨时冲在前，回调时跌在后。龙头股通常有大资金介入背景，有实质性题材或业绩提升为依托。

五、选股要尽量选 K 线振幅比较大，波段幅度比较大的

在严格执行控制风险的纪律前提下，尽量选择这种股票进行相应的操作，短线获利机会更大些。K 线习惯性比较长、大的股票的股性比较活，适合经常做短线的高抛低吸进出操作。当然，平时若股性一直比较死寂的股票，突然连续数日放量转强时，也不能等闲视之，如果此时其复合时间周期指标数值都同时形成四位一体指标体系的放量全多头现象的话，那这只股票的中短线也是大有可为的。